近现代文化的变迁与教育变革研究

关艳珍　李志英　李庆洪　著

天津出版传媒集团

天津人民出版社

图书在版编目(CIP)数据

近现代文化的变迁与教育变革研究/关艳珍，李志
英，李庆洪著. --天津：天津人民出版社，2019.7
ISBN 978-7-201-14915-8

Ⅰ.①近… Ⅱ.①关… ②李… ③李… Ⅲ.①文化史
－研究－中国－近现代 ②教育史－研究－中国－近现代
Ⅳ.①K250.3 ②G529.5

中国版本图书馆 CIP 数据核字(2019)第 147716 号

近现代文化的变迁与教育变革研究
JINXIANDAI WENHUA DE BIANQIAN YU JIAOYU BIANGE YANJIU

出　　版	天津人民出版社
出 版 人	刘　庆
地　　址	天津市和平区西康路 35 号康岳大厦
邮政编码	300051
邮购电话	(022)23332469
网　　址	http://www.tjrmcbs.com
电子信箱	tjrmcbs@126.com

责任编辑	刘子伯
装帧设计	马静静

印　　刷	北京亚吉飞数码科技有限公司
经　　销	新华书店
开　　本	787×1092 毫米　1/16
印　　张	16.75
字　　数	407 千字
版　　次	2020 年 3 月第 1 版　2020 年 3 月第 1 次印刷
定　　价	68.00 元

前　言

中国是一个具有悠久历史的文明古国，有着自己独特的文化体系，形成了中国人自己的思维方式、价值观念、心理状态。鸦片战争以后，中国原有的文化体系受到巨大冲击，帝国主义的入侵和西方资本主义文化的涌入，使得中国社会发生了巨大变化。一方面，西方资本主义的入侵，给中国带来了割地赔款、丧权辱国的厄运，使中国的社会经济、文化政治以一种畸形的形式，缓慢而艰难地走向近代化。另一方面，西方资产阶级文化随着资本主义国家的侵略传入中国，它以其制度文化支持的优越性向封建制度基础上衍生出来的中国传统文化发动攻击，从而使近代中国的文化带有很强的中西融合色彩。进入现代社会以后，随着我国政权的稳定和社会经济的发展，我国的文化重新焕发生机，并在社会主义经济建设的步伐中稳步向前发展。

教育是社会政治、经济的反映，伴随着中国兼带政治、经济的产生和发展，近代中国的教育也在缓慢变化。鸦片战争以后，外国资本主义侵入中国，破坏了中国长期以来自给自足的自然经济基础，使中国近代社会的新式教育从封建旧教育的母胎中脱胎而出，并在西学东渐的过程中，在西方资本主义文化的冲击下发展起来。可以说，中国近代教育是以"中学为体，西学为用"为教育方针，将中国教育从传统的儒家教育内容中解放出来，初步建立现代学制的一个过程。审视曾经有过的成功与失落，是当今中国教育面对文化冲击进行更理智变革的需要，基于此，作者撰写了《近现代文化的变迁与教育变革研究》一书。

本书共八章，分为近现代文化的变迁与近现代教育的变革两部分，近现代文化的变迁包括第一章至第五章。第一章从"天朝"迷梦的破灭、民族危机与思维转型、中华民族的抗争、社会主义制度的建立与中国特色社会主义建设道路的初步探索四个方面对近现代社会的发展与变迁进行了研究。第二章从传统文化在近代的变革、西学东渐与中国近代文化结构的演变、社会主义中国新文化的建设、大众文化的兴起与中西文化交流四个方面对近现代文化发展的总体路径进行了探讨。第三章从"五四"文学革命的兴起与发展、左翼文学思潮的传播与革命文学的迅猛发展、文艺救亡与现代文学的进发、文艺工作的转折与文学创作的复兴、文学创作的多元化呈现五个方面对近现代文学的变迁进行了分析。第四章从近代中国艺术的发展、社会主义社会的艺术发展、入世精神与全球化中的艺术三方面对近现代艺术的变迁进行了研究。第五章从清代中叶的科学技术、近代中国科学技术的转型、近代科技文化的发展与中国社会经济的变革、前进中的中华人民共和国科技、现代技术及其重要影响五个方面对近现代科技的变迁进行了探讨。近现代教育的变革包括第六章至第八章，第六章从中西教育思想的会通与融合、洋务派的"中体西用"教育思想、维新派的"变科举、兴学校"教育思想、蔡元培的"兼容并包、思想自由"教育思想、当代多元化的教育思想五个方面对近现代教育思想的变革进行了研究。第七章从清代末年教育立法的初步尝试，中华民国教育立法的显著进展，新中国成立以来我国教育政策、法规建设的回顾，我国重要的教育法律法规四个方面对近现代教育立法的变革进行了总结。第八章从早期教会学校的创办、近代教育的产生与教育运动的发展、近代教育的转型、现代教学与课程的改革四个方面对近现代我国教育实践的变革进行了分析。全书内容丰富，条理清晰，逻辑思维严谨，文字生动流畅，集科学性、系统性、历史性、通俗性为一体，是一本值得阅读的书籍。

在撰写本书的过程中，作者翻阅了大量有关近现代文化和近现代教育方面的文献和资料，并对其中一些观点和研究成果进行了引用，在此表示衷心的感谢！由于作者的经验和水平有限，加之其他方面的一些原因，书中存在不足之处在所难免，恳请广大专家、读者不吝指教。

作　者

2018 年 3 月

目　录

第一章　近现代社会的发展与变迁

1840 年,英国发动了侵略中国的鸦片战争,拉开了中国近代史的序幕。清政府战败,被迫签订了一系列不平等条约,西方资本主义在中国肆意横行,让近代中国进入了社会动荡剧烈、国内外矛盾和斗争复杂尖锐的历史时期。中国社会性质发生变化,逐步沦为半殖民地半封建社会的国家。在这个历史时期内,充满了侵略与反侵略、压迫与反压迫、变革与反变革、革命与反革命的斗争。整个一部近代史,既是中华民族各族人民的一部苦难屈辱史,亦是一部光荣斗争史。在中国共产党和其他党派、无党派爱国人士的努力下,中国人民赶走了中华大地上的各国侵略者。1946 年,蒋介石发动全面内战。在中国共产党领导下全国人民将革命进行到底,最后获得了人民解放战争的胜利。虽然付出了极大的代价,但是,1949 年,中华人民共和国成立,中国人民再次拥有了独立的主权和完整的领土。在中国共产党的领导下,中国人民在社会主义道路上艰难求索,最终找到了适合自己的具有中国特色的社会主义道路。

第一节　"天朝"迷梦的破灭

一、"天朝"美梦

约在五六千年以前,黄河流域和长江流域等地就出现了早期的文明社会。四千多年前,中国历史进入传说中的炎帝、黄帝、尧、舜、禹时代。之后,夏商周三代的过渡,让中国从原始社会进入奴隶制社会。

随着秦王朝一统天下,中国步入封建社会,拥有了当时世界上最先进、最文明的政治经济制度,同时也进入了飞速发展时期。

到了汉代,因中国的政治、军事、经济、文化等各方面领先于周边国家或民族,而被藩属、附属共尊为"天朝上国"。

经过三国两晋南北朝、隋代的努力,到了唐代唐太宗、唐高宗时期,天朝体系得到完善及加强,尤其是唐太宗李世民在位期间,积极听取群臣的意见,对内以文治天下,虚心纳谏,厉行节约,劝课农桑,使百姓能够休养生息,国泰民安,开创了中国历史上著名的贞观之治。对外开疆拓土,攻灭东突厥与薛延陀,征服高昌、龟兹、吐谷浑,重创高句丽,设立安西四镇,各民族融洽相处,被各族人民尊称为"天可汗",为后来唐朝一百多年的盛世奠定了重要基础。唐高宗时代天朝亚洲体系再度扩张,至唐玄宗时期,天朝朝贡制度达到第一个高峰。唐代的贞观之治和开元盛世两大盛世期间形成中国完全主宰亚洲的国际格局。

宋朝之后,进一步加强了对在唐朝军事力量笼罩之下的地区设立的羁縻州、县的控制,在部族首领之外,加派中原政府任命的监管官员,到元代逐渐演化成土司制度,实际上将其纳入了中原政权的领土之中。

元朝时,中国地区的皇帝名义上是全蒙古帝国的共主,国势空前强盛,中国版图达到了历史的顶峰。

1368年,明朝建立,明太祖朱元璋确立了朝贡体系成为东方世界的通行国际关系体制。在这个体制中,中国中原政权成为一元的中心,各朝贡国承认这一中心地位,构成中央政权的外藩。15世纪前期,随着郑和强大宝船队对印度洋的巡航,以及永乐帝朱棣对北方蒙古势力的扫荡,朝贡体系臻于巅峰,向明朝政府朝贡的国家和部族一度达到了65个。

在这一段发展历程中,中国始终处于领先世界的地位。早在三千多年前,中国就以当时世界上最先进的技术铸造出巨大、精美的青铜器。中国的冶炼、纺织技术长期领先于世界。在天文学、数学、农学、医药学等领域,中国也长期处于世界领先地位。尤其是造纸术、印刷术、火药、指南针四大发明,更是中华民族奉献给人类的杰出科技成果。古代中国的文学艺术高峰迭起,楚辞、汉赋、唐诗、宋词、元曲、明清小说,都是中华文学遗产中宝贵的财富。中国文化向东直接影响朝鲜、日本,向西、向南经过陆路和海路传播世界各地,对世界历史的发展起了巨大的推动作用。历史上著名的"丝绸之路",既是一条商业之路,也是一条文化之路,将中国古代文明远播西亚、北非、欧洲,再从欧洲流传到美洲和大洋洲。海路是从东南沿海出发,经过台湾海峡,进入东南亚各国,然后穿过马六甲海峡,到达印度,向西到达阿拉伯半岛和非洲东海岸。

二、美梦变迷梦

18—19世纪,西方国家在工业革命的推动下飞速发展,军事武装已是船坚炮利。而中国却在天朝上国的迷梦中悠然前行。

1644年,清朝建立了对中国大陆地区的统治,保留了明朝的朝贡体系,只是要求各国缴还明朝的封诰,重新领取清朝的封诰。清朝明确将和周围部族的往来分为理藩院和礼部分别管辖。清王朝是中国历史上最后一个封建王朝,在其前期的康熙、雍正、乾隆三朝,封建统治者采取了有利于社会安定和经济发展的措施,从而出现了一个国家统一、政权巩固、社会安定、生产发展、经济文化较繁荣的时期,史称"康乾盛世"。然而,清王朝的统治在乾隆朝后期迅速走向衰败。政治上,封建中央集权专制进一步强化,官僚机构膨胀,官场日益腐败,贪污贿赂成风。经济上人口大增长,各级官吏和地主大肆兼并土地导致土地高度集中。丧失土地的流民不断增加,农民租种地主的土地需交纳高额的地租,广大人民生活日渐困难,阶级矛盾和社会矛盾日益尖锐。军事上军备废弛,军力衰败。思想文化上以程朱理学为官学,厉行专制主义,鼓吹忠君孝悌,以八股取士的制度笼络汉族士人,消除反抗情绪,同时强化精神统治,大兴文字狱,禁止一般士人研究和谈论现实问题,提倡训诂考据之学。外交上实行闭关锁国政策,严格限制对外贸易,限定广州一口通商,限制中国商民出海,同时颁行条例和章程严格约束外国商人。这些消极的防御手段都严重阻碍了中国人学习世界先进思想文化和科学技术的步伐。

与清王朝逐步衰败相对应的,是世界其他国家的崛起。特别是17至18世纪之间,欧洲某些国家发展到资本主义时代。早在14和15世纪,在地中海沿岸的某些城市已经稀疏地出现了资本主义生产的萌芽。15 世纪末新地理的发现和新航路的开通,产生了新的世界贸易和世界市场,大大促进了欧洲资本主义的发展。文艺复兴运动则冲破了中世纪神学蒙昧主义的精神束缚,为欧洲资本主义的产生做了思想上的准备。1640 年英国资产阶级革命的胜利,为资本主义的发展提供了政治上的前提和保障。到 18 世纪 80 年代,随着蒸汽机的发明和推广,英国产业革命迅速遍及机器制造业、冶铁业、采掘业和交通运输业等部门。19 世纪初汽船的发明和蒸汽机车的使用,使交通运输业突飞猛进,而交通运输业的突进,又进一步推动整个工业的全面发展。19 世纪上半叶,英国成了"世界工厂"和世界上唯一的资本主义强国,成为西方资本主义经济的典型。法国是仅次于英国的资本主义国家。沙俄、美国等相继踏上资本主义道路,并纷纷向海外扩张。

随着资本主义国家的崛起,一种新的体系——条约体系出现,对朝贡体系产生了巨大的影响。1648 年,随着《威斯特伐利亚条约》的签订,条约体系逐渐成为欧洲国家之间的主要国际交流体系。同时,殖民体系成为欧洲国家在与其他弱小部族交往时的主导体系。随着欧洲国家逐渐同东方世界直接接触,这几种国际关系体系之间的冲突便开始发生。1653 年,俄罗斯沙皇派遣使节,要求顺治皇帝向其称臣,成为俄罗斯的殖民地。这种要求理所当然地被中国的统治者拒绝,而反过来要求沙皇前来北京朝贡。经过长期的武力冲突和外交斗争,中俄双方都开始认识到对方的实力,最后于 1689 年,两国按照欧洲国际公法的惯例,签订了《尼布楚条约》,之后又在 1727 年和 1728 年相继签订了《布连斯奇条约》和《恰克图条约》,实际上确立了两国的平等地位。

同时,欧洲势力逐渐蚕食了中国周边的各个小国,使得朝贡体系内的成员大幅减少。清朝中期,朝贡国减少到七个:朝鲜、越南、南掌、缅甸、苏禄、暹罗、琉球。但是,这并没有动摇朝贡体系的基础。

鸦片战争以前,中国的对外贸易主要在广州进行。宋元以来,对外通商的海边城市不仅限于广州,福建的漳州、泉州、厦门,浙江的宁波、定海等地,都有相当大规模的海外贸易,但随着清朝的门户紧闭政策实施,逐渐就剩下广州一地了。1760 年至 1834 年,中国对欧贸易遵循一套"广州制度",外商服从持有特许证的中国垄断商,总称为"公行",当时有 13 个这样的公行,简称"十三行"。公行成员接受清廷委任的广州海关监督,权力层层下行。在广州对外国商人也是有种种限制的,买卖可以做,但做完了,就必须回澳门过冬。也不许带眷属,怕他们因此而盘踞下来。政府规定这些外商每月逢八(初八、十八、二十八)可以到十三行以外的城里走走,不许带武器,而且不许买中国书、学中国话。他们的一切商务只许同十三行的首领即行总接洽,外商给的官方文件,也由行总转交。这是固有的官场规矩,官员不与商人打交道。这些规定一开始外商虽不满意,但还能接受。随着英国商人占据外商的领导地位,特别是在他们控制了印度、建立东印度公司以后,英国人就要向这些中国规矩挑战了。1793 年,英国马戛尔尼使团在乾隆五十七年皇帝 80 岁大寿时出使中国,马戛尔尼提出的互派使节、签订通商条约等要求,均被乾隆帝以"不可更张定制"为由拒绝,乾隆让马戛尔尼带给英王乔治三世的信里也写道:"天朝物产丰盈,无所不有,原不籍外夷货物以通有无。"嘉庆年间,英国又一次派使臣来中国,但新皇帝给外使的待遇比乾隆时期还差。

这样的闭关锁国,让清王朝不可避免地衰落了,曾经的天朝上国变成了东方睡狮,中国封建社会也走到了尽头。"天朝"美梦沦落为迷梦。

三、迷梦变噩梦

于资本主义国家而言,闭关锁国但资源丰富的中国就是一块肥肉,即使摸一下也能粘得一手油。于是,为了征服中国,打开中国的大门,这些资本主义列强发动多次侵略战争。"天朝"迷梦演变为噩梦。

在广州的对外贸易中,中国在国际贸易中拥有巨大的顺差。因为中国人对西方的商品很少感兴趣,英国人不得不支付大量的黄金和白银。英国政府和资产阶级对于英中贸易的这种局面非常不满。为了开辟中国市场,扭转对华贸易的逆差局面,英国资产阶级无耻地向中国走私鸦片。乾隆初年,每年输入鸦片约四百箱(每箱约百斤)。乾隆禁止内地商人贩卖鸦片,但是没有禁住。到了嘉庆初年,输入量竟增加了十倍。嘉庆下令禁止进口鸦片,但是因为官吏腐败和查禁困难,销量还是继续增加。到了道光年间,仅 1828 年至 1836 年,从中国流出了 3800 万银元。鸦片走私给英国侵略者带来了巨额利润,它打破了中国对外贸易的长期优势,导致中国白银大量外流,直接造成了"银贵钱贱"的加剧,造成市场萧条、工商业萎缩。更为严重的是,鸦片走私严重败坏了社会风尚,破坏了中国的社会生产力。

罪恶的鸦片让清王朝的社会问题日益严重。清政府决定禁烟,但当时朝廷有两种意见:一派主张对鸦片贸易解禁,认为禁绝不如贸易合法化,加重关税;另外也可以自己种植,外洋没有利益,自然就不经营了,这样国家还可以获得巨大收入。另一派则坚持认为鸦片贸易属违法的和不道德的,主张严厉制裁那些吸食者。官员们都觉得这样做不妥当。最后,朝廷听从了林则徐的意见,决定从广州着手查禁,因为鸦片从那里涌入。1838 年 7 月林则徐给皇帝上奏疏,指出在南方应加强反对烟贩的斗争,将他们置于中国法律的管制之下。同年 12 月,林则徐被任命为钦差大臣,他雷厉风行地将英国人 20082 箱,合二百多万斤的鸦片付之一炬。

林则徐的销烟,成了英国向中国开战的借口。时值维多利亚时期,英国主持外交政策的是巴麦尊勋爵,这位好大喜功、不折不扣的帝国主义者迅速制定了对华战争的目标,中国不仅要赔偿英国人的损失,还要割地给英国以便其经商,同时还得保证自由贸易。1840 年 7 月,英国舰船北上,先占舟山群岛,继而北上天津。清朝皇帝和大臣慌了。朝廷查办了办事不利的林则徐,但这并没有平息英国人的怒火。琦善和英方义律签订了割让香港和赔款 600 万银元的和约,可对这个结果中英双方都不满意。1841 年 5 月,英国人攻占广州。广州陷落,清政府不得不花钱将城市赎买回来。

1841 年 8 月 21 日,璞鼎查率舰船 37 艘、陆军 2500 人离香港北上,攻破福建厦门,占据鼓浪屿,旋北进浙江,10 月 1 日攻陷定海,10 日陷镇海,13 日占宁波。时英军兵力不足,遂停止进攻,等待援军。厦门、浙东兵败后,道光帝又派吏部尚书奕经为扬威将军赴浙,并陆续调集兵勇以备反击。1842 年 3 月,奕经以兵力已足,决定水陆同时反击,企图一举收复宁波、镇海、定海。但接战均不利,纷纷撤回原驻地。3 月 15 日驻宁波英军乘势反攻慈溪和城西大宝山等地,清军大败,退守曹娥江以西。1842 年 5 月,英军放弃宁波,集中兵力北犯,之后进入杭州湾,继而进攻长江入海口一带的吴淞、宝山,得手后进而攻陷镇江。

在第一次鸦片战争中,广大爱国官兵积极抗英,抛头颅,洒热血。1840 年 6 月 30 日,英国侵略军沿海北上进攻福建厦门,闽浙总督邓廷桢率领官兵积极抵抗,击退了英军。1841 年 1

月初,英军发动突然袭击,攻占珠江口的大角、沙角炮台,副将陈连升、陈举鹏父子率守台官兵600余人坚守炮台阵地,全部壮烈殉国。2月下旬,英国侵略军进攻虎门炮台,六旬老将广东水师提督关天培督军力战,最后与将士400余人壮烈殉国。8月27日,英军进攻厦门,总兵江继芸力战阵亡,厦门陷落。9月26日,英军继续北犯浙江定海,主持浙江军务的钦差大臣、两江总督裕谦下令加强防御,坚决抵抗,总兵葛云飞、王锡朋、郑国鸿率5000守军奋力抵抗六昼夜,最终全军将士壮烈殉国。10月,英军进攻镇海,裕谦亲自登城指挥抗战,总兵谢朝恩战死。1842年5月乍浦之战中,八旗兵固守天尊庙,打退英军多次进犯。6月,英军侵入长江,攻打吴淞炮台,年近七旬的江南提督陈化成在孤军奋战的情况下,率5000余名官兵坚守吴淞西炮台,先后三次拒绝牛鉴的退兵命令,亲点大炮轰击敌舰,身中7弹而亡。7月21日,英军进攻镇江,副都统海龄率族将士殊死奋战,终因力量悬殊,守军全部战死。

但是面对侵略者的坚船利炮,中国军队的军备根本没有与之一战的能力。清军一路惨败,清政府不得不与英国妥协,1842年8月签订《南京条约》。该条约及其附件的主要内容包括以下几条:中国割让香港岛给英国;中国开放广州、福州、厦门、宁波、上海等五处为通商口岸,规定"值百抽五"的低税率,废除"公行"制度;中国向英国赔偿款项总数2100万银元,其中600万赔偿被焚鸦片;中英协定关税;领事裁判权;片面最惠国待遇;居住及租地权。中国割地、赔款、开放通商口岸、平等贸易,中国与英国的官方对等交往等。

英国人得到了他们想要的,美国人和法国人便接踵而至。但他们不再像英国得其所欲那样困难了,要什么中国方面都给,甚至连法国人提出的传教权,中国方面都答应。1844年,中美代表在澳门附近的望厦村订立中美《望厦条约》;1844年,中法代表在黄埔缔结中法《黄埔条约》。美、法根据条约中的"利益均沾"原则,取得了与英国相同的特权(除了割地赔款),还进一步取得了其他多项特权。西方另一些国家也纷纷趁火打劫,比利时、瑞典、挪威等国陆续取得五口通商的特权。葡萄牙还趁机篡取了中国澳门的管辖权。1851年,沙俄强迫清政府签订了《伊犁塔尔巴哈台通商章程》,获得在伊犁等地免税倾销商品的特权,同时享有领事裁判权,攫取了重大的经济特权。

鸦片战争前,清王朝的黑暗统治和地主阶级的残酷剥削,已使广大农民苦不堪言。鸦片战争后,帝国主义利用不平等条约所取得的特权,加紧对中国的经济掠夺,造成大批农民和手工业者破产。清政府为了支付巨额战争赔款,加紧对人民进行搜刮掠夺,加之连年灾荒,使得中国的社会危机更加严重。农民走投无路,纷纷揭竿而起,终于汇成了一股荡涤清王朝统治的革命洪流,这就是太平天国农民起义。

19世纪中期,广西闹灾,饥民纷纷暴动。1851年1月,洪秀全率领拜上帝教教众在广西省桂平县金田村发动起义,建号"太平天国",起义军称"太平军"。太平军一开始就遭到地主武装和清军的封堵。洪秀全指挥太平军东奔西突,在永安封王建制、制礼作乐、整饬军纪等,封杨秀清、萧朝贵、冯云山、韦昌辉、石达开为东、西、南、北、翼王,西王以下诸王皆受东王节制,组成太平天国的领导集团,初步建立了政权。1852年4月,太平军从永安突围,北上围桂林,克全州,入湖南,在益阳、岳州等地得到了大批船只和军械物资,建成一支强大的水师,沿长江水陆并进,挺进武汉。1853年1月,太平军攻克武汉三镇,队伍增至50万人,声威大震。2月,太平军从武昌出发,水陆并进,沿江东下,连克九江、安庆、芜湖等重镇,以势如破竹、排山倒海之势兵临南京城下。3月19日,太平军一举攻克南京,改名为天京,定为都城,正式建立了与清王朝对峙的农民革命政权。1853年5月8日,林凤祥、李开芳等率军一万数千名出师北伐。北伐军自扬州经仪征攻入安徽,连克滁州、临淮关、凤阳、亳州等地,一路势如破竹。后被清军截断在两地,5月31日,李开芳就俘,北伐失败。1853年6月,胡以晃、赖汉英、曾天养等率太平军溯江西上。西征军进展极为顺利,在取得江西大捷的同时,太平军相继击溃清军江北、江南大营,解除了威胁天京三年之久的军事压力,取得了又一个辉煌的胜利。自此,太平天国在军事上发展到全盛时期。1856年上半年,太平军西征和天京破围战的胜利使太平天国的领导人开始骄傲自满,热衷于个人的权势和地位,贪图享乐的思想普遍滋长。这造成各个将领之间矛盾重重,终于在1856年9月引发了"天京事变"。1857年6月,石达开负气出走,率领大批精锐部队脱离太平天国中心地区,远征西南,孤军流动作战,最后于1863年5月在四川大渡河畔全军覆灭,石达开被清军解往成都凌迟处死。天京事变和石达开的出走使太平天国元气大伤,出现"国中无人""朝中无将"的危险局面,太平天国由盛转衰。1864年3月,清军攻陷杭州,围攻天京,太平天国危在旦夕。6月3日,天王洪秀全病逝。7月19日,天京陷落,太平天国农民起义最终失败。

太平天国农民起义失败的客观原因是敌人力量的强大,中外反动势力相互勾结,形成封建势力和外国侵略势力的联合阵线,用残酷的手段和先进的武器联合绞杀了太平天国。太平天国农民运动虽然失败了,但这场波澜壮阔、气势宏伟的起义,历时14年,席卷18个省,先后攻克城镇600余座,建立起与清王朝对峙的政权,把中国历史上的农民起义推向了最高峰,具有伟大的历史意义。

四、金瓯跌破

西方列强通过第一次鸦片战争,打开了清王朝闭关自守的大门。但是,他们的许多工业品在中国市场还是滞销。在这种情况下,英法侵略者企图以"修约"来实现其新的侵略要求,但是遭到了清政府的拒绝,于是英法两国在1856年,分别以"亚罗号事件"和"马神甫事件"为借口发动了第二次鸦片战争。

1858年到1860年的第二次鸦片战争,是由于英、法、美三国试图通过修改条约增进其在华利益的努力遇到挫折而起的。当时在广州负责外交的是叶名琛。他对待外国人的方法是"死不交涉"。咸丰皇帝支持叶名琛的不妥协政策。在英国方面,此时出任首相的恰是巴麦尊。英法遇到了"死不交涉",只有动用老办法——开战。

第二次鸦片战争还是从广州起。1858年5月20日,英、法军舰闯入白河,炮轰大沽炮台,游击沙春元、陈毅率守台将士英勇还击,壮烈战死。1859年6月,英、法联军以庞大舰队"护送"使臣进京换约,向大沽口守军无理挑衅。守卫大沽口炮台的直隶提督史荣椿、大沽协副将龙汝元等在科尔沁亲王僧格林沁的指挥下,沉着应战,开炮还击。英、法联军舰队最后逃离战场。史荣椿、龙汝元等36名爱国官兵,也在这场血战中壮烈牺牲。1860年8月12日,英、法联军大举向新河、军粮城进犯,僧格林沁所部蒙古骑兵英勇冲锋反击,在侵略军猛烈炮火轰击下,数千精骑最后所剩无几。9月21日,清军与英法联军在八里桥激战,清军骑兵奋不顾身,直冲敌阵,但由于敌人火力过猛,伤亡惨重,最后全线溃退。19世纪60年代,中亚浩罕国军官阿古柏利用新疆发生的反清起义,在新疆建立分裂政权,英、俄也向这个伪政权伸以援手,俄国还乘机于1871年占据了伊犁。对此，湘军主帅左宗棠力主收复新疆。他主动请缨，于1876年夏毅然率军西征，其间克服无数艰险，不为英国施加的压力所动，在新疆人民的有力支持下，摧毁了阿古柏伪政权，收复了除伊犁之外的新疆各地。

可是勇猛无畏的爱国官兵救不了天朝的腐朽，英法帝国主义列强以摧枯拉朽之势横扫中国。沙俄舰艇也乘机开往瑷珲，强逼清政府与之签订了《中俄瑷珲条约》，中国向俄国割让了黑龙江以北六十多万平方公里的土地。接着，清政府又被迫与俄、美、英、法四国分别签订了《天津条约》，其主要内容为增开通商口岸，允许各国自由传教，继续赔款等。但西方列强亡我之心不死，其殖民利益永难得到满足。1860年，英法联军第二次攻入大沽口，直陷天津、北京，烧毁圆明园，清政府又被迫与英法两国签订了《北京条约》，除割让九龙给英国以外，又增加赔款，允许外国享有"领事裁判权"和"内河航行权"。

鸦片战争是中国历史的转折点，它揭开了中国近代历史的序幕。中国的社会性质也由此发生了根本性变化，从独立的封建国家逐步变成半殖民地半封建的国家。这是因为，鸦片战争之后，清政府被迫签订的《南京条约》等一批不平等条约，不仅成为外国资本主义干预控制中国内政外交的最重要手段之一，而且条约内容影响到中国政治、经济、军事、外交、司法、思想、文化等各方面。

对当时的朝廷而言，第二次鸦片战争的伤痛才是真痛。第一次鸦片战争，犹如被人一拳打在身上，疼，但不难看。第二次鸦片战争则不同，洋人可以把使节派驻到北京，即意味着天朝与这些远夷番邦平起平坐，这是有史以来没有的事情，"天朝"体制和美景就此破碎了。在炮火开道之下，他们居然也可以和"天朝"平起平坐，这给清朝统治者带来了无可言说的屈辱感。当时的皇帝咸丰虽然不是什么英明之主，但"天朝"皇帝的一切威严体统，他是很当一回事的。战争的失败，条约的签订，让他失去了治理国家的热情，甚至是活下去的兴趣，从此耽于酒色，以致病死。

第二次鸦片战争的直接结果之一，是1861年1月的总理衙门之设。它的全称是"总理各国事务衙门"，职权犹如今天的外交部，但实际权限却要大得多，所管理事务"不独繁于六部，而实兼综乎六部"，其地位一时间实际取代了军机处。它成了洋务运动的司令部和"新政"的枢纽之地。"外交部"职权很广，凡与外国相关的事务包括财政、军事、教育、制造、矿业、交通、边防之类的事情，它都管，下设同文馆、税务司等。作为外事衙门，它还在1866年派出了以英国人赫德为向导、斌椿带队的欧洲观光团。隔两年总理衙门还邀请美国退休的公使出访欧洲，说服西方不要对中国施加更大压力，以使中国更快地西化。而且，同文馆的外国教师还翻译了《万国公法》，中国人开始懂得在法律上"以夷制夷"，维护自己。这一切虽然是那样的忸怩矜持，但付出了沉重代价的"天朝"在金瓯跌破之后，最终还是屈尊迈出了这极其艰难的一步。

五、残局犹在

虽然经历了各种割地赔款，"天朝"的残局犹在。朝鲜还在以清朝为宗主，安南、暹罗、琉球等，还在按时朝贡。

而且，对外人让步，并不意味着内政有什么改变，恰恰相反，"王朝"制度仍然是不可侵犯的，中国古代政治上的一切黑暗见不得人的东西，也都样样俱在。那个高高在上的王朝，它的经国理念和它的一切惯例，一点儿也没有性质上的变化，一点儿也见不到要自我改造的意思。

历史给了"天朝"一个缓慢的适应过程，这也是一个认清自身缺陷并去粗取精的过程。从1840年至1911年清朝结束，约七十年。晚清七十年，每一步改革总是战败受创的结果。无两次鸦片战争，即无洋务运动；无甲午之败，即无变法维新；无"八国联军"，即无西太后的下诏立宪；最后是无立宪的骗局，即无民众对王朝最后的唾弃。清王朝的没出息、不足与之谋，就在"无……无……"的历史条件句式下步步现形，因为它在沉重打击下的"维新"，都不过是不得已的让步，骨子里却不想向前迈进一步。

在这段时间，有两股势力一直在尝试救亡。一股是大清国的统治者，以西太后和她那一班自私自利的当权者和拥护者为代表，他们的目标始终是大清国皇权不倒、既得权利一点也不能丢，一切改革都必须利于护卫手中既得的权利。为此，他们可以同意办洋务、造武器、练新军等，但若危害到他们手中权力，他们马上就翻脸，现出自己的本来面目。另一股则是仁人志士，他们的救亡是将保大清与保种、保民相结合，目的是在新的世界格局中使民族能自强自立。在相当长的时间里，两股势力为了同一个目的，携手同行，但最后，当大清统治者表露出自己真正的救亡目的，或者说是仁人志士们终于看清了大清统治者救亡的目的之后，终于分道扬镳。

尤值得一提的是，西太后为满足个人目的利用义和团仇外情绪，终于引来"八国联军"的入侵。在镇压了"戊戌变法"之后，西太后余恨未消，进而想废掉光绪另立新帝，遭到外国势力的反对。在西太后欲行废立之际，列强强烈反对，"忤逆"了她的权威，她要报复。于是，在端王载漪、刚毅、荣禄等支持下，西太后默许义和团进宫抓"二毛子"。而西太后利用义和团，是要杀中国所有的洋人。

义和团从山东兴起，原名叫义和拳，是民间反抗清朝的一种秘密结社。基本群众是农民，也有手工业者、运输工人、小商小贩及其他阶层人士参加，没有统一的组织和共同的领袖。1898年11月，山东"红拳"首领阎书勤和"梅花拳"首领赵三多率领义和拳拳众在冠县蒋家庄竖起"助清灭洋"的旗帜，攻打黑刘村和红桃园天主教堂，揭开了义和团反帝爱国运动的帷幕。义和团在山东兴起不久，就先后提出"助清灭洋""兴清灭洋"等口号，到1899年底，又打出"扶清灭洋"的旗帜，并逐渐为各地义和团所普遍采用，成为义和团的行动纲领。

义和团运动在山东省的迅猛发展，使帝国主义列强非常恐慌。美、英等国驻京公使不断催促清政府严厉镇压义和团，致使山东的义和团反帝斗争转入低潮。山东义和团除一部分留在当地坚持斗争外，主力分两路向北发展，一路沿运河开赴天津，一路沿卢保铁路向北京发展。两军在涿州、涞水一带大败清军，很快控制了京津地区，严重地威胁着清王朝的统治。这时，慈禧太后施展两面派的手段，决定对义和团采取"招抚"的办法，一方面利用义和团打洋鬼子，一方面又用假洋鬼子的手消灭义和团。1900年6月，义和团在得到慈禧太后的默许之后，三五十人一群，不分昼夜地进入北京，在北京焚毁教堂，打击外国侵略者，不断示威游行。同时，义和团也进入天津城，在城内划界管辖，守卫各城门，对外国侵略者进行斗争。义和团在北京、天津的迅速发展，鼓舞了全国人民。山西、陕西、河南、内蒙古、东北等地区也都爆发了义和团的反帝斗争。南方各省，反对教会侵略的斗争此起彼伏，与义和团反帝运动遥相呼应。中华大地上反对帝国主义侵略的怒潮汹涌澎湃。

帝国主义列强看到清政府已控制不住局势，便决定直接出兵，镇压义和团运动。1900年6月10日，八国联军侵华战争开始。义和团面对如狼似虎的帝国主义，奋起反抗。13日，联军分左右两路大举进攻天津城。次日,天津被八国联军占领。八国联军占领天津后,纠集了 2 万多人,出天津向北京进犯。14 日,日俄侵略军进抵北京城下,义和团和部分清军奋勇抵抗,打死打伤侵略军 300 余人。同日中午,英美侵略军抵达北京外城广渠门、东直门。由于此时守军大多前往城内助战,英美联军乘虚而入。14 日晚,日俄联军也攻入北京。义和团和部分清军在城内与侵略军展开激烈巷战。15 日,光绪皇帝及王公亲贵仓皇逃出北京前往西安,并将驻军主力董福祥等部调往沿途保护,清军主帅荣禄也于同日弃城逃跑。17 日,北京落入敌手。慈禧太后从北京出逃西安途中发布上谕,命令官兵对义和团严行惩办。义和团反帝爱国运动在中外反动派联合绞杀下失败。

西太后利用义和团,给国家民族带来更大的灾难。但是,历史的进程就是这样环环相扣。无"八国联军"的入侵及西太后在入侵下的出逃,就没有她的下诏改制。1901 年 2 月,西太后回京之前,下达"预约变法"的诏令。1901 年到 1911 年,历史又给了清王朝十年的时间。1906 年,也就是日俄战争结束,西太后才加以考虑。朝廷曾派载泽等五大臣出洋考察,载泽回国后,给西太后密疏,上面说,以日本的情况看,立宪不仅无碍皇室权利,反而更有利于皇室特权。这样一来,她才放了心,下诏宣称准备实行日本式的立宪。"准备"的时间以朝廷的如意算盘需要九年,也就是要到九年以后,才颁布宪法,实行宪政。时为立宪领袖人物的张謇也一再以"国运非收拾人心,无可挽回;人心非实行宪政,无可收拾"对朝廷提出警告。西太后和她那些昏聩大臣们对这样的忠告置若罔闻,认为只要先从一些次要的方面做一些改革,就可以笼络人心。于是,朝廷从教育改起,先是改革科举考试内容,进而废除科举,办新式学校;向国外派遣留学生,并把一些回国留学生吸收到政府部门来。同时改革军事,建立新军。朝廷还撤换、增加了一些部门,如商部、民政部和学部及审计院、大理院和咨政院等。但是,伴随这一系列改革措施的是在中央和地方满族出身官员的权力加大,汉族出身的官员权力被削减。这样的倾向在西太后死后,变得更加明显。宣统即位后,醇亲王载沣摄政,他比西太后还没见识,朝廷在立宪派强烈呼吁下成立的所谓责任内阁,十三名大臣中有八名是满族;八名满族成员中,五位是皇族。但是,立宪派仍没有抛弃朝廷,他们还在做着争取早日"立宪"的努力。1910 年 16 个省、51 名咨议局立宪派代表聚集上海,组成咨议局联合会。随即,该组织派代表前往北京,要求迅速召开国会。此后,在同年的 7 月、10 月又继续向朝廷请愿。为期一年的请愿,还是被朝廷解散。立宪派终于看清楚,自己是在自取其辱,于是想要推翻旧政府。也正因为如此,武昌城的革命党起义,马上就获得了各省的响应,最终清朝土崩瓦解。

第二节　民族危机与思维转型

中日甲午战争,酿成了中国近代史上又一次巨大的历史灾难,造成了中华民族的空前耻辱,同时也促成了全民族的觉醒,导致了近代思潮的剧变,引发了传统思维的转型。

一、民族危机意识的深化

鸦片战争以来,随着西方列强的不断入侵,传统的"中夏外夷"的民族意识被注入了抵御西方列强侵略的新内容,在思想界逐渐复苏和强化。尤其是第二次鸦片战争失败以后,统治阶级集团内部的有识之士就已经感觉到这是中国历史上前所未有的巨大"变局",自己所遇到的敌人已不是过去的"边患",而是一个十分强大且难以对付的竞争对手。于是练海军、办工厂,"自强""求富",发起了洋务运动。但是,苦心经营了二十多年的洋务事业,却在甲午之战中毁于一旦,而且败得是那样惨,条约定得是如此苛刻。这无疑是一种巨大的冲击,强烈地震撼了国人的心灵,使蔓延已久的"变局"观念扩大为普遍的全民族的危机意识。

最先感到这种危机的是一批思想敏锐的有识之士。著名经学大师皮锡瑞说:"自甲午战败,各国对我态度顿变……外患日亟,国势危弱,朝野咸主变法自强。"①《马关条约》签字的消息传来,黄遵宪痛心疾首。在给好友建侯的信中说:"新约既定,天旋地转。"这个条约不仅把"东南诸省所恃以联络二百余年所收为藩篱者","拱手而让之他人","而且敲骨吸髓,输此巨款,设机造货,夺我生产"。他发出了"时势至此,一腔热血,无地可洒"②的深沉叹息。甲午战败对中国知识界的冲击不言而喻。

戊戌维新的杰出代表康有为,也正是在这时崭露头角的。他目睹和约签订后"举国哗然"的社会现实,说:"非经甲午之役,割台偿款,创巨痛深,未有肯翻然而改者。至此天下志士,乃知渐渐讲求,自强学会首倡之,遂有官书局、《时务报》之继起,于是海内缤纷,争言新学,自此举始也。"③于是,他毅然于1895年集合激荡已久的京师与地方改革力量,发起"公车上书",从而揭开了维新运动的序幕。在几次上书中,康有为深切地揭示当时普遍存在的严重的社会、政治和生存危机,反复陈述这种危机感,旨在长鸣警钟,刺激统治者麻木的神经,唤醒昏睡且不明世界大势的国人。维新派主张开国会,立宪法,实行君主立宪制度,发展资本主义。他们组织学会,开设学堂,创办报刊,积极宣传维新变法主张。1898年6月,光绪帝颁布"明定国是"诏书,宣布变法维新。但是,这个运动只是少数知识分子、官绅依靠无实权的光绪皇帝来开展的,没有群众基础,也没有实力,变法新政只推行了103天,慈禧太后为首的保守势力就发动政变,以谭嗣同等"六君子"的流血牺牲而告终。除在思想文化上的影响外,变法的内容只剩下京师大学堂和保甲制度。

梁启超一直追随康有为从事维新运动。1896年至1897年间,他写了《变通议》《论君政民政相嬗之理》《说群》等重要文章。在这些文章中,他比较系统地阐述了维新变法的理论。他强调变法为"天下之公理","可以保国""可以保种""可以保教"的必要性。在变法的内容上,他认为必须改封建专制政体为君主立宪政体,反对皇帝把国家当作私产,主张"伸张民权",而其急务则是兴报馆、开学校、育人才、变科举、改官制等。梁启超的民权学说对封建君主制无疑是一种冲击。

谭嗣同也积极投身于变法救亡的政治活动。1897年,他写成了《仁学》一书,根据自然界和人类社会不断变化的现象,对封建专制加以猛烈抨击,对守旧思想进行批判,号召人们勇敢地"冲决"纲常名教的"网罗"。他还宣传资产阶级的自由平等和个人"自主之权"。他是维新派中的激进分子。

① 皮名振.皮锡瑞年谱[A].戊戌变法(第4册)[C].上海:上海人民出版社,1957:192.
② 陈铮.黄遵宪全集(上)[M].北京:中华书局,2005:351-352.
③ 汤志钧.康有为政论集(上)[M].北京:中华书局,1981:238.

严复将达尔文的"物竞天择,适者生存"的生物进化原理运用于人类社会,用来警醒人们,给当时的维新运动提供了武器。1895 年,他在天津《直报》上发表了《原强》《辟韩》《救亡决论》《论世变之亟》等一系列政论文章,抨击封建专制,倡导资产阶级民主,以新学(西学)为武器,向封建文化开火。他反复申言古今形势不同,非变法不足以图存。他还提倡实行地方选举,设置议院并进而建立君主立宪制度以"新民德"。

这批维新思想家,以比他们的前辈勇猛得多的姿态,在意识形态领域中做了大量宣传启蒙工作,终于在中国近代史上掀起向封建意识形态第一次冲击,使得维新思想在中国大地上汹涌激荡开来。

民族危机意识成为具有不同政治倾向、政治观点的思想者选择中国出路的共同的基点。中国民主革命的先行者孙中山,在这场巨大的危机刺激下,彻底放弃了改良政治的希望,进而举起了反清革命的大旗。

章炳麟发表了《驳康有为论革命书》,邹容写了《革命军》,陈天华出版了《警世钟》《猛回头》,都对清政府的统治进行了猛烈的抨击,号召人民起来反抗。资产阶级革命团体也在各地成立,具代表性的有华兴会、科学补习所、光复会、岳王会等。1905 年 8 月,同盟会在东京成立,孙中山任总理。1905 年,孙中山在《民报》发刊词中,阐发了三民主义思想。

华侨革命家谢缵泰感慨风云,悲愤时事,特意绘制了《东亚时局形势图》。该图以熊代表俄国,以犬代表英国,以蛙代表法国,以鹰代表美国,以太阳代表日本,以肠代表德国。将这些代号放置到中国地图上,形象地揭示了列强瓜分中国的急迫情形。画完图,意犹未尽,于是在图边题诗一首:"沉沉酣睡我中华,那知爱国即爱家,国民知醒宜今醒,莫待土分裂似瓜。"警告国人速起救亡。

甲午战争之后,高涨的民族意识,具有两个鲜明的特征。

第一,社会覆盖面较以往更为广泛。丧师失权、割地赔款的深创巨痛,震惊朝野,在社会的表层和中层,人心激愤,"士气大昌",形成了"慷慨爱国之士渐起",关心国事、忧患时局者"在所多有""遍地皆是"的态势[①]。即使是平时相对远离政治中心的社会底层,也是"人心愤激久矣。每言及中东一役,愚父老莫不怆然泣下"[②]。素朴的乡村民族意识,逐渐在酝酿,在扩散。

第二,人们对民族命运的自我体认比以往远为深刻。资本帝国主义势力迫在眉睫的威胁,造成了思想界空前的屈辱感。中西政治制度、经济格局的强烈反差,导致了人们深切的落伍感。这激发了国人不甘于沉沦的自尊心,迫使人们在面临外部挑战时做出民族生存的抉择,倡扬民族意识,争取民族自存,从而迈出了自我改革的艰难一步。因而也可以说是危机蕴含着转机。

二、资产阶级新文化运动

1894 年爆发的甲午战争,应该说是中国近代思想文化新旧转换的分水岭,揭开了近代资

---

① 中国史学会.戊戌变法(第 1 册)[M].上海:上海人民出版社,1957:303.
② 故宫博物院明清档案部.义和团档案史料(上册)[M].北京:中华书局,1959:178.

产阶级新文化运动的序幕。

首先，认同西学，成为文化界越来越多的人的共识。甲午战争惨败的严酷事实，迫使更多的人不得不去了解"近日列国情事"，从而以广阔的视野，去注视那异彩纷呈的外部世界，承认西方资本主义的进步性，肯定向西方学习的必要性。

其次，对中国政治制度和文化传统的初步反思。仁人志士通过探讨中国败于日本的原因，对封建君主专制政体的合理性产生了质疑。在康有为等人看来，中国败于日本，固然有武器陈旧、枢臣主和、战将贪懦、士兵怯弱、调度无方等因素，但究其主要原因，还是在政治制度的陈旧和腐败。他们进而指出，君主立宪政体的日本战胜君主专制政体的中国，是历史之必然，墨守成规，不知变革；上下不通，君主孤立；对内镇压，对外屈服，都是专制主义所酿成的弊端。康有为等人站在改革现行政治体制的认识高度，既肯定了风行几十年的洋务运动具有某种近代化的先驱作用，又对其严重局限性提出了批评。严复更痛斥洋务派是"盗西法之虚声，而沿中土之实弊"[①]。他一反洋务派所津津乐道的"中体西用"的文化主张，对近代西方"自由为体，民主为用"的体用合一论表示了高度赞赏，从而给中国政治文化思想注入了新的内涵。接触西学比较早的康有为、梁启超、严复等人，此时更以他们的中西文化功底，通过初步的文化比较和类比，批判旧学，反思中学，推崇西学。

三、爱国团体与救国思潮

甲午战后的民族危机意识和文化更新要求，致使爱国主义思潮的涌动和昂扬。19世纪的最后几年，爱国救亡运动席卷神州大地，关心国事、参与政治的阶级、阶层和社会组织超过了以往历史上的任何一个时期。这个世纪下半期在思想界逐渐形成的"变局"意识和主权观念，经受更为深刻的民族危机的刺激，迸发为振动人心的救亡呼声。

1888年4月，康有为等维新志士在北京组织保国会，大声疾呼亡国在即，"惟有合群以救亡，惟有激耻以振之。"一时间，"国民""国地""国教""国耻"成为流行性的政治概念；"立国自强"成为思想界共同的认识。

与此同时，地处偏僻的冀鲁交界地区，以乡野民众为主干的义和拳（人称义民会）也发出第一批传单，召示"各省爱国志士"行动起来，用暴力驱逐蹂躏自己故土的征服者。

1894年11月，孙中山在檀香山联合进步华侨20余人，创立了中国第一个资产阶级革命团体兴中会。兴中会的宗旨是"振兴中华，维持国体"，并以"驱除鞑虏，恢复中华，创立合众政府"为革命纲领和奋斗目标。次年2月，孙中山在香港成立了兴中会总会，并建立健全了各级组织。兴中会的成立，标志着以孙中山为代表的资产阶级革命派的初步形成，也标志着资产阶级革命派领导的民主革命——辛亥革命阶段的开始。孙中山提出用革命手段推翻清政府的统治，并于次年在广州发动起义，失败后继续从事武装反抗清政府的斗争，宣传与组织活动也蓬勃开展起来。《兴中会宣言》的中心思想，就是唤醒全中国人民奋发图强，通过改变专制制度来挽救民族危机。这正是革命志士和爱国侨胞危机意识的强烈流露。

---

① 严复.严复集[M].北京:中华书局,1986:48.

　　兴中会成立后,孙中山以香港为据点,积极发展组织,筹集经费,购买武器,联络会党,准备武装起义。经过半年多的准备,决定 1895 年 11 月 26 日在广州起义。因消息走漏,参加起义的 70 多人被捕,革命志士陆皓东等多人牺牲,孙中山被迫流亡国外。此后,孙中山一面与坚持保皇的康有为等人展开思想论争,一面继续组织、发动了多次武装起义。虽然这些起义都失败了,但在国内外却产生了重大的影响。

　　在民主革命思想广泛传播和革命形势不断发展的基础上,资产阶级革命团体也相继出现,其中影响比较大的有华兴会、科学补习所和光复会。

　　华兴会是由黄兴等人创建的。1903 年夏,黄兴联络宋教仁、谭人风等二十多人,于 1904 年 2 月 15 日成立华兴会,黄兴为会长。它的主要成员是留日学生和国内新式学堂出身的知识分子,先后参加者约有四五百人。华兴会成立后,经过半年多的联络和准备,黄兴等决定在当年 11 月 16 日湖南全省官员在长沙集会庆祝慈禧太后 70 寿辰之际发动起义,后因计划泄露,起义未及发动即遭破坏,黄兴等人被迫出走日本。

　　科学补习所是湖北最早出现的革命团体。1904 年 6 月,由革命志士刘静庵、张难先等在武昌成立,暗中宣传鼓动革命,后因响应华兴会起义事败而中止活动。不久,刘静庵等利用有合法地位的教会阅览室——日知会,继续进行革命宣传,暗中联络同志,于 1906 年 2 月重新组织了秘密的革命团体,名称也叫日知会。从科学补习所到日知会,湖北革命志士一直把运动新军作为开展革命活动的主要对象,全力在新军中发展和组织革命力量,为以后辛亥武昌新军起义做出了重大贡献。

　　光复会是由江浙革命志士创立的。主要发起者有陶成章、龚宝铨、蔡元培等。1904 年 10 月,光复会在上海正式成立,推举蔡元培为会长。同年 12 月,陶成章又在日本东京建立光复会分部。在陶成章等人的努力下,光复会以会掌、新军和青年学生为联络对象,很快便发展成为江、浙、皖一带势力最大的革命团体。

　　1904 年前后,各地还先后成立了其他一些革命小团体,如福建的汉族独立会、安徽的岳王会、江苏的强国会、江西的自强会,等等。这一系列革命团体的建立,充分说明了资产阶级革命力量的发展和壮大。革命团体的建立,不仅成为资产阶级民主革命发展的重要标志,而且也为统一的资产阶级革命政党同盟会的建立奠定了基础。

　　这些团体虽然各自代表了不同的阶级和阶层,从思想到组织上不存在任何联系,他们的救亡思路和政治实践,也有许多互相抵牾,甚至格格不入之处。但是,这几个团体在短短的几年时间内,都相继发出了振兴中华的口号,聚集起斗争的人群。这足以说明救亡图存已经成为时代的要求,社会的主流,历史的必然。

　　1905 年夏天,孙中山从欧洲到达日本,先后与黄兴、宋教仁等革命团体的负责人交换意见,商讨成立统一政党的问题,得到他们一致的赞成。7 月 30 日,各革命团体代表在东京召开筹备会,参加者有各革命团体的代表以及留学生、旅日华侨的代表共 70 多人。大会公推孙中山为会议主席,一致同意新团体定名为"中国同盟会",简称"同盟会",以孙中山提出的"驱除鞑虏,恢复中华,创立民国,平均地权"作为政治纲领。1905 年 11 月,同盟会机关报《民报》创刊。孙中山在《民报发刊词》中,将同盟会的 16 字政治纲领归结为民族、民权、民生三大主义,简称三民主义。这是孙中山民主革命思想的集中概括。民族主义包括"驱除鞑虏,恢复中华"两项内容,即进行民族革命,推翻以清朝贵族为首的清政府,解除国内民族压迫,"光复我民族的国家"。民权主义的内容是"创立民国",即进行政治革命,推翻封建君主专制主义统治,建立资产阶级民主共和国,这是孙中山三民主义思想的核心。民生主义的内容是"平均地权",即进行社会革命,其核心是解决土地问题。孙中山的三民主义,是中国旧民主主义革命时期比较完整的资产阶级民主革命纲领。它表达了民族资产阶级、小资产阶级在政治上和经济上的革命要求,反映了中国人民争取民族解放和民主权利的迫切愿望,因而成为资产阶级革命派的战斗旗帜,成为动员和鼓舞广大群众起来推翻清王朝,建立资产阶级民主共和国的有力的思想武器。

同盟会成立后,以孙中山为首的革命派,通过报刊广泛宣传三民主义,推动了民主革命运动的发展,并迅速占据了进步舆论的中心领导地位,受到海内外进步知识分子的广泛欢迎。但以康有为、梁启超为代表的改良派仍然顽固地坚持保皇立宪道路,攻击和诬蔑革命。为了扫除革命道路上的思想障碍,自 1905 年至 1907 年,革命派与改良派在思想领域内展开了一场激烈论战。论战的焦点主要是围绕三民主义进行的,即要不要"反满"和以暴力推翻清王朝的统治,要不要实行民主政治、建立资产阶级共和国,要不要改变封建土地所有制等三大问题。通过两年的论战,革命派进一步划清了与改良派的界限,在舆论上为即将到来的资产阶级革命高潮做了准备。通过论战,使同盟会的政治纲领更加深入人心,促使更多的知识分子冲破君主立宪的思想束缚,投身到革命事业中来,壮大了革命阵营。

同盟会成立后,资产阶级革命派在同改良派进行论战的同时,从 1906 年底到 1911 年武昌起义爆发之前,发动了一系列武装起义,沉重打击了清政府的统治。1907 年 5 月至 1908 年 4 月,在不到一年的时间里,孙中山直接领导同盟会在华南沿海和沿边地区连续发动了六次武装起义,分别是饶平黄冈起义、惠州七女湖起义、防城起义、镇南关起义、钦州马笃山起义以及云南河口起义。与孙中山发动起义的同时,光复会在浙江、安徽发动了两次起义。1911 年 4 月27 日,同盟会再次在广州发动起义。由于寡不敌众,起义失败。事后,广州人民收殓烈士遗骸72 具,合葬于广州郊外的黄花岗,史称"黄花岗七十二烈士"。这次起义也因此被称为"黄花岗起义"。

1911 年 10 月 10 日,革命党人发动武昌起义。11 日晚和 12 日晨,驻汉阳、汉口的新军先后起义,武汉三镇完全为革命党人所控制。武昌起义胜利后,国民党人面临的紧迫任务,是建立革命政权,扩大革命的成果,把革命继续推向前进。经过协商会议,决定推举清朝高级军官、第二十一混成协(旅)统领黎元洪为军政府都督,推举原湖北省咨议局议长汤化龙为民政部长。黎元洪被迫就任,湖北军政府就这样成立了。湖北军政府成立后,在策反清军、对外宣传、稳定社会、保护工商业等方面做了大量的工作,为以后其他各地军政府的建立树立了榜样。

12 月 25 日,孙中山从海外回到上海,受到革命党人和各界民众的热烈欢迎。29 日,17 省的代表在南京续会,决定选举临时大总统,最终孙中山以 16 票的绝对多数,众望所归地当选为中华民国临时大总统。1912 年 1 月 1 日,孙中山在南京宣誓就职,宣告中华民国临时政府成立,接着发布《临时大总统宣言书》和《告全国同胞书》,提出中华民国临时政府的任务是"尽扫专制之流毒,确定共和,以达革命之宗旨"。以孙中山为首的南京临时政府,是资产阶级领导的民主革命的产物。临时政府中虽然有立宪派和旧官僚参加,但资产阶级革命派居于领导地位。临时政府在其仅存的三个多月里,颁布了一系列有利于推行民主政治和发展资本主义的政策和法令。

临时政府成立时面临的状况是极为困难的。政治上，临时政府并未实现真正的统一。革命党内部"意见不相统属，议论歧为万途"，许多同盟会员蜕化变质，和立宪派、旧官僚打得火热，为猎取个人权位而组成了形形色色的政治团体；外交上，帝国主义列强对南京临时政府不予承认，使临时政府面临着巨大的压力；财政上，由于帝国主义的破坏和临时政府内部的不统一，始终面临着严重的财政困难。种种情况表明，南京临时政府日益面临着严重的危机。

11月26日，英国驻华公使朱尔典和执掌清政府军事大权的袁世凯密谋后，由英国驻汉口领事出面，向湖北军政府提出南北停战议和的建议。武昌方面表示接受。12月初，南北双方达成停战协议。12月18日，袁世凯的代表唐绍仪和南方各省军政府的代表伍廷芳，在上海开始了和平谈判。当南北议和代表举行第二次会议时，驻上海的英、美、俄、日、法、德等六国总领事向双方代表提出照会，要求其尽快和解，停止冲突，实际上是迫使南方革命势力向袁世凯妥协。

在外受帝国主义、北洋军阀的压力，内受立宪派、旧官僚和革命派妥协势力包围的情况下，孙中山被迫在1912年1月发表谈话，提出只要清帝退位，袁世凯赞成共和，革命党人就同意让出政权。袁世凯在得到南京临时政府的保证之后，即开始逼迫清帝退位。2月12日，清帝被迫宣布退位，宣告了统治中国260多年的清王朝的结束。13日，袁世凯声明赞成"共和"，孙中山辞职。2月15日，临时参议院选举袁世凯为临时大总统。4月1日，孙中山正式解除临时大总统的职务。次日，临时参议院决议将临时政府迁往北京。至此，袁世凯窃取了辛亥革命的胜利果实，成立不到百日的南京临时政府不幸夭折，革命遭到了严重的挫败。

1913年，宋教仁在上海火车站被枪击逝世，幕后主使正是袁世凯本人。"宋案"真相大白后，全国哗然。孙中山从迷雾中惊醒，立即主张兴师讨袁。眼见自己阴谋败露，袁世凯下动员令，准备以武力消灭国民党在南方几省的势力。1913年6月，袁世凯借口江西、广东、安徽各省的都督不服从中央，派兵南下，进入江西，发动反革命内战。7月12日，江西都督李烈钧在江西湖口誓师讨袁。15日，黄兴在南京响应，成立讨袁军，誓师讨袁。接着，上海、安徽、湖南、广东、福建、重庆等省市先后宣布独立。这就是"二次革命"。在袁世凯的进攻面前，国民党人被迫应战。但由于指挥不统一，一开始就处于被动挨打的局面。不到两个月，南方诸省的国民党军队就被袁世凯击溃，"二次革命"终于失败，孙中山、黄兴只得流亡海外。

"二次革命"是辛亥革命的最后一战。它的失败，标志着辛亥革命无可挽回地失败了。历史进入了北洋军阀的统治时期。"二次革命"被镇压后，袁世凯加速了在全国实行独裁统治的步伐。袁世凯在帝国主义的支持下，从临时大总统到正式大总统，进而成为终身总统，但他还不满足，又进而想当皇帝，做起了帝制复辟的美梦。为达目的，他甚至不惜出卖国家主权以换取帝国主义的支持。为了反对袁世凯的独裁统治，孙中山流亡日本后，继续举起反袁的旗帜。以反对袁世凯称帝为宗旨的护国运动，在维护资产阶级共和制度、反对复辟封建帝制方面，顺应了中国历史的发展潮流，得到了人民群众的支持，取得了埋葬"洪宪帝制"的胜利。但这并没有改变中国的半殖民地半封建的社会性质。

第三节　中华民族的抗争

一、日本全面侵华

日本对外侵略扩张的野心由来已久,明治维新之后,日本就将军事立国、对外扩张作为基本国策。19 世纪末 20 世纪初,日本通过中日甲午战争和日俄战争,侵占中国台湾,吞并朝鲜,夺取了库页岛南部及沙俄在中国东北地区的特权,并确立了对中国东北的半殖民地统治地位。此后,日本进一步加紧了对华的侵略扩张,图谋独占整个中国。

1931 年 9 月 18 日晚 10 时 20 分,日军按照预定计划,在沈阳北郊柳条湖附近引爆安放在南满铁路上的炸药,反诬中国军队炸毁南满铁路,进攻日本铁路守备队,借此大举进攻东北军北大营,并于 19 日晨完全占领沈阳,史称"九一八"事变。自此,日本变中国为其殖民地的阶段开始,中国人民局部的抗日战争也从此开始。

"九一八"事变发生后,国民党政府对日本侵略采取了不抵抗政策。至 9 月 19 日,营口、安东、长春、鞍山、四平、吉林等 20 余城相继沦陷。不到一周,日军即占领辽宁、吉林两省,到 1932 年 2 月 5 日,哈尔滨沦陷。1932 年 1 月,日本侵略者在上海制造了"一·二八"事变,并借机策动在日租界居住的清废帝溥仪于 3 月 1 日宣布建立傀儡政权伪满洲国。至此,东三省彻底沦为日本帝国主义奴役下的殖民地。之后,日本帝国主义的侵略野心进一步膨胀,开始加紧了对华北地区的侵略活动,并最终发动了华北事变。自 1934 年开始,日本先后在华北制造了"张北事件""香河事件""冀东事件"等事端,迫使国民党政府签订了一系列不平等协议,如《塘沽协定》《何梅协定》《秦土协定》等,攫取了河北、察哈尔两省的大部分中国主权。1935 年,日本侵略者又积极策动所谓华北五省"防共自治运动",对中国华北地区的主权进行粗暴的践踏和肆无忌惮的侵夺。

面对日本对华北的侵略,南京政府继续妥协退让,丧权辱国,步步撤退,导致日军得寸进尺,越发贪得无厌,华北和中华民族产生了空前严重的危机。1936 年初,日本将派驻天津的天津驻屯军改称为华北驻屯军。4 月,日本决定向华北增兵,并不断在华北地区制造事端,为发动全面侵华战争寻找借口。1937 年 7 月 7 日晚,日军以演习过程中听到枪声,并走失一名士兵为由,要求进入宛平城内搜查。次日凌晨,日军乘双方交涉之际,向宛平城发起进攻,卢沟桥事变爆发。7 月 26 日,日军增至 10 万人,对平、津中国守军实行包围。28 日,日军猛攻第二十九军军部所在地北平南苑,中国军队伤亡 5000 余人,第二十九军副军长佟麟阁、第 132 师师长赵登禹壮烈殉国,中国守军被迫撤离。29 日、30 日,北平、天津相继沦陷。8 月 9 日,日本驻上海的海军陆战队军官大山勇夫等两人驾车强行冲入虹桥中国军用机场,被中国守军击毙。日本以此为借口,向上海大举增兵,扩大战端。8 月 13 日,日本海军陆战队向驻守上海的中国军队发起进攻,中国守军奋起还击。至此,日本侵华战争全面发动。

（一）中华民族局部抗日救亡运动

日本在发动了全面侵华战争之后，对殖民区采取了残暴统治。比如，日本发动了多次惨绝人寰的南京大屠杀、抚顺大屠杀等，在殖民区疯狂地掠夺财富和资源，对殖民区的经济进行全面垄断；设立细菌研制基地，大量生产细菌武器，还灭绝人性地用活人进行细菌实验；实行法西斯文化统治和殖民主义的奴化教育，以期从精神上摧残中国人民特别是青少年的民族意识等。面对日本的野蛮侵略，中国人民奋起反抗，抗日救亡运动日益高涨。

1. 中国共产党的抗日救亡运动

中国共产党及其领导的人民与军队也是局部抗日救亡运动的重要力量。中国共产党坚决反对国民党政府实行对日不抵抗政策，提出了以武装民众的民族革命战争来抵抗日本帝国主义侵略的抗日救亡主张。中共中央全力以赴投入发动和领导东北民众武装抵抗日本帝国主义侵略的伟大斗争。他们一面创建反日游击队，组建东北抗日联军，另一面到各部义勇军中，开展士兵工作，协助指导作战，以开辟抗日游击区。从1933年下半年到1936年初，中共中央下令以游击队为基础组建了东北人民革命军七个军，成为东北抗日游击战争的中坚力量。

2. 东北义勇军的抗日救亡运动

"九一八"事变后，东北军部分将领出于民族义愤，拒绝政府当局的不抵抗命令，奋勇抗战，其中，以马占山的江桥抗战最为激烈、战绩最为显著。此外，以东北军爱国官兵和山林队等为基础，东北各地民众自发组成了义勇军、自卫军、救国军、游击队、红枪会、大刀会等各种名义的抗日武装。这些抗日武装以抗日救国的目标为共同目标，被统称为义勇军。他们英勇抗日，给日伪军以沉重的打击，发扬了中华民族不屈不挠的斗争精神，激发了中国人民的爱国热情。但义勇军由于缺乏统一领导和指挥，军需供给短缺等各种原因，在日军的疯狂反扑下，到1933年大部分失败了。

3. 国民党的抗日救亡运动

随着日本由东北向华北以蚕食的方式不断加深对华侵略，国民党政府也被迫进行了以消极抵御以求妥协和平的局部抵抗，爱国官兵有的是自发地独立组织并领导局部地区的抗战。国民党军队进行的局部抗战主要包括淞沪抗战、长城抗战和察哈尔抗战。

虽然中国的局部抗战沉重打击了日本侵略者，推动了抗战形势向前发展。但是，局部抗战并不能阻挡日本侵略者的疯狂进攻。

（二）确立抗日民族统一战线

面对中华民族的民族危机日益严重的形势，中国共产党继续高举抗日的旗帜，希望建立以国共合作为基础的抗日民族统一战线，抵抗日寇的侵略。为此，中国共产党进行了长期不懈的努力。

1935年8月1日，中共驻共产国际代表团，以中共中央和中华苏维埃政府的名义，发表了《为抗日救国告全体同胞书》（即著名的"八一宣言"），号召停止内战，一致抗日，组织国防政府和抗日联军。1935年12月,中共中央在陕北瓦窑堡召开政治局扩大会议。这次会议确定了建立抗日民族统一战线的策略方针。会后,毛泽东又作了《论反对日本帝国主义的策略》的报告,系统地阐述了党的抗日民族统一战线的重要性及其策略方针,提出党的任务就是把红军的活动和全国的工人、农民、学生、小资产阶级、民族资产阶级的一切活动汇合起来,成为一个统一的民族革命战线。瓦窑堡会议后,中国共产党领导建立抗日民族统一战线的工作卓有成效地开展起来。

不过,国民党对于合作抗日的态度,始终不明确。蒋介石虽然在抗日的态度上比较坚决,但仍然没有放弃与日媾和的幻想,因此,他拒绝与共产党合作。后来,随着"七七"事变的爆发以及日军大举进攻上海,国民党统治的中心地区直接受到威胁,蒋介石急需西北红军出师作战,终于同意承认共产党及其军队的合法地位。

中国抗日民族统一战线正式形成后,国共两党领导的抗日军队,分别担负着正面战场和敌后战场的作战任务。其中,国民党正面战场是抗日战争的主战场,国民政府组织了一系列的大规模会战,如淞沪战役、晋北忻口战役、徐州和武汉战役等,沉重打击了日军的嚣张气焰,是中国抗日战争乃至世界反法西斯战争的一个重要组成部分。中国共产党及其军队对于敌后战场的开辟,游击战争的广泛开展,对于全民族抗战胜利的赢取,发挥着重大的历史作用。总之,国共两党的正面战场和敌后战场的作战,互相配合,协同作战,形成共同抗击日本侵略者的战略态势,并保证了抗日战争最终取得胜利。

在抗日民族统一战线的旗帜下,中国社会各个阶级、阶层、各个政党和群众团体,迅速掀起了全民族团结抗战的新高潮。全国人民以各种方式积极参加抗战,支援前线。各地纷纷组织了文化界、职业界、学生界、工人界、妇女界等救亡协会,用演讲、歌咏、戏剧、播音、出版、散发传单、张贴标语等形式,进行抗日宣传。中国的其他党派如中华民族解放行动委员会、国家社会党、中国青年党、中华职业教育社、乡村建设派等,一致拥护国共两党合作抗日。宋庆龄接受中共中央建议,从上海移居香港,于1938年6月成立保卫中国同盟(简称保盟),呼吁世界人民援助中国抗战。各少数民族与汉族人民一起,以各种方式投入抗日斗争。海外华侨始终与祖国同呼吸、共命运,踊跃捐钱捐物,支援祖国抗日。在祖国存亡的危急关头,中华儿女表现了空前的民族觉醒和民族团结,他们以自己的血肉之躯,万众一心,冒着敌人的炮火,筑成了捍卫祖国的钢铁长城。

(三)抗日战争的胜利

1943年秋至1945年9月,是中国抗日战争走向胜利的阶段。1943年,世界反法西斯战争转入战略反攻阶段,日军在太平洋战场连连惨败,形势日益恶化,日本本土面临盟军的严重威胁,日本被迫将战略改为以保卫本土为主,固守占领区的守势防御。从1943年秋开始,日军在敌后战场,特别是在华北敌后战场,逐渐失去了战场的主动权。从1943年秋起,解放区战场向日军占领的城镇和交通线展开由局部攻势向全面反攻过渡,作战形式融运动战、阵地战和游击战于一体的战略反攻形态。进入1944年后,中国战场的形势更为有利,敌后战场广泛展开局部反攻。

1945年8月9日,毛泽东发表《对日寇的最后一战》的声明。8月10日,日本政府向同盟国发出乞降照会,但日本大本营仍然命令各地日军继续作战。为了歼灭顽抗的日军,8月10

日夜至 11 日,朱德连续发出延安总部命令第 1 号至第 7 号,各解放区军民从 8 月 10 日起,向被包围的日伪军发起全面反攻。华北、华中、华南解放区和东北抗日联军的大反攻,沉重打击了日伪军,为争取抗日战争最后胜利做出了重要的贡献。8 月 15 日,日本天皇亲自宣读的终战诏书录音向日本全国播放,日本宣布无条件投降。9 月 2 日,日本政府及大本营全权代表在停泊在东京湾的美国军舰"密苏里"号上正式签署投降书。9 月 9 日,在南京举行中国战区受降仪式,冈村宁次在投降书上签字。至此,中华全民族的抗日战争,终于赢得了最后的胜利。

二、人民解放战争的胜利

由于国民党的倒行逆施,造成国统区政治经济危机日益加深,人民民主运动日益高涨,人民解放战争胜利发展。

(一)国民党统治的政治经济危机

抗战后期,国统区官员贪污腐败、大发国难财,严重丧失人心。国民党政府派出的官员到原沦陷区接收时,把接收变成"劫收",大发胜利财。巨额敌伪资产被官僚资本集团控制的部门占有,其中很大部分被官员个人侵吞、隐匿、变卖。国民党政府派往各地的"接收"大员,竞相抢掠黄金、洋房、汽车、衣料、美女(百姓称之为"五子登科")。为了筹措内战经费,国民党政府除了对人民征收苛重的捐税以外,更无限制地发行纸币。恶性通货膨胀引起的物价飞涨,使人民一次又一次地遭到洗劫,使民族工商业走向破产。国民党统治区的工农业生产严重萎缩,失业人数剧增,工人和城市居民濒临无法生存的境地。同时,农村经济急剧衰退,广大农村饥民载道,饿殍遍野,数量达到一亿人以上。公教人员和学生群众的生活也陷入了极度的困境。

国民党统治集团在美帝国主义支持下发动的反人民内战,将全国各阶层人民置于饥饿和死亡线上,迫使全国各阶层人民团结起来,同蒋介石反动政府作针锋相对的斗争,除此之外,再无第三条道路可走。

(二)人民解放战争的胜利推进

随着国民党统治危机进一步加剧,规模更大、范围更广、斗争内容更深刻的学生爱国民主运动广泛开展。1947 年 5 月,反饥饿、反内战的学生运动首先在南京、北平掀起,随后扩大到全国许多主要城市。随着运动深入,学生斗争同工人罢工、教员罢教等各阶层人民斗争汇合在一起。1947 年间,全国二十几个大、中城市先后有 120 万工人举行罢工。1947 年 2 月 28 日,台湾人民为反抗国民党当局的暴政,举行武装起义;汉族、高山族人民并肩战斗,使台湾全省大部分地方的反动政权陷于瘫痪。在少数民族聚居地区,革命形势也有新的发展。内蒙古人民于 1946 年 4 月召开内蒙古自治运动统一会议,确定了平等自治的民族解放斗争方针。蒋介石政府已"处在全民的包围中"。

1946 年 5 月 4 日,中共中央发出《关于清算、减租及土地问题的指示》(史称《五四指示》),调整和改变了土地政策,使党在抗日战争时期实行的"减租减息"政策改变为实现"耕者有其田"的政策。为了推动解放区土改运动的进一步发展,1947 年 7—9 月,在刘少奇主持下,中共中央工作委员会在河北平山县西柏坡村召开全国土地会议,制定《中国土地法大纲》,并于同年

10月10日由中共中央批准公布。经过土改运动,到1948年秋,1亿人口的解放区消灭了封建生产关系。广大农民分得土地并在政治上获得翻身后,其政治觉悟和组织程度空前提高,农村生产力得到解放,工农联盟进一步巩固和加强。在"保田参军"的口号下,大批青壮年农民踊跃参加人民军队。在保证人民解放军充足兵源的同时,各地农民不仅将粮食、被服等送上前线,而且成立运输队、担架队、破路队等随军组织担负战争勤务。他们还广泛建立和发展民兵组织,配合解放军作战。人民解放战争获得了源源不断的人力、物力支援。

1947年10月10日,中国人民解放军总部发表宣言,鲜明地提出"打倒蒋介石,解放全中国"的口号。1948年4月,毛泽东在《在晋绥干部会议上的讲话》中完整地提出,无产阶级领导的,人民大众的,反对帝国主义、封建主义和官僚资本主义的革命,这就是中国的新民主主义革命,这就是中国共产党在新民主主义革命阶段的总路线和总政策。

1947年7月,蒋介石国民政府发布所谓"戡乱动员令",对国统区民主人士进行迫害和屠杀。继李公朴、闻一多于1946年7月在昆明遭暗杀后,1947年10月又暗杀杜斌丞。据不完全统计,仅10月这一个月,在上海、西安、广州等地就有2100多名爱国人士被杀害。10月27日,国民党当局宣布民盟"为非法团体",明令对该组织及其成员的一切活动"严加取缔"。11月6日,民盟总部被迫在上海发表公告:一律停止政治活动,总部即日解散。民盟被迫解散,宣告第三条道路幻灭。

1948年4月30日,中共中央在纪念"五一"国际劳动节的口号中,号召各民主党派、各人民团体、各社会贤达迅速召开政治协商会议,讨论并实现召集人民代表大会,成立民主联合政府。这一号召迅速得到各民主党派、各人民团体等社会各界的响应。从当年8月起,各民主党派、各民主阶层的代表人士接受中共中央邀请,分别从香港、上海、北平及海外,陆续进入东北、华北解放区,在中国共产党的领导下,共同进行新政协的筹备工作。北平解放后,进入解放区的民主人士陆续抵达北平。1949年1月22日,李济深、沈钧儒等民主党派的领导人和著名的无党派民主人士55人联合发表《对时局的意见》,一致认定中共提出的关于召开政治协商会议、成立联合政府的主张"符合于全国人民大众的要求",恳切表示"愿在中共领导下,献其绵薄,共策进行,以期中国人民民主革命至迅速成功,独立、自由、和平、幸福的新中国之早日实现"。这个政治声明表明了中国各民主党派和无党派民主人士自愿接受中国共产党的领导,决心走人民革命的道路,拥护建立人民民主的新中国。

在中国共产党的领导下,民主党派和共产党一道担负起管理国家和建设国家的历史重任。从此,各民主党派走上了新的历史道路。

第四节　社会主义制度的建立与中国特色
社会主义建设道路的初步探索

一、中华人民共和国的诞生

1949年9月21日,中国人民政治协商会议第一届全体会议在北平隆重开幕。它是中国共产党领导的以工农联盟为基础的人民民主统一战线的组织形式,参加会议的代表包括中国共产党、各民主党派、无党派人士、各人民团体、人民解放军、各地区、各民族以及国外华侨等各方面成员共 662 人。会议通过了《中国人民政治协商会议组织法》,选出由毛泽东任主席的政协全国委员会。会议通过了《中国人民政治协商会议共同纲领》。会议通过了中央人民政府组织法,一致选举毛泽东为中央人民政府主席,朱德、刘少奇、宋庆龄、李济深、张澜、高岗为副主席,陈毅等 56 人为中央人民政府委员。会议通过北平为中华人民共和国首都,将北平改名为北京;决定采用公元纪年;以《义勇军进行曲》为代国歌;国旗为五星红旗,象征全国人民在中国共产党领导下的大团结。

9 月 30 日,中国人民政治协商会议第一次全体会议胜利闭幕。当晚,在天安门广场举行人民英雄纪念碑奠基礼。10 月 1 日下午 2 时,中央人民政府委员就职并举行第一次会议,一致决议宣告中华人民共和国中央人民政府成立,接受《中国人民政治协商会议共同纲领》为政府施政方针;推选林伯渠为中央人民政府秘书长,任命周恩来为政务院总理兼外交部长,毛泽东为人民革命军事委员会主席,朱德为中国人民解放军总司令,沈钧儒为最高人民法院院长,罗荣桓为最高人民检察署检察长,并责成他们从速组成各个政府机关,执行各项工作;决定向各国政府宣告中华人民共和国中央人民政府为中国唯一合法政府,并愿与各国建立平等的外交关系。下午 3 时,首都北京 30 万军民齐集天安门,欢庆中华人民共和国的诞生。毛泽东在天安门城楼庄严宣告:"中华人民共和国中央人民政府今天成立了。"

二、社会主义制度的建立

中华人民共和国的成立,宣告中国由此进入新民主主义社会。新民主主义社会不是一个独立的社会形态,它必然要过渡到社会主义社会。在中国共产党的领导下,经过三年国民经济恢复时期之后,中国开始有步骤、有计划地实现从新民主主义向社会主义的转变,1953 年,中共中央明确提出了过渡时期总路线,提出要逐步实现国家的社会主义工业化,并逐步实现国家对农业、对手工业和对资本主义工商业的社会主义改造。同一年,又制定了发展国民经济的第一个五年计划,开始了有计划的经济建设。1956 年底,三大改造基本完成,标志着社会主义制度在中国基本确立。

(一)建立社会主义制度的准备工作

1.建立国营经济

1949 年上半年,中共中央先后发出了《关于接收官僚资本企业的指示》《关于接收江南城市给华东局的指示》《关于接收平津企业经验介绍》等文件,详细规定了接收官僚资本企业的方针和政策。1951 年 1 月 5 日,中央人民政府政务院制定了《关于企业中公股公产清理办法》。2 月 4 日,政务院发布了《关于没收战犯、汉奸、官僚资本家及反革命分子财产的指示》,将原国民政府及其国家经济机关、前敌国政府及其侨民和国民党战犯、汉奸、官僚资本家在私营企业或公营企业中的股份及财产,均收归人民政府所有。至此,没收官僚资本的任务已胜利完成,基本上没有发生生产停顿或设备破坏的现象;而接管的官僚资本的金融、工矿企业,构成了人民共和国成立初期国营经济的主要部分。社会主义国营经济的建立,为新中国发展生产、繁荣经济、建国立业奠定了物质基础。

2.稳定物价

在全国范围内,1949年4月、7月、11月和1950年2月,出现了4次大规模的物价上涨风。为了制止通货膨胀,稳定市场物价,安定人民生活,1949年8月,中央加强金融管理,健全社会主义金融体制;通过建立强有力的国营和供销合作社商业系统,控制主要商品,并通过集中抛售商品打击投机倒把活动;加强市场管理,打击投机倒把活动。由于采取了上述措施,1950年3月以后,国家财政收支接近平衡,通货膨胀停止,物价日趋稳定。

为了全面分析新中国成立以来,特别是统一财经、稳定物价以来的形势,总结工作,明确任务,统一认识,中共中央于1950年6月6日至9日在北京召开了七届三中全会,这是中共中央在新中国成立后召开的第一次全体会议。毛泽东主持会议并作了《为争取国家财政经济状况的基本好转而斗争》的书面报告和对该报告的说明即《不要四面出击》的讲话。这是中共中央向全党和全国人民提出的当前阶段的中心任务。中共中央一些部门的负责人也在会上发了言,最后由毛泽东作了总结。毛泽东的报告、讲话和会议的决议为三年恢复时期党的工作规定了策略路线和纲领。整个国民经济恢复时期,党和政府的工作基本上按照毛泽东在报告中所指出的方向和步骤进行,并达到了预期目的。

3.抗美援朝

1950年6月25日,朝鲜内战爆发。1950年10月19日,中国人民志愿军在司令员兼政治委员彭德怀的率领下,进入朝鲜北部地区,开始了抗美援朝战争。志愿军遵照毛泽东提出的"以运动战为主,与部分阵地战、敌后游击战相结合"的作战方针,和朝鲜人民军一起,连续进行了5次战役。到1951年6月10日,共歼灭敌军23万余人,从根本上扭转了朝鲜战局,迫使敌人由战略进攻转入战略防御。朝中部队从1953年5月13日到7月27日,进行了3次反击作战,歼敌12.3万人,收复240平方公里的土地:遂使美国侵略者不得不于7月27日在板门店同朝中方面代表签订《关于朝鲜军事停战的协定》。这样,历时3年零32天的朝鲜战争随之结束。在抗美援朝战争中,中国人民志愿军发扬了高度的爱国主义、国际主义和革命英雄主义的精神,在全国人民的大力支持和鼓舞下,英勇战斗,前仆后继,不怕牺牲,表现出了惊天动地的英雄气概,出色地完成了任务。

总之,经过三年国民经济恢复时期,中国的工农业生产不论在规模上、速度上、主要产品产量上,都取得了历史上前所未有的水平。这不仅显示了新中国社会制度的优越性,并且为其后大规模、有计划地进行社会主义改造和社会主义建设准备了条件。

(二)从新民主主义向社会主义过渡

早在1949年3月,中共七届二中全会上,毛泽东就指出,我们国家要由新民主主义社会发展到将来的社会主义社会,明确提出了要使中国稳步地由农业国转变为工业国,把中国建设成为一个伟大的社会主义国家的历史任务。这就是党在过渡时期总路线的根本思想。

1953年6月,毛泽东在一次中央政治局会议上提出:党在过渡时期的总路线和总任务,是要在 10 年到 15 年或者更多一些时间内,基本上完成国家工业化及对农业、手工业、资本主义工商业的社会主义改造。1954 年 2 月,中共中央正式批准了这条总路线。同年 9 月,第一届全国人民代表大会第一次会议把这条总路线作为过渡时期的总任务载入中华人民共和国第一部宪法,这就为中国从新民主主义向社会主义转变提供了法律保证。

过渡时期总路线的内容,简称"一化三改"。"一化"即逐步实现国家的社会主义工业化,这是"主体";"三改"即逐步实现对农业、手工业和资本主义工商业的社会主义改造,这是"两翼"。这是一条社会主义建设和社会主义改造同时并举的总路线:社会主义工业化为社会主义改造提供物质基础和技术基础,社会主义改造为社会主义工业化创造前提条件,两者互相联系,互相促进,互相制约,体现了发展生产力和变革生产关系、解放生产力的有机统一。

(三)发展国民经济的第一个五年计划

1953—1957 年,中国发展国民经济的第一个五年计划,是在中共中央直接领导下,由周恩来、陈云、李富春等主持编制的。第一个五年计划的指导方针和基本任务是:集中主要力量发展重工业,建立国家工业化和国防化的初步基础;相应地发展交通运输业、轻工业、农业和商业;相应地培养建设人才;有步骤地促进农业、手工业的合作化;继续进行资本主义工商业的改造;保证国民经济中社会主义成分比重的稳步增长,同时正确地发挥个体农业、手工业和资本主义工商业的作用;保证在发展生产的基础上逐步提高人民的物质生活与文化生活水平。

"一五"计划反映了全国人民迫切要求改变中国贫穷落后的面貌,建设繁荣昌盛的社会主义新中国的共同愿望。它的制定和实施,为中国的社会主义工业化建立了初步的基础。

(四)第一届全国人民代表大会第一次会议的召开

1953 年 1 月 13 日,中央人民政府委员会根据中共中央提议,举行了第二十次会议,讨论关于召开全国人民代表大会问题。经过一年多的筹备后,1954 年 9 月 15 日,中华人民共和国第一届全国人民代表大会第一次会议在北京隆重开幕。大会经过充分讨论,一致通过了《中华人民共和国宪法》。大会一致选举毛泽东为中华人民共和国主席,朱德为副主席。选举刘少奇为第一届全国人民代表大会常务委员会委员长,宋庆龄、林伯渠、李济深、张澜,罗荣桓、沈钧儒、郭沫若、黄炎培、彭真、李维汉、陈叔通、达赖喇嘛·丹增加措、赛福鼎等 13 人为副委员长。选举董必武为最高人民法院院长,张鼎丞为最高人民检察院检察长。大会决定任命周恩来为国务院总理,陈云、邓小平等 10 人为国务院副总理。

(五)新中国成立初期的整风运动

新中国成立后,有一部分党员进城以后,受到资产阶级的侵蚀,逐渐滋长了一种居功自傲,并发展为严重的命令主义、官僚主义的作风。为了克服党内存在的不良作风,提高党员的素质,1950 年 5 月 1 日,中共中央发出了《关于在全党全军开展整风运动的指示》。6 月,中共七届三中全会进一步决定于 1950 年夏、秋、冬三季,在全党进行一次大规模的整风运动。1950 年冬,这次整风运动基本结束。通过整风,提高了干部的思想政策水平,密切了党和群众的关系,增强了党的战斗力,使党组织更好地发挥了领导作用。

（六）肃反运动

1955 年下半年在全国开展了肃清反革命分子的运动。这次内部肃反运动,经过两年多的实践,到 1957 年基本结束。通过运动,从党和国家机关、军队内部清查出一批反革命分子,纯洁了革命队伍,进一步巩固了人民民主专政;同时,也弄清了一些干部的政治历史问题,使他们放下包袱,振作了精神。

（七）有中国特色的社会主义改造道路

毛泽东和中共中央根据马列主义关于改造小农经济的理论,结合中国农民的实际情况,开辟了一条适合中国自身农业社会特点的社会主义改造道路。

第一,对农业的社会主义改造。国家对农业的社会主义改造,是根据自愿互利、典型示范和国家帮助的原则,通过合作化的道路进行的,即把个体农民引上集体化的道路,改变农民的个体所有制为集体所有制,由低级形式向高级形式过渡。这是继土地改革之后在中国农村社会生产关系方面进行的第二次广泛而深刻的社会变革。这次改造比较成功,在四五年内基本完成了 5 亿农民从私有制的小农经济向社会主义集体经济的转变。

第二,对手工业的社会主义改造。对于手工业的社会主义改造,指导思想也与对农业的社会主义改造一样,要求通过生产小组、供销合作社、生产合作社三种形式,逐步把大量分散的个体手工业者组织起来,实现由分散到集中、由低级到高级的社会主义改造,把个体手工业的生产资料私有制,逐步改造为社会主义的集体所有制。到 1956 年底,全国手工业生产合作社（组）发展到 10 万多个,入社的手工业人员占全体手工业人员的 91.7％,基本上实现了对手工业的社会主义改造。在完成手工业合作化的同时,国家对渔业、盐业、民间运输和小商小贩等个体劳动者,也进行了社会主义改造,基本上实现了合作化。

第三,对资本主义工商业的社会主义改造。中国对资本主义工商业的社会主义改造是通过国家资本主义这一过渡形式实现的。改造的步骤采取了一系列从低级到高级的国家资本主义的过渡形式。到 1956 年底,全国私营工业户数的 99％、私营商业户数的 82.2％实现了公私合营。全行业公私合营的实现,标志着中国对资本主义工商业的改造基本完成。

中国三大改造的成功,特别是资本主义工商业的社会主义改造的伟大胜利,是马克思列宁主义的普遍真理与中国的实际情况相结合的光辉典范。

（八）社会主义制度在中国的确立

社会主义改造的基本完成,使中国的阶级关系和经济制度发生了根本性的变化。富农和资本家的绝大多数人,在劳动实践中渐渐地被改造为自食其力的劳动者。这样,在中国,资产阶级作为一个阶级基本上被消灭了。

在经济制度上,由于农民、手工业者的个体所有制基本上转变成为劳动群众集体所有制,资本家所有的资本主义私有制转变为国家所有即全民所有的公有制,加上原来国有经济的发展,在中国国民经济中,全民所有制和劳动群众集体所有制这两种社会主义公有制形式,已居于绝对的统治地位。这表明社会主义制度已经建立起来。经济是社会制度的基础,经济基础决定上层建筑。因此,我们可以说,社会主义改造的基本完成,标志着社会主义制度在中国基本确立。

第二章　近现代文化发展的总体路径

近现代以来,中国发生了翻天覆地的变化,从鸦片战争到"五四"运动,从辛亥革命到新中国成立,中国的社会性质发生了根本性的变化,作为其上层建筑的文化自然也发生了巨大的变化。本章将对近现代文化发展的总体路径进行梳理,对传统文化在近代的变革、西学东渐与中国近代文化结构的演变、社会主义中国新文化的建设、大众文化的兴起与中西文化交流进行具体的研究。

第一节　传统文化在近代的变革

一、传统文化在近代发生变革的动因

中国传统文化是经过几千年的发展和沉积而成的,具有相当成熟、相当稳定的形态,但是到了近代,经过不到一百年时间,它就大体上转变成为近代型文化。其主要的动因可以归纳为以下几个。

(一)西方文化的冲击

一些学者,特别是一些西方学者,非常强调西方文化"冲击"的作用,他们认为,以儒学为核心的中国传统文化是一个内部缺乏活力的惰性体系,它长期停滞不前,只有在西方文化的冲击下,才被迫做出反应,被迫向近代转变。这个理论模式通常称作"冲击—反应"论。如果仅从中西文化交流的角度来探寻中国文化转型的原因,那么这个理论模式是有一定道理的。

不容否认,中国传统文化是在与西方文化长期隔绝的环境中发展的,它虽然没有停滞不前,但却发展缓慢,它的迅速变化是从鸦片战争以后开始的,这显然是因为受到西方文化冲击的结果。从"师夷长技"开始的物质层面文化的近代化,到制度层面文化的近代化,再到心理层面文化的近代化,每一步都留有西方文化的深刻影响。"冲击—反应"理论正是肯定了这个事实,肯定了西方近代工业文明在促成中国和其他落后国家从前资本主义社会走向近代社会过程中的历史性作用。

但是一定要注意到这种理论的片面性,它只看到西方文化在中国走向近代化过程中所起的积极作用,只看到中国传统文化在这一过程中所起的消极阻碍作用,而没有看到中国传统文化内部富有活力的那些因素也起了一定的积极作用,因此它不能全面正确地解释中国文化近代化的历程和动因。

（二）传统文化的内在活力因素

虽然说，到了近代，中国的传统文化远不及西方近代文化那么先进。当西方文化伴随着战争入侵的时候，传统文化表现出了极为抗拒的态度，但是需要注意到，在其内部有一些因素是可以与西方近代文化进行沟通和衔接的。这些因素是富有活力的，它们在中国文化近代化的过程中也起了积极作用，并且经过转型而成为中国近代新文化的有机组成部分。在这些富有活力的因素中，比较重要的有以下几个。

1. 变易思想

在中国传统文化中存在着丰富的变易思想。儒家经典之一《易经》就是一部专门讲"变易"哲学的著作，它通过八卦推演，阐明了万物都是在阴阳两种势力的矛盾运动中变化发展的道理，对后世的影响很大。近代中国人在鼓吹改革、变法时常常引用古代变易思想作为根据。康有为则把《易经》中"穷变通久"的观点发挥到了极致，他说："故新则和，旧则乖；新则活，旧则板；新则疏通，旧则阻滞；新则宽大，旧则刻薄。自古开国之法，无不新，故新为生机；亡国之法，无不旧，故旧为死机。"中国传统变易思想成了他"变法"的理论根据。维新派还把传统变易思想和从西方传来的进化论结合起来，建立起具有中国特色的进化学说。康有为的"三世"说就是这种结合的产物。在他的那部著名的空想社会主义著作《大同书》中，也可以看到中西变易进化思想的奇妙结合。

2. 民本思想

在中国传统文化中有着丰富的民本思想。仅以儒家而言，孟子的"民贵君轻"说一直为后世儒者所继承和发展，特别是明清之际的进步思想家王夫之、黄宗羲、顾炎武等人，在严厉批判君主专制主义的同时，把古代民本思想发展到了新的高度，使之具有了某些近代启蒙思想的色彩。

传统文化中的民本思想为近代资产阶级（包括向资产阶级转变的地主阶级中的开明派）的政治家、思想家们所继承，并在新的历史条件下加以发展。资产阶级革命派也尽量利用中国古代的民本思想，来为排满革命服务。孙中山对民本思想的继承和发挥众所周知，还有作为资产阶级革命派中一翼的国粹派，在这方面也很突出，他们很推崇古代那些有异端思想的"在野君子"，尤其是明末清初的思想家王夫之、黄宗羲、顾炎武和鸦片战争前后的龚自珍、魏源等人。

3. 经世思想

经世思想是儒家文化的基本精神之一。孔子在创立儒家学派时就提倡一种积极用世的精神，后世儒家继承了这种精神，"修身齐家治国平天下"成为他们的座右铭，"修身"的目的就是"为了治国平天下"。但在不同时期、不同学派中，经世精神也有强弱显隐的不同。以清代为例，清朝初年学风朴实，富于经世精神；中期，乾隆、嘉庆时，由于统治阶级严厉钳制言论，知识分子只好把自己的聪明才智用于故纸堆中，致使经世精神隐而不彰；到鸦片战争前夕，清朝已经衰落，统治阶级对社会舆论的控制能力大大减弱，社会问题丛生，于是经世思想再次抬头，渐渐成为一种有影响的社会思潮。著名学者包世臣、龚自珍、魏源，封疆大吏贺长龄、陶澍、林则徐等,都是讲究经世学问的。他们致力于研究农政、刑名、河工、漕运、盐法、战守、货币等实学。稍晚一些,曾国藩、李鸿章等人也都讲究经世之学。在经世思想的支配下,魏源提出"师夷长技"的主张,曾国藩提出:"欲求自强之道,总以修政事、求贤才为急务,以学做炸炮、造轮舟等具为下手工夫。"对于魏源、曾国藩等人来说,把研究中国的实学扩及研究西方的实学,乃是一个自然的逻辑结论。

中国文化从殷周时起就是一个融会了多民族文化而形成的一个综合体。与欧洲中世纪文化相比,中国传统文化更具有涵摄性和包容性。中国文化的这个特点,在近代也起了十分重要的作用。近代从西方传入的各种先进思想,如科技思想、民主思想,以及五四以后传入的马克思主义,都可以在博大精深的中国文化中找到接洽点,被吸收到不断发展更新的中国文化体系中来,这是西方先进文化能够在中国传播、生根发展的重要原因之一。

(三)文化变革的根本原因

先进的西方文化和中国传统文化中的活力因素,都是促使中国文化走向近代化的重要原因。但是必须看到,它们都不是根本原因,根本原因和动力是中国近代社会发展的需要。

植根于中国封建社会农业经济土壤之中的传统文化,已经不适应近代社会发展的需要。在近代中国,资本主义经济成分已不再是原始的萌芽状态,以大机器生产为特征的近代资本主义已经产生并逐步发展,资产阶级随之产生并逐渐成长,它要求创造和发展为它服务的新文化,这就使传统文化产生了危机,并不得不向近代转型。

但是,中国近代社会并不是一个完全意义上的资本主义社会,而是一个半殖民地半封建社会,社会发展的核心问题不是如何发展资本主义的问题,而是如何挽救民族危机的问题。中国近代社会的变化主要是由于民族危机引发的,从一定意义上说,解决这个危机的过程,也就是中国社会向前发展的过程。中国近代文化的发展方向,它的内容,它的特点,也都是由这个危机和解决这个危机的要求所决定的;它对西方文化的选择,对传统文化的继承和改造,都是为解决这个危机服务的。

鸦片战争后,魏源提出"师夷长技以制夷",就是为了抵抗外国侵略而倡导学习西方科技。光绪皇帝搞戊戌变法也是出于这种目的。一代代志士仁人,都是围绕着挽救民族危机这个主题,苦苦探索,从"师夷长技以制夷",到"维新变法",到"排满革命",到"马克思主义",种种选择,都是为了这一目的。

中国近代社会发展的客观需要,不仅决定了中国人对西方文化和传统文化的内容的选择,并且决定了如何改造它们。以输入的西学为例,在中国最有影响的莫过于进化论。所谓进化论,就是西方的社会达尔文主义。这种理论,以生存竞争说来解释人类社会,是一种为殖民者扩张服务的反动理论。但是一传入中国,却起了极大的积极作用,它增强了处于民族危机中的中国人的民族意识,并为社会改革提供了理论根据。再如自由学说,在西方是讲基于个人财产基础上的个人享有的自由权力,而在中国则主要是讲国家的独立自主,民族的自由解放。这显然是由于中国深重的民族危机的客观形势所决定的。道理很简单,如果没有民族的独立自主,就不可能有个人的自由;在为争取民族独立的斗争中,不宜过分强调个人的自由意志,相反倒要强调个人服从、个人牺牲。因此,在近代中国,个人自由权力的观念一直很淡薄,"五四"新文化运动中自由主义意识曾流行一时,但很快就被淹没在新的反帝反封建的政治斗争和军事斗争的高潮中了。

中国近代深重的民族危机也决定了近代文化思潮的迅速变迁和发展路向。大约每经过一代人的时间,即 20—30 年间,中国就要更迭和流行一种新的文化思潮。19 世纪 60 至 90 年代,主要是求强求富的洋务思潮;19 世纪 90 年代—20 世纪初年,主要是要求建立西方式民主制度的民主主义思潮;在 1919 年"五四"运动前后的新文化运动中,主要是追求个性解决的思潮,但为时不久,马克思主义就取代它而为先进的中国人所接受。中国人之所以最终选择了马克思主义,是因为历史的实践已经证明:"只有社会主义才能救中国。"

如上所述,中国近代的民族危机和社会发展的需要决定了对中西文化内容的选择和改造,决定了近代文化思潮的迅速变迁和发展路向,因此它是中国文化近代化的根本动力,与它相比,西方文化和中国传统文化中的活力因素都还是次要原因。

二、传统文化变革的具体体现

(一)传统价值观念的变革

"重义理轻艺事"的偏见是中西文化之间的一大差异。中国传统文化对工艺技巧重视不够,有时甚至是持否定态度的,所谓"绝巧弃利,盗贼无有""民多利器,国家滋昏;人多技巧,奇物滋起",等等,几千年来充盈于耳目,而"玩物丧志""奇技淫巧"的说法本身就充满了贬义。清初杨光先就有"宁可使中夏无好历,不可使中夏有洋人"的言论,直到清末,顽固派仍然坚持上述价值观,系统地排斥西方科技,把空洞的礼义廉耻看得比国家富强还重:"人若不明大义,虽机警多智,可以富国强兵,或恐不利社稷。"当中国处于列强包围之中,这种价值观是极其有害的。

与小农经济的社会现实相一致的是"贵义贱利"的价值观。对于"利"的内涵,先秦各家的具体解释多有不同,但无一例外都包括物质利益。中国士大夫追求的是"义""利",只有符合"义"时才可接受,这是儒家十分强调的。然而儒家虽崇尚"义",但并没有无视"利",儒教能经久不衰,也证明它不是太悖人情的。孔子提倡"君子谋道不谋食"的价值观,就是将人们对于利禄的渴求导向了仕途而杜绝了其他途径(如经商),使仕途成了获利的唯一趋向。仕途科举满足了利欲熏心和秉性清廉的两种心理,它把读书、升官与发财三者结合起来了。言义而又得利,士大夫何乐而不为?

"贵义贱利"同时还引出对应的道德观"黜奢崇俭",各家学说都反对奢侈性消费,可以说"贵义贱利"与"黜奢崇俭"构成了中国封建社会财富与伦理的准则。

应当说明,我们不是要否定"富贵不能淫,贫贱不能移"的传统美德,只是强调走向极端的"贵义轻利"是阻碍社会发展的。个人执着于这些偏激的价值观无妨,但于整个民族,则极其危险。

观念的形成与存在,总是以一定的社会现实为基础,并且要与其赖以生存的社会环境相适应。明中叶开始的变革,动摇了传统价值观所依托的社会现实,开始影响这些传统的价值观。近代剧烈的社会变革则改变了其赖以生存的社会环境,开始逐渐改变传统的价值观念,到清代中晚期这种空泛而日益脱离社会现实的价值观开始了彻底改变,中国传统文化变得讲究实际了。

(二)重农抑商的思想发生改变

工商业的重要性被人们重视，重农抑商的传统观念发生转变。封建社会，农业是全国人民的衣食之源，这种社会经济状况反映到思想意识领域，就形成了牢固的农本主义思想，反映到历代封建政府的政策上，就是长期推行重农抑商政策。直到鸦片战争前夕，这种状况一直没有多大改变。鸦片战争，英国打败中国，从社会发展的角度上分析，可以认为是以工商为主的资本主义工业文明对以农为本的封建农业文明的胜利。鸦片战争的惨败，使得关心国家命运的爱国人士开始了新的思索。他们虽然尚未摆脱农本主义思想的束缚，但已感到不能忽视商业和工业，甚至提出了"本末兼富""农商并重"的新观念。开始意识到要抵抗西方侵略，需要发展近代工商业。这种新观念的提出，是对传统的农本思想的一个大突破，标志着农本主义已经动摇，中国社会开始逐渐脱离农业文明，而走上了向工业文明发展的艰难历程。在这种观念的影响下，中国的商品经济开始发展，新式民族工矿业开始建立，正当的对外贸易受到鼓励，而严格的海禁则不攻自破，华民出洋的限制逐渐放宽了。

(三)科学观念受到重视

从西方科技中看到了科学的力量，科学的观念成为中国思想文化的组成部分。鸦片战争以前，人们对西方的科学技术多半投以鄙视的眼光，认为是"奇技淫巧"而不予理睬。当时一般人皆"耻言西学，有谈者则诋为汉奸，不齿士类"。在这种风气影响下，中国社会完全处于闭塞状态。

鸦片战争以后，中国再也无法以天朝上国自傲，一些有识之士在事实面前开始承认西方拥有胜过中国的"长技"。他们认为，要有效抵制西方侵略，必须学习西方长技，"尽转外国之长技为中国之长技"，从而艰难地迈出了学习西方科技的第一步。鸦片战争时期，以林则徐、魏源等为代表的进步人士认为，英人在战争中能节节取胜，主要是靠船坚炮利。为了战胜敌人，当时学习的西方长技，主要是仿效西洋，造船制炮。到了19世纪50年代，随着时间的推移，人们开始认识到西方的长技不仅是船坚炮利，更重要的是还有一个完整的近代科学体系作为船坚炮利的基础，随之掀起了学习引进西方科学知识、翻译西书的浪潮。一些具备一定科学知识的知识分子，纷纷和传教士合作，翻译出版了数学、光学、力学、天文学、化学、生物学、地质矿物学等基础科学著作，而进洋学堂，乃至于出洋留学，一时成为风尚。这不仅把近代科学体系引入了中国，为近代中国科学技术的发展奠定了基础，对于提高近代中国的科技水平发挥了巨大的作用，更重要的是把科学的观念带入了中国思想文化，为中国的近代化进程注入了新的动力。

(四)平等观念深入人心

传统文化中唯我独尊的自我文化中心主义被打破，现代意义上的国家民族平等观念开始影响中国人。鸦片战争前的中国，是一个闭目塞听的社会。人们的视线被禁锢于九州之内；对于中国以外世界的认识，基本是茫无所知。本来，早在明清之际，西方传教士纷纷来华，曾带来不少西方近代科学知识。但是，到了18世纪，清政府对外推行封闭政策，人为地隔绝中外交往，以致原来传入的西方知识，不但没有得到扩大，反而逐渐为时代所淹没。乾隆、嘉庆、道光时期，人们对世界的了解，无知到了惊人的地步。清朝当局长期"竭力以天朝尽善尽美的幻想来欺骗自己",固然是一个重要原因,而更深层次的根源则是唯我独尊的天朝上国意识。在这种观念支配下,中国不仅被看成是世界上最大最古老的国家,而且被认为是其他国家的母本和文明之源;而中国以外的其他国家,包括西方世界及其人民,则被视为"蛮夷小邦""化外之民",是不知"人伦""未开化"的低贱"夷狄"。在这种日见虚妄的自我文化中心主义支配下,根本不可能有平等的对外交往,更谈不上学习、引进和借鉴外国文化。

鸦片战争的惨败和屈辱的城下之盟,打破了"天朝上国"的幻境,社会心理由传统的唯我独尊一下子跌入了极度的自卑,从而打破了长期固居自闭的以华夏为中心的传统思想体系,转变了传统文化中的夷夏观念,中国人开始艰难而痛苦地自我反省,找出差距,寻求救国救民的自强制夷之策,现代意义上的国家民族平等观念开始走进中国人的思想。从本质上说,这是对传统宗法意识的破坏,是现代民主意识的先声,它动摇了中国几千年封建社会赖以存在的基础。

三、传统文化变革的几个阶段

(一)明中叶到清初的酝酿发端

西方文化对中国传统文化的影响在这一时期开始显现,中国的一些有识之士开始认识到了西方科学的先进性并重新发现了中国古代的科学文化成就,文化起源的多元论开始影响人们的观念,传统的华夏中心主义出现了动摇的迹象;而整个中西文化交流是在中国保持着独立自主地位的前提下进行的,对待西方文化的正确或基本正确的态度占据着主流地位,中国传统文化的变革开始酝酿。但遗憾的是这一良好的开端并没有持续下去,随着雍正元年全部驱逐在华传教士,刚刚开启的国门又被封死了,接下来的是长达百年的闭关锁国。

(二)鸦片战争到戊戌变法的剧烈震荡时期

这一时期是以鸦片战争的惨败为开端的,战败首先使中国人痛苦地认识到了冷热兵器之间本质的差异,重新承认船坚炮利所象征的西方近代科学的先进性,然后从追求富国强兵的中体西用开始,走上了企图变革社会政治体系的维新改良之路,试图在传统文化的框架内实现民族振兴。甲午战争的惨败和戊戌变法的悲剧结局宣告了这一努力必然的失败,也标志着以封建意识为核心的中国传统文化的解体。

(三)辛亥革命和"五四"运动所代表的中国新文化的重构

这一时期一直持续到现在。在这一阶段,中国首先从体制上结束了长达两千多年的封建统治,开始以民主和科学来清除封建的意识形态,进而结束了西方列强对中国长达百年的欺侮与奴役,实现了国家民族的独立自主,为中国文化的重构提供了十分必要的前提,并在20世纪的最后二十年走上了中华民族梦寐以求的富强之路,中国新文化的框架基本确立。

从明代中叶到"五四",中国文化发生了根本的变革,就其本质来说,是中国传统文化的解体和中国新文化的重构。在这一解体和重构的过程中,中国社会发展的现实状况是根本的基础,而外来文化的冲击与影响则是必不可少的外在因素;两方面的相互作用导致中国传统文化的解体和中国新文化的重构,其表现形式是民主科学观念的确立,是传统价值观的改变。这三百年的文化变革再一次证明,社会生产力是人类一切文明进步的根本。这不仅是中国传统文化变革的根本规律,也是人类社会一切文化发展的根本规律。

第二节 西学东渐与中国近代文化结构的演变

一、西学东渐

(一)西学东渐的含义

"西学东渐"是表述西方文化传入中国过程的一个非常形象的节略语。考察西学东渐的历史可知,据"大秦景教流行中国碑"载,西方文化在唐朝时就已传播于中国。但是,西方文化与中国文化实质性地接触,并对中国文化产生一定影响,则始于明朝万历年间。以利玛窦为代表的传教士和以徐光启为代表的中国知识分子,对西方文化在中国的传播,对中西文化融汇做了有益的尝试,并取得了一定的成果。然而,随着利玛窦的去世,罗马教廷和清朝皇帝对异质文化的拒斥,最终以清王朝宫廷内的权力争夺为诱因,导致了清朝雍正年间的禁教,使中西文化在此后一个多世纪基本上处于相互隔绝状态。

1840年鸦片战争后,伴随着列强的枪炮,西学再次大规模地"东渐",这次"西学东渐"的最初载体与上次相同,依然是传教士,所不同的是明清之际"西学东渐"基本是一个自然过程,而晚清"西学东渐"则是伴随着列强的暴力展开的;明清"西学东渐"是传教士为传教的需要,将西方文化主要是一些自然科学知识作为一种神学的附属物而传入中国,而晚清"西学东渐"则不然,其首功在于催生出中国近代留学生。而留学生的出现使西学传播主体发生了转换,"西学东渐"由于留学生取代外国传教士作为传播主体而发生了根本性变化,西方文化开始全方位输入中国,且被纳入中国近代新文化的体系中,外国传教士及其所传之神学在"西学东渐"中退居次要位置。

(二)西学东渐的两个阶段

晚清"西学东渐"可分为两个阶段:即鸦片战争至甲午战争前,主要以外国传教士为西学传播主体;甲午战争后,戊戌维新运动至民国成立前,以留学生为西学传播主体。

1. 传教士与西学东渐

在中国传播西方文化的传教士,有开创之功者,是传教士利玛窦(意大利人)。他于明朝万历九年(1582年)赴澳门,学习汉语和中国的典籍文章,了解中国的风俗习惯。1583年转到广州肇庆,1958年和1601年利玛窦先后两次进入北京,1601年终于通过宫廷太监将自鸣钟、铁弦琴、《圣经》、圣像等礼物献给万历皇帝。

利玛窦等传教有以下两大特点:第一,天主教儒学化。他或者在天主教教义与儒学之间寻找中介,沟通糅合。譬如,天主教是一神崇拜,中国人虽有多神崇拜之倾向,但讲"天"。于是利玛窦由此大作文章,试图进行沟通。他在向万历皇帝传教时直截了当地说:"上帝就是你们所指的天。"或者不惜迁就儒学修改教义,以适应传教之需要。譬如,利玛窦不反对祭礼,祭祖先,而这与其天主教教义是相违背的。或者生拉硬扯,将东西方的文化拼凑在一起。譬如他说,由于孔子早于耶稣,所以儒学的许多理论要用天主教义补充之。但是,这种所谓的中西文化的融合意义不大,根本不可能改变中国文化发展的方向。第二,介绍、传播西方自然科学知识吸引官僚士大夫,然后接近、结识、结交为朋友,进而传教,引人入教。恰恰就是在这样的传教过程,中西文化得以交流,西方文化输入到中国,给中国文化的发展以推动。利玛窦等外国传教士在传教过程中用了相当多的时间讲授、翻译、编纂了西方天文、历算、地理等大量的自然科学著作。

这个时期西方文化输入的主要内容是自然科学与宗教文化。就自然科学知识的传播而言,由于受宗教的影响,在许多方面并没有把欧洲最新的自然科学成果介绍进来。但是,毕竟这些著作大多仍属于西方近代科学的产物,它们的传入大大拓宽了中国人的眼界,启发了中国文化开始慢慢走向近代化的历程。

利玛窦死后,教会内部因在华传教方针和如何对待教徒祭祀祖先、礼拜圣人等问题上发生分歧,即"礼仪之争"。一派认为,中国儒家思想与"上帝"观念有矛盾,尤其是"祭祖""祭孔",并对中国文化进行了恶意的批评。另一派则继承了利玛窦的方针,对中国传统文化持尊敬态度。两派的争论相持几十年,最后由罗马教廷裁决,亲华派失败。

外国传教士在近代"西学东渐"过程中起的作用及其对中国近代文化形成产生的重要影响有以下几个。

第一,外国传教士传播西方文化的形式较之明清之际更趋多样化,不再仅仅局限在翻译书籍一个方面;在传播的对象上也不主要局限在官僚士大夫阶层,他们利用各种形式将西方文化传播到中国社会各个阶层,客观上推动了西方文化在中国更广泛更深入地传播,推动了中西文化的交融。比如,以从事教育活动的方式来传播西方文化这样一种形式就是明清之际所没有的。洋务运动时期,洋务派官僚创办的同文馆主要是聘请外国传教士承担教学任务。在当时的历史条件下,也只有外国传教士才能从事传授西方文化的教学工作,美国传教士丁韪良自1869年担任京师同文馆任总教习一职长达25年。京师同文馆在丁韪良的主持下,彻底改变了中国传统的教育体制,他把京师同文馆的学制分为8年制和5年制两种。8年制的前3年主要学习一门外语,设有英、法、俄、德四个语种;后5年学习算学、化学、地质、矿物生理、医学等自然科学课程以及国际法等社会科学课程;5年制的课程设置与8年制的后5年课程大致相同。京师同文馆从初期一个单一的外语学院,发展成一个系统地传授西方自然科学和社会科学的综合性大学,在传播西方文化与引进新的教育制度方面的贡献是显而易见的。至于后来外国传教士所创办的各类教会大学的情况就更不必赘言了。再如,外国传教士为了传教的需要创办了大量的报刊,这些报刊在客观上也具备传播西方文化的功能。晚清较为著名的有《万国公报》,在传播西方文化方面产生了较大影响。此外,随着西方列强对中国侵略的加深,外国传教士也深入到中国的广大内地,大大小小的教堂,可以说遍及全中国。他们在设立教堂的同时,往往还兴办一些医院、慈善堂等,尽管主要是为了传教的需要,其中还有许许多多欺凌、残害中国人的不仁之事,但是,他们在传教过程中有意无意地将西方文化展示、传播于百姓之中,这也是客观事实。

第二，从西学传播的内容上来审视，外国传教士传播西方文化主要是在物质和心物两个层面进行的。

物质文化传播主要是在洋务运动时期。比如，为了配合洋务派兴办军事工业，江南制造总局翻译馆优先翻译出版了有关工业制造和军事技术的书籍，在该馆刊行书籍的第一年就翻译出版了《汽机发轫》《开煤要法》《金石识别》《航海简法》《防海新论》《制火药法》等。据梁启超1896年所著的《西学书目表》中统计的352种西学书中，属于科技范围的书籍约有259种，占总数的73.6%。由于现存资料的限制不能确定这些书籍是否全由外国传教士翻译，但是，其中大多数，甚至绝大多数是由外国传教士所译，或者是外国传教士与中国人合译的则是无疑的。

还需要格外注意的是，外国传教士在物质层次传播西方文化的同时，也开始在心物，乃至心理层面传上传播西方文化。当时，传教士翻译、撰写出版的影响较大的书籍有林乐知、李佳白、李提摩太等人的《中国变新策》《中西教化论衡》《中国度支考》《中西互论》等。

第三，外国传教士在戊戌维新运动时期，利用各种形式，介入戊戌维新运动，参加中国的社会变革。他们或向政府提交改革计划，如李提摩太的《新政策》，李佳白的《上中朝政府书》等；或愿亲自参加政府工作，如李提摩太极欲为"帝师"；更多地则是结交维新志士，希望把自己的建议变成维新派的变法计划，如外国传教士经常参加强学会的集会，发表演讲。事实上，传教士对戊戌维新变法发生了很重要的影响，如果把维新派的变法纲领《公车上书》，与同时期传教士的改革建议主张放在一起相比较，就不难会发现两者相似之处甚多。

第四，必须强调指出，戊戌维新运动以后，虽然传教士传播西学的活动没有停止，而且形式更加丰富多样。但是，西学东渐的载体开始由传教士转到中国留学生为代表的新知识分子群，西方文化输入的内容、层次也发生变化，传教士失去了在近代中国传播西方文化的主导地位。然而，他们为西方文化在中国的传播，在近代中西文化交融中所发挥的作用是应该给予客观评价的。

2. 留学生与晚清"西学东渐"

晚清"西学东渐"实质上是一个近代中西文化冲突和融合的过程，也是近代中国新文化发生与发展的过程。在晚清"西学东渐"过程中，留学生扮演着极其重要的角色，起着独特作用，对中国近代新文化的形成产生了深刻影响。

（1）留学生传播西学的主要方式

从文化传播的途径来审视，留学生介绍传播西学的主要方式有以下四种。

第一种，译书。译书是"西学东渐"的主要形式。戊戌维新运动之前，由于西学传播主体是传教士，中西文化交流主要集中在物质层面，在"中学为体，西学为用"的导向下，译书的范围集中在西方近代自然科学、应用技术方面，间或翻译一些有关外交、法律、宗教以及较粗浅的社会科学知识和史地方面的西学书籍。

第二种，著述。留学生在大量翻译西方各类书籍的同时，开始审视中国传统文化和接受西方文化，根据自己的理解，撰写了许多介绍西方文化的文章、书籍，推动西学在中国的传播。

此外，几乎晚清的新式报刊、书局都大量发表或出版过留学生介绍西方文化的文章、书籍。他们创造了许多新的传播形式将其著述更广泛地传播到社会各阶层，譬如：利用书报相通的特点,许多人先把书籍分期连载于报刊,最后再把各期文字汇编成书出版。陈天华的《猛回头》就是先在《湖南俗语报》上发表,然后单独印成书籍的。

第三种,留学生归国后,积极参与新式教育,兴办新式学堂,培育新式人才,促进了"西学东渐"在更广泛的范围内展开。晚清政府在20世纪初叶,迫于内外形势的压力,为求自存,决定兴办新学。兴办新学,首缺师资,于是清政府采取"请进来"与"走出去"两种办法。请进来,即聘请外国人充任新学堂师资;走出去,即选派留学生先"分赴东西洋各国学习知识,以备将来学成回国,可充大学教习,庶几中国办理学堂尚有不待借材操纵自如之一日"。留学生学成归国后,确有许多人从事教育。

第四种,留学生直接参与晚清政府的"新政"建设,尤其参与"修律"工作,以特有的形式在广度和深度上进一步促进"西学东渐"的展开。晚清政府的"修律"人员除沈家本等少数官僚和聘请的外国专家外,以伍廷芳为代表的留学生是"修律"工作的主要参加者。"修律"的结果宣布了中华法学的崩溃和中国近代新法律体系的初步形成。用国家机器的权威形式将中西文化交汇融合的结果固定下来,推行实施开来。"西学东渐"由此所达到的广度和深度以及对国人所产生的潜移默化之功效,绝非其他形式所能相比的。

(2)留学生推动"西学东渐"的三大特征

第一,留学生主动地、有意识地推动"西学东渐",自觉地将西学纳入到新文化体系中。

当留学生取代了外国传教士作为西方文化在中国传播的主体后,近代中国在中西文化的交汇融合中则由被动转化为主动。以外国传教士作为西学传播主体时,中国人大多是被动接受其说教,宗教的灌输其非理性的东西是不言而喻的。留学生则不同,一是他们漂洋出海,去异国他乡留学的目的是十分明确的,他们希望"尽取泰西之学,一一施于我国"。因而,主动地学习、传播西方文化对中国留学生来讲是非常自然的事情;二是他们传播西方文化的过程,也是其创造、发展中国近代新文化的过程,翻开中国近代历史每一章,留学生在中国近代新文化的各个领域均有所建树,他们是中国近代新文化的奠基人、开创者。

第二,"西学东渐"在留学生的推动下,其内容发生了根本性变化,中外文化交流在更高的层次上进行。

外国传教士在推动"西学东渐"的过程中,在传教的同时,官僚和一些洋务官僚、学者输入西方"技艺",即自然科学知识和应用技术。戊戌维新运动和义和团运动后,救亡图存成为中国人民的头等大事。围绕着这个主题,19世纪末、20世纪初,留学生把"西学东渐"的主要内容偏重在社会科学,尤其是法律政治方面。西学传播内容的变化显示了中外文化交流在层次上的变化,它们交汇融合在文化结构的第二个层面——心物层面。

第三,晚清"西学东渐"的主要源头之一来自日本。中国人留学日本要晚于留学欧美半个世纪,但却是晚清最大规模的出洋留学运动。据统计,1898年有77人赴日留学,至1905年已增到8000余人,是到此时为止的世界史上最大规模的学生出洋运动。形成这么大规模的留日运动,其原因主要有四点:首先,中日两国一衣带水,隔海相望。留日费用远低于留学欧美,一般中等家庭就能负担得起。其次,当时的中国人认为,中日两国文化上有血缘关系,所谓"同文同种"。日文中大量使用汉字,让人产生学日语容易的错觉。再次,清政府面对风雨飘摇的形势,认为按照日本君主立宪模式改革政治,不失为维护自己统治的佳途。因此,放任甚至鼓励留学日本。最后,日本从其长远战略考虑,也把吸引中国人赴日留学当作培植亲日势力、影响中国未来的重要手段。

第四,20世纪初叶的中国知识分子正徘徊于中世纪和近代化的十字路口,而明清维新后的日本文化正好处于二者之间。日本已经把西学改造得很适合东方人的口味,正如张之洞在其《劝学篇》中所说:"西书甚繁,凡西学不切要者,东人已删节而酌改之。""我取径于东洋,力省效速。"由此,数以千计的中国学生如潮水般涌向日本。在当时的日本,各种欧美文化名著均有日译本。此外,中江兆民、加藤弘之、福泽渝吉等日本启蒙思想家的著述也是留学生学习、传播西学的重要材料。他们大量地从日文翻译西方文化、思想名著,采用办刊物等形式,推动着"西学东渐"。留日学界"译述之业特盛,定期出版之杂志不下数十种。日本每一新书出,译者动辄数家。新思想之输入,如火如荼矣"。这是梁启超回忆当年留学生自日本向国内传播西方文化盛况的形象描述。

(3)留学生推动"西学东渐"对中国近代新文化产生了极其深刻的影响

第一,留学生以主动的姿态推进"西学东渐",改变了中国文化发展方向,促进了中西文化的交汇融合与中国近代新文化的发生、发展。

文化传播者传播文化的时候,本应该是客观地、原原本本地把这种文化传播给受众。但是,事实并非如此,在文化传播过程中,文化传播者受其自身素质和价值取向等主观因素的影响,往往改变了传播内容的本原意义,使其符合传播者主观需要。外国传教士的宗教价值观和强烈的传教使命感影响着他们客观地介绍西方文化。

同时,受自身学识的限制,传教士在传播内容,尤其是译书过程中,即使像李提摩太这样有名的传教士也深感自己所知有限,故"大购各种书籍,科学仪器,以资自修"。以这种现学现卖式的方法传播西学,其推动"西学东渐"的效果如何,则不言而喻。由传教士来完成的中西文化的交融也是不可能的。传教士传播西学是有宗教目的的,他们所做的一切均在传教的框架下进行。因此,对他们来讲推动"西学东渐"是一种无意识行为。

留学生在一个相对宽松开放的文化环境下,学习西方文化和审视中国文化,他们不仅翻译西方文化书籍,也撰写了许多反省中国传统文化的文章和书籍。他们在传播西学的同时,推动了中国传统文化创造性的转化。西方文化以留学生为传播主体后,通过形形色色的报纸杂志、书籍和遍布全国各地的新式学堂,广泛地深入到中国的各阶层,改变了中国文化发展的方向,打破了儒家文化一统天下的格局,开拓出一个又一个新的学科领域,促进了中国文化结构的更新。在晚清炼丹术和阴阳五行说逐渐为声、光、电、化之说所取代,三纲五常的孔学儒教逐渐让位于维新、共和的新学说。

总之,在西学的启迪和催化下,以留学生为主体的中国新知识分子群参合中西学,推进了与中国传统文化相对立的中国近代新文化的深入发展。

第二,留学生推进下的"西学东渐",充分体现出与政治密切相连的时代特征,使中国近代新文化具有强烈的爱国主义精神。

文化与政治是相互依存的,它是一定的社会政治经济条件的反映。甲午、庚子两次战败,中国面临着被瓜分的危险,民族危机迫在眉睫,促使人们去探求救亡图存之途径,"中国人士不欲为亡国之民者,群起以呼啸叫号,发鼓击钲,声撼大地。或主张变法自强之议,或吹煽开智之说,或立危词以警国民之心,或故自尊大以鼓舞国民之志,未几而薄海内外,风靡响应"。留学生在这种背景下远涉重洋,学习西学,传播西学,其政治目的十分明确,即救亡图存。

（4）留学生在推动"西学东渐"过程中的缺憾

当我们今天回首历史，审视和总结晚清留学生在"西学东渐"，在中国近代新文化的发生、发展中所做出的无与伦比的历史贡献时，我们也应看到，由于诸多因素的影响，他们在推动"西学东渐"的历史过程中，也给后人留下了一些缺憾。

第一，强烈的功利主义的现实价值目标使留学生对西学的输入过分服从于政治的需要。他们把输入西学作为拯救民族危机的武器，这种迫切的现实因素，使其在推动"西学输入"过程中没有对西学作学理上的深入研究，以政治价值判断取代文化价值判断，输入什么样的西学几乎完全取决于政治的需要。从而形成了中国近代文化与政治密不可分的一大特点，极大地影响了中国近代文化独立的发展。

第二，留学生在推动"西学东渐"的进程中，希望会通中西，融贯新旧。但是，他们没有做好清理传统文化遗产，推陈出新的工作。因而，在输入西学的过程中，通常把西学概念纳入到仓促而形成的近代新文化体系中，对西学的许多方面不免囫囵吞枣，食而不化，使晚清的中西文化交流难免流于肤浅。

第三，晚清留学生输入西学的主渠道是日本，而日本的"西学"是经过日本人改造过的，对于"二手货"，留学生缺乏鉴别和消化，以一种急于求成的浮躁心理和情绪，不做选择，唯以多为贵，大量输入国内，必然影响"西学东渐"的质量和中西文化交流之深度。

综上所述，晚清的"西学东渐"催生出中国近代留学生这样一个群体；当留学生取代外国传教士成为"西学东渐"的主要推动者后，"西学东渐"发生了根本性变化，从此，"西学东渐"才真正纳入到中国近代文化发展的轨道。晚清留学生传播西方文化，为中国近代新文化，也为中国社会的近代化写下了绚丽多彩的一页。

二、西学东渐对中国近代文化结构演变的影响

近代以来，西方文化在中国的传播，对近代中国文化结构的演进产生了深远的影响。

第一，它导致了中国近代新学的建立，促进了中国近代新文化体系的形成。西学东渐使中国几千年兴盛的炼丹术和阴阳五行说，逐渐为声光电化的西方近代自然科学之说所取代，中国封建的三纲五常的儒学逐渐让位于维新、共和的资产阶级新学说。中国近代思想家和学者参合中西，建立了与中国传统学问相对立的"新学"，为中国近代文化的萌生与发展奠定了基础。近代几十年间，从物质到心物，再到心理，中国文化结构的三层次在西学的启迪和催化下，发生了根本变化，催生出中国近代文化——资产阶级新文化。

第二，西学东渐改变了中国传统的"士林风气"，重科学技艺、求民主自由的意识冲击着重义理轻艺事、重农轻商的传统价值观念。伴随着新学的出现，中国近代新文化的载体——新知识分子群，登上了近代社会的舞台，他们是推动中国近代社会发展的生力军，代表着中国近代社会发展的方向。

第三，西学东渐为中国工业的现代化起步开辟了道路。近代八十年，中国所有的新式企事业无不是依靠西学西技而兴办、发展的。

西学东渐对中国近代社会发展所产生的最深刻的影响，在于它推动了中国近代的社会改革运动和革命运动。近代中国的维新变法、辛亥革命固然是在民族危机的推动下发生的。但

是,这些运动无不与西方文化在中国的传播密切相连。那些封建营垒中的士子,如康有为、梁启超、谭嗣同等;那些或留学海外,或求学于新式学堂的学子,如黄兴、陈天华等,之所以能转变成改革者、革命者,均获益于西学。他们怀着救国救民的赤子之心,向西方学习,将西学进行一番改造和再创造,与中国文化会通交融,构筑起自己的思想体系。从这个意义上讲,戊戌变法、辛亥革命都是以西学为思想武器,以西学为理论指导的。

综上所述,西学东渐促使了中国近代文化的演进,对中国旧民主主义革命有着积极影响,对中国近代文化起到了促进作用,是中国近代社会发展的动力之一。

第三节　社会主义中国新文化的建设

一、中国人民革命胜利开辟了中国文化发展的新阶段

1949 年 9 月召开的中国人民政治协商会议通过的《共同纲领》规定:"中华人民共和国的文化教育为新民主主义的,即民族的、科学的、大众的文化教育。人民政府的文化教育工作,应以提高人民文化水平,培养国家建设人才,肃清封建的、买办的、法西斯主义的思想,发展为人民服务的思想为主要任务。"

在上述方针的指导下,人民政府对旧中国留下的文教单位加以接收改造,清除帝国主义的文化侵略势力,批判封建买办思想文化,建立了以马列主义为指导、以共产党和青年团为核心的政治思想教育体制,大力发展工农文化教育和少数民族文化教育,对高等院校进行院系调整,并对知识分子实行"争取、团结、改造"的政策,成效是十分显著的。

在半封建半殖民地的旧中国,80％的人是文盲,尤其广大劳动人民根本得不到受教育的权利,广大少数民族地区的教育更是极端落后。这样,大力普及教育,大力发展工农教育和少数民族教育,就成为在教育对象方面的一个方向性的革命。新中国的教育事业有了长足的发展。我国各类教育还呈现出继续发展的态势。在这样一个底子薄的大国、穷国,建立如此庞大的教育体系,并使其结构、布局日趋合理,教育质量不断提高,这是走的一条其他国家所没有走过的特殊的道路。

以提高全体人民的文化素质为目标,新中国的群众性文化事业也有很大的发展和进步。图书报刊发行量增加了数十倍,公共图书馆、博物馆、文化馆、艺术表演团体、电影放映场所等群众文化事业单位均成倍地增加,过去没有的作为现代大众传播媒介的电视已普及到千家万户。新中国的文物考古、古籍整理和文献出版工作的成绩也十分突出。

二、20 世纪 80 年代"文化热"与文化讨论

(一)"文化热"的兴起与原因

20 世纪 80 年代我国的文化讨论真正"热"起来,是从 1984 年开始的。1984 年下半年,在

郑州举行了"中国近代文化史学术讨论会",年底,在上海召开了全国首届"东西方文化比较研究讨论会",并成立了上海东西方文化比较研究中心。不久,北京、西安、武汉、广州等地相继成立了各种形式的文化研究组织。1985年上半年,中国文化书院筹委会和九州知识信息中心在北京举办了第一期"中国文化讲习班",由中外著名学者冯友兰、梁漱溟、张岱年、任继愈、李泽厚、杜维明等人主持演讲。演讲内容集中在"中国传统文化的性质、意义和基本精神""中国传统文化的价值和前途"等宏观论题上。在这以后,关于中国近现代文化史、中西文化比较、中国传统文化与现代化关系等问题的研究,南北呼应,遂成浪潮。

1985年,在深圳召开了全国东西方文化比较研究协调会议,在湖北黄石召开了"中国传统文化与现代化"大型讲习班,在武汉举行了"明清文化史"三次聚谈会。1986年,由复旦大学主办、在上海召开了首届"国际中国文化学术讨论会",在杭州举行了全国东西方文化比较研究第二次会议,《文汇报》和《光明日报》相继开辟《中国传统文化和现代化》《关于中国传统文化》的讨论专栏。从1985年开始,各地相继开展了颇有声势的文化发展战略研讨活动,大家从"文化和政治""文化和经济发展""文化和科学""文化建设和社会主义精神文明建设""文化和教育"等方面讨论文化在现实生活中的重要作用。同时,各地方开始兴起区域文化研究和编纂地方志的热潮,相继出现了研究荆楚文化、吴越文化、巴蜀文化、幽燕文化、齐鲁文化、两淮文化、关东文化、岭南文化、海派文化、京派文化、少数民族文化等地域文化的盛况。人文社会科学的各学科与文化联姻,或从文化的角度开拓研究的新视野。在文学创作中,1984年开始兴起、1985年正式打出旗号的"寻根文学",公开提出将文学植根于民族传统文化之中。出版界出版了大量的有关文化和文化史的专著、译著,对这场文化讨论起到了推波助澜的作用。

纵观近20年的文化讨论热潮,分析它的发生与发展,有三个年份值得注意。一是1982年,这一年是文化讨论的开端,其主题是如何写好一部中国文化史,填补学术的空白。它是中国文化热的前奏和先导,引发了一场以思想学术界为中心的波及全国的文化讨论热潮。二是1984年,从这一年开始,思想学术界的文化讨论有一个明显的方向性转变,即由1982年的仅限于文化史的纯学术性的历史研究转向现实,讨论的主题是怎样认识中国当代社会。因此,研究的重点转向反思中国传统文化,尤其是反思中国近现代的历史命运。中西文化史的研究,则退居于次要地位。三是1989年,文化讨论大致可以1989年为分水岭呈现出两种趋势。1989年以前的文化讨论,西优中劣的观点占主导地位,因而"否定传统、呼唤西化比较多"。1989年以后的文化讨论,则"肯定传统、再造传统比较多"。另外,1989年以前鼎沸的文化热潮到1989年以后渐渐降温,广及整个社会的文化讨论转而成为思想学术界正常化的学术活动。

20世纪80年代出现的文化讨论热,是中国进一步改革开放的需要,是思想学术界对于时代需要的呼应。党的十一届三中全会以后,我国正式进入以经济体制改革和经济建设为中心的现代化建设的新时期。经济体制的改革与商品经济的迅速发展,带来社会心理、思维方式和价值观念等方面的巨大变化,这些变化反过来又促进了改革、开放与现代化建设的进程。但改革也使一些严重的问题显现出来。我国长期处于封闭的自然经济状态,几千年来在封建专制统治下形成的思想意识、思维方式、伦理道德和价值观念还根深蒂固,人们常常自觉不自觉地与改革开放中出现的新观念、新事物发生冲突,严重地阻碍着现代化的发展。在这些阻力中,最大的阻力恰恰来自改革者自身,来自潜存于民族文化深层结构中的集体无意识力量。文化讨论着眼于现实,其中,探索、解剖中国文化的劣根性是一个重要的主题。因此,要深刻地理解改革的性质和意义,就不能不对一个民族、一个时代的文化背景进行分析,要自觉地推动改革,就不能不对民族的传统文化进行一种整体的反思,在文化观念上进行一场革命,以消解人们潜在的心理障碍。

(二)文化研究取得的巨大成绩

20世纪80年代的文化研究与文化讨论,表现出以往的文化研讨所不曾有过的崭新内容和独特性质,它取得的成就是巨大的、多方面的,对中国社会主义新文化建设的推动作用是不可低估的。

20世纪80年代"文化热"的特点之一是它的现实性。它绝不是文化殿堂里的装饰物或陈列品,也不是清谈馆里供人消遣的谈资,而是牢牢立足于中国的现实,改革中遇到的各种问题,都从文化的角度加以探索研究,破除旧框框,打开新思路。因此,这一文化研讨热潮在坚持正确的政治方向的前提下,具有思想解放的意义,能够产生巨大的社会效能,促进社会主义物质文明和精神文明建设,给改革带来强大的思想动力。

20世纪80年代"文化热"的特点之二是它的广泛性。它已远远超出了传统的文、史、哲研究的学科范围和领域,也远远超出了文化学者的书斋研究和课堂教学的有限天地,而成为一门全民关注、参与的综合性学问。由于现代科学跨学科研究带来的各学科相互交叉、渗透、综合的趋势,影响于文化研究,不仅形成哲学、文学、历史学、经济学、社会学、政治学、伦理学、心理学等各门人文社会科学相互配合、共同研究文化问题的局面,而且打破了人文社会科学和自然科学的传统界限,许多自然科学家也十分关切人类共同的命运和中国文化的前途问题。就研究内容而言,举凡人们的思想观念、社会心理、思维模式、行为方式、伦理道德、审美情趣、文化比较等,都进入了文化学者的研究视野。20世纪80年代的文化研究不仅仅限于精英文化的范围,它还扩展到大众文化领域,诸如企业文化、校园文化、旅游文化、服饰文化、饮食文化等均一时兴起,文化研究已不再是少数文化学者的专利。

20世纪80年代"文化热"的特点之三是它的世界性。在改革开放的总形势下,中国当代文化已把自己置于世界文化的背景之中,把民族意识和全球意识结合起来,把民族精神和时代精神统一起来。文化研讨的一个重要内容,就是中西文化比较。在今天,再也不可能在封闭的情况下来孤立地进行中国文化研究,中国当代文化必然要受到世界文化思潮的影响。一个值得注意的现象是,由于对外开放,许多港台、海外学者也实际上参与了20世纪80年代中国的文化讨论,这不是坏事情。中国文化正是需要在中外文化交流中打破以往的闭塞状态,走向世界,走向未来。

正因如此,20世纪80年代的"文化热",显而易见带有改革开放的时代特征。它以多维视野反省中国文化,审视世界文化,承认世界文化是多元并举、互为补充的整体格局,并力图通过痛定思痛的自我反省,突破框囿的大胆求索,为创造社会主义新文化做好思想理论上的准备,并进行全社会的动员和启蒙。在这个意义上可以说,20世纪80年代"文化热"支持、赞助了改革开放,促进了文化观念的更新,推动了社会的进步。

(三)文化讨论的主要内容

1984年以后的文化讨论涉及的问题很多,择其要点,可以归纳为以下四个方面的内容。

1. 中国文化的基本特性和核心精神

要对中国文化进行研究，就一定要从整体上对中国文化的基本特性和精神进行把握。中国传统文化在历史上由儒、道、佛三家汇合而成，其中儒学是中国传统文化的核心；中国传统文化的核心精神是"礼"或"礼治"，"礼"把个人与国家、家庭的利益融为一体，取消了人的主体性的个性。这种把自我和主体消融在"礼治"中的结果，一方面有助于中华民族的凝聚和中华文化的绵延，另一方面则形成"主奴根性"的卑劣品格；中国传统文化强调"存天理，灭人欲"，巧妙地取消人的需要和独立性，这种思想凝定为传统，就构成了中国传统文化以伦理为轴心的特质；中国传统文化的基本精神是一种"实用理性"；中国传统文化具有刚健有为、崇德利用、和与中、天人协调的多种特性；中国传统的思维方式和文化观念有封闭性、单向性和趋同性的特性，这些特性表现在思维方式上是缺乏创造性，表现在观念上是中庸之道；中国传统文化中有一种超稳定的特质，等等。

同时也可以从中国文化的构成和文化背景方面系统地论述中国文化的特质。中国文化的人文社会因素主要由经济、民族和宗教三者构成。首先在经济上，中国文化自始迄今都建筑在农业文化上。农业文化是自给自足的，只求富足和安乐，而不讲兴革，因此，中国人自古养成安贫乐道、知足常乐、喜爱安定的习性。其次在民族上，中国在古代以华夏族为主干，是由多民族经过长期接触、融合而渐趋统一的。在中国文化的构成中，中华民族逐渐形成了独立性、保守性、同化力、和合性、坚韧性等特性。最后在宗教上，中国自古就把宗教规范在政治道德圈内，以道德代替宗教。中国古代的政治道德观念就吸收并融合了宗教观念，于是产生了"天人合一"的观念。中国人主张天人合一，以天道规范人道，以伦理观来配合宇宙观。儒家把这一观念发扬光大，为后世遵循，成为中国传统文化思想的主干。在此文化土壤上，形成了中国文化的特性。中国文化的特性是以人文为本位，讲求人际关系的和谐，重视做人的原则，所以注重伦理和道德，以伦理为社会的基础，以道德为立身处世的原则。

2. 如何对待中国传统文化

对中国传统文化的估价，即对中国传统文化在今天的价值和作用的评价，是文化讨论中最重要的问题。从价值取向和价值判断总的趋向上来看，对待中国传统文化的态度，主要是三种思想倾向。

一种观点持全盘否定态度，认为中国传统文化已经腐朽，不再具有生命的活力。而且，中国传统文化的愚昧、落后、保守、封闭等消极性因素还严重地阻碍着社会的发展，因而必须予以全盘否定。

另一种观点持全盘肯定的态度，认为中国传统文化是中华民族智慧和力量的源泉，在今天的现代化建设中，它将发挥巨大作用。这是因为中国文化从本质上讲是一种"刚健有为，崇德利用"的文化，这种自强不息的精神是中国文化发展的内在动力。

再一种观点持折中态度，认为中国传统文化是一个整体，它既有积极因素，也有消极因素，因此，对中国传统文化既不能全盘肯定，也不能全盘否定，必须坚持批判继承原则，取其精华，弃其糟粕。

在 20 世纪 80 年代的文化讨论中，第一种观点处于主导地位，从这种观点生发出来的民族文化虚无主义思想,遂成为一种强势思潮。民族文化虚无主义倾向于全盘否定传统,割断历史与今天的联系;否定传统文化,主张全盘西化,把中西文化对立起来,否定二者可以相互吸收与交融;以偏概全,在理论上表现出很大的随意性和片面性。

3.如何对待西方文化

文化讨论中另一争论的焦点是如何对待西方文化。中国近现代的历次社会变革、文化变革,总是遇到这个问题。旧调重弹,却有了新的时代性。在20世纪80年代的文化讨论中,关于怎样对待西方文化,有种种看法,其中,"西体中用"论最有影响。这是继"中体西用"论和"全盘西化"论之后提出的第三个具有一定代表性的观点。首先提出这个观点的是李泽厚。据李泽厚自己说,他提出"西体中用"的目的,是为了同历史上的传统说法,特别是同"中体西用"的说法鲜明地对立起来,造成一种语言上的刺激,以便促进人们的思考。在他看来,在20世纪80年代的现实生活和文化讨论中,从上到下弥漫着一股浓厚的"中体西用"或变相的"中体西用"的思想,这是一种历史的或传统的惰性反映,是在中国实现现代化的障碍。于是他把"中体西用"倒过来,变成"西体中用"。在论述中,李泽厚对"体""用"范畴的含义作了明确规定,"我用的'体'一词与别人不同,它包括了物质生产和精神生产,我一再强调社会存在是社会本体。把'体'说成是社会存在,这就不只包括了意识形态,不只是'学'。社会存在是社会生产方式和日常生活。这是从唯物史观来看的真正的本体,是人存在的本身。现代化首先是这个'体'的变化。"就中国来说,"如果不改变这个社会存在的本体,则一切'学',不管是何等先进的'西学',包括马克思主义,都有被中国原有的社会存在的'体'——即封建小生产经济基础及其心理结构即种种'中学'所吞食掉的可能。"这种教训,在中国近现代历史上屡见不鲜。要进行现代化,首先要改变这个社会本体,即小生产的经济基础、生产方式和生活方式。这当然是一个十分艰难、漫长和矛盾重重的过程。但真正的"西体中用"将给中国建立一个新的工艺社会结构和文化心理结构,将给中国民族的生存发展开辟一条新的道路和创造一个新的世界。

4.中国文化的现代化与未来前景

研究中国文化的历史与现状,目的是更新中国文化,使中国文化和中国社会步入现代化之途。如何使中国文化现代化,这是一个非常复杂的问题。到目前为止,学者们发表了许多有价值的见解。一批知名学者积极倡导新儒学,把复兴儒学与中国的现代化联系起来,认为"复兴儒学是中国文化现代化的根本途径"。与此相近的观点有"传统文化的更新""传统文化的变革""传统文化的创新""传统文化的创造性转化""传统文化的当代转换"等。许多马克思主义学者认为,中国是以马克思主义为指导的国家,因此,中国文化的现代化首先是马克思主义的现代化。更多的学者寄希望于在批判继承传统文化与批判吸收外来文化的结合中建构社会主义新文化。

(四)文化讨论中的不协调音调

20世纪80年代的文化讨论表现出一种比较宽松的学术氛围,各种不同的文化观点、理论和主张都公开提了出来,并且相互间展开了热烈的争鸣和辩论。其中绝大多数都是为了深刻总结历史经验教训,为中国文化的未来发展探索一条切实可行的道路,但是也有少数论者是带着一种政治情绪的偏执来参加文化讨论的,因而不能客观地理性地观察文化问题,发出了一些与时代精神不甚协调的音调。这些文化观点主要有以下几个。

1. 全盘西化论

持此论者利用我国改革开放、国门洞开、西方形形色色思潮涌入之机,借文化包装贩卖政治赝品,极容易引起人们的思想混乱。有人公开主张:"中国现在没有一样不落后,应当全方位开放或者叫全盘西化。"很明显,这种论调带有明显的政治色彩,是20世纪80年代中国资产阶级自由化思潮的代表性言论。如果说我国20世纪二三十年代的"全盘西化"论还不失为一种文化主张(当然这种主张并不正确),人们还可以从中汲取一些可供借鉴的思想资料的话,那么,20世纪80年代的新的"全盘西化"论则毫无积极的文化意义可言,只是一种毫无掩盖的崇洋媚外意识,在政治上主张效法西方走资本主义道路。抛弃了民族主体意识,讲什么"全方位开放",不加选择地"全方位引进",实际上是一种民族投降主义、卖国主义,不仅会危及我们的社会主义制度,而且可能危及我们国家的独立和统一。在这种理论指导下,有人鼓吹中国要当"三百年殖民地"才有可能走上现代化的进程,把"全盘西化"的卖国主义实质可谓暴露无遗。

2. 彻底重建论

持此论者多为一些青年学者。他们认为,立足于20世纪末期来审视中国的文化传统,发现其在总体上已一无足取,必须对中国文化进行全力的动摇、震荡,使之彻底瓦解、尽速消亡。欲建设中国新文化,"必须进行彻底的反传统","断裂传统","以反传统来继承传统",甚至宣称反传统是"永远不悔的旗帜"。其实这种论点是缺乏科学根据、远离辩证思维的,是主观主义和情绪化的表现。

每个人都生活在一定的文化传统中,传统可以创新、转换,但是不能随便割断、抛弃。对中国文化传统应进行辩证的分析,全面认识它的正面和负面价值,不加分析地全盘否定危害甚大。但是,由于数十年来各方面工作的失误,到了反思时期,一些青年面对落后局面,容易情绪激动,认识片面;长期受压受挫的人,则容易采取否定一切的态度。他们把现实的错误、落后,面临"开除球籍"的危险等,一股脑儿都算在传统文化的账上,甚至埋怨生长养育我们的这片"黄土地"未能孕育出西方那样的科学文明。这种片面、偏激认识很容易导致民族虚无主义,盲目崇拜西方,也是文化讨论中出现的一种不正确的理论。

3. 复兴儒学论

这是20世纪80年代文化讨论中的一种保守论调。持此论者多为海外华裔学者,也在少数大陆学者中引起共鸣。在他们看来,中国社会出路的解决在于文化出路的解决,文化出路的根本解决在于儒学的复兴。因此,只要抓住复兴儒学这个"根本",就可以解决当代中国包括信仰危机、道德建设、政治民主、经济发展等在内的一切问题。应该承认,持此论者对中国传统文化特别是传统儒学有较深入的了解,并有相当深厚的民族感情;但是儒学本身绝非尽善尽美,更不是包医百病的药方,加之百多年来欧风美雨的冲击以及马列主义在新中国确立了指导思想的地位,在这种情况下,如果说要批判地吸收传统儒学中的某些有价值的思想成分则可,如果说要完全恢复儒学在中国的统治地位,用以指导中国的现代化建设,则不仅是一厢情愿的主观幻想,而且是一种历史的倒退。

文化讨论中还出现了"西体中用"论、"新启蒙"论等种种不同主张,情况比较复杂,不宜简单评判,而应作全面具体的分析和评价。

文化建设是当代中国必须要做好的一篇大文章,必须坚持正确的政治方向,用科学和理性来指导。如果用种种错误的、偏激的方式来进行文化批判和文化重构工作,不仅会在思想上、理论上引起混乱,而且会在实践中形成错误导向,把一些学识尚浅、判断力不强的青年人引向歧途,为害匪浅。凭实而论,错误的东西必将为正确的东西所取代,情绪化的东西终归要由理性来匡正,非科学的东西必依归于科学。错误的非科学非理性的东西毕竟不能转化为现实的政策。因此,用理性的头脑、客观冷静的眼光来审视新中国的文化建设问题,无论对于文化学者还是青年一代,都是至关重要的。

三、20 世纪 90 年代文化建设的宝贵经验

20 世纪 90 年代,建设有中国特色的社会主义文化与精神文明建设工作有机融合,取得了丰硕的成果和宝贵的经验。全党继续高举邓小平理论伟大旗帜,围绕中心,服务大局,唱响主旋律,打好主动仗。无论是理论武装工作,思想道德教育,文化阵地建设,精神产品生产和群众性文化活动,都呈现出整体推进的态势。成绩的取得与党中央提出建设有中国特色的社会主义文化的一系列正确主张是分不开的。

刚刚进入 20 世纪 90 年代之初,江泽民总书记即《在庆祝中国共产党成立七十周年大会上的讲话》中明确指出:"有中国特色的社会主义文化必须是以马克思主义、毛泽东思想为指导,不能搞指导思想的多元化;必须坚持为人民服务为社会主义服务的方向和'百花齐放,百家争鸣'的方针,繁荣和发展社会主义的文化,不允许毒害人民、污染社会和反对社会主义的东西泛滥;必须坚持和发扬民族传统文化,而又充分体现社会主义的时代精神,立足本国而又充分吸收世界优秀文化成果,不许搞民族虚无主义和全盘西化。我们应该牢牢掌握中国特色的社会主义文化的这些要求,极大地提高全民族的思想道德和文化素质,促进社会主义的物质文明和精神文明的发展。"这一讲话精神是对 20 世纪 80 年代文化研讨经验教训的深刻总结,也是对 20 世纪 90 年代文化建设方向的正确揭示。

1996 年在党的十四届六中全会上,作出了《中共中央关于加强社会主义精神文明建设若干重要问题的决议》。《决议》论述了社会主义精神文明建设的总的指导思想,设计了社会主义初级阶段中国思想道德建设的基本框架,提出我们的任务是"以科学的理论武装人,以正确的舆论引导人。以高尚的精神塑造人,以优秀的作品鼓舞人",培养有理想、有道德、有文化、有纪律的社会主义公民,提高全民族的思想道德素质和科学文化素质。这既是加强社会主义精神文明建设的重要指导思想,也是建设有中国特色的社会主义文化的重要指导思想。

1997 年党的十五大对建设有中国特色的社会主义文化有了更系统、更深刻和更全面的纲领性认识。十五大报告指出:"有中国特色社会主义的文化,就是以马克思主义为指导,以培育有理想、有道德、有文化、有纪律的公民为目标,发展面向现代化、面向世界、面向未来的,民族的、科学的、大众的社会主义文化。这就要坚持用邓小平理论武装全党,教育人民;努力提高全

民族的思想、道德素质和教育科学文化水平;坚持为人民服务、为社会主义服务的方向和百花齐放、百家争鸣的方针,重在建设,繁荣学术和文艺。建设立足中国社会现实、继承历史文化优秀传统、吸取外国文化有益成果的社会主义精神文明。"这一文化主张与纲领,明确指出了建设有中国特色社会主义文化的指导思想、方针原则、基本目标和基本特征,是中国人民在新世纪建设有中国特色社会主义文化的总要求。第一,马克思主义是文化建设的指导思想。建设有中国特色社会主义文化必须以马克思主义为指导。在当代中国,最重要的是坚持邓小平理论为指导,这是一项根本原则。第二,培育"四有"公民是文化建设的目标。中国文化的现代化进程,从根本上说取决于国民素质的提高和人才资源的开发。人是要有精神的,只有造就适应社会主义现代化建设需要的一代又一代有理想、有道德、有文化、有纪律的公民,全面提高全民族的思想道德素质和科学文化素质,才能尽快实现中华民族的伟大复兴。第三,面向现代化、面向世界、面向未来的,民族的、科学的、大众的社会主义文化,是有中国特色社会主义文化的基本特征。"三个面向"表明文化的价值取向,"民族的、科学的、大众的"表明文化的民族特性、科学内容和科学方法、民主精神,"社会主义"表明文化的性质和方向。

四、建设有中国特色社会主义文化的哲学思考

(一)建设社会主义新文化的指导原则

1.当代中国文化应以马克思主义作为自己的指导思想和理论基础

这是中国人民经历艰难困苦,经过无数次失败的教训才做出的历史选择。在此之前,中国人也曾希图以西方资产阶级的天赋人权论、进化论和其他学说作为自己的理论武器,然而成效甚微,失败却接踵而至。在怀疑和困惑中,中国人找到了马克思主义这个人类文化史上最伟大的科学成果、放之四海而皆准的普遍真理,中国文化从此才真正找到了正确的出路。实践证明,中国人民对于马克思主义的选择是正确的,此外没有别的选择。

2.当代中国文化要辩证地处理好"古"和"今"即历史传统和时代精神的关系

一方面,当代中国文化立足于新旧世纪之交的历史背景,它要高瞻远瞩,面向世界,面向未来,有强烈的时代精神,因而决不能把自己局限于一个狭小的格局中孤芳自赏,更不能盲目地颂古、信古、好古、怀古;另一方面,它要对历史传统进行认真研究,谨慎地甄别,以当代中国文化建设的需要为标准,分清糟粕和精华,然后进行正确的取舍。在这个问题上,把传统文化全盘接收过来是不行的,全面反叛、否弃也是不明智的,而应做到立足当今,古为今用。

3.当代中国文化要辩证地处理好"中"与"外"亦即立足本国与面向世界的关系

所谓立足本国就是说中国文化建设要根据中国的国情、中国人民的民族习惯和中国现代化的需要来进行,而不是简单地照搬照抄外国文化建设的经验。中国有自己的特殊情况:人口众多,幅员广大,经济文化发展极不平衡;有些地区近百年来已受到近代经济和文化的洗礼,而更多的地区在生产方式、生活方式和文化心理方面还没有完全脱离自然经济、农业社会的传统

模式;知识分子有较高的科学、民主与法治的要求,而文化程度较低的人们又对传统的文化、习俗比较适应。凡此种种都必须加以具体分析,因时因地因人制宜地加以解决。所谓面向世界就是说中国文化建设必须实行开放政策,不能搞文化封闭主义。近代世界和中国的历史都表明,拒绝接受外国的先进文化,任何国家、任何民族要发展进步都是不可能的。

(二)中国文化的认同与适应

任何一个国家、一个民族的文化,在其发展过程中,都经常出现这样一种矛盾运动:一方面它要维护自己的民族传统,保持自身文化的特色;另一方面它又需要吸收外来文化以发展壮大自己。这种矛盾运动,文化学上称之为"认同"与"适应"。

首先,来分析一下民族文化认同问题。按照斯大林的说法,民族是人们在历史上形成的一个有共同语言、共同地域、共同经济生活以及表现于共同文化上的共同心理素质的稳定的共同体。可见,任何民族都有其与其他民族相互区别的文化传统。文化传统是一个民族世世代代积累而成的精神财富,是一个民族发展动力接连不断的源泉。文化传统可以造成一个民族的自尊心、自豪感和自强精神。有了它,一个民族在遇到难以应付的历史环境的挑战的时候,就有可能激发民族活力,解决面临的复杂问题,使民族获得新生。

从世界文化史来看,欧美各国和日本实现现代化的一个强有力的精神杠杆就是本民族强烈的民族意识和爱国主义精神。尽管英、法、德、美、日诸国在采用资本主义制度和资产阶级意识形态方面是共同的,但是这些国家实现现代化的具体进程和方式,都各有自己的民族特色,它们都尽可能地保持了自己民族文化的特色,亦即在最大程度上实现了民族文化的自我认同。这些国家的人民在今天仍然常常以虔敬的心情缅怀自己的文化传统,对于本民族的历史文化遗迹,哪怕片纸只言,也视若瑰宝,倍加珍惜。这种非常执着的、被人们称为"寻根"意识的东西,其实就是文化心理认同。

中国作为一个文化传统极其深厚、哲学慧根十分发达的泱泱古国,它的民族文化认同心理更较其他民族为甚。仅以近代为例,无论是资产阶级维新派、革命派,还是无产阶级革命家,那些为中国近代化、现代化而不懈奋斗的志士们,他们的基本原动力就是根植于民族文化传统深层的爱国主义精神。今天的中国正处在历史转折的关头,它要迎接世界现代化潮流的挑战,把自己建设成为现代化的社会主义强国,更需要以民族文化传统为依托,进行独立的思考和判断,否则就不能自尊、自信、自强,自立于世界民族之林。中国的现代化不应该也不可能是西方各国或东方日本现代化的翻版,而应该是中国人民自己的勇气、信心、智慧和力量的产物。

我们肯定民族文化传统对于现代化的意义,并不是认为传统文化与现代化没有任何冲突,可以原封不动地保存下来,也不是主张人们回到陈旧的传统中去,更不是要人们去盲目地颂扬传统文化中的封建性毒素。立足于20世纪的时代高度和面临实现四个现代化的历史任务,中华民族的文化认同绝不是向传统文化的全面认同和复归,而是立足现实,从传统文化中汲取可以为今天所用的东西。

其次,再来分析一下民族文化的适应性问题。一般说来,当一个民族处于封闭状态,与外域文化不发生任何联系的时候,是无所谓适应不适应的;只有当它与异民族发生交往、特别是激烈冲突的时候,发展阶段较低的民族文化才有一个如何适应发展阶段较高的民族文化的问题。文化发展的规律是：一个民族的文化只有遇到更先进的文化，在冲突与融合中才能更新发展。所以说，外部挑战乃是文化发展的重要条件。

从世界文化史看，欧美国家和日本自古以来就崇尚贸易活动，重视同其他民族的交往，因此把对外文化交流视为习惯和自然，深感文化交流可以带来本民族的文化进步。在这方面日本是一个适应型文化的范例。日本历史学家高桥龟吉说："日本人对于与本国不同的外国文化，不是看作异端，也没排斥和偏见，而善于以外国先进文化思想为师，并积极地进行全力移植和吸收。"事实确是如此。它在古代一直以中国为师，深受中国文化的恩惠。近代当它意识到不以西方为师便难以生存和发展时，便断然"脱亚"，而大量地、普遍地引进西方文化，终于使自己迅速成为世界第一流的强国。

相比之下，中国文化的适应能力是比较薄弱的。中国传统文化由于地理环境的隔离机制和历史上长期的领先地位，遂产生强烈的文化优越感和自我中心的文化心态。在近代中国一些文化保守主义者就认为，"华夏"文化高明而精微，"外来"文化低劣而粗浅，因而在对待外来文化上总是难以摆脱自我本位的对应模式。这种对应模式直接繁衍出"文化本位论""国粹主义"的种种论调。在今天，依旧有人主张复归传统，复兴儒学，以此为自救之路。我们要排除这种不合时宜的自大心理，就必须从思想上明确："中央之国"的观念是封建时代的观念，平等观念、全球观念才是现代观念。我们要面对现实，以世界多民族、多种文化中的普通一员的身份来界定自身，以平等的身份和其他民族的文化进行交流对话。这样中国文化才有可能走向世界，走向未来。否则，深闭固拒，限于一隅，是难以发展进步的。

对待外来文化既要有现代的眼光和宏大的气魄，敢于正面迎接它；同时又要在保持民族文化固有血脉的基础上对它加以分析权衡，去取得当，这样才于民族文化的建设和发展有益。这种分析，充满辩证法的光彩，无疑是很有见地的。

综上所述，认同与适应是一对辩证的矛盾，认同不是全面的认同，适应不是消极的适应，应当把它们有机地统一起来，既能保持民族主体性和民族文化的优良传统，又能广泛吸收外来文化的优秀成果，而最终以建设社会主义新文化、提高中华民族的科学文化水平为依归。这实际上就是毛泽东倡导的"古今中外法"，就是"古为今用""洋为中用"的选择和继承原则，这才是马克思主义的文化辩证法。

（三）中国文化的综合与创新

中国文化的发展有三条道路：第一是故步自封，因循守旧，以大国自居，自以为高明，这是没有前途的；第二是全盘西化，完全抛弃固有的文化传统，这是不应该的，也是没有前途的；第三是主动吸收世界的先进文化成就，同时保持民族文化的独立性，发扬固有的优秀传统，创造自己的新文化，争取与发达国家并驾齐驱。也有的学者概括说：在"五四"以来的中国现代思想史上，一直存在着马克思主义、自由主义的西化派和以现代新儒家为代表的文化保守主义三大思潮既互相对立又互动发展的思想格局，20 世纪 80 年代文化讨论中的三个最主要的思想派别——自由主义的全盘西化派、保守主义的儒学复兴派和马克思主义的"综合创新"派，"它们之间的对立斗争和统一关系，仍然没有超出'五四'时期业已形成的思想格局，是多年来的文化论争在新的历史条件下的继续和延伸"。上述论者共同强调"古为今用，洋为中用，批判继承，综合创新"是中国马克思主义派的文化主张。这四句话是一个整体，合在一起即马克思主义派对古今中西问题的完整回答,是缺一不可的。这一概括和上述"关于社会主义精神文明建设指导方针"的提法,和毛泽东的"古今中外法",在精神上是完全一致的。其中关于综合创新的文化主张,很值得重视,具有重要的理论意义和现实意义。

"综合创新"论是在学习、继承毛泽东"古今中外法"的基础上,进一步运用辩证思维的方法,立足于多维广阔的文化背景,超越中西对立、体用二元的简单思维模式,从社会主义现代化建设的实际出发,展示了中国新文化建设的可供操作的具体思路,体现了正确的理论导向。

古今中西文化的综合创新是建立在对文化结构进行分析的基础上的。任何一种文化体系作为完整的结构,可以分解为不同的层面(如物质文化层面、制度文化层面和观念文化层面),每一层面又可以分解为若干要素,换言之,文化要素构成文化层面,文化层面构成文化系统。对此是可以加以分析的。

文化要素和系统之间的关系有种种复杂的情况,其中有两种特别值得注意的情况:一个文化系统所包含的文化要素,有些是不能脱离原系统而存在的,有些则可以经过改造而容纳到别的文化系统中去。前者意味着一个文化系统所包含的一些文化要素间,具有不可离的关系,例如中国殷周时代的分封制、井田制、贵族制,就具有"三者相扶以行,孤行则踬"的不可离关系,它们一损俱损,一荣俱荣,并与原系统相终始。后者意味着一个文化系统所包含的一些文化要素之间,具有可离的关系,例如科学和宗教、艺术、风俗是可离的。文化要素之间除了上述可离与不可离关系外,还有相容与不相容的关系。例如,道德教育和法律制度是相辅相成、缺一不可的,而君主专制、封建道德与近代科学的发展是不相容的。

认识到文化要素之间的相容与不相容、可离与不可离的关系十分重要,是我们把文化当作一个动态系统来把握的关键。

同一个文化系统中,既有相容并且不可离的许多要素,它们之间的相辅相成、相互补充,是这个文化系统保持相对稳定不变的机制,它们稳定的联系即是这个文化系统的结构。同一个文化系统中,也有不相容或者可离的许多要素,前者隐伏着导致系统崩溃的契机,后者则可以成为代之而起的新系统的要素。这也就是说,在时间上相继而起的两个不同的文化系统之间,既有一个取代另一个的关系,又有一个继承另一个的关系。因为有一个继承另一个的关系,所以可以肯定二者之间包含有一些共同的文化要素。

在空间上并存的不同文化系统包含一些共同的文化要素,也各自包含一些不同的文化要素。前者表现了文化的普遍性,后者表现了文化的特殊性。这些不同文化系统的要素之间,也存在可离与不可离的关系、相容与不相容的关系,这既是它们各具有相对独立性的根据,也是它们可以互相吸收、相互融合的根据。

正是基于这样的认识,马克思主义文化派既反对东方文化优越论,也反对全盘西化论,而主张兼取中西文化之长,融会贯通而创造新的中国文化。无论对于中国古老的文化系统,还是对于西方文化系统以及其他民族的文化系统,都应该分门别类地进行整理、研究、分析、剔抉,就像庖丁解牛那样把整体的牛分解为各个部分,对各个文化系统的剖析则是把系统分解成各个要素,对于当代中国两个文明建设有益的就"拿来",无益的就舍弃,有害的就加以批判肃清。这样就能够像百川汇海一样,吸纳各个文化系统的优势和长处,建立古今中西文化的合理互补结构。社会主义文化是多项有价值的文化成果的新的综合,同时也是一个文化创造的过程。

通过这样的工作,中国固有文化一定可以实现质的飞跃,实现创新。

总之,建设具有中国特色的社会主义文化,就是在社会主义制度下,以马克思主义为指导,建立古今中外文化的最佳互补结构,亦即批判继承历史传统而又充分体现时代精神的、立足本国而又面向世界的社会主义新文化。这种新文化既不是固守传统,也不是照搬西方,它是在中国本土上、在中国固有文化基础上建设起来的,体现民族精神、时代精神和中国现代化进程的新文化。这种新文化承认原有文化基础的历史继承性,承认文化的发展进化是在原有基础上的发展进化,否则就失去了文化发展的内在根据;同时,这种新文化也承认文化在空间上的交流、民族间的沟通,以开放的胸襟迎接、吸纳新的文化要素,不断充实自己和增加生命活力。建立这种社会主义新文化必须高扬民族主体性的原则,也就是说要把中华民族的利益作为衡量、择取文化的标准。任何外来文化的吸纳和利用,都必须有利于我们国家、民族的生存和发展,有利于这个古老民族的进步和繁荣,使它能够真正毫无愧色地屹立于世界的东方。

第四节　大众文化的兴起与中西文化交流

一、大众文化的兴起

大众文化是指被一个社会或一定地区内大多数人所欣赏、接受的文化。相对于主流意识形态文化的"国家"特性而言,它是"平民"文化,相对于知识阶层的精英文化而言,它是"通俗"文化,但我们又不能单用"平民"或"通俗"去指称这种文化,因为20世纪90年代兴起的大众文化包含有平民或通俗所不能涵盖的内容。大众文化是在市场经济的建设成为经济生活中心的背景下,在大众传媒(广播电视、报纸杂志、电脑网络)高速发展的高科技条件下兴起的一种新的文化形态,它有通俗性、娱乐性、群众性等一脉相承的内涵,但又有制作方式上与过去的"平民"和"通俗"文化巨大的差异。

(一)大众文化兴起的原因

20世纪90年代大众文化兴起的原因有以下几个。

1.主流文化自身的调整

中国居于统治地位的主流意识形态文化,有过一枝独秀的"辉煌"。进入新时期后,尤其是在20世纪90年代中期以后,其背景产生了变化,虽说仍然倡导"主旋律",但"多样化"似乎更适合中国的现实国情。于是主流本身便采取了若干调整,显得更为宽宏大度,为大众文化让出一席之地。这一退让与宽容弱化了意识形态的功能,意味着不同的文化话语在"市场平等"的背景下开始与意识形态文化进行对话。同时这一意识形态文化的宽容与退让,也造成了主流文化对大众文化的利用,即大众文化也部分地具备了意识形态文化的特点。目前,主流意识形态文化依然处于文化格局的领导地位,但已不是昔日的"一统天下",而是显得和蔼可亲。但无论如何,功能决定了"头版""头条"总不如副刊、周末版灵活机动。

2. 港台文化的影响

港台文化对 20 世纪 90 年代大陆文化的影响是显而易见的。台湾的社会市场化程度远远高于大陆。香港更是一个高度繁荣的消费社会,二者虽也有主流意识形态,但势单力薄,尤其是在香港几乎不占地盘,何况在与大陆的文化交流中,这一部分也不能进来。于是我们所能看到的大量涌进来的港台文化便是只有市民阶层浮泛情感反映的通俗歌曲、男追女逐的肥皂剧,以及形形色色的娱乐方式,还有这些通俗歌曲及肥皂剧后的商业运作。尽管它们在艺术上不能和大陆的歌曲影视相比,但其雄厚的资金、合理的运作,却赢得了整体文化水平不高的大陆群众。从武打到言情,从小说到影视,大众文化的所有领域,似乎大陆都在港台后面亦步亦趋。

3. 大众娱乐的需求

文化消费是实现文化产品价值的途径,也是文化企业获得利润回报的途径。离开大众对文化产品的消费,大众文化便不可能如此迅速地占领 20 世纪 90 年代中国文化的地盘。十几年的改革开放使中国百姓大部分脱离了贫困,使相当一部分进入了小康。经济增长的积累也为消费提供了物质基础。大众在繁重的工作之余,不愿意再被严肃的精英文化所累,选择轻松的、不费精神的"文化"放松自己紧绷的神经是很自然的选择,这种对于娱乐性文化的需求也是大众文化兴起的原因之一。当然这种消费的需求有可能导入误区,需要文化管理的及时调控。

4. 市场法则的作用

文化企业作为文化市场中的主体,同样地遵循市场的一般规律,它们同样地追求利益的最大化和优胜劣汰原则。优胜劣汰使他们不断地花样翻新,利用大众传播营造一个又一个引人关注的热点。追求利润的最大化也正是看中了"文化"这片可采的"富矿"。竞争使文化市场上的文化企业不得不研究最大的销路、最让群众接受的形式和娱乐方式。

(二)大众文化的特点

大众文化是传媒发展后的产物。从文化所需要的介质来看,人类的文化经历了三个阶段。远古时期尚无文字记载时的口头传诵,形成了游吟诗人与民间传说的远古文化,各个民族都有这一时期的记录。在印刷品作为载体的古代社会,很自然地形成了以文艺作品为主的古典文化。而今进入电子时代的特殊传媒,使文化进入到了历史上的第三种形态:大众文化。传媒的发展是大众文化形成不可缺少的条件,也必将更进一步地影响大众文化。从市场与传媒角度看大众文化,通常具有以下特点。

1. 明显的消费化倾向

消费浪潮兴起是商品社会传媒所要达到的目标,大众文化当然也不例外。改革开放的成就满足了人们基本的生活条件后,渐渐富裕的人们便会追求舒适的享受,购物讲究环境,就餐追求品位,服装贴紧时尚,这既是人们出于满足欲望的要求,也是传媒鼓动策划的结果。历史传统中对于个人欲望的压抑,使个体心理上具备一种反常的渴望,一旦条件允许,便会爆发出来。大批腰缠万贯但又没有文化底蕴的个体户以及握有某种权力无须掏自己腰包的特殊人物,构成了文化娱乐场所里的主流,消费意味着享受。与文化娱乐场所的消费相比,大众文化产品的消费具有更大的群体,电视与广播的普及为传媒炒作热点,同时也为消费者的消费行为提供了极大便利。传媒对电视中文化产品的炒作,说到底看中的是产品附带的广告收入。

2.制作工艺流程化

为适应传媒时代销售商品的一般规律,大众文化产品的制作在传媒引导下变成了工艺流程,更注重、讲究的是"运作"。从策划人员的调研、挖掘热点到产品的制作销售,都是由有关人员精心设计的。文化在今天也有了"营销策略"。传媒与文化成了一种相互的利用,文化产品制作的工艺流程化,一方面使产品跟着发掘的热点走,始终处于时尚的潮流和大众关注的中心;另一方面也造成了文化产品的粗制滥造、品质低下。文化产品由历史上文化工作者呕心沥血、春蚕吐丝般地创造变成了工业化背景下抢时间、抢速度的"短平快"追逐。当然,这种"短平快"并不是一无是处。一个好的创意,加上精心的制作,在给文化企业带来丰厚利润的同时,也影响了大众的心理。再者,文化产品制作的工艺流程化也是高科技发展的要求与必然,如影视作品不可能是单个人的精神创造物。

3.娱乐性本质

娱乐性本质是大众文化和精英文化、主流意识形态文化相比时的明显特点。但这里的"乐"并不是传统文化作品的"寓教于乐"中的"乐",那里的"乐"负载有"教"的内容;这里的"乐"是相当独立的,也是大众文化的本质之一。大众文化的娱乐功能不能完全地等同于感官欲望的满足,也不能将其断然与精神享受划清界限,它大概属于"物质享受"与"精神享受"的中间地带。在整个国民文化水平普遍较低的当下,正是这种中间地带的特点,造就了它的巨大声势。大众文化并不是一点也不带有认识作用、审美教育作用,但它最主要的直接追求的目的则是娱乐。认识与教育作用只是娱乐之外的附加物,因消费者而异,或有或无、悉听尊便。大众文化场所的直接"生活"消费,娱乐性几乎是唯一的。在大众文化产品的消费里,娱乐性也是它的第一功能。

二、中西文化交流

我们的现代化不仅面临中国文化的变革,也面临世界文化的变革,如何重整中国文化,使之与世界文化接轨,成为国人关注的焦点之一。分析全球化与世界文化和民族文化的关系,把握全球化进程中文化冲突与融合的规律,对加强社会主义精神文明,建设有中国特色的社会主义文化具有重大的意义。

(一)经济全球化引起文化的全球化

全球化进程,是一种正在超越国界和国家主权的、在全世界范围内所展现的沟通与联系、交流与互动的趋势,它向人们展示的是一个多元而又相互依存的世界。科学技术的革命一直是全球化最重要的条件,生产的国际化和经济的一体化是全球化的根本动力。

全球化首先是一个经济概念,它是市场经济的必然产物。经济全球化具有三个特征:一是贸易自由化,二是资本全球化,三是生产经营国际化。其次全球化是一个文化概念,因为全球化不仅是物质生产的全球化,也是精神文化生产的全球化。文化全球化的显著特征是世界整体意识的形成,以"地球中心"取代"民族中心"。文化的全球化以经济的全球化为前提和依托,是经济全球化的外在表现,是经济全球化的发展中,由各民族文化的相互碰撞和整合中产生的。

(二)高信息时代文化的民族性与全球性

民族文化是人类文化由于民族、地域的划分而形成的不同文化组合。它以地域的相对独立为外在特点,以其独特的历史、宗教、语言、习俗和制度为内在特点,这些因素决定了民族文化各具特色。民族文化或以地域命名,大地域的如西方文化、东方文化、非洲文化、阿拉伯文化等,小地域的如中亚文化、北欧文化、岭南文化等;或以性质命名,如儒家文化等。在历史进程中,没有一种文化一成不变,但也没有一种文化在某一时期完全改观。历史发展的惯性决定了民族文化的差异,但是民族文化的独立只是相对的,不同民族文化在文化结构、文化活动和文化发展上存在着共同性和互补性,这是文化交流和融合的前提。因而,各民族文化之间存在着差异性与共同性的对立统一。

交通和信息手段的革命,缩短了人们之间的差距,使我们生活在一个"地球村"中,信息传递的速度和数量的空前增加,加速了文化的交流。文化的融合是一个总的趋势,这是历史的进步,但不同的文化在交流的过程中既相互吸引,又相互排斥。相互吸引说明文化具有可塑性和可变性,这决定了不同文化的统一性;相互排斥说明文化具有惯性和独立性,这反映了文化的多元化,文化在交流中形成了多元与统一的特征。统一性即文化的全球性、共同性、普遍性,多元化即各民族的文化具有其民族性、多样性和独特性。

不同的民族文化代表着不同的时代,由于生产力发展水平的不同,各民族的文化存在着差异性、不平等性和不平衡性。凡是拥有先进生产力和生产方式的民族国家,其文化形态代表着这个时代的潮流,属于先进文化和中心文化;反之,则属于落后文化和边缘文化。但是,没有一种文化是永远领先的,民族文化先进与落后地位的不断转换导致先进文化和文化中心的不断转移。这一转移不是文化自身孤立变化的结果,而是生产力水平发展不平衡和各文化相互交流、相互融合、相互促进的结果。全球化的发展,文化传播和文化转移的加速,打破了地域之间的封闭和隔阂,加速了各民族文化之间的交流,使它们的发展获得了同等的条件和机会,各民族文化之间的时代差距正在逐渐趋向于平等和平衡。但是文化的民族性仍是难以抹杀的,这就使文化的发展出现多个中心,即多元化的局面。

在对文化进行考察时,必须从辩证的角度去看问题,必须从动态而非静态、从深层而非浅层来分析才能把握文化发展的历史趋势。各民族文化在进行交流的同时必然会发生冲突和碰撞,如将这些冲突和碰撞放到历史长河中,就会发现文化的冲突是现象,而交流、融合、促进才是本质,文化冲突是开始,文化的重整才是结局。在冲突中,交流和发展是民族文化成长的必经之路,从冲突走向融合是世界文化发展的必然趋势。历史上,文化的冲突从未间断,冲突的方式也多种多样,正是这些冲突推动了文化的进步。

在文化的交流中,一方面我们必须反对文化霸权主义;另一方面,我们要反对狭隘的民族主义。文化的全球化是经济全球化的外在表现,经济全球化的过程中,发达的资本主义国家奉行帝国主义和殖民主义政策,建立了剥削和压迫落后民族和国家的资本主义经济体系,在经济和政治领域存在着压迫和反压迫,独立与反独立的斗争,这反映在文化上,就表现为文化之间的矛盾与冲突,即中心文化与边缘文化、先进文化与落后文化之间的冲突。文化成为压迫和反压迫斗争的工具。对发达的资本主义国家来说,国际政治局面的变化,过去的军事冒险和强权政治都已失去作用,而文化侵略比金元和大棒更具有合法性、隐蔽性和渗透性。文化霸权主义在第二次世界大战结束后,尤其是在"冷战"后得到推行。

发展中国家在经历了西方文化的冲击之后进行了自觉反省,积极地复兴本民族文化以抵御西方的文化入侵,在维护民族利益方面取得了重大成果。不过,在以本民族文化抵御西方文化的斗争中容易走向极端,全盘地否定外来的先进文化,盲目而非批判地肯定本民族文化的优越性,过分强调对传统文化的继承,甚至复归,这就是狭隘的民族主义。封闭和盲目自信是狭隘民族主义的显著特征。狭隘民族主义对外来文化的态度是强调冲击,排斥交流,主张对抗,反对融合。这在一定程度和一定时期内可以加强人们对本民族价值观念的认同和民族文化独立性的维护,但却是以牺牲现代化,延缓发展为代价。当前国际社会上所出现的提倡宗教复归的原教旨主义和以民族主义为旗帜的恐怖主义都属于典型的狭隘民族主义。它阻碍了民族文化的自觉和主动的反省,阻碍民族文化向世界文化的转化,阻碍一个民族的现代化进程。狭隘民族主义的故步自封无异于饮鸩止渴,并不能解决民族文化所面临的根本问题,迟早会被打破,并将付出更惨重的代价,届时积累的民族内外矛盾冲突会更加剧烈,社会结构会发生巨大的震荡,社会发展会出现停滞甚至倒退。

全球化带来民族文化的危机,也带来民族文化发展新的机遇,对发展中国家来说,既要反对大国的文化霸权主义,也要反对狭隘的民族主义,以民族的根本利益为基础,以现代化发展为参照,重新审视本民族的文化,在对民族文化的反思和批判中发掘其优秀的内核和传统,以民族文化的优秀成分为基础重构民族的价值体系,在民族文化与世界文化之间架设沟通的桥梁。在民族文化走向世界文化的过程中,阵痛是不可避免的,但是阵痛能催生新的文化,阵痛的大小取决于民族的自觉程度,越是自觉,阵痛就越小,民族文化向世界文化的转换就越快,反之亦然。让民族文化与世界优秀文化融合,不仅促进了本民族文化的进步,也为世界文化的发展做出了贡献。

(三)中西文化的跨世纪交流与会通

在全球化时代,文化冲突无所不在,逃避冲突是不可能的,无视冲突也是不现实的,但对于冲突的反应是有选择的,可以相互排斥你死我活,也可以求同存异自由竞争。正确的态度应该是以交流和对话而非排斥和对抗的态度去看待冲突,迎接冲突,以交流取代冲突,消解冲突,促进融合,只有这样才能建立一种多元共存、不断进步的世界文化。

中国现代化的目标是建设高度的社会主义精神文明和物质文明,在现代化历程中,不仅面临着经济竞争,而且面临着文化竞争。中国古代有"富而不仁行之不远"之说,意即物质文明必须与精神文明同步,否则经济的进一步发展将受到限制。文化因素日益渗透到经济活动中,成为生产力因素的重要组成部分,社会生产力只有在经济与文化的协调中才能最大限度地发展,经济体制改革和经济的发展都在呼唤文化结构的变革。

中国文化要走向世界,只有改革开放。闭关锁国无异于自杀。只有吸收世界的先进文化成果,中国文化才能得到重整和发展。在全球化的浪潮中,中西文化处于不断的碰撞和交流之中,既有相融的一面,也有冲突的一面,双方将走向一个平等对话相互借鉴共同发展的新时期。

全球化首先否定西方文化中心主义。中国文化显著的特征是整体主义价值观念和天人合一的发展观念,这本是农业时代的产物,但在个人主义泛滥,信仰危机,生态危机的今天,充分展示了其魅力。假如按照西方的模式,在向现代化过渡的转型时期,传统的社会结构必然遭到破坏,造成社会政治、经济、文化的全面失范。但在中国现代化的历程中,整体主义的价值观念充分地调动社会各种因素的积极性,提高了社会的凝聚力,维系了社会在转型时期的稳定,使改革开放在短时期内取得如此重大的成就,这确实是西方文化无法做到的。中国改革开放的成就证明:西方的现代化模式不是现代化的唯一模式,西方文化不是现代化文化和全球化文化的唯一参照体系,"西方文化中心论"是站不住脚的。

全球化也否定了中国文化中心主义。历史上我们一直以泱泱大国自居,视其他民族为番夷,拒绝承认其他民族文化的同等地位和价值,即使在列强的坚船利炮打破大门后,我们还认为"中学为体,西学为用",割裂了文化与经济和科技发展的关系,陷入对本民族文化盲目自信的恋旧之中。在中国文化的价值观念中,自由、民主、理性和法治的成分先天不足,这就为现代化的发展留下了隐患。东南亚国家与我们有共同文化特质,其经济发展奇迹的经验值得我们借鉴,但对其所遭遇的金融危机我们也要引以为戒。对中国文化的反思,有助于我们从盲目的自信中清醒过来,为中国文化的发展开启新思路。在中国新文化的建设中,我们应该克服两个"很不够":一是对中国传统文化和外国文化的精华吸收、继承借鉴很不够;二是对其糟粕批判和否定很不够。这两个"很不够"既阻碍了传统文化向现代文化的科学转换,又不利于中外文化在融汇中的优化组合。因此,我们应该具有海纳百川的胸襟,站在历史巨人的肩膀上,站得更高,看得更远,以开拓进取的创造精神,去积极创造新的现代文化。

21世纪中国文化的发展是要求建立走向世界走向未来的新文化,也就是建立中国特色的社会主义文化。我们建设有中国特色的社会主义文化要以坚持社会主义方向为前提,以继承和发扬民族优秀传统文化为基础,以吸收世界的优秀文化成果为补充进行综合创新。

第三章 近现代文学的变迁

从 19 世纪 70 年代开始,伴随着中国社会形势的发展,中国文化和文学也进入了一个急剧变革的特别时期,中国文学从价值观念到创作形态都发生了新的变化,从而标志着中国文学近代转化期的到来。具体来看,在近现代社会,新旧思潮激烈交战,东西方思想文化融汇碰撞,使这一时期呈现出了纷繁多变的局面。从《新青年》鼓动"文学革命"开始,新文学的先驱们就十分重视文学的思想启蒙功能,强调用现代科学与民主的精神去指导新文学的创造,从而使近现代社会时期的文学表现出鲜明的功利性特征,文学批判社会、反映社会、表达呼声的功能不断得到强化,并在不同时期表现出不同的特色。

第一节 "五四"文学革命的兴起与发展

中国近现代社会时期的文学发端于"五四"运动时期,但以鸦片战争后的晚清文学为其先导。晚清文学的繁荣和当时西方文学的大量译著在思想内容以至文学形式方面,都为"五四"以后新文学的萌生做了必要的准备。"五四"文学革命开始于 1917 年,是在新的历史条件下为适应以思想革命为主要内容的新文化运动而发生的,在经过激烈的斗争后取得了辉煌胜利,这场运动有力地冲击了封建思想,使中国文学从禁锢束缚状态走向自由开放,并在初期新诗、小说、散文、话剧的创作方面取得了重大实绩,为现代文学此后的发展奠定了基础。

一、"五四"新文化运动与文学革命

清嘉庆以后,清朝政府日渐衰微,国内各种矛盾空前尖锐,社会危机四伏。外国资本主义的大炮,打开了闭关自守的封建帝国的大门,中国社会逐步发生根本性变化。农村中自给自足的自然经济加速瓦解,沿海一带出现了资本主义经济,并且迅速形成了上海这类畸形繁荣的近代都市。新的阶级——中国的无产阶级、资产阶级乃至买办资产阶级——也随之产生。从这个时期开始,帝国主义与中华民族、封建主义与人民大众的矛盾,成为近代中国历史发展的主要矛盾。

为了挽救民族危亡的命运,从太平天国到辛亥革命,中国人民进行了一次又一次革命斗争。与此同时,中西科学、文化、国力之间的巨大差距强烈地刺激了这些先觉者的民族自尊心,先进的中国人在"救亡"目的下所进行的器物层、制度层变革先后失败后,看到传统文化中的负面因素对中国现代化进程所起的阻滞作用日益明显,因此,对传统文化中那些不利于中国汇入世界格局的落后因素进行毫不留情的批判,已成为当时相当一部分知识分子共同感知到的"当

务之急"。只是封建政权与小农经济的长期默契配合,使得中国社会获得了高度的稳定性,社会变革的政治条件尚未成熟,文化转型的临界点尚差毫厘之距。

1911年辛亥革命推翻了清帝室的专制统治。为新文化运动提供了政治上的可能。它使封建大一统的思想钳制情形得到瓦解,新思想因而更容易产生和发展。辛亥革命后十数年的军阀混战使得统治阶级无暇顾及思想控制。客观上为知识分子拓展了较为宽松的思维空间。多年来持续的留学热潮使新式知识分子群体形成,为新文化运动与文学革命培养了发动主体与接受主体,再加上西方思想文化的大量涌入,在世界文化的参照系中,对中国传统文化进行批判、反省的时机已经成熟。

1915年9月,陈独秀在上海创办《青年杂志》(从第二卷起,改名为《新青年》)。"五四"思想革命由此发轫,新文化运动也由此拉开序幕。《新青年》是由思想启蒙运动需要而诞生的综合性文化刊物,也是整个"五四"新文化运动期间新文化阵营向旧文化进攻批判的主要阵地。《新青年》1915年9月创刊于上海,第一卷名为《青年杂志》,主编陈独秀。《新青年》创刊号上发表的《敬告青年》一文提出了对时代青年的"六点希望"。1917年1月,《新青年》第二卷第五号发表了胡适的《文学改良刍议》,提出文学改良的"八事",也就是所谓的"八不主义"。这是一篇最早正式探讨文学革新方案的文章,它的发表,是"五四"文学革命正式开始的一个重要标志。2月,《新青年》第二卷第六号又发表了陈独秀的《文学革命论》,更鲜明地举起了"文学革命"的大旗,提出了文学革命的"三大主义"。胡、陈二人的文章拉开了"五四"文学革命的大幕,标志着中国现代新文学的正式开始,胡、陈二人及《新青年》对中国新文学的正式发起立下了头功。

真正高举文学革命大旗,文学革命立场更坚定的是陈独秀的《文学革命论》,他提出"文学革命"应达到"三大主义"目标,即推倒雕琢的阿谀的贵族文学,建设平易的抒情的国民文学;推倒陈腐的铺张的古典文学,建设新鲜的立诚的写实文学;推倒迂晦的艰涩的山林文学,建设明了的通俗的社会文学。这三大主义是文学革命的理论纲领,对文学改良运动的发展影响深远。

与胡适、陈独秀不同,鲁迅以实际行动践行了自己的观点,1918年5月,他的《狂人日记》发表于《新青年》第4卷第5号刊,这是中国现代文学史上第一篇用现代体式创作的白话短篇小说,它以"表现的深切和格式的特别"——内容与形式上的现代化特征,成为中国现代小说的伟大开端,开辟了我国文学发展的一个新的时代。

李大钊既是新文化运动的主要倡导者,也是文学革命的重要倡导者。1919年12月,他在《什么是新文学》一文中指出:"我的意思以为光是用白话作的文章,算不得新文学;光是介绍点新学说、新事实,叙述点新人物,罗列点新名词,也算不得新文学","我们所要求的新文学,是为社会写实的文学,不是为个人造名的文学",而这种"写实的文学"必须扎根在"宏深的思想、学理,坚信的主义,优美的文艺,博爱的精神"的土壤里。这里所谓思想、学理与主义虽然尚未超出自由、平等、民主、博爱等西方近代文化观念,但李大钊已经注意到了新文学不仅要清除封建主义的"旧毒",还要清除资本主义的"新毒"。这些论述表明,无产阶级思想开始迈入新文学领域,新文学运动开始有了新的思想因素。

这一时期参加文学革命的干将们,致力于反对文言文,提倡白话文,同时在内容上反对"文以载道""代圣贤立言"的旧的文学观念,要求文学应是合乎人性的,表达个人的感情,代表个人的意志。钱玄同提出小说、戏剧为文学正宗的主张,改变旧文学轻视小说和戏剧的传统观念;

周作人发表的《人的文学》《平民文学》《新文学的要求》等一系列文章,反映了他的"人的文学"等主张;介绍、翻译外国文学也是文学革命的重要内容,是当时作家文学活动的一个重要组成部分,1918 年 5 月《新青年》出版"易卜生专号",刊登了《娜拉》《国民公敌》等剧本,产生很大影响。

文学革命在创作上也取得重大成就。鲁迅的《狂人日记》《孔乙己》《药》等文,以崭新的形式,对封建主义批判的深度和明显的现代意识,显示新文学的实绩。郭沫若、胡适、刘半农的新诗,体现了"五四"反抗叛逆、破旧创新的精神,冲破了旧诗格律束缚。叶绍钧、杨振声等的白话小说也为新文学奠定基础。1920 年,白话文运动最终取得胜利,北洋政府教育部承认白话为"国语",通令国民学校采用。

1917 年至 1920 年文学革命时期的文学思潮,现实主义占主导地位。民族危机的加重,使有志之士倾向于揭露社会黑暗、反映人民苦难的现实主义。他们的基本倾向是主张为人生的写实文学。以鲁迅的小说为代表,其清醒的战斗精神及以现实主义为主,融合浪漫主义、象征主义因素的创作方法,为新文学开拓了文学为人生的现实主义道路。浪漫主义成为这一时期另一股强大的文学思潮,其代表人物是郭沫若。他认为诗是感情的自然流露,《女神》中破旧创新的精神,对理想的热烈追求、歌唱,对大自然的歌颂,天马行空式的想象,磅礴的气势,极度的夸张,直抒胸臆的抒情方式,充分表现出浪漫主义的鲜明特色,在当时的诗坛产生了重要影响。

总之,新文化运动是一次试图以文化的破旧立新作为突破口,来实现中国和中国文化的现代转型的伟大思想启蒙运动和激进的文化革新运动,它极大地解放了时人的思想,所向披靡地清除旧思想和传统文化的负面影响,为创获中国和中国文化的现代性提供了契机,开创了现代中国思想、文化、学术、艺术的基本格局。

二、新文学社团的涌现

文学革命经过持续不断的理论倡导和创作时间,从 1921 年开始,显示出了文学革命的广泛影响,新的专门的文学社团和文艺刊物不断涌现,初步形成的不同创作追求的作家们,在社团的旗帜下走到了一起。据统计,1921 年到 1923 年,全国出现大小文学社团 40 余个,出版文艺刊物 50 多种。而到 1925 年时,文学社团和相应刊物激增到 100 多个。在这些文学社团中,影响较大的有文学研究会、创造社、新月社、语丝社等。

文学研究会是中国现代文学史上第一个新文学社团。1921 年 1 月,周作人、朱希祖、耿济之、郑振铎、瞿世英、王统照、沈雁冰、蒋百里、叶绍钧、郭绍虞、孙伏园、许地山等 12 人在北京发起成立了文学研究会。他们以沈雁冰接编、经过革新的《小说月报》作为机关刊物,并陆续编印、出版了《文学旬刊》《文学周报》《诗》月刊、《戏剧》月刊等杂志及"文学研究会丛书"200 多种。文学研究会的宗旨是"研究介绍世界文学,整理中国旧文学,创造新文学"。同时文学研究会还宣称:"将文艺当作高兴时的游戏或失意时的消遣的时候,现在已经过去了。我们相信文学是一种工作,而且又是于人生很切要的一种工作。"因此文学研究会非常注重文学的社会功利性,强调艺术是"为人生"的,正是因为有了这么一个共同的态度,使他们把注意的焦点对准了社会和人生问题,并在创作中使现实主义方法成为主导方法。因此,文学研究会的创作又被人们习惯称作"人生派"或"为人生"的文学。

　　创造社最初的成员有郭沫若、张资平、郁达夫、成仿吾、田汉、穆木天、张凤举、徐祖正、陶晶孙等。该团体成立于日本东京，先后办有季刊《创造》《创造周报》《创造日》《创造月刊》《洪水》等十余种刊物。创造社的文学主张以1925为界曾发生过变化。1925年以前，创造社提倡"为艺术而艺术"，强调文学必须忠实地表现作者自己"内心的要求"，讲求文学的"全"与"美"，推崇文学创作的"直觉"与"灵感"，比较重视文学的美感作用，因此又被称为"艺术派"。1925年以后，创造社提倡革命文学，思想呈现出"左"倾趋势，受此影响，1929年时，创造社被当局查封。

　　创造社的出现是历史的必然。在当时，文学研究会"为人生而艺术"的主张虽然意识到了文学与人生责任之间的紧密关系，但是却忽略了作家的内心世界的自我表达，因此，创造社所提主张的重视作者自己"内心的要求"是对文学研究会文学理论主张的一种补充。创造社的成员对西方资本主义社会的缺陷与中国殖民社会的屠弱了然于胸，一股强烈的厌恶现实社会的反抗情绪在他们的内心涌动着，同时，这些成员久居国外，受到了反理性主义的浪漫主义文学思潮的影响，使他们产生了强烈的为中国建设新文学的意识。例如郭沫若的《女神》是他眷恋祖国的强烈情绪的产物；郁达夫的《沉沦》是他在异国他乡受到人格歧视、青春苦闷下的产物。

　　新月社是由胡适、陈源、徐志摩、闻一多、梁实秋等人在北京成立的，1926年4月，徐志摩在《晨报》副刊上开辟了专栏《诗镌》，以此为阵地，常在上面发表作品的诗人闻一多、徐志摩、朱湘、饶孟侃、孙大雨等形成新月诗派。前期新月诗派针对"五四"初期白话新诗散漫无形，过于稚嫩浅显，缺乏含蓄和诗味不足等弊病，提出"理性节制情感"和诗的形式格律化的主张，因此又被称为"新格律诗派"。新月诗派的努力，对于新诗的"规范化"，起到了一定的积极作用。

　　语丝社，以创办《语丝》周刊而得名，主要成员有鲁迅、周作人、钱玄同、林语堂、孙伏园、章川岛、刘半农等。《语丝》周刊是中国现代文学史上最早以散文创作为主的刊物，多发表针砭时弊、幽默泼辣的杂感、小品、随笔。以鲁迅为代表的尖锐泼辣的杂文和以周作人、林语堂为代表的幽雅的小品形成了该社散文创作的两大类型，对中国现代散文的发展做出了重要贡献。

　　除了上述几个文学团体外，这一时期的文学社团还有还有莽原社、未名社、浅草社、湖畔诗社等。

　　这些社团、流派以各自风格迥异的创作，折射出所受社会、文学思潮不同影响的痕迹，而启蒙主义和个性主义是对它们普遍产生深刻作用的两大社会思潮。"五四"文学革命是在新文化运动的背景下爆发的，因此新文化运动用科学和民主来启封建之蒙的意图自然地延伸到了文学革命的领域，并在新文学创作中留下了极深的烙印。自晚清梁启超就开始的"启蒙"文学观，在文学革命的先驱者胡适、陈独秀、周作人、鲁迅等人那里得到了进一步的发展。实际上，启蒙主义并不止于文学领域，它和个性主义是"五四"时代广为流布的社会文化思潮，它们共同作用于当时在中国社会同时并存的西方传统现实主义、浪漫主义和新起的现代主义这几种文学思潮，成为对"五四"新文坛影响最为深刻的社会文化思想基础。

三、新文学的新面貌

　　文学革命的爆发，标志着中国文学告别古典形态，开始向现代文学转型。现代文学与古典文学的区别，首先表现在文体方面，而"五四"文体革命与思想革命是一体同步发展的。例如，"五四""重新估定一切价值"的怀疑与批判精神，直接促使了作家对传统文体规范的有意打破和对新的文体形式的自觉构建,古典的诗、词、文失去了原有的正宗地位,文言小说渐趋消亡,现代短篇小说、白话新诗、话剧、散文诗、报告文学等新的文体以耀眼的光芒汇入文坛,从而使"文的自觉"与"人的自觉"成功地取得了共振。在文学风格上,现代文学打破了古典文学的宁静、和谐、优雅之美,代之以狂暴的呐喊、冲动、焦灼和控诉,给人以别样的艺术冲击。

新文学的先驱者们在批判封建文学和文言文的同时,已开始以白话文进行文学创作的实践。1920年之前,虽无新文学的"纯文学"刊物,但在许多报纸和综合性的文化刊物上,新文学作品已在炽热火爆的批判声中诞生了。最早问世的作品中,就有议论性的散文,"因为这原是萌芽于'文学革命'以至'思想革命'的"。1918年4月,《新青年》杂志自第4卷第4期起,开辟了《随感录》专栏。所发文章开始并无题目,只有编号,篇幅短小,甚至仅三言两语。由于短,显得精悍、活泼、自由,也利于在文字技巧上多下功夫,锻打锤炼,成为尖锐精巧的语言精品,却是颇有战斗力的短论。它能迅速及时地对各种时事问题、社会问题、思想文化问题,表示反响与抗争,重点仍在思想革命和文学革命上;又易于表现作者个性,符合文学革命中主导的思潮。于是应用者渐多,这就是后来称为杂文或杂感的文体的由来。继《新青年》之后,《每周评论》《民国日报》副刊《觉悟》,还有《新生活》《新社会》等许多报纸杂志,也相继开辟了《随感录》专栏,推波助澜,使此种文体兴盛起来。影响最大的,有陈独秀、李大钊、鲁迅、周作人、钱玄同、刘半农等的杂文。其中,鲁迅的杂文十分引人关注。

鲁迅杂文是中国现代文学中的奇葩,堪称中国现代史诗性的作品,它为中国文学开拓了一个新的富有生命力的体裁形式,其鲜明的艺术特色也为人称道。鲁迅曾谈到自己杂文的特点:"我的坏处,是在论时事不留面子,砭痼弊常取类型,而后者尤与时宜不合。盖写类型者,于坏处,恰如病理学上的图,假如是疮疽,则这图便是一切某疮某疽的标本,或和某甲的疮有些相像,或和某乙的疽有点相同。"正因为如此,鲁迅杂文中的形象,都是"类型相"的标本,具有极为广泛的概括性。作者常以新鲜贴切的比喻和具体生动的事例,概括社会上某一类人群的某种普遍性特征,使形象简练传神,具有广泛的代表性。如《论"费厄泼赖"应该缓行》一文中,对"叭儿狗"的画像:"虽然是狗,又很像猫,折中,公允,调和,平正之状可掬,悠悠然摆出别个无不偏激,唯独自己得了'中庸之道'似的脸来。因此也就为阔人,太监,太太,小姐们所钟爱,种子绵绵不绝。它的事业,只是以伶俐的皮毛获得贵人豢养,或者中外的娘儿们上街的时候,脖子上拴了细链子跟在脚后跟。"再如"媚态的猫""比它主人更严厉的狗",吸人的血还要"哼哼地发一篇大议论"的"蚊子";"舐一点油汗""又总喜欢一律拉上一点蝇屎"的"苍蝇";精于"麻痹术"的细腰蜂;脖子上挂一个作为知识阶级徽章的小铃铎,而把羊群领进屠场的头羊;遇见所有穷人都狂吠,遇见所有的阔人都驯良的"丧家的乏走狗";甚至如"陈西滢""章士钊(孤桐)"等人的姓名,都可以当作普通名词读,可以当作社会的某种典型。另外,鲁迅杂文具有十分严密的逻辑,他有时可以抓住对方言行表里自相矛盾之处;有时接过对方的言论,稍加点拨;有时则将被习惯、黑暗遮掩的矛盾拎出曝光,而使对方陷于不攻自破的境地。例如,《丧家的资本家的乏走狗》以对手自认的"资本家的走狗"为立论基础,只从"不知主子是谁"一语中引出"丧家的"定语,又在"有智识的教授"却以告密来"济文艺批评之穷"的行为中,理出一个"乏"字,于是文章标题的立论便立地不倒,而对手的本来面目却赫然自现。再如《"友邦惊诧"论》以势不可当的语势历数"友邦"不惊诧的种种社会异象:"日本帝国主义的兵队强占了辽吉,炮轰机关,他们不惊诧;阻断铁路,追炸客车,捕禁官吏,枪毙人民,他们不惊诧。中国国民党治下的连年内战,空前水灾,卖儿救穷,砍头示众,秘密杀戮,电刑逼供,他们也不惊诧。"然而"在学生的请愿中有一点纷扰,他们就惊诧了!""好个国民党政府的'友邦人士'! 是些什么东西!"可谓环环相扣,层层深入,句句击中对方要害,置对方于死地。

"五四"时期,文学的现代转型还表现在作家们摒弃了陈腐的"文以载道""代圣贤立言"的文学观,代之以"为人生""为艺术""表现自己"等全新的文学观,一改传统文学宣教、训化的意图和死板僵硬的面目,大胆地抒发自己的感情,剖露自己的灵魂,记叙自己的经历,使得现代文学明显地具有了"人学"性质、心理深度和活泼、热烈的青春气息。作家们以前所未有的胆识颠覆和破坏了中国古典文学的固有规范和程式化原则,在极端的破坏中极端地建设着,使新的文体、新的题材、新的主题层出不穷。

"五四"时代对人的发现,使处社会结构最底层的人——农民、妇女、儿童进入了现代小说家的视域之中,鲁迅是这一时期以文学之笔表现底层人民艰辛的代表性作家。他的乡土小说既描写以农民为主体的下层人民物质生活的穷困、破败,对之报以深切的同情和人文关怀;另一方面又对他们精神上受戏弄、奴役而不自知的麻木不仁、愚昧落后极为痛惜,"哀其不幸,怒其不争"成了鲁迅矛盾的创作心态的极好说明。鲁迅将人道主义的悲悯与民族忧患上升为深重的悲剧意识,在对农民苦难与不幸进行展示的同时也对产生痛苦的本原进行了毫不松懈的追问。鲁迅的小说有着自己的独特的视角:如他的自述中所说,他始终关注着"病态社会"里人(知识者与农民)的精神"病苦"。因此,在《药》里,他仅用一床"满幅补钉的夹被"暗示了华老栓一家生活的拮据,正面展开描写的是他们一家的精神愚昧;在《故乡》里,最震动人心的不是闰土的贫困,而是他一声"老爷"所显示的心灵的麻木;《明天》里,单四嫂子的不幸不仅在寡妇丧子,更大的痛苦是她的孤独与空虚;《祝福》的深刻性正是在于描写了祥林嫂在封建神权下所感到的恐怖。鲁迅对知识分子题材的开掘,也是着眼于揭示他们的精神创伤与危机:辛亥革命独战多数的英雄摆脱不了孤独者的命运,在强大的封建传统压力下,像一只蝇子飞了一小圈子,又回来停在原地点,在颓唐消沉中无辜消磨着生命(《在酒楼上》);甚至"躬行先前所憎恶,所反对的一切,拒斥先前所崇仰,所主张的一切",借此"复仇",虽"胜利"了,却又"真的失败了"(《孤独者》);"五四"时期勇敢地冲出旧家庭的青年男女,眼光局限于小家庭凝固的安宁与幸福,既无力抵御社会经济的压力,爱情也失去附丽,只能又回到旧家庭中(《伤逝》)。对人的精神创伤与病态的无止境的开掘,使鲁迅的小说具有一种内向性:它是显示灵魂的深度的。鲁迅的目的正是要打破"瞒和骗",逼迫读者与他小说的人物,连同作家自己,正视人心、人性的卑污,承受精神的苦刑,在灵魂的搅动中发生精神的变化。这样,他的小说实质上就是对现代中国人(首先是农民与知识者)的灵魂的伟大拷问,鲁迅称之为"在高的意义上的写实主义",其实是最深刻地显示了他的小说的现代性的。但鲁迅揭示人的精神病态,是为了揭露造成精神病态的社会:鲁迅由此而开掘出"封建社会吃人"的主题,不仅是对人的肉体的摧残,更是"咀嚼人的灵魂"(见《阿Q正传》最后的描写)。这也是显示了鲁迅的独特性的:他确实残酷地鞭打着人的灵魂,但他并不以拷问自身为目的,更从不鉴赏人的精神痛苦,也反对任何形式的忍从,他的最终指向是"绝望的反抗":对于社会,更是对人自身的反抗。

我国古典诗歌发展到了清末已渐趋衰落僵化,为了使中国诗歌继续发展下去,黄遵宪、梁启超等人倡导"诗界革命",主张新诗应通过诗人的感受来表现自己的时代,但由于没有突破古诗格律的束缚去开创诗歌的新形式,诗界革命伴随着资产阶级改良主义的失败而归于夭折。

文学革命爆发后,陈独秀和胡适等人积极推动白话诗创作,众多文人纷纷开始响应写作白话新诗,一时间,以白话作为基本语言手段的新诗开始成为一个文学潮流。

1917 年 2 月,《新青年》上发表了胡适的白话诗八首。随后,其他文学革命的中坚分子,如陈独秀、李大钊、鲁迅、周作人、沈尹默等,也陆续发表新诗。他们写白话诗是为了给新文学壮声威,如鲁迅所说,他是在给新诗的进军"打打边鼓"。当时发表新诗较多的刊物还有《新潮》《星期评论》《少年中国》等,出现了刘半农、刘大白、康白情、俞平伯等在新诗诞生期成绩较突出的诗人。影响所及,在日本的郭沫若、田汉等,也创作了不少白话新诗。白话可以用来写散文,但能否用以写作韵文,这对于它能否完全取代文言,是个很大的考验。为了建设白话新诗,首先要在思想上冲破诗必格律的束缚。胡适提出了"诗体大解放"的主张。但作诗如说话,难免有直白浅露之弊,然而冲破旧格律却正是从这里开始。新诗作者多受旧诗词的熏陶,写出的白话诗往往像是用白话翻译出来的古诗。反倒是完全散文化的诗,显出了艺术上的大胆解放。随之而来,便是由于语言工具的变换逼迫出来的,对于诗的表现方法相应变换的探索。有着比兴传统的诗国里,象征的方法首先被较多地采用,诗人喜借助某一形象表达思想,抒发情感。当时颇受赞许的周作人的《小河》,就用了象征方法。诗歌写小河被农夫筑堰断流,河边的树木、稻子表示"忧虑",怕河水冲破石堰而泛滥。诗写于"五四"运动前夕,表现了反对束缚自然人性的思想。后来蔡元培曾写《洪水与猛兽》,以洪水比喻新思潮,说它可能"泛滥岸上,把田庐都扫荡了";和对付洪水一样,"对付新思潮,也要舍湮法用导法,让他自由发展,定是有利无害的"。周作人用诗的形式所表达的,正是这样的意思。有的借物咏怀,如胡适的《老鸦》。沈尹默的《鸽子》感叹被豢养的鸽子,"飞着的是受人家的指使","关着的是替人家作生意"。还有陈衡哲的《鸟》,写被关在笼里的鸟,希望"飞他一个海阔天空"!这些诗都是用飞禽为象征物,表达了要求个性解放的主题。

打破一切格律的思潮,促进了散文诗的自然兴起。沈尹默、刘半农等都是最早写散文诗的。沈尹默的《三弦》主要是写景,只是最后在特定景致前,勾画一个孤苦的老人。这个画面令人产生联想,可以从中体味出较深的含义。这种艺术尝试说明白话也可以制造意境,写得含蓄蕴藉。刘半农在语言的使用上更为成功,如《晓》对于晓色的描绘,以及追求美的心境的烘托,都达到了较高的水平,能散也能聚。这不仅在一些诗中出现了凝聚力很强的精辟的诗句,而且在诗的构思上也注意集中与简练,开始有了一些艺术性较强的小诗出现。康白情的《和平的春里》,每句诗用一"绿"字,写柳、麦、水、草都绿了:"鸭尾巴也绿了。/茅屋盖上也绿了。/穷人底饿眼儿也绿了。"不但铺染了绿的颜色,而且加强了春已来临之感。"绿"起了凝聚情感的作用,增强了诗的表现力。

"五四"白话新诗运动是中国新诗现代化进程的开端。其标志主要表现为两个方面:其一,倡导以"白话作诗";其二,"诗体大解放"。以胡适为代表的新诗信任的实绩主要在"诗体的大解放",而在诗情领域,无论从数量上还是内容意义的深度上,当时的大多数诗歌作品在表现新文化思想方面,都没有体现出应有的时代水平。在这种情况下,郭沫若(1892—1978)的《女神》的出现不仅以其更彻底解放的自由形式为新诗运动的形式革命增添了创造性的实绩,更以反映新文化时代情绪的诗情内容让原本在这一方面暗淡无光的领域大放异彩,使新诗运动有了一个比较圆满的终场。

《女神》出现的时间,正好在"五四"运动之后。这是新文化运动的一个分水岭。以胡适和陈独秀这两位昔日同志的分道扬镳为标志,早期新文化运动阵营发生了裂变;新诗发展的道路也随即出现了主要体现在诗情选择上的不同的趋势和向度。而《女神》中也出现了预示新诗发展向更激进的趋势和向度发展的端倪。

郭沫若是新诗坛上一颗闪亮的彗星,是中国新诗运动卓越的旗手。他以饱满的浪漫主义激情步入诗坛,歌颂时代风雷,开一代诗风,是新诗革新运动中一面光辉的旗帜。在新诗运动中,胡适等人虽然提出了"诗体大解放"的口号,建立了新的诗歌文体,完成了拓荒的重任。但正如卞之琳所说:"这些先行者,实际上都不懂西诗是怎样写的,写起白话诗来基本上不脱诗、词、曲的窠臼。"而郭沫若的《女神》将旧诗词的限制一扫而光,它以其激越的姿态弘扬了新诗运动的基本精神,把一切羁绊统统推倒了,中国诗歌从这里真正得到了解放。在这部作品中,郭沫若自觉地接受了西方文化的熏陶,并从屠格涅夫、托尔斯泰、高尔基、泰戈尔、席勒、海涅、歌德、惠特曼等人的诗中吸取了反抗和创造的精神,找到了自我表现的艺术模式,陶醉在自我夸大情感的爆发之中。诗歌文本意义就是夸大人的自我情感,诗中的抒情主人公超越现实、超越人生、超越宇宙。刹那间的永恒,时间中的超时间,都不过是审美直观中的超然发悟,一种纯浪漫的诗化情绪。可以说,《女神》在诗情上填补了新诗运动在阐述新文化内容方面的欠缺。在《女神》以后,新诗运动正式结束,中国新诗开始朝着更加完善的道路向前发展。

新文化运动的高潮中,随着清算封建文化,中国传统的戏曲受到了猛烈批判。同时,新文学家也讨伐文明戏,把它与小说中的鸳鸯蝴蝶派等同视之。对传统的猛烈冲击,促进了文学观念的变革,促进了现代话剧的发展。新文学家们在戏剧创作上提倡"写实主义",提倡写"问题剧"。有人指出当时颇受好评的南开剧团的戏就是"写实主义中的问题主义的戏"。为此便大力介绍西方现代的戏剧,大量发表、出版翻译的外国剧本,这是与文明戏时期的很大的不同。所介绍的西方戏剧流派很多,但以现实主义为主,剧作家中以易卜生最受欢迎。《新青年》于1918年推出"易卜生号"。《玩偶家庭》(当时多译作《娜拉》)、《国民公敌》等易卜生的重要作品,在短时间里都被翻译介绍过来了。因为符合追求个性解放的时代潮流,引起热烈反响。当时创作的问题剧中,胡适的《终身大事》便是模仿易卜生的"社会问题剧"的开风气之作。此外,陈大悲的《幽兰女士》、欧阳予倩的《泼妇》、成仿吾的《欢迎会》也都属于这一类型。1929年,田汉创作的《名优之死》代表了写实主义话剧的最高水平。这些话剧都以某个现实问题为创作契机,以普通人的日常生活为描写主体,人物不再是帝王将相、才子佳人,传统戏曲的传奇色彩得到了有效的淡化处理。

与写实主义话剧形成鲜明对比的,还有以郭沫若为代表作家的主情型话剧。郭沫若在"失事求似"的历史剧创作原则支配下,创作出了《三个叛逆的女性》这样的历史剧,不斤斤计较于具体史实的真与假,只求把握人物和历史精神的真实。以情感和理想作为线索来结构剧作,作家根据自己的意愿来塑造人物形象,因而剧作带有很强的抒情性和主观色彩。此外,袁昌英的《孔雀东南飞》、王独清的《杨贵妃》都有戏剧冲突情感化,以内心世界作为结构人物关系的支撑点的倾向。

田汉的《南归》《古潭的声音》也可如是观。田汉的剧作注意意象的营造和西方现代主义所推重的象征、暗示等手法的运用,这一特点使他的剧本带有浓厚的文学色彩。剧中人长篇的"自我抒情"和大量诗句的嵌入,是他的剧本和郭沫若剧本的相似之处。诗意对剧本的渗透,势必冲淡情节的跌宕起伏,正是在这里,显示了主情型话剧与传统戏曲以及写实主义话剧的区别,因此有人称他的剧作为"诗剧",显示了中国诗骚传统对他的深远影响。

第二节　左翼文学思潮的传播与革命文学的迅猛发展

20世纪20年代中后期,随着中国无产阶级革命运动的迅猛发展,中国现代文学史上出现并最终凝聚成一股强大的文学思潮——左翼文学思潮。它是继"五四"以后,在中国现代文学史上最具影响力的文学思潮。在"左翼十年"里,中国现代文学发展的指导思想发生了重大的变动,由此引起了文学的重新定义、文艺创作方向的重新确认以及文学叙事方式的变更,并在相当程度上影响和制约了20世纪后半叶中国文学发展的路径与内容。

一、左翼文学思潮的传播

左翼文学思潮是一种激进的、裹挟着浓郁意识形态的文艺思潮,它是由内外诸多因素共同促成的产物。它的发生,首先源于革命文学的倡导;其次,国际无产阶级运动,特别是苏联、日本等左翼文艺思潮的影响是促其形成的重要因素。当然,最直接的因素是中国国内骤变的革命斗争形势。在"左翼十年"里,左翼文学思潮大体经历了的革命文学论争时期和"左联"时期。在此期间,来自外部的异己文艺思想的论争(与"新月派""民族主义文学"以及"自由人""第三种人"的论争)对左翼文学思潮不断地向前发展也起到了很大的推动作用。

(一)革命文学论争时期

1928年,在革命文学提倡过程中是一个很重要、很关键的年份,革命文学的异军突起,以及由此引起的声势浩大的论战成为当时文坛上的最引人注意的大事件。

1927年第一次国内革命战争失败后,一批参加过革命实际活动的作家,如郭沫若、成仿吾、蒋光慈等,以及刚从日本等地回国的青年作家,如冯乃超、李初梨、彭康等相继来到上海,他们以创造社和太阳社为主,在其创办的《创造月刊》《文化批判》《太阳月刊》等杂志上,开始了无产阶级革命文学运动的倡导。这些倡导者受到当时共产党内左倾路线的影响,认为虽然革命陷于低潮,但无产阶级文学运动的提倡能够推动政治上的持续革命。同时,这些倡导者的文学观点深受当时苏联和日本等国的无产阶级文学运动中"左"倾机械论的影响,其中日本无产阶级文学运动的蓬勃兴起,给予他们很大的影响和启示,而"苏联的'无产阶级文化派'及其后的文学组织'拉普',理论家波格丹诺夫的'文艺组织生活'论更是直接成为他们文学革命的理论基础"。

革命文学的倡导者认为,革命作家首先要确立自己的无产阶级立场和世界观,把一切旧有的、非无产阶级的思想观念和价值观念都应该摒弃掉。为此,革命作家就应该要"努力获得阶级意识""努力获得辩证法的唯物论",并且时刻要对自我进行批判,"克服自己的小资产阶级的根性"。倡导者还认为,既然创作的基础是实践,那么,要切实地建设革命文学,革命作家就应当积极参与现实斗争,只有"对于革命有真切的实感,然后才能写出革命的东西"。

此外,多数倡导者们认为,文学作品所用的文字"应该通俗化",要"接近大众的用语";对于

"五四"以来文学的欧化现象,成仿吾则痛心于白话文的欧化,冯乃超也认为白话文是"非驴非马的中间的语体"。更为偏激的是,李初梨在《怎样地建设革命文学》中认为"五四"以来那些重在描写与揭示生活现实的作品都已经过时了,应该要抛弃,新文学队伍也要按阶级属性重新划线站队。于是,倡导者们便向"五四"时期已成名的作家如鲁迅、茅盾、叶圣陶、郁达夫等进行了重点批判清算。他们对"五四"新文学的传统进行了全盘的否定,认为鲁迅写作的那个"阿Q时代早已死去"。杜荃(郭沫若)甚至在《文艺战线上的封建余孽》一文中讥嘲鲁迅是"资本主义以前的一个封建余孽",甚至冠之以"法西斯蒂""二重性的反革命的人物"等系列"称号"。其他资深作家也一律被认为是"有产者与小有产者代表"。这体现出了新兴革命者对"五四"文学彻底否定的坚决态度,也体现了浓厚的宗派情绪。

由此也可以看出,在马克思主义的影响下,创造社成员对新文学的不满,他们全盘否定了"五四"新文学的传统。甚至可以说:"要重新评判'五四',鲁迅是一座不能绕过并且不得不铲平的大山,因为鲁迅是'五四'文化最典型的代表,也就成为他们首先发难的对象。对此,论争的当事人郑伯奇曾声明:'这不是我们和鲁迅的冲突,也不是创造社和语丝派的冲突,这是思想和思想的冲突,文坛上倾向和倾向的冲突。我们所批评的不是鲁迅个人,也不是语丝派的几个人,乃是鲁迅与语丝派诸君所代表的一种倾向。'可以说也是一番不无道理的解释。由此可见,从创造社太阳社一方来说,与鲁迅的论战归根结底是"五四"文化精神与革命文学提倡者们的马克思主义观的冲突。"

革命文学倡导者们发表的言论和攻击引起了鲁迅、茅盾对文学理论的深入思考。为此,鲁迅发表了《文艺与政治的歧途》,他认为,在革命到来之前,文学大抵都是在叫苦鸣不平而已,等到革命来了,就没法发声了,因为在革命的时候根本没有空余的时间来谈文学。革命成功了,才有文学。但此时已经不算是革命文学了。因此,鲁迅认为中国没有真正的"革命文学",文学是余暇之物,它对革命的推动力不应该被夸大。当然,"革命文学"作为一种反抗性的应时思潮,它是值得肯定的,鲁迅认为其"势所必至",但又"平平常常,空嚷力禁,两皆无用"。据此,鲁迅批评了创造社、太阳社不敢正视残酷的现实,光凭纸上写下的"打打打,杀杀杀",只不过是"空嚷"而已。鲁迅还批评了创造社诸人片面宣扬文学工具论,他说"一切文艺固是宣传,而一切宣传却并非全是文艺",文艺并不等同于政治,否则那就相当于"踏着'文学是宣传'的梯子而爬进唯心的城堡里去了"。

与鲁迅相比,茅盾则更明确赞成革命文学的倡导,但他同样也反对文学的工具论。茅盾批评创造社和太阳社中的某些作者"仅仅根据了一点耳食的社会科学常识或是辩证法,便自命不凡地写他们所谓富于革命情绪的即兴小说",这一现象的产生是因为他们忽略了文艺本质,而走上了标语口号化的路。同时,茅盾也认为,处于严酷的革命低潮时期,应当坚持现实主义精神去"凝视现实"和"揭露现实"。

革命文学论争引起了国共两党的注意。1929年9月,国民党中央宣传部召开全国宣传会议,提出"三民主义文艺"的口号。并由宣传部出钱,在南京、上海办起杂志(《文艺月刊》等),公开宣言打倒"革命文学"和"无产阶级文学",建设"三民主义的新文学"。共产党则指示创造社和太阳社停止攻击鲁迅,并与鲁迅及其他革命的"同路人"联合起来,成立一个统一的革命文学组织,共同对抗国民党的文化围剿。至此,历时近两年的论争便停止了。

（二）"左联"时期

1928 至 1929 年间的革命文学论争，传播了马克思主义文艺理论，提高了革命作家的思想理论水平。而且通过这场论争，各方的观点逐渐接近，提倡和发展无产阶级学成为他们的共同要求。

中国左翼作家联盟（简称"左联"）于 1929 年底开始筹备，并于 1930 年的 3 月 2 日在上海中华艺术大学举行了成立大会。出席成立会议的有鲁迅、冯雪峰、沈端先、冯乃超、柔石、李初梨、蒋光慈、彭康、田汉、钱杏邨、阳翰笙等四十余人。而当时加入的则有五十余人，如郭沫若、郁达夫都加入了"左联"。会上通过的理论纲领宣告："我们的艺术是反封建阶级的，反资产阶级的，又反对'失掉了社会地位'的小资产阶级的倾向"，并且表明要"援助而且从事无产阶级艺术的产生"。大会通过了左联的理论纲领和行动纲领，并选举沈端先、冯乃超、钱杏邨、鲁迅、田汉、郑伯奇、洪灵菲七人为常务委员，周全平、蒋光慈两人为候补委员。成立大会上，鲁迅先生作了题为《对于左翼作家联盟的意见》的讲话，第一次提出了文艺要为"工农大众"服务的方向，并且指出左翼文艺家一定要和实际的社会斗争接触。

"左联"成立后，为了扩大影响，出版了很多刊物，主要包括《拓荒者》《萌芽月刊》《北斗》《文学周报》《文学导报》《文学》半月刊等。此外，"左联"还接办了一些刊物，对其进行改组，如《大众文艺》《现代小说》《文艺新闻》等期刊。当然，由"左联"成员出面主持编辑、出版的刊物就更多了。"左联"在国内一些城市如广州、天津、武汉、南京设立了小组，对有志青年进行广泛吸收，由此迅速扩大了革命队伍。在北平和日本东京两地还设立了分盟，其中，北平相对独立的"北方左翼作家联盟"与上海的"左联"遥相呼应。在当时，加入"左联"的人只要是"能够理解革命，理解社会变革的必然，而且积极地能替革命做工作"，认可"左联"的旗帜、纲领，并按"左联"的纲领进行斗争，就可以成为"左联"的一员。可见，先前革命文学倡导者们的宗派情绪已经得到了克服，文艺运动蓬勃发展，"左联"这个作家联盟团体也逐渐成熟，并富有实力。

"左联"成立后，其重要的贡献就是成立了马克思主义文艺理论研究会，专门翻译、介绍、研究马克思主义文艺理论。早在 20 世纪 20 年代中期，马克思主义经典文艺论著就已经介绍到了中国，"左联"成立后，瞿秋白从俄文原文翻译了马克思主义经典作家的主要理论著作，并撰文系统全面地介绍与阐述马克思主义经典作家的文艺思想。与此同时，初期马克思主义文艺理论家普列汉诺夫、拉法格、梅林、卢那察尔斯基、沃罗夫斯基的论著也都介绍到了中国。这时，马克思主义理论深入到中国社会科学的各个领域，于是建立马克思主义文艺批评的历史任务也被提上了日程，并取得了最初的成果。经过鲁迅、瞿秋白等人的努力，在中国第一次出现了以唯物史观为依据的马克思主义文艺批评。瞿秋白的《鲁迅杂感选集·序言》，鲁迅的《中国新文学大系·小说二集·序》，茅盾的《徐志摩论》，胡风的《林语堂论》等，都是尝试用马克思主义文艺思想来总结中国新文学创作实践经验的成果。与此相关的，"左联"还自觉地加强了与世界文学的，特别是世界无产阶级文学运动的联系。首先，大规模地输入苏联及其他国家的文学作品。据统计，自 1919 至 1949 年，全国翻译出版外国文学书籍约 1700 种，而"左联"时期翻译出版的就约有 700 种，以苏联作品居多。鲁迅还曾与郁达夫、茅盾等主编过《奔流》与《译文》杂志，主要译介了易卜生、惠特曼、托尔斯泰、裴多菲、契诃夫、果戈理等作家的作品。1935 年郑振铎主持编辑的《世界文库》，其介绍的外国文学作品规模更加宏大，轰动一时。其次，也有一部分中国现代作家的作品翻译介绍到国外,赢得了很多世界读者。"左联"为了密切联系国际无产阶级文艺运动,除了成立了马克思主义文艺理论研究会外,还成立了国际文化研究会。1930 年 11 月,"左联"被吸纳为国际革命作家联盟的成员,从此,"左联"直接与国际无产阶级文学运动建立了组织上的联系。

　　1930 年 11 月,左联派萧三作为代表参加在苏联哈尔科夫召开的第二次国际革命作家代表会议。中国左翼作家联盟加入国际革命作家联盟,成为它的一个支部——中国支部。"左联"作为国际革命作家联盟的一个支部,许多活动都与国际上的无产阶级文学运动同步。许多"左联"作家同时又是革命者,从事实际的革命活动,当然也因此遭到国民党当局的压迫,"左联"的一些刊物和书籍被查禁,其成员被通缉、逮捕甚至杀害,如柔石、胡也频、殷夫、冯铿等就是 1931 年 2 月 7 日被秘密杀害的。为了服从旨在抵抗日本侵略的民族统一战线政策,1936 年初,为了适应抗日救亡运动的新形势,建立文艺界抗日民族统一战线,左联自行解散。其前后活动存在 6 年时间,左联培养了一支坚强的革命文艺大军,为抗日战争时期、解放战争时期,甚至新中国成立以后的人民文艺事业准备了一批骨干人才,对 20 世纪 30 年代乃至后来的文学发展产生巨大的影响。

　　更为重要的,是"左联"大大加强了文艺与革命的关系。在无产阶级的领导下,"左联"明确了反蒋、反帝的鲜明立场,并宣布与之要展开激烈而持久的斗争,由此继承和发扬了"五四"新文学的战斗精神。1930 年 8 月,"左联"执行委员会通过了一个题为《无产阶级文学运动的新情势及我们的任务》的决议,其中对无产阶级文学运动的认识基本上是正确的。它"清算了文坛的封建关系,手工业式的小团体的组织以至它的意识,而形成统一的无产阶级文学运动的总机关左翼作家联盟"。1931 年 11 月"左联"执行委员会通过《中国无产阶级革命文学的新任务》决议,全面部署了新时期无产阶级革命文学面临的任务、创作手法、理论斗争等。在具体实践方面,"左联"执行了成立大会上通过的"参加革命诸团体""与各革命团体发生密切的关系"等决议,经常派代表参加各革命团体的活动,更多成员积极加入到工人运动之中。"九一八"和"一·二八"事变后,左翼作家发表了《上海文化界告世界书》,成立"中国著作家抗日会",为抗日反蒋摇旗呐喊,有效地推动了革命斗争的发展。

二、革命文学的迅猛发展

　　1928 年,在现代文学发展史上是不平静的。"五四"文学革命要求建立"人的文学",经过十几年的发展,已经完全取代了封建时代的文学,开创了现代文学的新局面。可是到了这一年,当新鲜出炉的"人的文学"还在冒着满身的热气时,又有比它更加新鲜的文学主张出现了,一批思想激进的作家提出文学的阶级论,要在中国建立"无产阶级的文学"。他们认为"五四"建立"人的文学"的文学革命,属于资产阶级的文化运动,现在已经是过时了的,现在要开展"无产阶级的五四",这就是左翼文艺运动。于是,中国的文坛在 1928 年又沸腾了,一场无产阶级文学的倡导运动由此开始,中国文学也开始步入革命文学时期。

　　革命文学时期文学的创作得到空前拓展,表现角度也有了进一步的开拓。随着中国现代化进程的推进,反映城市现代化过程中社会变迁、心理变化的作品大量涌现,革命者、民族资本家等一些新形象大量出现在作品中。许多作家把人物命运与风云激荡的时代精神结合在一起,从而形成了革命文学时期特有的厚实、有力、壮阔的审美风格。

在革命文学时期,左翼文学的发展是十分迅速的。左翼作家则自觉以现代工业文明中产业工人代言人的身份,对封建传统农业文明与资本主义工业文明以及西方殖民主义同时展开批判,突出了文学的政治实践品格,要求文学为无产阶级的现实斗争服务,强调文学的现实战斗性。作为主潮存在的左翼文学运动,直接继承了"五四""为人生"的文学传统,并把"五四"文学中喊出的寻求个人政治、经济解放的声音纳入到寻求整个民族、国家、阶级解放的轨道上,表达了对民族自立、自强的渴望。左翼作家采取革命现实主义的创作方法,积极地参与社会历史进程,推动文学与政治结缘,对近代文学的影响力和对当时社会的震撼力都远远地超出了一个具体的文学流派所能产生的规模。它的革命现实主义在茅盾手中显示魄力,在吴组缃手中显示圆润,在张天翼手中显示俏皮,在艾芜手中显示流丽,在沙汀手中显示苦涩,从而在相当广阔的艺术领域显示了它巨大的包容力。左翼文学深受苏联、日本无产阶级革命文学的影响,它广泛吸收中外文学尤其是19世纪以来的批判现实主义文学的优良传统,表现、反映广大人民群众的根本利益和要求,开创了真正革命现实主义的文学传统,建立了符合当时中国国情的文学范式,出现了以鲁迅、茅盾为代表的左翼文学巨匠和一大批有鲜明创作个性的左翼作家,如蒋光慈、丁玲、胡也频、柔石、张天翼、萧军、萧红、艾芜、沙汀等,他们以其扎实的创作向世人展示了左翼文学的成就,丰富了左翼文学的艺术表现方式。20世纪30年代左翼文学的创作和批评影响了20世纪40年代的解放区文学、新中国成立后的"十七年"文学,甚至20世纪80年代的文学都受到这种思潮的影响。

从思想、审美角度看,由于左翼作家情况各异、年代跨度较大,所以他们的作品创作呈现出了三种类型:(1)左翼政治思想倾向鲜明,具有一定思想价值和产生较大社会影响,但审美价值不高。如蒋光慈的《咆哮了的土地》,丁玲的《韦护》《母亲》,阳翰笙(华汉)的《地泉》三部曲,骆宾基的《边陲线上》《幼年》,洪灵菲的《流亡》三部曲,胡也频的《光明在我们的前面》《到莫斯科去》等。(2)具有左翼思想特征和一定的审美价值,但社会影响不大,甚至在新文学史上很少被人提及。如艾芜的《山野》,吴组缃《鸭嘴崂》,李广田的《引力》,姚雪垠的《长夜》,谢冰莹的《一个女兵的自传》,齐同的《茅山下》,周文的《烟苗季》,碧野的《没有花的春天》等。(3)具有左翼思想特征,但相比之下,具有较高的文化和审美价值,与启蒙文学精神上更加相通、艺术风格上更加富于独创性。如叶紫的《太阳从西边出来》,张天翼的《马伯乐》《洋泾浜奇侠》《金鸭帝国》,沙汀的《淘金记》,柔石的《旧时代之死》,端木蕻良的《科尔沁旗草原》《大地的海》等。由于左翼小说是在"革命文学"语境中写作的,轻视艺术性,粗制滥造和公式化、概念化现象严重,比如华汉的《地泉》三部曲。革命文学的倡导者们也意识到问题的严重性,瞿秋白对华汉《地泉》的公式化、概念化、缺乏艺术感染力和所谓"革命的罗曼蒂克"倾向进行了严厉的批评,将其视为"'不应当怎样写'的标本"。所以,左翼文学总体上成就不高。但是,第一种类型的作品的思想价值和社会影响,是不能抹杀的。而从第三种类型中,我们可以看到:在总的"革命文学"语境中的左翼文学,也为现代文学奉献了不少具有较高审美价值的优秀作品。

在革命文学时期,北京和上海作为近代中国南北两个最大的城市,分别形成了"京派"与"海派"两个文学流派。"京派"指的是一个独特的文学流派。具体来说,它是20世纪20年代末到30年代,当文学的中心南移上海之后,继续留在北京或其他北方城市的一个自由主义作家群,代表人物有废名、沈从文、朱光潜、俞平伯、萧乾、凌叔华、林徽因等。这一文学流派,虽然没有正式地结社,但是有自己的文学阵地,如《文学月刊》《骆驼草》《水星》等。"京派"的作家们深受北京本土文化的影响,心态从容宽厚,功利意识淡薄而艺术独立意识浓厚,作品大多从文化层面来探讨人生与人性,注重道德与文化的健康和纯正,在语言、文体、表现形式方面都显示出了多样化的特色,并且突破了小说的艺术成规,更贴近底层生活。另外,京派作家以乡村抒情为主调,力求使小说诗化、散文化,使小说既具有现实主义,又带有浪漫主义气息。例如,沈从文的《边城》,《边城》具有一种诗意的、美丽中又渗透出忧伤的色彩。在风景秀丽、远离尘嚣的边城,一个老人,一个女孩和一只黄狗,构成了一个水晶球般的世界,这个结构的每一个组成部分都完美无瑕,而它们的组合更是不可拆分。试想,如果没有女孩,一个老人和一只黄狗就显得有些沧桑,可能让我们想到《老人与海》;如果没有老人,一个小女孩和一只黄狗就显得有些可怜,它可能让我们想到卖火柴的小女孩;而没有了黄狗,老人和女孩就失去了生活的情趣,我们会为他们的身世而担心。只有三者组合在一起,才构成了一个完美而和谐的世界。然而,这个结构也是极其不稳定的,随着时间的推移,老人可能逝去,女孩可能嫁人,无论哪一种结局率先出现,这个完美的平衡就被打破了,而这,又不可避免。《边城》的诗意便是由此产生,完美的现在与即将破碎的将来同时撞击着读者,让《边城》流溢着美丽又渗透出忧伤。

"海派"是20世纪30年代以上海为中心的东南沿海城市商业文化与消费文化畸形繁荣的产物,他们依托于文学市场,既享受着现代都市文明,又感染着都市"文明病"。正是对都市文明既留恋又充满幻灭感的矛盾心理,使他们更接近于西方现代派艺术,有着较为自觉的先锋意识,追求艺术的"变"与"新"。海派作家受殖民主义的洋场风气,以及弗洛伊德学说和日本新感觉派的影响,对欲望的书写大于对情感的表现,作家集笔力于那里的色彩、声音、气味和节奏,不从整体上感知世界,却追求现实碎片的组合。因而它更为充分地展示了畸形的都市社会与人生,在剖析洋场社会人的行为方式和深层意识结构中。拓展了都市文学的新领域和新境界。张资平的作品就是"海派"作品的典型,他的小说多写市民知识分子艰难的生存境遇和苦恼凄凉的人生,他们经济拮据,精神黯淡,为物质生存而艰难挣扎,呈现出一种非常现实化的生命现象,人们的物质欲望和肉体生存要求是无法克服的,给人们带来的是因缺少物质满足、因贫困而产生的苦恼。张资平的身边小说与郭沫若、郁达夫等的身边小说并不一样,他的小说更加形而下一些,具有冷峻的现实性、苦难性和世俗化主题,对现实苦难更有体验意味。例如,《寒流》写教员生活的窘迫。C因时局不稳和校方欠薪而无力养活妻小,在寒流与阴雨中,把她们送到乡下岳丈家。然而,搬到学校独住的他,眼前总是浮现妻子和孩子在旅途的轮船里呻吟无助的惨状。本来待妻"暴躁"的他感到通体凉意,犹如寒流中随风飘落的片叶。而《百事哀》主人公V经受着多种折磨:本来菲薄的薪水常被拖欠,妻子分娩时的痛苦时时触及他的神经;婴儿生病无钱医治;更残酷的是,学校无情地辞退了他……V身处于多重的生活折磨和精神压抑中,百事不遂使他精神几近崩溃。

以左翼作家、京派作家、海派作家为首的文学创作者都在探索着民族灵魂重铸的文学途径,从而让革命文学时期的文学内容产生了新的变化。在这一阶段,出现了一大批表现个人走向社会历程的作品,如叶绍钧的《倪焕之》、丁玲的《一九三六年春在上海》等,这些作品把个人命运的探索与时代、社会的剧变联系起来,从而具有了鲜明的时代特征,从而突破了"革命+恋爱"的创作模式。同时,这一时期,反映小资产阶级的作品仍占有相当重要的地位,这些作品不仅反映了小资产阶级知识分子的动摇、苦闷与追求,还探求了他们的革命出路。例如,茅盾的

《蚀》、洪灵菲的《流亡》、蒋光慈的《咆哮了的土地》等。此外,沿着"五四"乡土文学探索的足迹,农村题材进一步成为20世纪30年代作家表现的对象,并且有了明显的进展。作家们开始自觉地反映农村的阶级对立和阶级斗争,反映觉醒的农民身上所爆发出的革命热情与革命精神,所塑造的人物迥异于"五四"乡土小说作家笔下备受奴役、麻木愚昧的农民形象,从而赋予乡土小说新的时代内涵,主要作品有王统照的《山雨》,茅盾的"农村三部曲",叶绍钧的"多收了三五斗",沙汀的短篇集《航线》和《苦难》,吴组缃的《一千八百担》和《樊家铺》,王鲁彦的《愤怒的乡村》,叶紫的《丰收》等。就人物形象而言,革命者的形象也受到了作家的重视,这些形象不仅作为正面的人物出现在作品中,而且作品中的主人公能够意识到自己的历史使命,较前一时期人物个性更丰富,更鲜明,如蒋光慈的《咆哮了的土地》中的张进德,胡也频《光明在我们前面》中的刘希坚,等等。城市下层市民的生活在这一时期也得到深刻的反映,老舍的《骆驼祥子》成为这类题材的杰出代表。随着中国从农业文明向工业文明迈进,反映中国城乡资本主义化过程中的社会各阶层的历史命运及心理、道德、情感变迁的文学作品随之大量出现。"九一八"事变之后,中华民族所面临的殖民化命运,成为许多作家关注的焦点,萧军的长篇《八月的乡村》、萧红的中篇《生死场》、端木蕻良的短篇集《憎恨》等都反映了东北人民在日本帝国主义统治下的痛苦生活和斗争。

文学内容的变化引起了文学形式的变化。在散文方面,散文呈现出从写内心到写现实,从写主观到写客观的发展趋势,超越了"五四"时期散文创作囿于个人生活一角的写作范围以及关注个人内心世界的写作方式,其取材与立意,日见丰富,社会批评的杂文和叙事体散文得到充分发展,反帝反封建的题材更提列首位,奏出了时代的最强音。这一时期的杂文以鲁迅为标志,他以旺盛的斗志、"以一个思想家在写杂文"的方式写下了大量的杂文,把对中国社会、中国历史、中国文化传统的广泛评论与丰富多彩的艺术手法相统一,"这种笔法既继承我国杂文的传统,又反叛这个传统中所夹杂的封建性的东西,而且又吸收世界文化中的精华,从而铸成自己的风骨,自己的文体",他"把杂文提高到一个很高的水平,以他为标志,现代杂文的历史才开始形成",使杂文成为现代文学体裁中的独特文体。这一时期,杂文创作异彩纷呈,和第一个十年相比,杂文早已突破了三言两语的随感形式而显得更加丰富和更加成熟。含蓄和反语在杂文中的运用使得杂文深沉蕴藉、犀利泼辣。杂文数量增多,质量也达到了新的高度,左翼作家革命的、战斗的、健康的杂文成为我国现代杂文的主流,有力配合了左翼领导下的反对"文化围剿"的斗争,代表杂文家有徐懋庸、唐弢、聂绀弩等。20世纪30年代杂文的兴起与许多报纸副刊和刊物是紧密相关的,如《申报·自由谈》《中华日报·动向》《立报·言林》等注重杂文的报纸副刊,《十字街头》《太白》《涛声》《芒种》《新语林》等注重杂文的杂志。杂文此起彼伏,一时蔚为壮观。

在诗歌方面,20世纪30年代出现了以殷夫为前驱、蒲风为代表的中国诗歌会诗人群,和以徐志摩、陈梦家为代表的后期新月派,以戴望舒为代表的诗人群。诗歌领域注重表现现代社会内容,出现了从抒情到叙事、从短到长的新倾向。

现代诗虽然是在象征主义诗歌的基础上发展起来的,但新月派诗歌对它也有不容忽视的影响。新月派对现代派诗歌的影响主要在于后者是新月派诗歌合乎逻辑、顺理成章的延伸和继承。从后来的现代派诗人的早期作品中,也能看出他们从新月派转变而来的痕迹。新月派后来因其过于讲究形式美,而忽视了诗的内容,从而走向式微之途。而现代派诗人正是吸取了新月派的教训,总结了新月派的成就,从而成为一个新的流派。当然,现代派的自由诗,已不同于新诗初期的自由诗,它不仅大大超越了初期的自由诗,而且超越了新月派诗和象征派诗。总的来说,持续时间并不算长的现代派诗虽然有一些"青春的病态",反复吟咏的情绪是悲哀、烦忧、沉郁、厌倦、彷徨、寂寞;常常表现的情调是飘忽、贫乏、微茫、萎靡、迷失方向,但是他们对于"纯诗"的追求,对于"诗的哲学"的思考,把诗与散文在内容上和艺术表现上严格区分的尝试,尤其是对于西方现代文艺思想和文化思潮的介绍和引进,等等,这些努力和实践,对于中国新诗的现代化,对于中国文学汇入世界文学做出了开拓性的贡献。

这一时期诗歌创作十分活跃,涌现出了艾青、田间、臧克家、蒲风、柯仲平等一批坚持现实主义诗歌创作的诗坛新人。诗歌体制上,短诗在艺术上显得更为凝练严谨,在风格上也日趋多样;长诗也出现了,如蒲风的《六月流火》等。

我国话剧运动在这一时期逐渐步入成熟,多幕剧取得了比较显著的成绩。这一时期,"五四"时期拥有众多读者的诗体戏剧此时已不再具有主导地位,以曹禺、夏衍为主的,通过时代性戏剧冲突,表现具有重大意义的社会主题的散文体戏剧,代表了这一时期的最高成就,如曹禺的《雷雨》《日出》,夏衍的《上海屋檐下》,田汉的《回春之曲》,洪深的《香稻米》等。曹禺的剧作《雷雨》是现代话剧成熟的标志,剧情结构的紧凑,对话语言的精练,显示了作者卓越的才能和深厚的艺术修养。在左翼剧作家中,既能及时反映现实,配合一定的斗争需要,而又能开掘深入、刻画细致而产生深远影响的是夏衍,他的解剖小市民心灵的《上海屋檐下》,从小人物的生活上反映了大的时代。曹禺、夏衍、洪深、李健吾、熊佛西的剧作,共同组成 20 世纪 30 年代话剧的繁荣局面。在电影剧本的创作方面,第二个十年出现了一些新的特点,"题材较前大大开阔,多方面地反映了不同阶级、阶层人民群众的生活和思想感情","描写农村破产和城市工人斗争生活的题材,这时开始进入中国电影领域",题材接触了现实生活,并且趋于多样化,"有较强的现实感和时代感"。

第三节　文艺救亡与现代文学的迸发

随着抗日战争的爆发,广大的文艺工作者通过文艺创作开展了文艺救亡运动,同时,受创作主张不同的影响,文艺论争频繁出现,在不断论争的过程中,战争时期中国文学的发展方向得到了进一步的明确。

一、抗战文艺运动的爆发

1937 年"七七"事变爆发,中国开始了全面抗战的新历史时期。在这场伟大的民族解放战争中,全国人民总动员,经过八年的英勇战斗、流血牺牲,打败了日本侵略者,于 1945 年赢得了抗战的最后胜利。抗战胜利后,紧接着又爆发了国共之间的国内战争,直到国民党败退台湾,1949 年中华人民共和国成立。这样,在几乎连续的 12 年时间里,中国都在大规模的战争中度过。战争的胜负与民族和国家的命运紧紧地联系着,因而具有至高无上的神圣性,这对于中国现代文学的发展影响至大。如果把 1937 年到 1949 年的中国文学,称为战争时期的文学,虽嫌笼统,也无不可。

战争是"武器的批判",是残酷的,血淋淋的。但日本侵华不仅是中日两国之间的矛盾,更是日本军国主义对人类普世价值观和社会基本准则的践踏、蹂躏,是冒天下之大不韪。不仅给中国人民带来巨大灾难,也对人类进步造成极大破坏和阻碍。中国作家不但有爱国主义,有保卫民族的激情,而且深知抗战的意义,他们以高度的政治热情投入抗日救国的伟大斗争。文艺界迅速现出临战的态势,文学很快进入了"战时状态"。在日本的郭沫若写好了遗言,7月下旬冒死回到祖国投入抗日斗争。他回国后即担任《救亡日报》的社长(夏衍任主笔,阿英任主编)。上海四家有影响的文学刊物《文学》《文丛》《中流》《译文》合编《呐喊》,"八一三"后在上海创刊,由茅盾任主编,出了两期后改名《烽火》。胡风主编的《七月》(周刊)也于9月创刊。不久,上海沦陷,上海文艺界的主力转移到武汉。

这时,国内的政治局面已有很大的变化,共同的民族利益使国共两党实现了第二次合作,形成了抗日民族统一战线。中共取得合法的地位,国民政府军事委员会政治部的第三厅,负责抗日宣传工作,由郭沫若担任厅长,阳翰笙任秘书,田汉任负责艺术宣传的第六处处长。但国共两党的摩擦、斗争并未止息,时或尖锐时或缓和,连绵于整个抗战时期。国民党害怕中共力量和影响的扩大,所以总要限制、阻挠中共组织的文艺活动,1940年9月,国民政府撤销了第三厅。11月,复于政治部下设文化工作委员会,任命郭沫若为主任,阳翰笙为副主任,但其活动已十分困难。到1945年3月,这个委员会也被取消了。在作家组织方面,经过阳翰笙、张道藩等的协商,1938年3月27日,中华全国文艺界抗敌协会(简称"文协")在汉口成立。有五百多位作家出席了成立大会,邵力子任主席。会议选出郭沫若、茅盾、夏衍、丁玲、老舍、胡风、巴金、朱自清、田汉、郁达夫、胡秋原、陈西滢、张恨水等45人为理事。

"文协"提出了"文章下乡,文章入伍"的口号,并以《抗战文艺》作为会刊,发表了一批具有抗战性质的文章。爱国主义的主题和共同的思想追求,英雄主义的调子,成为这个时期文学统一、鲜明而单纯的色彩。文学体裁出现小型化、轻型化、速写化、及时化倾向。文体上,报告文学和通讯成为热门的体裁;诗歌、戏剧朝广场艺术发展,追求通俗、鲜明、昂扬的色彩,全国各地出现了朗诵诗、街头诗、传单诗、枪杆诗、活报剧、街头剧等便于宣传鼓动的形式;大众化、小型轻便的文艺形式出现,以便有力配合抗战的宣传工作。

在"文协"的带领下,文艺救亡运动蓬勃开展。戏剧、电影、美术、木刻等都成立了抗敌协会组织,并且在广州、上海、昆明、成都、桂林、香港、贵阳、延安等地成立了分会,保证了在战争分割格局下作家之间的联系。同时,又设立了国际宣传委员会,加强了和世界反法西斯文学之间的联系与交流。

但在抗战文艺的蓬勃气势的下面,文艺界统一战线内的矛盾、斗争,也随着时局变动时隐时现地延续着,且有不断加剧的趋势。国民党坚持一党专政,就总是害怕民主。"文协"成立仅三个多月,国民党当局即成立中央图书杂志审查委员会,连续公布抗战时期图书、杂志、剧本的审查标准。其后几年,仅重庆一地便有千余种书刊被禁,百余种剧目不能上演。1941年皖南事变后,国民党为统治文化工作,其中央宣传部成立了文化运动委员会,由张道藩、潘公展领导。1942年9月,中央文化运动委员会主办的《文化先锋》创刊,发表中央宣传部部长张道藩的《我们所需要的文艺政策》,明确认定文艺无时无刻不反映政治,无时无刻不受政治的束缚。1944年3月,国民党当局的《文艺先锋》上发表文章,反对"写作自由",说现在的问题不是自由不自由,而是"自由太多了"。持自由主义立场的作家,如梁实秋、沈从文等都有文章表示对国民党的专制主义文艺政策不满。为抗战文艺运动的健康发展,文艺界必须与日益加强的文化专制主义作斗争。当时中共领导、团结的作家展开了反控制、反吞噬的斗争。《新华日报》等报刊,连续发表文章,驳斥所谓"自由太多"的谬论。为了突破国民党当局钳制思想,压制进步文化的种种禁锢,乃以为老作家祝寿、纪念国内外已故作家等名义,举行聚会,开展活动;并积极营救被捕作家,为援助贫病作家的生活开展募捐,用这样的活动表示对国民党当局的抗议。这是一场政治上争民主、争自由的斗争。1945年2月,由郭沫若起草了《文化界时局进言》,要求实现民主,废除审查制度,让人民享有言论、出版、演出的自由。372位包括国内最有名望的作家、艺术家、文化界人士签了名,引起国内外的震动。

二、救亡的文学主题

救亡主题由来已久,其核心意识是晚清开始的民族国家重建,从鸦片战争到抗日战争,在一百年的时间里,中华民族一直面临着国家存亡的危机,争取独立而不做亡国奴的呼声此起彼伏。强烈的民族意识强化着排外心理,排外心理又强化着救亡诉求,即使是"五四"新文化运动。

承"五四"余绪,20世纪20年代末的革命文学、30年代的抗战文学均把救亡主题置于中心,思想启蒙还未来得及深入展开,便让位给全面动员的社会革命。从"国防文学""民族革命战争的大众文学"之争到"文章下乡、文章入伍"口号的提出,从"左联"的解散到"文协"的成立,救亡意识成为各时期文学的中心话题。抗战初期,大批知识分子走出书斋、沙龙、咖啡馆、亭子间和学院,深入到工人、农民和士兵之中,战时特殊的文化环境在使他们由思索转向行动的同时,也在改变着他们的身份——由职业化作家、思想家转变为民族文艺战士。战争摧毁了"五四"以来启蒙、救亡、翻身、专制主题并存的文学生态场,割裂了文学与它们的齐一关系,文学不再是一种当然的职业,作家必须正视抗日救亡的迫切要求和神圣使命。

不过,同是救亡视角,不同时期、不同作家也会有所不同。梁启超系最早的"小说救国论"者,他曾主张"今日之最重要者,制造中国魂是也"。鲁迅进一步深化,提出"改造国民性"的历史要求,既包容关心国家兴亡、民族崛起的社会主题,也契合了文学注重人的命运及其心灵的审美特性。茅盾融合救亡与启蒙,认为"抗战的现实是光明与黑暗的交错"。其实,从根本上说,抗战救亡一方面是中华民族的一场伟大的解放战争,另一方面也是一场伟大的启蒙运动。"救亡"非但没有终止"启蒙",相反还在一定程度上要求着启蒙、推动着启蒙。由"人的解放"到以"干预灵魂"为中介实现社会解放,由救亡主导的抗战文学到工农兵主导的解放区文学,中国现代文学启蒙与救亡主题的相互纠结使得"时代书写"始终处于创作的中心,进而也左右了艺术形式、语言结构、表现手法的基本要求。

国家面临救亡的局面,一面是危机感的紧迫,一面是精神变革的长期和艰巨,没有一定的社会条件很难最终实现。从20世纪初文学革命的倡导到中华人民共和国成立后的新文学建设,我们的文学界一直在呼唤"力量""抗争",颂扬"英雄""战士"。

从价值形态来看,20纪中国文学的英雄主题主要有两种走向:一是在对人生价值与意义的追问上,表现出对庸常人生的永无止境的超越,以及对生命极限的挑战。这种英雄价值取向体现了文学审美的"求真"意向,是对精神和哲学命题的形而上的思索,其主要的美感特征是悲凉和悲怆。如鲁迅笔下的狂人(《狂人日记》)、疯子(《长明灯》),郭沫若笔下的匪徒(《匪徒颂》),张承志笔下的"我"(《北方的河》),史铁生笔下的瞎子(《命若琴弦》)。不同程度上,这些人物身上都潜隐着某种精神至上的乌托邦祈向,他们的共同之处是不顾一切地承担责任。

二是将人生理想与改造社会相结合,把人生价值定位在社会理想的实现以及为之奋斗献身上。这种英雄价值取向包含有丰盈的道德与伦理内涵,体现了文学审美的"向善"追求。如现代文学中的梅娘(《回春之曲》),张裕民、程仁(《太阳照在桑干河上》),赵玉林、郭全海(《暴风骤雨》)等,他们的共同特点是将自我融入改造社会、建设美好未来的伟大事业中,自身因为具有善的内核而变得崇高、悲壮。或许具体到某个人物形象塑造,的确存在拔高、虚美的缺陷,把它视为唯一合理的价值尺度并成为排斥其他精神主题的做法也给当代文化生活带来了消极影响,但作为一个群体所表现出来的精神力量却是极具社会价值的,是不应当否定的。

这一时期,中国文学中出现的革命英雄,包括勇往直前的人民战士、苦大仇深的农民英雄、立场坚定的工人英雄。与狂人英雄重思想启蒙相比,革命英雄重行动救世。作为人民的一员,他们认为自己的行为代表了人民的普遍利益,有人民的支持做后盾,因而不再孤独寂寞,代之而起的是勇往直前的使命感和责任感。革命英雄所确立的这种英雄品格构成了当时乃至中华人民共和国成立以后很长一段时间里的一种普遍的价值观念,即人能超越必然王国而臻于自由王国。意识形态方面,这种品格表现为爱憎分明的阶级观念、集体至上的献身精神。社会生活方面,表现为不断超越、不断斗争,永远追求人格的完美与高洁。张裕民、郭全海、周大勇、沈振新、江姐朴等人物形象即是革命英雄的代表。

革命英雄的前身可以追溯到20世纪初期茅盾、丁玲、叶圣陶等人笔下的车夫、农民、戴旧毡帽的朋友等,"五四"运动后期的左翼知识分子以及继起的无产阶级知识分子用马克思主义这一极富现代思想的意识形态武装他们——革命战士。作为人民战士的革命英雄以及由此支撑起来的军事题材小说,深受主流意识形态肯定和读者青睐,在中华人民共和国文学中占有举足轻重的地位,不仅从不同侧面再现了人民军队浴血奋战的壮丽画卷,而且也塑造了众多可歌可泣的战士英雄,构筑了一个连绵不绝的英雄谱系。

革命斗争题材的文学作品,或写国内战争,或写正在进行的抗日战争,都极力张扬英雄主义、战斗精神时。一方面战争改变了人们的生活轨迹,打破了僵化的阶级秩序,实现了农民分田、分物的愿望,土改运动前农民郁积多年的仇恨得以集中爆发,一时间,"斗争地主,打倒恶霸"成为他们的第一要务。另一方面家国兴亡的责任感也激励着工农大众积极参战、备战、援战,巩固土改成果,赢得国家独立,并跨越式地实现"农民—主人—英雄"的身份提升。《吕梁英雄传》中的武得民、雷石桂,《新儿女英雄传》中的牛大水、杨小梅、刘双喜,《荷花淀》的水生、水生嫂等人物,或在中国共产党引领下,由一贫弱农民成长为坚强的革命战士;或经革命熔炉煅烧,由苦大仇深的佃农成长为战斗英雄;有的甚至在战斗中建立了深厚的感情,结为终身伴侣。作家孔厥、袁静索性用群众送给杨小梅、牛大水的结婚喜联,直白地道出了小说《新儿女英雄传》的主题:"新人儿推倒旧制度,旧伴侣结成新夫妇""打日本才算好儿女,救中国方是真英雄"。与婚恋题材相比,这类小说以回肠荡气的英雄气概、丝丝入扣的情节脉络、传奇般的人物经历见长,作家把源自火热生活的激情宣泄了出来,读者心中潜在的创造历史的要求也对象化到武得民、雷石桂、牛大水、杨小梅、刘双喜等英雄人物身上。

三、同时并存的文学格局

受军事、政治形势以及各区域社会状况等方面的直接影响,战争时期的中国在很长一段时间内主要分为几个不同政治地域,即国统区(以重庆为中心的国民党统治区)、解放区(以延安为中心的共产党领导的解放区)、沦陷区(日寇占领的区域)。这几个区域都有着各自不同的政治环境,所面临的任务要求也不同,由此形成了国统区文学、解放区文学、沦陷区文学同时并存的文学格局。

(一)国统区的文学格局

抗战初期,国统区文艺界先后召开了关于"通俗文艺问题""宣传、文学、旧形式的利用""关于'旧瓶装新酒'的创作方法"等问题的座谈会。茅盾的《关于大众文艺》、南桌的《关于"文艺大众化"》、何容的《旧瓶释疑》等,提出了文艺大众化、旧形式利用的问题,充分肯定了文艺大众化的意义,主张批判地利用"旧形式",推动文艺的大众化。因此抗战初期,整个国统区文学的基调是昂扬的、激奋的,表现的是一种英雄主义。这一时期的文学表现出一种偏重纪实性的"报告文学化"现象:抗战初期,作家走向前线,走向大众,或者写起了报告文学,或者写的小说"报告文学化",具有很强的新闻性和纪实性。例如,七月派作家丘东平的《第七连》《我们在那里打了败仗》《我认识了这样的敌人》就真实地将上海"八一三"事变的战斗实况呈现在读者面前。他的这些纪实通讯擅长烘托气氛,但偏于直接的感受、印象,此外,文章的外部的场面和人物内在思想的描摹紧密结合在一起,因此有一种摄人心魄的力量。再如曹白的《这里,生命也在呼吸》《杨可中》《纪念王嘉音》《在敌后穿行》等(其中《这里,生命也在呼吸》深刻揭露了国统区抗日战争的阴暗面,《杨可中》《纪念王嘉音》取自曹白在难民收容所的一段工作生活,《在敌后穿行》来源于曹白参加游击队的真实经历),都集中展现了上海"八一三"战事中上海难民的惨相和不屈精神。

武汉失守之后,抗日战争进入相持阶段,特别是国民党1941年发动皖南事变,掀起了第二次反共高潮,这样的政治形势变化引起了社会心理、时代气氛的巨大转变。人们当初的昂扬激奋心理开始转为沉静,也慢慢认识到了战争的残酷性和取胜的艰巨性。因此,这时的文学作品也就转为沉郁苦闷。这样,作家在苦闷和抑郁中开始了更加深刻的思索,"民族命运"仍然处于前景地位,但"社会"与"个人"也都成为前景中不可或缺的层次。这是文学向多层次思维、全方位观察的一个重要转变。作家一方面面对现实,深入生活,深入揭露阻碍抗战的黑暗势力,剖析民族痼疾,探讨民族文化传统、民族性格的优劣得失,代表作如萧红的《呼兰河传》、老舍的《四世同堂》、曹禺的《北京人》《家》等;一方面转向历史,总结历史经验教训,作为现实的借鉴,由此形成了历史剧创作热潮,代表作如郭沫若的《屈原》。另外,作家们还面向自己,描写在抗日战争中爱国知识分子的苦难历程,由此涌现出了大量以知识分子为题材的文学作品,小说如路翎的《财主底儿女们》、沙汀的《困兽记》、李广田的《引力》、夏衍的《春寒》等,戏剧如夏衍的《法西斯细菌》、宋之的的《雾重庆》、陈白尘的《岁寒图》、袁俊的《万世师表》等,诗歌如艾青的《火把》等。综观这一时期的文学作品,可以看到现代文学既深层深入民族现实与历史土壤,又获得了曾经失去或者部分失去的文学品格,文学内容、美学风格都呈现出了多样化的趋向,显示出了与特定历史时代的沉郁、凝重、博大的风采。与之相适应,这一时期的长篇小说、多幕剧、长篇叙事诗与抒情诗成为重要的文学形式。这是一个奔向解放的时代,民族经历着巨大的痛楚,英雄业绩层出不穷,同时腐朽与新生也正进行激烈的搏杀。面对和处于这个大时代的作家们,悟到只有"大体裁"才足以表现其伟大,才可以更为宽广的历史视角去展示复杂的社会生活变迁。作家们的创作开始从初期的浮面渲染转向深层发掘,试图以小的切入点映现一个大时代的历史动向,这个切入点或者是一个人、几个人的生活历程,或者是一个村落、一条胡同的变迁,如茅盾的《霜叶红似二月花》《锻炼》,巴金的《火》,老舍的《四世同堂》,靳以的《前夕》等作品都具有史诗的内涵。

1944 年 9 月,由于中国共产党提出了"废止一党专政、成立民主联合政府"的议案,国民党统治区的民主运动进行得热火朝天,一直延续到解放战争时期。这时,文学再一次因与民主的密切联系而获得了新的活力。文学的主题与题材主要集中于:诅咒黑暗和否定腐朽的现实政治,以及在新时代到来之前知识分子的自我内省与历史总结。创作也具有鲜明的时代烙印,各类题材、体裁的作品几乎都表现时代大转折时期的紧张、愤激、嘲谑等,但以讽刺为主调。突出的现象是讽刺暴露性的喜剧增多,如丁西林的《三块钱国币》,陈白尘的《乱世男女》《结婚进行曲》《升官图》,宋之的的《群猴》,吴祖光的《捉鬼传》。小说也采用了讽刺手法,充满喜剧性色彩,代表如钱钟书的《围城》,张恨水的《八十一梦》。其他文学体裁采用讽刺手法的诗歌如《马凡陀山歌》(袁水拍)、《宝贝儿》(臧克家)、《追赶时间的人》(杜运燮),还有冯雪峰、聂绀弩的杂文等都具有明显的喜剧性。马克思曾说过:"历史不断前进,经过许多阶段才把陈旧的生活形式送进坟墓,世界历史形式的最后一个阶段就是喜剧。"旧中国即将湮灭,中华人民共和国即将诞生,这时的文学作品表现讽刺性的喜剧主调将更加明显。

值得注意的是,这一时期的国统区文学还表现出了与民间文学、世界文学接近的趋势。在解放区文学的影响下,国统区一部分作家在创作中力求向民族形式与大众化方向发展。另外,介绍、翻译俄国及西方经典文学作品、现代作品的热潮也在国统区展开了,如雨果的《巴黎圣母院》、屠格涅夫的《处女地》、巴尔扎克的《高老头》、司汤达的《红与黑》、托尔斯泰的《战争与和平》等,以及西方现代诗人里尔克、艾略特、艾吕雅、奥登的作品,都陆续被介绍到中国。这一时期的国统区文学作家都从中汲取了有益的养料,促进了小说与诗歌的现代化。

(二)解放区的文学格局

伴随着民族解放战争的炮火,中国共产党领导下的八路军、新四军挺进敌后,建立了陕甘宁、晋察冀、晋绥、晋冀鲁豫、山东、华中、华南等大批抗日民主根据地。中国共产党高度重视文学创作活动,以极大的热情关怀抗战文艺的发展,想方设法为作家们创造接近工农兵、深入第一线的各种方便条件,创造写作和发表的有利条件,并从理论上指导文艺运动健康发展。然而由于以延安为中心的陕甘宁边区深处西北内陆,物质贫乏,文化水平落后,因此,文学创作首先面临的主要任务就是和农民对话,再加上特殊的政治现实,从而使得解放区的文学呈现出民间化、政治化和民族意识、群体意识高涨的趋向。

1936 年 11 月,中国共产党在陕北保安成立了中国文艺协会,毛泽东出席成立大会并讲话,他号召文艺工作者要从文的方面去宣传教育全国民众团结抗日。在毛泽东的号召下,解放区各项文艺活动逐步展开,大批文艺工作者从国统区来到解放区,延安又成立了陕甘宁边区协会,开展各项抗战文艺活动。其中,最先出现的是红色歌谣、群众性歌咏活动。同时这一时期,解放区的戏曲也十分活跃,从小型的街头剧、秧歌剧到舞台剧,到 20 世纪 40 年代形成演大戏、洋戏的热潮。曹禺的《日出》《雷雨》,果戈里的《钦差大臣》,莫里哀的《伪君子》,包歌廷的《带枪的人》陆续被搬上舞台。这让延安最早接触到最高水平的艺术成果。在诗歌的创作上,出现了革命诗歌创作和街头诗运动,并多次掀起高潮。此外,各类文艺社团组织、报纸、期刊如雨后春笋出现在各解放区。

解放区文学是一种崭新的文学现象,它对作品题材、主题以及人物描写方面的处理都有着鲜明的特点。作家们很少甚至不再写知识分子个人的情感生活,也很少对现实生活矛盾和黑暗进行揭露,多是对新社会新制度的赞美,描绘人民群众的斗争生活,人物主要是工农兵,主角通常是翻身解放了的"新人"。简而言之,解放区文学主要集中于写阶级斗争、劳动生产,表现新的生活形态风貌,具有很强的现实性、政治性、政策性,这是文学史上独有的。

解放区文学还自觉地探求文学的民族化、大众化。因解放区读者的主体是农民,作家在创作中也只能将目光转向农民,表现农民的思想、心理、命运,并与之进行有效的沟通,这也就要求作家用农民喜闻乐见的传统的民间文艺形式进行创作。于是,解放区文学出现了一些新的文体,如新评书体小说、新章回体小说、民歌体叙事诗、新歌剧等。其中,新章回体小说摒弃了旧章回小说的一些俗套,融进了一些有利于表现现代人思想感情的新手法与格式,这方面做得比较成功的作家是赵树理。他的小说创作就吸收了章回体小说、评书等传统形式的某些因素,但又采用了新文学小说创作的某些新的手法,并对北方农民口语进行了文学化的处理,使得自己的作品既充满了乡土气息,深受读者农民的喜爱,又使小说艺术格式得到了新发展。同样,民歌体叙事诗在解放区也盛行一时,它注意对民间形式的革新,在现代诗歌发展中可谓独树一帜。例如,阮章竞的《漳河水》既吸收了许多民间小调的手法、句式,又保持新诗的基本特点,使其更富有艺术表现力。新歌剧的表现更为突出,它运用民间艺术形式最成功。例如,《白毛女》(贺敬之、丁毅执笔)、《赤叶河》(阮章竞)等,既对秧歌和地方戏曲的调式与唱法进行了吸收,又融进了西洋歌剧的结构、框架及以唱为主等基本形式,由此成为一种全新的歌剧品种。新歌剧使西方的高雅艺术形式"中国化",又深得农民的喜爱。可以说,解放区作家们以前所未有的热情在认真体味研究中国农民的思想、情感、心理与审美情趣,刻苦发掘钻研民族文艺和传统民间艺术形式,力图创造出为农民所喜闻乐见的艺术形式,去充分反映与表达农民的生活、命运与思想、情感。

随着延安文艺座谈会的召开,解放区文艺运动进入后期阶段。延安文艺座谈会召开于1942 年 5 月,正是抗日战争进入最艰苦的相持阶段。当时抗日民主根据地的文艺运动主流是好的,但作家队伍的思想面貌、文艺思想也存在一些问题。其中的关键问题,就是知识分子出身的文艺工作者能否与工农兵相结合。还有少数作家,在极端困苦的考验下,暴露了不少小知识分子固有的弱点,发表了一些不利于抗战、不利于根据地的言论和作品。为了总结经验教训,克服错误观点,使文艺对抗日战争给予更大的帮助,1942 年 5 月 2 日至 23 日,针对当时延安地区文艺工作的状况,中共中央在党内整风的基础上,召开了延安文艺工作座谈会,进行文艺整风。座谈会当天毛泽东首先作了"引言"讲话,经过作家们 3 次全体会议的讨论,毛泽东作了"结论"讲话。"引言"与"结论"合称,就是著名的《在延安文艺座谈会上的讲话》(以下简称

《讲话》）。毛泽东在《讲话》中对新文化运动以来解放区文艺的发展作了系统的、科学的总结，澄清了困扰革命文艺发展的几个主要问题，明确了文艺发展的基本问题，为解放区文学的健康发展和以后新的社会主义文艺建设指明了方向。在文艺座谈会召开的同时，文艺界随着延安整风运动开展了以反对宗派主义、反对主观主义、反对党八股为宗旨的整风运动。

延安文艺座谈会结束后，中共中央组织部、中央文委和各边区政府为贯彻《讲话》的精神，开展了文艺整风运动。随着文艺整风运动和毛泽东《讲话》的发表、贯彻、实行，1942年之后的抗日民主根据地、解放区文学面貌发生了显著的、深刻的变化，展现了前所未有的新风貌和新气象。

首先，解放区的群众文艺创作活动蓬勃开展。在农村，新诗歌、民间曲艺、剪纸、壁画、雕塑，呈现出新面貌，内容大多紧密配合中心工作；在部队，提倡"兵演兵，兵写兵，兵画兵"，文艺创作以戏剧、快板诗、枪杆诗最为普遍；在工厂，逐步组织了群众性的工人业余剧团和文艺小组，写诗歌，出墙报，参加演出，内容或控诉旧社会所受的压迫和剥削的痛苦，或赞美中华人民共和国成立后当家做主的自由、幸福，或歌颂党和领袖，或表示建设新生活的决心。

其次，专业作家与群众文艺相结合，民族化、大众化成为文学的基本特征。广大专业文艺工作者走向社会，深入到工农兵中去，创作出了一系列崭新的文学作品。民族斗争、阶级斗争和劳动生产成为作品的基本主题，工农兵成为作品的主人公，人民群众所喜闻乐见的具有中国作风和中国气派的艺术形式受到重视并加以运用，注意尊重群众的审美心理习惯，形成了乐观、明朗、朴素的审美品格。

最后，在《讲话》精神指导下，解放区的文艺创作有了很大发展，诗歌、小说、戏剧创作都取得了突出的成绩。

在诗歌方面，解放区诗歌创作的最大收获是出现了一些反映新旧两个时代巨大变化的民歌体新诗。民歌体叙事诗是20世纪40年代后半期在解放区成熟起来的新体诗歌。主要是指在延安文艺整风以后，许多作家在农村大量搜集和整理民歌，积极挖掘并吸收我国民间诗歌的艺术营养，在此基础上开创的诗歌新风，后被称为"民歌体叙事诗"。主要成就体现在长篇叙事诗的创作上，代表作有李季的《王贵与李香香》、阮章竞的《漳河水》、田间的《赶车传》、李冰的《赵巧儿》等。这类诗歌采用陕北民歌"信天游"等形式和大量比兴手法，达到了内容和形式的和谐统一。

在小说方面，解放区的小说创作在反映农村生活和创造民族化、大众化的形式方面也取得了举世瞩目的成就，广大作家有意识地吸取民间文学的营养，创造出了新评书体小说、新章回体小说、新闻体小说等新的文体样式，丰富和发展了新文学的艺术形式。

新评书体小说是20世纪40年代，解放区赵树理针对农民群众的欣赏习惯和接受水平，汲取以说唱文学为基础的中国传统小说特长创造的一种新型的评书体小说形式。这类小说，在结构上，情节连贯，故事性强，结构严谨，首尾照应；在人物描写方面，继承了中国古典小说的传统方法，通过人物自身的行动及语言刻画性格，少有精致的景物和心理描写；在语言方面，朴实生动，幽默风趣，表现力强，真正做到了语言的大众化。代表作有短篇小说《小二黑结婚》《李有才板话》，长篇小说《李家庄的变迁》等。新评书体为中国现代小说的通俗化、大众化提供了艺术经验。

新章回体小说又称新英雄传奇小说，是20世纪40年代解放区涌现出的长篇小说样式。

这类小说内容多是描写敌后农村武装斗争,既展现了新一代农民英雄的斗争事迹,又讴歌了他们纯真美好的爱情。故事情节曲折动人,人物带有传奇色彩。采用传统章回体小说样式,语言朴实、通俗易懂。产生较大影响的代表作家作品有袁静、孔厥合著的《新儿女英雄传》,马烽、西戎合著的《吕梁英雄传》,柯蓝著的《洋铁通的故事》等。

新闻体小说,又称报告小说,是20世纪40年代后半期解放区小说的一种形式,主要代表作家是刘白羽。刘白羽本人是新闻记者,写作报告文学,也创作以部队生活为题材的小说,代表作有短篇小说《政治委员》《无敌三勇士》和中篇小说《火光在前》等。这类小说具有明显的新闻性和纪实性,在艺术上和报告文学互相渗透,具有介于小说和新闻报道两种体裁之间的某些特性,是一种适合迅速发展的战争环境的小说样式。

在戏剧方面,解放区先后掀起了新秧歌运动、新歌剧运动和旧剧改革运动。

新秧歌运动是指延安文艺座谈会后,各抗日民主根据地的文艺工作者和广大群众共同创作的大批新型秧歌及其演出盛况。他们改革秧歌戏的音乐、表演、装扮,将流行于边区的旧秧歌形式和民歌曲调创造性地结合起来,编演融戏剧、音乐、舞蹈于一炉的小型广场歌舞剧,用以表现群众参加生产学习及对敌斗争的场面,如《兄妹开荒》《红布条》《牛永贵挂彩》《惯匪周子山》等。这种新秧歌既有鲜明的政治色彩又受到老百姓的热烈欢迎,因而促进了文艺与工农兵的结合,为文艺大众化开拓了新路。新秧歌运动是文艺工作者面向群众,向工农兵普及的艺术实践,是《讲话》精神在文艺上显示出的最初成绩。新秧歌运动的发展不仅创造出了一种新的戏剧形式——新歌剧,而且推动了秧歌戏等民间小戏的革新与发展。

新歌剧运动是新秧歌运动深入发展的结果。新歌剧是指解放区文艺工作者在吸取秧歌戏长处的基础上,既吸收西洋歌剧和传统戏曲的有益成分,又借鉴其他地方剧种和民间艺术的表现手法,加以融会贯通,创造出的民族新型歌剧,代表作有《白毛女》《王秀鸾》《刘胡兰》《赤叶河》等。这种新型歌剧的创作丰富多样,一些出色的作品多以农村妇女为主人公,表现她们从不幸走向解放的战斗历程。其中,成就最高的是"鲁艺"集体创作,由贺敬之、丁毅执笔的新歌剧《白毛女》,它在中国新歌剧的发展史上具有里程碑的意义。《白毛女》取材于晋察冀边区的民间传说,在秧歌剧基础上,吸收民族戏曲和民歌的曲调,采用北方农民朴素生动的口语,形成了鲜明的民族风格和民族气派。

旧剧改革运动也是新秧歌运动深入发展的结果。在毛泽东"推陈出新"工作方针指导下,解放区文艺工作者在改革旧民间秧歌的同时,也对传统戏曲进行改造。具体包括两种:一是运用历史唯物主义观点重新估价历史人物、事件,改编传统剧目,创作的新编历史剧;二是改造、利用旧形式创作具有崭新内容的现代戏。改革旧剧取得较高成就和较大影响的是京剧和秦腔。京剧改革的代表作有《逼上梁山》《三打祝家庄》;秦腔改革的代表作有《血泪仇》等。

(三)沦陷区的文学格局

沦陷区文学是抗战文学的重要组成部分之一。从大的范围划分,它包括1931年"九一八事变"以后的东北沦陷区文学,1937年"七七事变"以后的华北沦陷区文学,1941年12月太平洋战争爆发上海孤岛文学结束后的华东、华南沦陷区文学。从整体看,它由汉奸文学、消闲文学、进步文学和抗战文学等成分构成。

1.汉奸文学

日本侵略者在沦陷区不仅从政治上扶持汪伪傀儡政权,在文学上也扶持豢养一批汉奸文人,大肆鼓吹所谓"大东亚文学"与"和平文学",但这些汉奸文学虽然充斥在各种报刊上,却受到广大读者的冷落与鄙视和抵制。

2.市民文学

在沦陷区,战争带来了一系列的灾难,加重了人们的危机感和幻灭感。家园沦陷,人们旧有的都市形态与感伤、虚无、失败的情绪纠结在一处,从而使读者产生了两种审美心理:首先,战争催发了读者对英雄的渴望与期待,所以颂扬民族英雄的抗战文学成为时代主流;其次,战争给人们带来的生存压力和生命威胁,使下层民众陷入对世俗生活的流连和迷恋之中,人们试图在对世俗生活的体验中,消解对未来的恐惧。民族危机唤起了作家们的民族感情,民族救亡成为最高律令。写作也成为沦陷区作者的一种生存方式,或者说,"写作对于沦陷区作家具有'解决精神的饥渴与谋生的物质需求'的双重意义,作家也就徘徊于'内在精神追求'与'市场的需求'之间,艰难地寻求二者的契合点,因为二者的矛盾陷于深刻的困惑之中"。在这种背景中人们自然而然就会重新关注在太平岁月那些往往被忽视、遗忘的生活碎片。可见在危机之后对日常生活的重新发现,应是主导沦陷区市民阅读心态的重要因素。

3.抗战文学

东北沦陷区文学历时最长,是全国抗战文学的先导。东北沦陷初期,一批进步作家以哈尔滨为活动中心,以长春《大同报·夜哨》、哈尔滨《国际协报·文艺》等副刊为主要阵地,发表创作和翻译作品,揭露殖民地的黑暗,表现人民的苦难生活,讴歌抗争精神。

4.乡土文学

1937年"七七事变"后,在种种禁锢之下,东北沦陷区文学陷于困境,一些作家在夹缝中进行艰苦的挣扎,坚守着文学的阵地,他们在沈阳、旅顺等地开展新的文学活动,突出的现象是"乡土文学"的倡导。东北沦陷区的"乡土文学"揭示沦陷区人民真实的生存困境与不屈不挠的民族生存意志,反思民族危难的内在根源,带有浓重的乡思乡愁。其中,梁山丁的短篇小说集《山风》和长篇小说《绿色的谷》、王秋莹的长篇小说《河流的底层》、疑迟的短篇小说《雪岭之祭》较有影响。

5.进步文学

华东、华中、华南沦陷区1940年后处于汪伪政权的统治下,其文学中心主要在上海。上海"孤岛"沦陷后,一些未曾撤离的"地下的进步文艺工作者大都能坚持岗位,以各种方式,与敌伪斗争"(茅盾《在反动派压迫下斗争和发展的革命文艺》)。从1942年到1944年,爱国的和进步的文艺工作者创办了近20种纯文艺和综合性刊物,其中,最有影响的是柯灵接编和改造的"鸳鸯蝴蝶派"刊物《万象》,它曾被人誉为"在敌伪统治下,上海文坛群丑猖獗,进步文学完全窒息时期,艰苦地支持了狂海中的独木舟"。该刊发表了大量面对现实的优秀作品,成为爱国和进步作家的"堡垒掩体",王统照、师陀、徐调孚、楼适夷、傅雷等作家都曾在此刊物上发表过作品。

第四节　文艺工作的转折与文学创作的复兴

20世纪四五十年代之交,中国社会发生急剧变革。两次大战之后世界范围两大阵营对立的"冷战"格局,以及中国在20世纪40年代后期内战导致的政权更迭,是这期间发生的重大历史事件。社会政治的变革,自然并不一定导致文学内在形态的重大变化。但是,在一个文学与社会政治的关系密不可分,而文学对于政治的工具性地位的主张又支配着文学界的情况下,20世纪四五十年代之交的社会转折,影响、推动了中国文学的构成因素及它们之间关系的剧烈错动,导致了文艺工作的转折。期间,由于政治因素的影响,文学创作成为政治宣传的工具,文学性大幅度下降。在经历了曲折的发展后,到了20世纪80年代,随着"拨乱反正"工作的持续推进,中国文学创作逐渐开始复兴。

一、激进文艺思潮的传播与中国艺术的凋零

虽然"五四"文学和左翼文学都对文学的政治功利性非常重视,但直到1942年的延安整风运动和文艺座谈会后,由毛泽东的《讲话》规定的文艺为工农兵服务、为无产阶级政治服务的方向才成为文学发展的总纲领、总方针。也就是说,只有在党的领导和政权保障下,新文艺的方向问题才可能得到真正的解决,并实现为一种广泛的运动,这也成为中华人民共和国成立以后一段时间内文艺工作者始终坚持的文学目标。

毛泽东在《讲话》中明确肯定了"无产阶级的革命的功利主义",并切合实际对它进行了具体阐释:"使文艺很好地成为整个革命机器的一个组成部分,作为团结人民、教育人民、打击敌人、消灭敌人的有力的武器。"在社会主义革命和社会主义建设的时代,这种政治功利性要求文艺用社会主义的思想感情去教育、改造全体劳动人民,培养他们的共产主义道德品质,鼓舞他们为完成各个时期的政治任务而斗争,同时还要与残余的封建主义和帝国主义、资本主义的思想影响作斗争,批判各种抵抗社会主义改造的思想意识。这种政治功利性从马列主义、毛泽东思想的哲学基础到具体的政治政策水平,连成"人民性—阶级性—政治性—党性"四位一体的思想链,把文学的思想表达、题材的选择范围牢牢锁定。

也因为如此,这一时期的文学创作,不论是散文、诗歌,还是小说、戏剧,都将旨归确定为正确有力地传达权威意识形态。因此,中国共产党领导中国革命的光荣历史、党在各个历史阶段的大政方针和基本政策、国家政治经济文化领域的一系列运动等,都以符合权威阐释的形象在文学的历史镜像中得到了反映。具体来说,历史题材必须对阶级斗争和暴力革命进行表现,并且从自发的农民起义到中国共产党领导的革命斗争都要说明这样一个原理——阶级斗争是阶级社会历史发展的动力,进而对中国共产党和国家政权的正义性、合法性进行说明;现实题材要立足于歌颂,赞颂党的政策的合理性和社会主义的优越性,同时要着力对生活中新旧力量的矛盾斗争进行表现,对人民进行共产主义教育。1962年9月,毛泽东在中共八届十中全会上

提出"千万不要忘记阶级斗争",并指出"利用小说进行反党活动,是一大发明"。从 1963 年开始,在哲学、史学、经济学、文学艺术等领域开展全面的批判运动。1964 年,文艺界再度整风,狠抓意识形态领域里的阶级斗争,批判修正主义、抵制帝国主义和平演变阴谋和防止资本主义复辟。1965 年 11 月,上海《文汇报》刊登了姚文元的文章《评新编历史剧〈海瑞罢官〉》,预示一场更大的政治风暴即将来临。

二、新时期文艺的复苏与繁荣

1979 年 10 月 30 日召开的第四次全国文艺工作者代表大会,标志着文艺界的全面"解冻"。会议重申了双百方针,指出:"艺术创作上提倡不同形式和风格的自由发展,在艺术理论上提倡不同观点和学派的自由讨论。"大会由邓小平作祝词,强调了党要按照文艺的根本规律去领导文艺。他指出,"党对文艺工作的领导,不是发号施令,不是要求文学艺术从属于临时的、具体的、直接的政治任务,而是根据文学艺术的特征和发展规律,帮助文艺工作者获得条件来不断繁荣文学艺术事业","作家写什么和怎么写,只能由文艺家在艺术实践中去探索和逐步求得解决","不要横加干涉",要抛弃衙门作风,废止行政命令;"艺术创作上提倡不同形式和风格的自由发展,在艺术理论上提倡不同观点和学派的自由讨论"。邓小平的这些观点有着相当强的现实针对性,对进入新时期的中国文学,起到了积极的推动作用。

第四次文代会后,随着文艺界拨乱反正和思想解放运动的逐步发展,党的文艺方针政策得到深入贯彻,文艺园地开始复苏并逐渐走向繁荣,主要表现在以下几方面。

(一)文艺思想讨论活跃,积极探索文艺的新观念

在揭批"四人帮"的文化专制主义及其文艺思想体系的同时,广大文艺工作者解放思想,大胆探索,对"文革"前的一些文艺思想、文艺观念进行了深刻反思和再认识,先后对文艺与政治关系问题、现实主义问题、文学中人道主义问题、歌颂与暴露问题、借鉴西方现代派艺术问题等,进行了广泛的讨论,提出了许多新的文艺观念和新的文艺见解。这些在新时期初期开展的讨论,具有问题多、时间长、参加者众多的特点;讨论使人们在一些根本问题上提高了认识,统一了思想,形成了共识,从而有效地保证了新时期文艺健康正常的发展。

(二)文艺创作日趋繁荣

新时期以来,作家们勇于探索,大胆创新,在题材上,广大作家们不断突破极"左"思想设置的重重禁区,将笔触伸向社会的各个角落,反映复杂的社会生活,出现了伤痕文学、反思文学、改革文学等多种文学创作潮流。最早隐隐显露这种复苏、繁荣景象的是:1977 年第 9 期《人民戏剧》发表白桦的话剧剧本《曙光》,1977 年第 11 期《人民文学》发表刘心武的短篇小说《班主任》,1978 年第 1 期《人民文学》发表徐迟的报告文学《哥德巴赫猜想》。《曙光》借助一段中国共产党党史,首先揭示了人们对极"左"路线的憎恨;《班主任》通过宋宝琦、谢惠敏两个中学生形象的愚昧无知,写出了"文革"十年封建文化专制主义对一代青年造成的精神戕害;《哥德巴赫猜想》则直接为知识分子在"文革"的遭遇鸣不平,正面表达了对知识和知识分子的尊重。因这三部作品预示了中国当代文学新的精神走向,后来被当代文学史称为"三只报春的燕子"。

新时期初期的文学创作,在创作方法上,以现实主义为主,同时吸收了象征主义、意识流、荒诞派等现代主义手法,开始了创作方法的多元发展和广泛探索。几年来,发表和出版的文学作品,其数量、质量以及所产生的社会影响在当代文学史上都是前所未有的。仅 1976 年 10 月至 1982 年 9 月,6 年中发表和出版的中篇小说达 1500 篇,长篇小说达 500 多部。中国作协从 1978 年至 1984 年先后举办了 7 届全国优秀短篇小说评奖活动,获奖作品共 150 余篇。中篇小说、诗歌、报告文学、戏剧以及全国少数民族文学也都有许多优秀作品获奖。不断进行的文学评奖活动既反映出了新时期初期文学创作的兴盛,也反映出了新时期初期文学创作的新水平。

（三）作家队伍空前壮大

一大批 20 世纪 50 年代起,因种种政治和文艺批判运动而被迫搁笔的"归来作家",重新执笔,为新时期文学的发展,特别是为"五四"新文学传统的复归,做出了突出的贡献。他们中既有从"五四"新文学运动走过来的冰心、巴金、艾青、杨绛、萧乾、柯灵等老作家,也有 20 世纪 40 年代就曾活跃于诗坛的"七月诗派""九叶诗派"等老诗人,还有王蒙、刘绍棠、从维熙、邓友梅、刘宾雁、陆文夫、张贤亮、李国文等 1957 年被打成"右派"的一批中年作家。20 世纪 70 年代后期和 80 年初期涌现出的,像刘心武、蒋子龙、张洁等一批新作家,因其数量大,又富有生活积累和探索精神而成为文坛的重要力量。几代人共同创作,形成了文学创作的新局面。

三、现实主义文学思潮的复归与发展

新时期文学的发展过程,堪称新潮迭起,千变万化,纷纭多端,难以全面地进行整合;但如果从文学思潮变化的角度仍然可以作出这样的概括:一方面是现实主义的复归、深化、拓展和转化,另一方面是现代主义、后现代主义的引进、借鉴、融合与创新。和当代文学前 30 年现实主义美学形态单一化的状况相比,新时期是一个多元美学形态并存竞荣的时代,美学原则、文学形态的多元并存,争奇斗艳,正是文艺繁荣的标志。

进入新时期,以 1976 年"天安门诗歌运动"为先导,特别是 1978 年底召开的党的十一届三中全会,确立了"解放思想,实事求是"的思想路线,文艺界彻底摆脱了极"左"思潮的束缚,现实主义的传统得以复归与发扬。

最初体现现实主义传统复归与发扬的是"伤痕文学"。1977 年后,一批表现十年浩劫中的苦难、抗争和各种人物悲剧命运的作品大量涌现,引起了人们的强烈共鸣。人们将这种文学现象称之为"伤痕文学"。它以刘心武的《班主任》为先声,以卢新华的《伤痕》命名,以周克芹的《许茂和他的女儿们》等为代表。"伤痕文学"标志着现实主义的恢复与启蒙新话语的新时期的诞生。新时期文学艺术的进步,又是以不断拓展和深入的反思方式进行的,反思的中心是"人"。选择人性这一视角来强化对封建遗存的批判意识,这在新时期文学伊始是颇为自觉的,这一自觉源于三个方面:其一是"文革"中的专制主义与中国古代封建文化在本质上具有明显的对应性;其二是文学对"文革"悲剧历史的反思的结果;其三得力于"五四"以来新文学历史存在的无形昭示。

1978 年 8 月,上海《文汇报》刊发的短篇小说《伤痕》在读者中引起轰动。接着,以揭发"文革"造成的肉体、灵魂伤害为主旨的作品大量涌现;"伤痕文学"的称谓,正与这些作品的出现相关。表现"伤痕"作品的主要内容,可以大致区分为两个方面。一是写知识分子、国家官员受到的迫害,他们的受辱和抗争。一是写知青的命运:以高昂的热情和献身的决心投入这场革命,却成为献身目标的"牺牲品"。"伤痕文学"的主要作品,除了《班主任》《伤痕》外,还有《神圣的使命》(王亚平)、《高洁的青松》(王宗汉)、《灵魂的搏斗》(吴强)、《献身》(陆文夫)、《姻缘》(孔捷生)、《我应该怎么办》(陈国凯)、《从森林来的孩子》(张洁)、《醒来吧,弟弟》(刘心武)、《记忆》(张弦)、《铺花的歧路》(冯骥才)、《大墙下的红玉兰》(从维熙)、《重逢》(金河)、《枫》(郑义)、《一个冬天的童话》(遇罗锦)、《生活的路》(竹林)、《罗浮山血泪祭》(中杰英)、《天云山传奇》(鲁彦周)、《许茂和他的女儿们》(周克芹)、《血色黄昏》(老鬼)、《邢老汉和狗的故事》(张贤亮)等。

这些不同的作品还引发了诸如悲剧问题、题材问题、爱情观问题、歌颂与暴露、人性与人情以及人道主义如何表现等方面的争论。对这些作品的争论都涉及了现实主义的核心:如生活事实与生活真实、生活本质、写真实与写本质、生活真实与艺术真实、真实性与倾向性等。以上这些讨论,为新时期文学向现实主义回归探索了道路,初步廓清了新中国成立以来关于现实主义的一系列似是而非的观念,对以真实性为核心的现实主义在辨析中达成了共识,从而确立了新时期文艺复苏的导向。

伤痕文学作品的共同主题,就是以悲怆的呐喊和痛苦的回忆,揭露"四人帮"的罪恶,描写十年动乱带给人们精神和心灵上的创伤。由于这些作品触动了大多数人的心灵,因此常有这样的情况:一篇作品刚一问世,马上引起全国性轰动,男女老少都为之叹息唏嘘,作品里的故事和人物走进了千家万户。一个时代的文学能够这样和广大人民的思想和感情紧密结合,能够在这么短的时间里牵动整个国家民族创伤的灵魂,这在古今中外的文学史上是不多见的。从这一点看,伤痕文学的兴起和发展,是时代的需要,历史的必然,是当时的社会心态和社会情绪的真实体现。此外,伤痕文学这种诉苦式的揭露和批评,实际上也是一种伤痕愈合的方式或途径,通过倾诉,人们的怨愤得到了一定的平衡,心灵也得到一定的安慰,而人们也在这种共同的情感诉苦中,完成了对一个"新的"国家、新的时代的想象,为国家的重建奠定了基础。

应该看到,伤痕文学的历史局限性在于它的感情宣泄是无法代替对历史的理性分析,从而无法真正对"文化大革命"悲剧进行深入分析。这也是后来反思文学出现的必然原因。几乎没有作家能从自身出发,反思自己和"文化大革命"的更加复杂的关系,更没有忏悔,有的也只是后来回忆时的忏悔,比如巴金的《随想录》。

伤痕文学重政治而轻艺术也是后来人对其所不满的另一个方面。由此而带来的一个重要问题,就是创作主体和艺术的独立性问题。如果作家在政治的指导下创作,那么作家的创作独立性显然也就大打折扣了,而这样的作家所创作出来的作品的艺术独立性,显然也就成问题了。比如刘心武的《班主任》,就有人批评其仍然属于"文化大革命"文学模式,是政策指导下的产物。作家在创作时经常考虑这些外在的政治内容,忽视作家内心的因素,这样的作品很难具有高度的审美价值,因为随着社会问题的解决或社会矛盾中心的转移,作品本身及其中塑造的形象也会随之逐渐失去原先的光泽。而且还导致文学作品的公式化、概念化、雷同化。

随着描写心灵创伤,揭示人生悲剧的伤痕文学创作的逐步深入,"反思文学"随之而起。当人们在经历了对苦难的大肆控诉之后,在情绪慢慢平静下来之后,便开始对过去和自我进行深入思考,推动了反思文学的兴起。反思文学的出现,标志着人们已经从痛苦的呐喊中平静了下来,痛定思痛,从比较理性的角度为曾经出现的历史灾难寻找原因了。人道主义话题与文学实践的历史反思的相互依托与促动,导致从人性、人情到人道主义理论的深化,并由文学领域迅速波及整个人文学科,形成新时期强大的人学思潮。围绕什么是人性、人性与阶级性的关系、什么是人道主义、人道主义的历史地位和现实意义、"人"在马克思主义学说中的地位、马克思主义与人道主义的关系、是否存在"人的社会主义异化"等重大问题,展开了大规模深入的讨论。由感性的控诉到理性的分析,正是伤痕文学走向反思文学的逻辑必然。

文学界普遍认为,1979 年第 2 期《人民文学》发表了茹志鹃的《剪辑错了的故事》之后,反思文学就出现了。1979 年和 1980 年是反思文学的高潮期。1981 年和 1982 年反思文学走向了深化后,化为一股写作潮流也就逐渐平息了。在反思文学兴起的时期,中国文坛上出现了大量优秀的作品,如刘真的《黑旗》,鲁彦周的《天云山传奇》,张弦的《记忆》《被爱情遗忘的角落》,高晓声的《李顺大造屋》,王蒙的《布礼》《蝴蝶》,李国文的《月食》《冬天里的春天》,张一弓的《犯人李铜钟的故事》《张铁匠的罗曼史》,谌容的《人到中年》,古华的《芙蓉镇》,戴厚英的《人啊,人!》。

反思文学反思历史责任的同时关注个体,从受害者自身责任去反思历史苦难的原因,而不是单纯地把伤痕的责任完全推给历史、推给政治。这对我们立体地观照和理解历史具有重要意义。比如在"文化大革命"中,农民遭受的灾难是深重的,但在这灾难中,农民作为一个集体,由于其本身的劣根性,似乎也应当"负一点责任",这是高晓声在其农民题材的系列小说中所试图揭示的。

韦君宜的《洗礼》更为清楚地展现了特定历史时期不同人的不同道路,通过对比我们更能真切地感受到历史悲剧中个人的作用。这篇小说塑造了三种(类)人,在这三类人物中,王辉凡算是经历苦痛而找到了自我,重新主持正义;刘丽文是坚持了自我,坚持了正确的方向;而贾漪则是非正常时代的典型代表,根本就没有自我。这三类人可以说是那个是非正常年代的典型代表,从这里我们就可以看出,相同年代中同样有不同的人生选择,个体在历史的悲剧中是不能推脱责任的。

竹林的《生活的路》,作者就没有把主人公娟娟的悲剧命运全部归咎于历史和社会,而是将其置于历史与自身的双重作用之下来考察,指出造成主人公悲剧命运的因素不仅源自于历史,还有她个人意志上的脆弱。

反思文学在从政治角度揭露造成伤痕的历史渊源的同时,也在积极呼唤被历史所压抑了的情感,表现出对人性、人情、人道主义的关注,对人的生命、生存价值的关注。比如,《人啊,人!》想通过一代知识分子的苦难历程,来揭示人性应该得到保护,人格理当受到尊重的社会主题。小说把曾经被破坏了的人与人之间的关系和心灵,重新认识和组合,而且是以"人"的方式去认识和组合。在小说中,有一些关于这方面的理性讨论。比如关于"有没有无产阶级的人道主义"的问题。张笑天的《离离原上草》,故事讲述的是原黄伯韬兵团的中将军长申公秋在淮海战役受伤后,在凤凰庄农村妇女杜玉凤家养伤,与同是在他家养伤的解放军女兵苏岩邂逅,两人以枪相向,子弹被杜玉凤挡住。在农村妇女杜玉凤的人性魅力和人道精神的感召下,两人由一对仇敌而尽释前嫌,化干戈为玉帛。江雷的《女俘》也是表现那种超越政治和阶级的人性的作品。

在反思文学继续发展之际,社会上各方面的改革之声如潮汹涌,于是,"改革文学"自 1979

年夏蒋子龙的短篇小说《乔厂长上任记》的脱颖而出,"改革文学"开始了它的发轫期。尤其是1982年中共十二大召开以后,农村实行联产承包责任制,城市改革也逐渐加快,促成了1983年起"改革文学"的涌现。许多作家不但正面描写了改革的艰辛与困境,而且力图表现改革给文化生活各方面带来的变化,包括思想观念、伦理道德、民族心理等方面的变化。《乔厂长上任记》就是这样一部典型的"改革文学"作品,其塑造的乔厂长形象,正应和了变革时代的人们渴望雷厉风行的"英雄"的社会心理,一时间引起了读者和批评家们的盛情赞扬。之后的改革小说中,便出现了一个与"乔厂长"有血缘关系的"开拓者家族"的人物系列,如《陈奂生上城》(高晓声)、《改革者》(张锲)、《跋涉者》(焦祖尧)、《祸起萧墙》(水运宪)、《三千万》(柯云路)等。至1981年底张洁的长篇小说《沉重的翅膀》问世,"改革文学"进入了第二阶段,剖示了改革进程的繁难与艰辛,透射出政治经济体制改革所带来的社会结构的整体变化,特别是思想、道德和伦理观念的变化,路遥的中篇小说《人生》为其代表。

"改革文学"所塑造的人物形象有三大类型:其一是改革中出现的英雄。这一类人物以乔光朴(《乔厂长上任记》)等为代表,属于作者正面塑造的英雄人物形象。乔光朴上任伊始,便雷厉风行、大刀阔斧地对其所在的工厂进行了改革,尽管改革的过程十分艰难、阻力十分大,但他不畏艰难、勇往直前,显示了改革初期中国企业家的英雄本色。其二是改革中出现的败类。这一类人物以李小璋(《假如我是真的》)等为代表,属于作者所关注与揭示的严重社会问题的制造者。这些人物利用社会变动之机,弄虚作假、蒙骗群众,他们是社会的蛀虫,是改革大潮中的绊脚石。其三是改革中普通的农民。这一类人物以陈奂生(《陈奂生上城》)、韩玄子(《腊月·正月》)、黄志亮、黄秀川(《鲁班的子孙》)、高加林(《人生》)等为代表。他们或者乘着改革的东风改变命运,或者在改革大潮中止步不前,患得患失,或者为了一己私利伤害他人,大多数人都暴露出了农民身上许多固有的人性弱点。总之,"改革文学"非常真实地表现了中国大地在变革过程中人的灵魂的搏斗及本身的生存状态。与"伤痕文学"及"反思文学"相比,"改革文学"更加注重人物内在精神的挖掘,呈现了生活容量大、社会现实感强的明显特点。作为继"伤痕文学""反思文学"之后的又一个现实主义文艺思潮,"从根本上讲,它恢复的是"五四"新文学的现实主义传统,弘扬的是"五四"新文学的现实战斗精神,紧张地批判社会现状,热忱地干预当代生活的战争态度。""改革文学"作为我国历史变革时期的一面镜子,在照出五颜六色的、交织着美与丑、新与旧、先进与落后、革新与保守的种种矛盾的同时,扩展了艺术视野,丰富了人物画廊,同时也进行了多层次、多方位的艺术创新,这种创新启示了以后的文学改革和创作。沿着探索与创新这一思路,中国当代文学在1985年之后,进入了一个精彩纷呈的新时期。

在新时期文学掀起痛诉"伤痕","反思"历史,呼喊"改革"的创作潮流中,围绕着每一次创作潮流出现的新作品,文艺界还开展了关于现实主义的"真实性"等各方面问题的讨论。例如,20世纪70年代末,围绕着卢新华的《伤痕》、达理的《失去了的爱情》、郑义的《枫》、陈国凯的《我应该怎么办?》、孔捷生的《在小河那边》、金河的《重逢》、从维熙的《大墙下的红玉兰》、徐明旭的《调动》、刘克的《飞天》、叶文福的《将军,不能这样做》、蒋子龙的《乔厂长上任记》(1979年)等作品。20世纪80年代初,围绕着沙叶新等人的话剧《假如我是真的》、王靖的电影剧本《在社会的档案里》、李克威的电影剧本《女贼》等,引发了关于悲剧与题材、歌颂与暴露、真实性与倾向性、生活真实与艺术真实、写真实与写本质等现实主义核心问题的讨论。这些讨论和论争表明人们对现实主义的复归与深化持有不同的意见,但通过讨论初步廓清了新中国成立以来关于现实主义的一系列似是而非的观念,促使人们进一步解放思想,转变观念,从而有力地捍卫了现实主义创作原则,促进了现实主义走向开放的体系。

20世纪80年代中期,新时期文学在经历了"伤痕文学""反思文学"和"改革文学"浪潮之后,基本结束了现实主义复归与深化期,开始步入现实主义的拓展与转化期。一方面,保持和发扬真实地反映生活、注重细节的真实、塑造典型环境中的典型性格、典型情绪、典型意念等原有的审美特征,同时又注意吸收其他思潮,尤其国外思潮流派之长,兼收并蓄,兼容并包,形成"开放的现实主义",其具体标志,就是出现了"寻根文学""纪实文学""新写实小说"等创作热潮,促成了现实主义自身由"传统"向"现代"的转化。

寻根文学,是1985年以来我国当代文学领域内出现的有理论主张、有创作实践、有代表人物和代表作品的文学思潮,目的在于"文学寻根"。在20世纪80年代中期的,"寻根"是中国重要思想文化潮流,这一潮流因为发生相关的事件,获得标志性的命名,也获得推动的力量。作为一个文学事件,指的是始于1984年12月在杭州举行的《新时期文学:回顾与预测》的会议提出的命题,以及会议参加者后来对这一命题的阐释。参加者主要是以"知青作家"为主的中青年作家、批评家,如韩少功、李陀、郑义、阿城、李杭育、郑万隆、李庆西等。在这一文学潮流中,韩少功表现活跃,他的《文学的"根"》的文章,被有的人看作是这一文学运动的"宣言"。韩少功认为,"文学有根,文学之根应该深置于民族传统文化的土壤里,根不深,则叶难茂",说我们的责任,就是"释放现代观念的热能,来重铸和镀亮""民族的自我"。李陀在写于1983年底,发表于1984年《人民文学》第3期给鄂温克族作家乌热尔图的信中,就已经使用了"寻根"这一词语。李陀在信中提出自己很想回老家看看(即东北老家,李陀是达斡尔族人),"去'寻根'"。这里的寻根显然还不是文学意义上的寻根,但在信中,李陀表达了对文学的文化根基的关注。李陀指出,许多具备明显现实主义特征的小说,可以说无不对其书中人物所生活的文化环境作详尽而准确的描写。"一定的人的思想感情的活动、行为和性格发展的逻辑,无不是一个特定的文化发展形态以及由这个形态所决定的文化心理结构的产物。近几年来我国有些作家开始注意这个问题,如汪曾祺、邓友梅、古华、陈建功"。这种认识与后来许多作家批评家对寻根文学的认识是相通的。

从其发展上来看,1982年,汪曾祺在《新疆文学》第2期上发表理论文章《回到民族传统,回到现实语言》,之后,创作了实践其理论主张的《受戒》《大淖记事》等作品,首开寻根文学之风气;1985年,韩少功的《文学的"根"》、阿城的《文化制约着人类》、郑义的《跨越文化断裂带》、李杭育的《理一理我们的根》、郑万隆的《现代小说的历史意识》等5篇有影响的文章,被人们称为"文学寻根"的"集体宣言",进而掀起寻根文学创作的热潮。

到了20世纪80年代中后期,由于社会改革事业的艰难和商品经济浪潮的冲击,寻根文学热潮之后,现实主义创作一度进入"低谷期",现实主义文学思潮也有所低伏。以至有人认为,新时期文学已告一段落,提出用"后新时期"来称谓此后的文学。但这个阶段还是有两个文学潮流引人注目,这就是纪实文学和新写实主义文学。

纪实文学包括报告文学、人物传记、口述实录体小说、纪实小说等多种文学样式。作为一种文学现象早在20世纪70年代末80年代初即已出现,至20世纪80年代中后期形成了创作热潮,其内容主要是触及我国改革进程中反映出来的重大社会问题和复杂现象,表现改革年代政治、经济、法制、文化等各个领域中新旧观念的冲突。这类作品舍弃虚构和典型,坚持描摹实有之人,记录实在之事,逼真地再现现实生活的原态原貌。代表性作品有张辛欣、桑晔的"口述实录体小说"《北京人》,刘心武的"纪实小说"《5·19 长镜头》《公共汽车咏叹调》以及钱纲的《唐山大地震》,涵逸的《中国的"小皇帝"》,大鹰的《志愿军战俘纪事》,贾鲁生的《丐帮漂流记》,李延国的《中国农民大趋势》,胡平、张胜友的《世界大串联》,沙青的《北京失去平衡》等被称为"中国潮"的报告文学,权延赤的《走下神坛的毛泽东》,梁晓声的《父亲》,新凤霞的《新凤霞回忆录》等"传记文学"。进入 80 年代末 90 年代初,纪实文学又有了新的拓展,陆续出现了一批带有自传性或准自传性的域外题材作品,人们把这类作品叫作"留学生题材文学""出国生活题材文学""新移民文学"等,如,查建英的《重逢芝加哥》、刘观德的《我的财富在澳洲》、曹桂林的《北京人在纽约》、樊祥达的《上海人在东京》、周励的《曼哈顿的中国女人》等。这类作品以反映我国大陆人出国留学打工、经商为主要内容,表现了中西两种文化的碰撞、交融以及文化边缘人的心理心态。

第五节　文学创作的多元化呈现

20 世纪 90 年代是纪年的自然时序,但又不尽然,因为在 90 年代来临之际,出现了许多终结于 80 年代的标志性事件。1990 年初的"苏东波"(苏联及东欧的政治风波),都意味着 90 年代是一个不同寻常、难以言传的时期。20 世纪的最后的几年,是在一个前所未有的状态之中度过的。纵观 90 年代的中国文学,形成了多元共存多极发展的文化格局。这一时期的文学特征是:第一,文学的个性化、个人化与文学的集团化并存,自由撰稿人的出现为各种口号和旗帜的树立提供了极大的可能性。"新状态"和"20 世纪 70 年代出生的作家"两面旗帜云集了一批自由撰稿者。第二,文学载体由原来刊物的一枝独秀到多头发展。出版社的畅销书,报刊上的随笔,网络文学等都对文学期刊产生很大的冲击。文学期刊等策划出一些"旗帜"来也是为了招徕作家和读者,这实际上是期刊市场意识的觉醒。

一、市场经济与文学发展

20 世纪 90 年代以来,中国社会进入一个新的历史时期,与之相对应,中国文学也进入一个新的历史时期。从 20 世纪 80 年代末到 90 年代初,世界局势发生了急剧的变动,东欧剧变、苏联解体,结束了战后东方、西方世界两大阵营长期对峙的"冷战"局面,世界开始进入一个以和平、发展为主题的新时代。面对世界格局的风云变幻,中国共产党坚持走中国特色的社会主义道路,不失时机地把建设社会主义市场经济的目标,提到了进一步深化和扩大改革开放的议事日程上来。"社会主义市场经济"使中国全面进入现代化的物质实践层面,一个世纪以来中国曲折的现代化进程,终于从呼唤思想解放、人的主体性等思想层面进入到政治、法律、科技等具体操作层面,中国文化、价值理念也随之进入到一个复杂的转型期。

首先,市场经济建设进一步扩大了社会生活领域,开放了社会生活形式,拓展了社会生活内容,给文学创造了更为广阔自由的表现天地,丰富了文学的题材和主题,尤其是作为市场经济竞争主体的个体的自由发展所带来的私人生活空间的开放和市场经济的发展所带来的物质消费欲望的增强,给这期间的文学开辟了一片前所未有的表现领域,对这期间的文学深化人性描写、凸显感性色彩,起到了极大的促进作用;与此同时,也促进了以市场为依托的通俗文化和感官文化(消费文化)向文学的介入和渗透,使文学的表现形态也随之发生了诸多变化。

其次,市场经济建设进一步活跃和开放了文化市场,文化市场的进一步活跃和开放,不但促进了文学产品的传播和流通,扩大了文学产品的社会覆盖面,满足了人民群众对文学的多样化需求和选择,而且也加速了文学体制的改革,促使作家自觉地面对市场的需求和选择,更好地在市场经济的生存环境和生存条件下,选择自己艺术追求的道路和方向。与此同时,文学的管理体制也必然要进一步发生相应的变革,在 20 世纪 80 年代进行的文学体制改革的基础上,各级作家组织进一步打破了对文学和作家统一的"计划"管理方式,自由撰稿人和"个人化写作"已成为这期间新兴作家的一种普遍流行的职业身份和写作方式。文学体制和作家的职业身份、写作方式的这些变化,使这期间的文学出现了远比 20 世纪 80 年代更加生动活泼、更为多姿多彩的局面。但是,社会主义市场经济的兴起促使了以迎合市场为目标的大众文化的兴起,在物质利益的驱动下,促使这一时期的文学呈现出盲目市场化的倾向。一方面,文学的传媒和载体纷纷改旗易帜、改弦更张,希图以一个全新的面目走向市场。长期以来,当代文学的生产和消费因为在一个庞大的计划经济体制内运行,文学的传媒和载体从无生存之虞;进入 20 世纪 90 年代以后,因为整个社会生产和经济活动斗争走向市场,文学的传媒和载体也感到了生存的压力。在这种情况下,一些文学报刊为了适应市场经济的生存环境,纷纷酝酿改版或改变刊物的"纯文学"性质,即由纯文学刊物改变为综合性的文学刊物,或由"纯文学"刊物向通俗类的和生活类的刊物靠拢。另一方面,作家作品纷纷实行商品化包装,以求迎合商品化时代读者新的文化口味和阅读兴趣。由于在市场经济条件下精神产品的生产和消费,常常被人们混同于物质产品的生产和消费,不少作家作品往往为了商业利润和经济利益,主动放弃对读者的道德教化和精神引导的责任,完全交由市场选择和"买方"支配,这样,在文学传媒和载体纷纷走向市场的同时,一些出版企业也开始对作家作品有意识地实行商品化包装,以争取更多的读者,获得更大的利益。此外,娱乐消闲和即食快餐类的作品大量涌现,刺激了一种市场化消费文学潮流的勃兴。由于市场经济本身所具有的一种消费性特征和商品经济所培植的一种消费观念、消费方式和消费趣味的影响,人们对于文化产品的观念和需求也必然要随之发生相应的变化。

再次,市场经济建设进一步促进和扩大了对外开放。进入 20 世纪 90 年代以来,随着全球化进程的加速和网络技术的兴起,世界各国之间已逐步消泯了各自固守的经济文化领域,市场和网络的无所不包,使得世界各国的科学技术、物质文化产品,能够及时地得到沟通和传播,因而相互之间的影响也在不断地加深和扩大。在这种情势下,这期间的文学所接受的外来影响,无疑要比 20 世纪 80 年代深入广泛得多,也复杂微妙得多。这种深入广泛、复杂多变的外来影响,就使得这期间的文学呈现出了更为复杂多样的文化色彩,也孕育形成了一些新的文学样式和表现技巧。尤其是"网络文学"的兴起,不但改变了传统的纸质文学的书写和传播方式,而且也改变了人们的文学阅读和文学接受方式。网络技术通过全球化的市场把一种全新的文学样式带入了古老的文学殿堂,使文学家族的成分和结构、性质和功能,都在悄悄地发生一种颇具革命性的新变化。

二、多元化的文学状态日益清晰

20 世纪 90 年代以来,中国的市场经济体制逐步确立,社会进入了转型期,包括价值观念、思维方式在内的社会文化随之发生重大变化。文学与文化有着十分密切的关系,文化制约着文学的表现与发展,文化的转型必然影响着文学的转型。在此背景下,20 世纪 90 年代的文坛越来越清楚地呈现出多元化的状态,丰富多彩的文学思潮和个性创作不断涌现,现实主义文学思潮在这种自由开放的空间中继续向前发展,并且在与其他风格流派的互动竞争中不断吸收新鲜的养分,提高自身的艺术水准,因此它在当代文坛上并没有消沉,而是获得创作的崭新生机。大批高质量小说的出现使现实主义写作焕发出时代的新气象,如陈忠实的《白鹿原》、余华的《活着》、阿来的《尘埃落定》、王蒙的“季节系列”、王安忆的《长恨歌》等,他们的成功实践无疑更有力地显示出现实主义精神的深厚底蕴。因此,在当下文坛现实主义思潮依然具有重要的影响,成为新时期文学中一道亮丽的风景。与此同时,现实主义独揽文坛风景的时代早已过去,20 世纪 90 年代更多表现出它全面开放的宽广胸怀,现代主义、后现代主义、女性写作、先锋派、晚生代等文学思潮、写作力量与现实主义文学相间并存,相互介入,不断互渗,交相辉映。

因此,20 世纪 90 年代以来文学的多元化发展面貌可以总体概括为:一是文学的个体化和个人化与文学的集团化并存,一大批自由撰稿人的出现为多种风格和流派的成立提供了极大的可能性。二是民间立场与知识分子写作齐头并进,优秀的作家作品不断涌现。三是文学载体由原来刊物的一枝独秀发展为多头并进局面,出版社的畅销书、报纸副刊上的随笔、网络文学都对传统文学产生了很大的冲击。

具体来说,在小说方面,女性小说和新生代小说等成为主要热点。自 20 世纪 90 年代以来,随着中国知识女性的社会地位、福利待遇等得到前所未有的提高,就业机会之类的问题也不断得到解决,更为重要的是女性的话语力量得到了无尽释放,它所产生的反响回应着世纪之初的“妇女解放”的呼声,但却是被赋予了不尽相同的含义。女性文学——在一部分女性作家那里,她们宁愿称之为“女性写作”,作为这个话语力量的感性体现,或许能够为这一话题提供丰富的子话题,因为它们参与和构成了 20 世纪 90 年代文学的裂变,使女性话语成为文坛最鲜亮的声音之一。20 世纪 90 年代以来进行小说创作的女性作家有很多,如王安忆、陈染、林白、毕淑敏、蒋韵等,她们的创作风格多姿多彩、迥然各异,但都以自己的创作赋予了 90 年代的小说创作以新异的品格。她们的小说综合来看有以下话语特征:一是以女性为叙述视角和中心来建构文本;二是放弃了传统小说的宏大历史叙事,而是侧重于边缘化的内容书写,更加关注日常生活中的人生世相,揭示更为深刻的生活本质;三是呈现出超性别色彩的主题意蕴,在精神的更高层面上对人的存在命运做出哲学性质的探寻。而这既显示着女性写作的深刻,也标示出女性写作的未来趋向。新生代小说又称“晚生代小说”或“60 年代出生的作家群”小说。1994 年,《青年文学》推出了“60 年代出生作家小说联展”,最先提出了“新生代小说”的口号,接着《山花》《大家》杂志又推出“新生代作家”专号。之后,“新生代小说”这一提法基本固定下来。由于“新生代”最初指的是一个作家群,且是从作家的年龄这一角度作为区分的特点,因而新生代作家创作的作品就是“新生代小说”。新生代小说是 20 世纪 90 年代边缘化文学语境的产物,随着市场经济的确立和商业社会的到来,文学已不再具有 80 年代的那种轰动和喧腾,日益弥漫的是以娱乐和消遣为特征的商业文化,从而导致严肃文学在经济和物质的挤压下在一定程度上陷入一种由中心走向边缘的尴尬境地。这种边缘化境地为文学的生存制造了许多困难,但也为文学带来了轻装上阵的自由。在边缘化的语境中,新生代小说家既不必以批判、否定的态度,也不必以认同的态度来对待现实,而是能随心所欲地营构真正属于自己的话语空间,以一种同情、平和、宽容、淡泊、超越的心态观照、理解和表现生活。新生代小说解构崇高、亵渎神圣、沉潜世俗,反感文学的政治化、群体化、躲避文学的崇高与责任,追求个人化的写作理想,即以个人化的姿态、以自身的生活与心态为模本进行写作,对现代社会中人们的种种心理心态进行细致真切的描绘,展示年轻一代的人生与追求、情感与心态。由于他们对于传统文学的启蒙姿态的失望,由于他们对于政治化、群体性创作的反感,由于他们对于文学的崇高、责任等的躲避,因此,他们在文学创作中将个人的生活经历与感受置于十分突出的地位。他们注重所描写生活的真实与真切;所表达情感的真挚与生动,而不在意于所叙写的情节曲折跌宕与否,不在意于所表达的思想崇高深刻与否,他们率真坦直地将现代人在现代社会中的欲望的追求、心理的困惑、人生的挣扎等都十分真切地写出,从而展示新生代作家们创作的独特风范。

在诗歌方面,诗坛上出现了所谓的"知识分子写作"与"民间写作"的论证。"第三代"诗潮在 20 世纪 80 年代末消歇以后,即与整个文学一样,遭遇一场政治风波,诗人队伍分化,诗歌创作受挫。随之而来的是,20 世纪 90 年代初推行社会主义市场经济体制,文学被卷入市场,商品化潮流泛滥,诗歌也深受影响。这期间有汪国真式的通俗诗歌出现,填补了诗歌创作的短暂"真空"。到 90 年代中期前后,诗坛才渐复常态,但已不复有"第三代"的派别杂陈、众声喧哗,而是逐渐形成了"知识分子写作"和"民间写作"双峰对峙的局面。西川、王家新等,被指认是"知识分子写作"的代表,这一派诗人与诗评家强调书面语之于诗歌写作的艺术合理性,强调技艺的重要性,追求诗歌内容的超越性和文化含量;于坚、韩东等,被指认为"民间写作"的代表,这一立场的诗人和诗评家则强调口语之于诗歌写作的艺术长处,强调诗歌的活力原则和原创性,注重题材、内容的日常性和当下性。前者显然与中国新诗向来的追求目标和艺术实践的历史有关,后者则更多地沿袭了 20 世纪 80 年代中期"第三代"诗人对诗歌的原创性和日常化的艺术追求。二者本是诗学理论和创作实践中一般原理与特殊追求的关系,并无绝对不可调和之处,但在知识分子立场整体分化的历史语境下,两者爆发了激烈的争论。

在散文方面,20 世纪 90 年代以来,散文创作出现了繁盛的局面,主要表现在:一是散文作品和散文刊物众多。90 年代的读者对散文情有独钟,散文市场对此作出快速反应。各地出版社都将散文出版列为重点选题,竞相推出颇具规模的散文"丛书""书系""文库",如"百花散文书系""中国现代经典小品丛书"等,满足了读者对散文市场的旺热需求。与此同时,《散文》《美文》《散文天地》《中华散文》《散文选刊》《散文百家》等一些专业性的散文刊物或创刊或增页,专发散文,受到读者的青睐。而《人民文学》《中国作家》《当代》《十月》《收获》《钟山》《上海文学》等一些非专业性的散文刊物也开辟或强化散文专栏,甚至连"晚报""周末"类报纸几乎都辟有散文、随笔的专栏。二是散文创作的从事者越来越多,写散文成为他们自我实现的一种重要的精神方式。除了少数专门写作散文的作家之外,大批小说家、诗人、学者、艺术家甚至普通大众都加入了散文的创作行列,如王蒙、刘心武、张承志、史铁生、蒋子龙、周涛等作为小说家或诗人,张中行、金克木、雷达、舒芜、余秋雨、林非、谢冕、周国平、陈平原等学者,给散文的创作注入了活力与生机。三是读者对散文的高消费。这与市场经济下的文化消费取向有着非常密切的关联。如 20 世纪 90 年代出现的许多闲适散文,更多地表现为与世俗化认同的趋向,是对社会的物质化追求和消费性文化所作出的趋同性反映。

20 世纪 90 年代以来散文创作的繁盛局面得益于时代和文化的转型迫使文学在边缘处定位,而文学的边缘化使作家的创作自由成为一种可能与现实,90 年代的散文家在相对宽松的社会文化生态环境中不必负载更多的由"中心"所附加的意旨,创作主体的精神世界得以获得极大的自由,因而更能坚守知识分子立场,对历史文化进行从容、深入地反思,进而表达他们独特的文化关怀。另外,市场经济的发展带动了消费性文化的发展和繁荣,使散文的创作和出版带有某种程度的商业品格,呈现出异彩纷呈的多元化格局。

这一时期的散文创作有两种较大的倾向:一种倾向是日常生活更从容不迫地走进了散文的天地,众多的散文作家从自我出发,选取日常生活和身边的琐事对普通人的生存景观、生活情趣进行真切的抒写,在凡人小事中寻求一份温馨与慰藉;另一种倾向是探究心灵、表现人文思想与人文理想的散文创作日趋活跃,它们或思辨,或感悟,或议论,多以渊博的知识、理性的批判精神为依托,而且对思想性的追求使散文突破了借景抒情、托物言志等写作方式,在表现手法上更为自由,呈现出大气魄、大制作和大景观。市场化下的散文创作,正是在这种两种倾向下曲折前进。

在戏剧方面,市场化时代大众文化的过度繁盛压抑了话剧的生存空间。在整体平庸的状况下,所幸因部分戏剧家思想的清醒和对艺术的执着,仍然创作了一批优秀的戏剧作品,使中国戏剧现代化的进程得以缓慢前行。其中影响较大的代表性话剧作品有姚远的《商鞅》,沈虹光的《同船过渡》和《临时病房》,杨利民的《地质师》,过士行的《闲人三部曲》(《鸟人》《鱼人》《棋人》)和《厕所》,田鑫的《生死场》,邵钧林等的《虎踞钟山》,郑振环的《天边有一簇圣火》,黄纪苏的《切·格瓦拉》,姚宝瑄与卫中的《立秋》,李六乙的《非常麻将》等。受欧美后现代主义影响的先锋实验戏剧和随着市场经济的发展而兴起的商业戏剧是这一时期值得关注的重要戏剧现象。先锋戏剧以反叛传统、解构既有规则与价值观念为特点,其艺术实验有助于丰富戏剧的表现形式与手法,但重表演轻文本的反文学倾向影响了其戏剧精神内涵的深刻。其代表性作品有孟京辉等的《思凡》《我爱×××》《恋爱的犀牛》,牟森等的《彼岸》《零档案》《与艾滋有关》等,林兆华等的《哈姆雷特》《三姊妹·等待戈多》等,张广天的《圣人孔子》《左岸》《圆明园》等。商业戏剧则自 90 年代初萌芽,到新世纪有了较大的发展,主要作品有《离婚了,就别再来找我》《别为你的相貌发愁》《谁都不赖》《冰糖葫芦》等。

第四章 近现代艺术的变迁

艺术就是指用语言、音响、色彩、动作、线条、构图等手段创造形象和反映社会生活,并表达艺术家思想感情的一种社会意识形态,包括音乐、绘画、书法、戏曲、舞蹈、雕塑、建筑等多种形式。近代以来,虽然传统艺术仍然在我国占有重要地位,但是在西风东渐的社会背景下,艺术还是发生了一系列的变化。本章就着重对近现代中国艺术领域中较为重要的一些变化与发展进行相关的分析与阐述。

第一节 近代中国艺术的发展

一、近代音乐的发展

(一)西洋音乐的传入

鸦片战争后,传统音乐经过血与火的战斗洗礼,注入了反帝反封建的新内容,形式上也有新的创造。

新民歌大多具有反帝反封建的主题。说唱音乐方面,以苏州平弹、京韵大鼓和梨花大鼓为代表的曲种迅速发展起来。江南以苏州平弹影响最大,演唱形式分单档(一人自弹自唱)、双档和三档。鼓曲流行于我国北方各地,如京韵大鼓、西河大鼓、梨花大鼓、胶东大鼓、乐亭大鼓、梅花大鼓等。著名艺人刘宝全号称"鼓界大王",对京韵大鼓的形成和发展做出突出贡献。以广东音乐、江南丝竹和吹打乐为代表的乐种也得到迅速发展。

随着维新运动的开展,西洋音乐全面传入我国。一方面,对西洋音乐理论和作曲技法进行介绍,外国传教士刊印的《圣诗谱》介绍五线谱乐理知识;留日学生编写的《乐典大意》《乐理概论》和《和声学》(论述各种和弦的特性、连接方法、进行规律、音响效果,以及和声在作曲实践中的应用等),介绍西洋音乐的基础理论。另一方面,对西洋声乐、器乐,特别是风琴、钢琴、提琴等演唱、演奏技艺进行传授。辛亥革命后,风琴得到广泛应用,并出版风琴教科书。与此同时,钢琴也在一些学校和私人家中出现,并出版钢琴曲集。

西洋音乐在中国的传播,最早可以追溯到 1600 年利玛窦呈献"西琴"给明朝皇帝作为晋见礼品。清朝康熙年间,传教士南怀仁、徐日升被康熙任命为宫廷乐师,曾在清朝的宫廷之内表演西洋音乐和编排一些音乐书籍,但这种对西洋音乐的演奏和传播仅限于宫廷之内,并没有传播到中国的民间。

第二次鸦片战争之后,随着西方入侵范围在中国的扩大,大批传教士来到中国进行基督教的传播活动,与此同时,在中国各地也陆续建立了许多教堂。这一时期,西洋音乐伴随着基督教文化开始在中国广泛地传播。在西方传教士创建的一些教会学校里,还专门设立了琴科,用来教授西洋音乐。在洋务运动的时候,一些洋务派人士在接触西方文化的过程中,也开始了解和接受西洋音乐,并且举办一些社交场合的演奏活动。1881年,天津水师学堂建立后,在学生中建立了一支铜管乐队,并于1883年到上海演出。1898年,袁世凯奉命在天津小站编练新军,他接受了德国教练高斯达的建议,在军队里组建了中国第一支西洋铜管乐队,用西洋长号筒之喇叭乐器替代中国传统的吹打乐,并且招收了几十人加以训练,供阅兵、出行之用。这被认为是中国建立军乐队的开始。

到了20世纪初期,在中国各地的新式学校音乐课程中,开始大量传唱一些原创歌曲。这些歌曲多以简谱记谱,曲调来自日本以及欧美,配以中文填词。由于当时人们把这些新型学校叫"学堂",把学校开设的音乐课叫"乐歌"科。这些歌曲就被称为学堂乐歌,如《男儿第一志气高》《何日醒》《扬子江》《黄河》《中国男儿》《春游》《送别》《西湖》等。学堂乐歌大多是填词歌曲,内容反映"富国强兵"以抵御外侮,宣传反对封建旧习俗等资产阶级民主主义和爱国主义思想。因此,在当时受到青年知识分子的欢迎,得到广泛流传。由于学堂乐歌的发展,西洋音乐技艺才得到初步的介绍和传授。在当时出版的唱歌教科书中,大多数还附带五线谱或简谱的读谱法及简单的基础乐理。

乐歌曲调主要来自日本的学校歌曲或军歌、欧美各国的民歌或流行歌曲。很少用中国自己的民歌或创作新的曲调。

学堂乐歌运动有力地冲击了中国封建音乐文化,宣扬传播资产阶级民主主义思想;引进西洋音乐中集体歌咏的艺术形式;介绍西洋音乐的许多歌曲体裁;接受新鲜的音乐语言,普及新的记谱法,为群众歌曲的发展奠定基础,也促进学校音乐教育的发展。

(二)近代音乐改良中的重要人物

西洋音乐在中国的传播过程中,出现了一批将西洋音乐改良为中国音乐的重要代表人物。他们有沈心工、李叔同、肖友梅、赵元任等。

沈心工(1870—1947),上海人,中国音乐教育家,中国最早的音乐教师之一。一生作有乐歌180余首,大多是选自欧美曲调填词。如沈心工编写的《拉纤行》是根据俄罗斯民歌《伏尔加船夫曲》的曲调填词,《话别》是根据法国民歌《一个半小时的游戏》的曲调填词,《勉学》是根据美国艺人歌曲《罗萨·李》的曲调进行填词等。其代表作《男儿第一志气高》是中国近代音乐史上最早的学堂乐歌之一。沈心工长期在南洋公学附属小学任教,他设立的唱歌课是中国小学设立唱歌课的开端。由他所编写的音乐教科书在当时也影响广泛,所编《学校唱歌集》是中国最早出版的学校唱歌集之一。

李叔同(1880—1942)堪称西方乐理传入中国的第一人。李叔同,法号弘一,晚号晚晴老人。浙江平湖人,生于天津。1905年,26岁的李叔同东渡日本留学,在东京美术学校攻油画,同时学习音乐。他第一个用五线谱作曲,最早推广钢琴,主编了中国第一本音乐期刊《音乐小杂志》。由李叔同作词谱曲的歌曲大多曲调动人,歌词优美,流行广远。例如,其代表作《送别》是根据美国通俗歌曲作家奥德威的《梦见家和母亲》的曲调填词:

长亭外，古道边，芳草碧连天。

晚风拂柳笛声残。夕阳山外山。

天之涯，地之角，知交半零落。

一壶浊酒尽余欢，今宵别梦寒。

由于《送别》曲词俱佳，先后被电影《早春二月》《城南旧事》选作插曲或主题歌，一直传唱至今。

肖友梅（1884—1940），广东中山县人，曾赴日本、德国留学近20年，学习音乐和教育学，获哲学博士学位。1920年归国后在北京女子高等师范、北京大学音乐传习所、北京艺专任教。1927年在蔡元培支持下在上海创办国立音乐院。他著有《普通乐学》《和声学纲要》《中西音乐的比较研究》，所写的90多首歌曲中有80多首作于1927年前，内容大多是通过歌唱自然景物抒发个人情怀、描写学校生活和对学生进行道德教育。肖友梅是一位音乐教育家，他创作的歌曲比选曲填词的学堂乐歌前进了一步。

赵元任（1892—1982），江苏武进人。曾赴美国留学，获康乃尔大学物理学学士和哈佛大学哲学博士学位。回国后在清华学校任教，后又从事语言学研究。1938年去美国定居。从就学时起，一直从事业余研究和创作音乐。他创作的近百首歌曲中，最有价值的是反映劳动人民生活、思想的作品，如《卖布谣》《织布》《劳动歌》。宣传恋爱自由、个性解放也是他歌曲的一个重要题材，其中《叫我如何不想他》就是具有较大影响的一部作品。除此之外，他还特别注重音乐的民族特点。

在器乐创作方面，刘天华的二胡、琵琶曲代表了当时的最高成就。刘天华（1895—1932），江苏江阴人。中学时代学过军号、军笛，在中学当音乐教员时曾向周少梅、沈肇州学习二胡、琵琶。1922年被聘为北京大学音乐传习所导师。1927年创办国乐改进社，编辑出版《音乐杂志》。他革新二胡的形制、弓法和指法，创作风格新颖的十首二胡独奏曲。他提出"改进国乐"的口号，整理研究民族音乐，为民族音乐的发展开拓了新路。

在音乐理论研究方面，王光祈是近代第一个有贡献的音乐学家。王光祈（1892—1936），原籍四川温江。1915年进入北京中国大学学习法律，1920年赴德国学习政治经济学，1923年改学音乐，1934年获音乐博士学位。他在德国写了19篇德文、英文的音乐论文和17部音乐论著，包括《中国的音律体系》《中国的音乐价值观念》《论中国古典歌剧》《东方民族之音乐》《西洋音乐史纲要》《中国音乐史》，反映了他率先运用比较音乐学的方法，对中国音乐理论进行科学分析和与西方音乐文化对照研究的成果。丰子恺则写了《音乐常识》《音乐入门》等32种通俗音乐读物，推动了音乐的普及。

二、近代美术的发展

（一）西洋美术的传播和传统美术的变革

进入近代以后，伴随着封建社会的日趋没落，封建统治的腐朽文艺也失去了生机，受鸦片战争、太平天国运动的冲击，许多画家开始反对传统绘画墨守成规的复古派，反对陈陈相因的保守派。他们锐意求索，大胆革新，冲破了嘉庆、道光以来画坛上比较沉寂冷落的局面，形成了新兴的海上画派。这个画派善于将诗书画一体的文人画传统与民间美术传统结合起来，描写民间喜闻乐见的题材，形成雅俗共赏的新风格，对近百年的绘画发展有着较大的影响。海上画派的主要代表人物有赵之谦、任伯年和吴昌硕，他们被并称为"海派三大家"。

赵之谦出身于破落商人家庭。会考不中，靠做家庭教师和卖画为生。他在北京饱览各家碑书画像，眼界大开。因游历甚广，绘画取材极为广泛，其画风对清末民初的上海画坛有一定影响，是海上画派的开创者。

与赵之谦相比，任伯年对海上画派的形成影响更大。任伯年自幼跟父亲学画，21 岁时参加太平军，太平天国失败后，长期在上海卖画。他曾跟从刘德斋学素描，画人体模特儿，这在画坛上显然是不守陈法的异端，也是敢于革新的闯将。他的花鸟画更是"笔无常法，别出心机"，概括简练，吸取诸家所长融汇一体，使传统花鸟表现形式大大前进了一步，传世之作尤多。他的绘画非常全面，所画人物画有肖像，也有历史故事和民间传说，题材广阔，内容通俗，思想倾向明确。《苏武牧羊》《钟馗》《女娲补天》等，都是反映他忧国忧民的情感和爱国热情的佳作。任伯年在艺术成熟期创作的花鸟画最多，而且达到了尽善尽美的地步。他善于把处于运动中的花鸟，以瞬间姿态描写于画面而不失其动感，画面总充满生机。他的画取材广泛，构图多变，设色淡雅，轻松活泼，颇有水彩画的韵味。《水仙双雉图》《春江水暖图》《幽鸟鸣春图》是其代表作。任伯年的绘画日趋走向文人画与民间美术相结合，达到雅俗共赏的社会效果。

在"海派三大家"中，吴昌硕属于影响最大的人物。他对诗书画印全精，是典型的文人画家。他受赵之谦、任伯年影响最多，画风与赵之谦、任伯年极相近，他将花鸟画推到登峰造极的地步。

海派的艺术渊源具有多向性特征。人物、肖像方面，一面继承民间的传统，一面也继承明清陈洪绶、上官周以及改琦、费晓楼的传统；花鸟画则继承明代陈淳、徐渭以及清代石涛、八大山人，特别是"扬州八怪"的传统；山水画逐步摆脱"四王"末流的束缚，同时勇于吸收西洋输入的绘画表现方法。由此看来，上海画派所特别可贵的是它的改革与创新精神，从题材以至表现语言，都具有很多新鲜的前人所未曾触及的东西。他们生活在动荡不安、爱国主义思潮日益高涨的日子里，他们的作品渗透着不安、苦闷、悲愤与反抗的时代精神。他们的作品在审美价值取向上，既不失文人画的优雅、含蓄的底蕴，又要考虑到市民阶层的欣赏水平，因而具有"雅俗共赏"的特征。与以前的文人画与宫廷绘画都有所区别。

岭南画派也是当时有名的画派。清末的居巢、居廉两兄弟在绘画上新意盎然，成就突出，影响了以他们为师的高剑父、高奇峰、陈树人。"二高一陈"都曾留学日本学画，艺术上都主张"折中东西方"。辛亥革命以后，他们的绘画影响越来越大，形成岭南画派。

居巢、居廉是堂兄弟，广东番禺人。他俩强调作画以自然为师，亲自栽花叠石，饲养花鸟虫鱼，以供写生。作品设色妍丽，笔致工整，妙趣横生。他俩均善于用粉和用水，发展了设骨花鸟画的特殊技法，成为其绘画特色。

高剑父曾从居廉学习国画。不久，在法国画家麦拉影响下，掌握西洋素描画法。留学日本时，他设想在传统绘画的基础上吸收西洋绘画技法，效法日本画所走的道路。民国初年，他在上海创办审美书馆，出版《真相画报》；后又在广州设春睡画院，致力于艺术教学。高剑父画风奇崛,雄健有力。陈树人1906年留学日本,毕业于京都美术学校绘画科。他的画注重写生,善用色彩以及水墨渲染,画面清新而富有诗意,别具一格。

岭南画派注重写生,吸收外来技法,强调表现时代精神,不受传统观念束缚。"二高一陈"已树立起改革国画的旗帜,他们还培养了大批学生,如黄少强、方人定、赵少昂、关山月等,在不同程度上继承和发扬了岭南画派的传统。

西洋画传进中国,最早可追溯至唐代。中国艺术家最早绘制西洋油画的是关乔昌。民国初年,西洋画开始在中国广泛传播。西洋画的传播是中国绘画史上的重大转折。青年画家热情接受新鲜事物,为摆脱传统绘画的束缚,寻找一条拯救民族绘画危机的途径。

广东鹤山的李铁夫和浙江平湖的李叔同是最早出国研习油画的人物。李铁夫17岁赴伦敦美术学院学习,学画九年后又转入纽约美术学院,1916年加入国际画理学会。十年间,作品入选21幅。李铁夫晚年定居香港,以"隐士似的老画家"终其一生。李叔同是"五四"新文化运动中卓有影响的人物。他不但是中国油画运动的先行者,而且对中国早期美术教育也有卓越贡献。丰子恺、潘天寿、吴梦非、刘质平、李鸿梁都是他的学生。李叔同1905年赴日本东京国立美术专门学校学习。1910年,30岁的李叔同毕业回国,先在天津任图画教员,民国元年在上海主编《太平洋画报》,并和柳亚子创办文美会,刊行《文美杂志》。以后任浙江两级师范学校、南京高等师范学校美术、音乐教师。但这位桃李满门、艺术成就极高的老同盟会员在1918年悄然出家遁入空门。尽管如此,李叔同仍不愧是将西洋画引进中国的开路先锋,为中国美术的发展立下赫赫战功,为东西方美术交流架起桥梁。

"五四"新文化运动促进中国画坛出现了新的转机。这期间水彩画家陈抱一是积极活跃人物。陈抱一(1893—1945),广东新会人。早年在上海人周湘的布景传习所学水彩画。1916年第二次东渡日本,入东京美术学校,五年后毕业回国。从事西洋画教育,自费创办陈抱一绘画研究所,1922年起,又奔波于上海美术学校等四所学校教西洋画。他力倡人体写生。1925年与陈望道等成立中华艺术大学,成为左翼美术运动的重要据点。

徐咏青(1880—1953),上海天主教堂收养的孤儿,因有美术天资,九岁起跟从牧师学画。他擅长西洋水彩画法,虽未出国留学,但却是较早地把西洋画介绍来中国的人。上海盛行的水彩画是从徐氏起头的。他总结实践经验写成《水彩风景写生法》一书,算是最早介绍水彩画技法的著作之一。

以上这些西洋画的传播者、启蒙者,人数有限,影响有限。西洋美术在中国大放异彩,是在"五四"运动后徐悲鸿、林风眠、刘海粟、颜文梁、吴大羽、关良、潘玉良、陈之佛、倪贻德等从国外学成回国,开始打破传统水墨画的一统天下,出现中国画与西洋画平分秋色的新局面。

中国的美术教育,在辛亥革命前后特别在"五四"以后达到高潮,官办的、私立的艺术学校犹如雨后春笋般出现。中国的新艺术教育肇始于师范。1902年创立的南京两江师范率先开设图画手工科,设素描、水彩、油画、中国画、图案画、用器画等课程。中西绘画并举,绘画与工艺并重。萧俊贤任中国画教师,其他美术课均由日本人担任,李瑞清任校长。两江师范停办前后,周湘创办上海油画院,并附设中西图画函授学堂,改变了旧式师徒制。十多年时间里,培养出5000多名学生,如早期油画家刘海粟、丁悚、张眉荪、陈抱一等。1912年,上海图画美术院诞生,校长是年仅17岁的刘海粟。1914年,该校首次雇用人体模特儿。1919年,该校办人体油画展览,社会舆论惊诧,被斥为狂妄。1926年,教育总长章士钊和上海一些官员请禁美专裸体模特儿,封建军阀孙传芳致函刘海粟要求停用模特儿。在遭到刘的拒绝后,密令封闭美专,通缉刘海粟,这场斗争长达十年之久。1918 年,我国国立美术学校在北京成立,郑锦为首任校长。

1919 年,吴梦非、丰子恺、刘质平以私人财力创办上海专科师范学校。此后,各地纷纷创办艺术学校,如 1920 年沈溪桥创办私立南京美术专门学校,蒋兰圃创办武昌艺术专科学校,1922 年颜文梁创办私立苏州美术专科学校,1925 年丰子恺创办立达学院美术科,其后中途停办者不少。这类学校受欧美、日本艺术教育的影响,标新立异,大胆开拓,推动中国艺术教育出现新的转机。

民国初年,绘画社团在上海首先兴起,一时画派林立,呈现三足鼎峙的局面(沪杭、广东、平津)。民国前期画坛有三大重心:上海、北京、广东。上海根底深厚,画家云集,画会群立,以吴昌硕、王一亭为巨擘。北京画坛有名的是陈师曾、金拱北,齐白石是陈师曾的得意门生。广东岭南画派是以画人为中心,以"折中中外、融合古今"为宗旨的画派。创始者是高剑父、高其峰、陈树人(人称"岭南三杰"),形成了具有地域特色的"新国画"画风。

吕激和陈独秀是首先举起"美术革命"旗帜的人物。如何改革中国画,形致"革新派"与"传统派"的论争。革新派理论占上风,但缺少绘画实践。

民国前期是通俗美术肇兴的时代。中国近代史上最早的画报是 1884 年 5 月创刊的《点石斋画报》,出刊 15 年。1912 年创刊的《真相画报》影响颇大,是政治性、艺术性并重的刊物。主编为高其峰。

清末民初之时,漫画得到了迅速发展,形成了一个独特的画种。当时的许多报刊都经常刊登漫画,有的还以漫画为主。漫画形式独特,题材广泛,具有讽刺幽默性质。有的揭露帝国主义的侵略阴谋,有的抨击官僚、军阀的腐败和对人民的压迫,也有的讽刺清朝政府的卖国行为。如揭露帝国主义瓜分中国野心的《时局图》,抨击官吏贪婪剥削人民的《官肥民瘦》,讽刺袁世凯丑行的《老猿百态》等,都紧密配合现实,富有战斗性,影响深广。1925 年 12 月,出版了《子恺漫画》专题,由此漫画名称在我国广泛采用。

1909 年,上海《时事画报》编辑出版近 80 页《寓意画》,这是迄今发现的最早的一本漫画专题,其中有一幅名画,题为《对内对外两种面目》。同年,上海《民吁日报》刊登朱鸣岗的漫画《要长就长,要短就短》,画中反映帝国主义将清王朝置于手中像捏泥人一样随意摆布。

"五四"前后涌现如张聿光、马星驰、任杜宇、沈泊尘、黄文农、丰子恺等造诣极高的漫画家。1918 年 9 月,沈氏兄弟创办《上海泼克》,又名《泊尘滑稽画报》,月刊,具有鲜明的政治色彩和独特的表现形式,为以后漫画刊物奠定了模式。沈氏一生作品千幅以上,有强烈的讽刺意味,风格新颖独特。黄文农虽早逝,却留下了大量作品,他的漫画充满大无畏的斗争精神。1927 年他组织的漫画会编印《上海漫画》,并发表《大权在握》等作品,用夸张手法画出身披斗篷的蒋介石紧握着比他头还大的拳头,意在讽刺蒋介石实行血腥镇压的专制统治。黄文农出版了《文农讽刺画集》和《初一之画集》两本画集。

(二)画坛巨匠和新兴美术运动

徐悲鸿(1895—1953)被人们公认为画坛巨匠。他是江苏宜兴人。中国艺术教育的开拓者。9 岁随父学画,18 岁以后妻子和父亲相继死去,家庭生活十分艰难。20 岁赴上海没有找到工作,后再次去上海,一位喜爱收藏的富商看中了他的画,供他读书习画,不久考入震旦大学。结识了康有为、王国维。1917 年 5 月,在哈同资助下,他与蒋碧微私奔日本。1919—1927 年赴法国留学,1927 年回国任南京中央大学艺术系教授,次年兼任上海南国艺术学院美术系主任,1929 年 10 月任北平大学艺术学院院长。曾携中国近代绘画作品赴法国、德国、比利时、意大利展览。抗日战争期间,在国外售画、捐款救济祖国难民,并参加民主运动。1946 年,任北平艺术专科学校校长、北平美术作家协会荣誉会长。徐悲鸿擅长油画、中国画,尤精素描,人物造型注重写实,善于传神,所画花鸟、风景、走兽,简练明快,富有生气,尤以画马驰誉中外。他能融合中西技法,而自成面貌。代表作有《奔马图》(图 4-1)等。他平生积极从事美术教育事业,为中国美术事业培养了不少人才。

图 4-1

刘海粟(1896—1994),江苏常州人。从小读四书五经,后进入绳正书院,读了卢梭的《民约论》《拿破仑传》等著作,又去上海周湘主办的布景画传习所学习西洋画。在上海创办上海图画美术院。1921 年 12 月,应蔡元培之邀赴北京大学讲演欧洲近代艺术。艺术观点上受康有为、蔡元培的影响最大。刘海粟创办的上海美专,在斗争中确立了在中国画坛上的地位。1927 年“四·一二”政变中,因受通缉避居日本。在日本,他结交画友,举办画展,开展讲演活动,声誉鹊起,被称作“东方艺坛的狮子”。1929 年,在蔡元培的帮助下旅欧三年,创作了大量写生油画和国画,被誉称“中国文艺复兴大师”。他的 300 多幅画稿,巡回展览十多处,使中国文化“震动全欧”。1935 年刘海粟载誉归来。刘海粟的绘画注重个性的发挥,反映他豪放的性格和火热的感情。人物画刘海粟不如徐悲鸿,风景写生徐悲鸿则逊于刘海粟。他擅长山水画和风景油画。

林风眠(1900—1991),广东梅县人。从小学画,9 岁画《松鹤图》中堂,竟为一财主买去,一时名震乡里。1918 年中学毕业后赴法国勤工俭学。1920 年春进入迪戎国立美术学院,开始学习木炭人体素描。杨西施院长十分器重他,提示他应去巴黎各博物馆学习中国传统艺术。1925 年冬回国后被蔡元培委任为国立北京艺专校长。1928 年任杭州国立艺专院长。1937 年抗战爆发,学校内迁,他辞职回归上海。林风眠的最大贡献是对传统中国画的革新。他的绘画感情色彩浓郁,线条流畅奔逸,用色用墨浓重大胆,使人耳目一新,深受启迪。

三、近代舞蹈的发展

（一）近代西方舞蹈艺术的传入

清代民间庙会"社火"、秧歌、太平鼓有所发展。清代中叶以后，在民间歌舞《花灯》《采茶灯》形式上，发展成为"花灯戏""采茶戏""花鼓戏"等地方戏，而作为独立表演艺术形式的舞蹈日渐衰落。清末民初，已没有专业的舞蹈演出团体，除戏曲艺人外也极少有专业舞蹈艺人。民国初年，除文庙祭孔的舞、天坛祈年殿的春耕仪式及节庆时的舞龙、舞狮、旱船、高跷等民俗游艺外，汉族地区纯粹舞蹈演出已寥寥无几。

清末，为满足统治者荒淫的生活享受，曾引进西方舞蹈。慈禧太后曾召见驻法公使的女儿、舞蹈家裕容龄入宫任御前女官。裕容龄曾师从美国舞蹈大师邓肯，学习过现代舞和日本等国的民间舞蹈。她表演的欧洲宫廷舞、芭蕾舞引起清廷轰动。清廷曾请来印度马戏团、俄国马戏团表演，西太后对印度舞、俄罗斯舞十分赞赏，不过，她看不惯男女搂腰握手的西方交际舞，认为那种轻浮之举会引起非分之念。鸦片战争后，西方舞蹈逐渐进入中国大中城市。

"五四"以后，中国儿童歌舞首先挣脱封建传统，接受西方文化，新的舞蹈艺术开始崛起。学校中兴起糅合中国武术、戏曲、舞蹈及西方土风舞素材的"形意舞"，后又出现仿照日本编制的儿童歌舞，并传入苏联的海军舞、农民舞。1922—1935年，意大利米兰、美国邓肯、俄侨歌舞团都曾来上海等城市演出。

（二）学校舞蹈课的开设和专业歌舞团的建立

随着民国初期文化教育制度的更新，学校开设了舞蹈课。音乐家黎锦晖在20世纪20年代学校舞蹈教育中做出杰出贡献。黎锦晖，湖南湘潭人，1912年长沙高师毕业，当过编辑、教员，组织过音乐活动，为上海语专附小编写过适合儿童的12部歌舞剧和24首歌舞表演曲，如《麻雀与小孩》《可怜的秋香》《小小画家》，反映科学与民主精神。1926年，黎锦晖创办中华歌舞专校，1927年后改为职业性的中华歌舞剧团，曾去各地巡回演出中西舞蹈。在黎锦晖之后，吴晓邦、戴爱莲和金陵女子大学的凌佩芳、上海体育师范学校的陈英梅等，也对学校舞蹈教育做出一定贡献。

四、近代戏曲的发展

（一）中国话剧的诞生与发展

近代以来，在旧剧改革和西方戏剧的双重影响下，上海等地出现了学生演剧活动，为中国话剧的诞生奠定了基础。1906年，中国留日学生李叔同、曾孝谷等在东京创建春柳社，被认为是中国话剧发端的标志。1907年，春柳社改编并演出《黑奴吁天录》《茶花女》，这是中国人首次创作并演出话剧。李叔同在《茶花女》中男扮女装，扮演女主角玛格丽特，演出非常成功。这一时期的话剧,被称作"新剧""文明戏""爱美剧""白话剧"等,多是只有剧情大纲,由演员即兴编演。

辛亥革命前后,话剧得到进一步的传播。1910 年,任天知、汪仲贤、欧阳予倩、陈大悲等人参与创建的进化社,以"知天派新剧"为宣传旗号,强调现场的宣传作用和演员的即兴表演,被认为是近代中国第一个职业话剧团体。1913 年,郑正秋在上海组织了新民新剧研究所,随后以新民新剧社的名义演出他自己编剧的家庭剧《恶家庭》,结果大受观众欢迎,创造了文明新戏的最高票房纪录。新民社因此成为中国第一个商业化的话剧团体。而这一时期,以上海为中心、以职业化与商业化为特色的现代话剧的广泛传播,也被称作近代中国话剧史上的"甲寅中兴"。

新文化运动时期,新文学作家和理论家们一面激烈批判传统旧戏,一面大力提倡西洋新戏。1918 年 6 月,《新青年》开辟"易卜生专号",翻译刊载《易卜生传》和《娜拉》(即《玩偶之家》)、《国民之敌》、《小爱友夫》三个话剧,胡适还专门撰写了《易卜生主义》。1919 年,胡适受到易卜生的影响,创作了反映当时社会现实问题,主张婚姻自由的独幕剧《终身大事》。《终身大事》在《新青年》杂志刊登后,被认为是中国第一部在公开刊物上正式发表的话剧创作。这一时期反映社会问题的话剧代表作品,还有白微的《琳丽》、欧阳予倩的《泼妇》、陈大悲的《幽兰女士》、熊佛西的《青春底悲哀》等。

1921 年春天,汪仲贤、沈雁冰、陈大悲、欧阳予倩、熊佛西等在上海发起成立了"五四"时期著名的话剧团体"民众戏剧社",同时出版了现代文学史上第一个专门的戏剧刊物《戏剧》月刊。"民众戏剧社"抨击此前职业化和商业化文明新戏的堕落,主张"以非营业的性质,提倡艺术的新剧为宗旨",大力提倡非营业性质的爱美剧(爱美,即 Amateur 的译音,意为"业余的""非职业的"),认为组织"爱美的"剧团是创造戏剧的"光明运动",是改变文明戏商业化、庸俗化的倾向,提高戏剧的艺术水平和社会教育功能的关键。"民众戏剧社"的成立和宣传主张对此后戏剧协社、辛酉剧社、南国社等戏剧团体的创建和发展,起到了积极的推动作用。同时,受此影响,以天津南开学校、北京清华学校为代表的学生业余演剧活动也非常活跃。随后,在受美剧的形式主导下,丁西林等剧作家开始了中国的小剧场艺术实验运动,并且建立了不同于文明新戏的话剧体制,其核心是以"导演制"取代"明星制"。此后,新剧艺术在国内广泛传播。1929年,戏剧家洪深发表长文《从中国的新戏说到话剧》,全面清理了中国话剧的发展历程。与此同时,在洪深的建议下,"话剧"被正式定名。

"大革命"失败后,受到左翼文学思潮的影响,上海艺术剧社等中国左翼戏剧团体提出了"无产阶级戏剧"(或称"新兴戏剧""普罗戏剧")的口号。此后,中国左翼戏剧团体也成为 30 年代中国左翼作家联盟的重要组成部分。左翼戏剧运动提倡"戏剧的大众化",具有天然的"广场戏剧"特征,其代表形式有熊佛西通过"露天剧场"表演的"农民戏剧",以及田汉和洪深创作的一些作品。在 20 世纪 30 年代,除了"广场戏剧"的不断兴起之外,通过专业的剧场戏剧演出中国话剧的大剧场表演也开始走向成熟。剧场戏剧的代表作家有曹禺、夏衍、李健吾等人。其中,1934 年曹禺的处女作《雷雨》面世,被认为是中国剧场话剧成熟的标志。

抗战爆发后,中国戏剧仍然延续了"广场戏剧"和剧场戏剧并存的方式,其中"广场戏剧"是解放区戏剧的代表形式,而在国统区和沦陷区,剧场戏剧则在一些大中城市继续发展。由于正处于救亡图存的特定历史时期,宣传爱国主义和民族气节的抗战历史剧成为这一时期中国话剧创作的重要组成部分，主要代表作有郭沫若的战国史剧《屈原》《虎符》，阳翰笙的太平天国史剧《天国春秋》，阿英的南明史剧《碧血花》等。

（二）地方戏的发展

中国戏曲是融合戏剧文学、音乐、舞蹈、武术等多种艺术成分的具有深厚民族传统的综合性艺术。鸦片战争后，由于社会的剧烈变化，古装剧在内容和体例上也都有所变化。在杂剧方面，产生了揭露鸦片毒害的瞿园的《暗藏莺》，讽刺维新党的硕果的《一家春》，歌颂秋瑾英雄事迹的吴梅的《轩亭秋》。传奇剧方面，富有现实意义的作品更多，如惜秋和旅生的《维新梦》反映维新运动；陈季衡的《武陵春》反映八国联军侵华的历史；歌颂秋瑾和徐锡麟烈士的有《六月霜》《轩亭血》《轩亭冤》《开国奇冤》《皖江血》。这些作品都紧密地结合社会现实，充分表现作者的爱国主义思想。

地方戏也很繁荣。瞿秋白同志说得好："昆曲的清歌曼舞的绮梦，给红巾长毛的叛贼捣乱了，给他们的喧天动地的锣鼓震破了……在同治、光绪之世，我们就渐渐、渐渐地听着那昆曲的笙笛声离得远了、远了，一直到差不多听不见。"而"不登大雅之堂的乱弹——皮簧，居然登上了大雅之堂"。当时各地盛行一些富有反抗性、批判性的戏剧。著名的丑角（脚）演员刘赶三（1817—1894），名宝山，天津人。初学老生，后改演丑角。以演彩旦戏著名。常在剧中借题发挥，嘲笑权贵。据传出于痛恨李鸿章丧权辱国，在演剧时自编新词予以抨击，竟至受到杖责，郁愤而死。戊戌变法前后，汪笑侬曾编写《桃花扇》，在宣传爱国主义思想方面起过积极作用。

在外国时事新戏的影响下，出于革命宣传的需要，话剧也随之应运而生。话剧又称新剧、文明戏。19世纪末年，上海学生演出话剧《官场丑史》，讽刺政治黑暗腐败。秋瑾、徐锡麟等革命志士的事迹和陈天华的《猛回头》等作品，都曾被编成话剧上演。

20世纪初，汪优游等人组织中国第一个业余话剧团——文友会。1906年，留日学生李叔同、曾孝谷、欧阳予倩等组织春柳社，演出过《茶花女》片段，又在东京公演曾孝谷改编的《黑奴吁天录》，标志着中国话剧的正式诞生。不久，王钟声等人在上海成立春阳社，任天知在上海组织进化团，所演剧目多半是爱国、革命的政治题材。尤其在武昌起义后，进化团更是热情配合革命斗争的需要，编演《黄金赤血》《共和万岁》《黄鹤楼》等剧。1912年进化团遭迫害而解散。同年欧阳予倩等人在春柳社的基础上组织新剧同志会，建造春柳剧场，成为新剧另一个有影响的流派。

清代中叶以后，各种戏曲声腔相互融合、繁衍，地方剧种普遍滋生成长，打破了长期以来以昆剧等少数几个古老剧种称雄剧坛的局面。至清末民初，一些兴起较早的地方剧种已经成熟，一批新兴的地方小戏相继进入城市谋求发展。

辛亥革命后，地方戏陕西秦腔、河北梆子、汉剧和川剧等获得了显著的发展。陕西秦腔出自大荔县。1912年李桐轩、孙仁玉等人在西安创办易俗社，请陈雨农任教练，唐虎臣教武功，招徒50人入社学艺，三年后改演旧戏和编演新戏《三滴血》《双锦衣》《鸦片战纪》《颐和园》（宣传爱国主义思想，针砭时弊）。易俗社培养了王天民、刘毓中等一批优秀演员。该社吸收外来剧种的营养对秦腔进行改革，使秦腔既保持激越昂扬的特点，又朝着清丽委婉的方向发展；身段表情由粗犷豪放而趋于精致细腻。1915年和1924年，三意社、正俗社成立，培养了苏育民、李正敏等著名演员,对秦腔艺术的发展也做出贡献。

清末民初,直隶梆子形成新派,与京剧争雄。1913 年北京政府下令禁止男女同台演出,因而产生了坤班。1916 年,田际云创办女子科班崇雅社,有学生 57 人。其后杨韵谱创办的奎德社影响最大。梆子坤班的活动,促进女演员的成长,改变男扮女角的旧传统,以直隶语言取代了正宗的山陕韵味。

与此同时,汉剧、川剧、粤剧、桂剧、闽剧也都有较大发展。另外,能适应时代潮流、学地方大戏长处、在艺术上有所创造的有河北的评剧、湖北的楚剧、湖南的花鼓戏、上海的沪剧、浙江的越剧、江苏的锡剧和扬剧、山东的吕剧。1919 年成兆才编写的评剧《杨三姐告状》久演不衰。

(三)京剧的产生与改良

京剧是在地方戏高度繁荣的基础上,融汇徽、汉二调由徽班蜕化而成。皮簧原是湖北、安徽一带以西皮和二簧两种曲调为主的地方戏曲,在湖北叫汉剧,在安徽叫徽调,具有深厚的民间艺术基础,集中许多地方戏曲的优点,在唱腔、表演、念白、武打等方面逐渐超过其他剧种。18 世纪末,三庆、四喜、春台、和春四个演唱徽调的戏班(简称"四大徽班")把皮簧戏带入北京。皮簧曲调丰富明快,富有节奏感,便于表达感情;剧本结构简练,语言通俗,题材广泛。皮簧传入北京后,徽、汉两个剧种逐渐融合,再吸收其他剧种的长处,到 19 世纪中期发展成为一种新剧种——京剧。19 世纪 60 年代以后,京剧盛行,成为广大群众喜闻乐见的艺术形式,也是国内外影响最大的具有典型性和代表性的一个剧种。在名演员中,对皮簧剧的形成和发展做出重大贡献的有总领四大徽班的程长庚、谭鑫培等人。20 世纪初,著名演员汪笑侬对京剧进行改革,编演《哭祖庙》,借三国末年蜀北地主刘谌反对投降、哭祭祖庙的故事,抨击清王朝卖国投降,宣扬爱国主义思想;还演出《将相和》,借战国故事颂扬不为个人私利而以国家安危为重的爱国主义思想;还同陈去病合办中国第一个戏剧杂志《二十世纪大舞台》。与此同时,出现了如《立宪镜》《缕金箱》等以时装排演的改良新剧。

清末民初,京剧的显著特点是以剧本创作为中心,表演艺术迅速提高,演技多姿多彩,精益求精。这时出现了令观众倾倒的京剧名角谭鑫培、旦角大师王瑶卿、河北梆子名角田际云……辛亥前后,京津沪相继修建镜框式舞台的新型剧场,建立演出班社,经营方式向商业化方面转化。广大乡村的露台、庙台,城市的茶园酒肆、会馆戏楼,仍是剧曲的演出阵地。

严复、梁启超较早提出戏曲、小说为资产阶级民主革命服务,倡导戏曲改良运动。1904年,陈去病在上海创办《二十世纪大舞台》,标志着京剧理论改良的兴盛。南社诗人柳亚子号召"建独立之国,撞自由之钟"。戏剧理论研究形成热潮。

关于京剧理论改良,一般包括以下几个方面的内容。

第一,攻击旧戏弊端,主张戏曲要为现实斗争服务。抨击旧戏的"伤风败俗"和"才子佳人",宣扬功名利禄的俗套,指出戏曲必须反映社会现实,从而出现同资产阶级政治运动紧密结合的新戏曲;批判戏曲极端形式主义的倾向,指出戏的高下美丑,关键在于思想内容,而非形式。

第二,极力提高戏曲的地位,把戏曲艺术的社会功能看作构成戏曲的根本因素。陈独秀在《话戏曲》一文中把戏曲视为"普天下之大学堂",是"改良社会之不二法门"。当时一些有进步思想的戏曲艺术家也极力强调戏曲的教育作用,认为戏曲应是政治斗争的得力工具。清末卓越的戏剧家、民主革命战士王钟声指出,中国要富强,必须革命,革命要靠宣传,宣传的方法,一是办报,二是改良戏剧。他一方面强调戏剧的社会功能,同时也指出戏曲必须随时代发展不断变革。从平等观念出发,他还批判"演戏为贱业"的封建思想,指出戏曲演员乃"普天下之大教师也"。他主张力求自然,在自然中求得真实的美感,使舞台表演更接近于生活。

戏曲艺术以舞台表演为主,理论改良的结果最终要在演剧中得以表现。一些具有进步思想的戏曲家,对大量传统戏剧进行艺术的再加工,思想性、艺术性都有所提高。这样,时事新戏便应运而生。时事新戏又称为改良新戏或时装新戏,内容大多源于当时社会上发生的时事。时事新戏的兴起,与当时一批杰出的作品创作和艺术家的艺术再现是分不开的。汪笑侬在戏剧改良活动中起了举足轻重的作用。他将戏曲改良理论最早用于舞台实践,改编创作了大量京剧剧本。汪笑侬对戏剧改良的认识,体现了资产阶级民主主义思潮,同时也表现出他的爱国主义思想。他以主要精力投入演剧活动,用京剧宣传改良思想、爱国情怀,发扬戏剧"高台教化"的社会作用。

戊戌变法失败后,六君子就义,汪笑侬依谭嗣同"我自横刀向天笑,去留肝胆两昆仑"两句慷慨之言,挥笔长叹"他自仰天而笑,我却长歌当哭",即编《党人碑》一剧,讽刺清朝政府捕杀革命党人。他演的《哭祖庙》在日军占领的大连久演不衰。唱词中"国破家亡,死了干净"八字,一时成了市民们的口头禅。无怪有人说"笑侬之戏,得力于牢骚、怒骂,令人痛快"。汪笑侬的时事新戏的最大特点是,尽可能地保留传统戏曲程式的优点。他演过《黑籍冤魂》中的鸦片烟鬼,诙谐逼真,活灵活现;也演出过自己编写的时事新戏——《瓜种兰园》。

上海新舞台的建立是京剧改良运动高涨的标志。上海新舞台创建于光绪三十四年,创办人是京剧演员潘月樵和夏氏兄弟。它是我国第一个具有近代化设备的剧场,首次将茶园式的剧场改为月牙式舞台,引进布景和灯光,很受观众欢迎。同时取消了案目制度,实行卖票制度,从而保证演员在选择剧目和编演新戏方面的自由。新舞台的演员一律废除艺名。

上海新舞台成立后,编演过大量宣传革命的时事新戏,其中有要求推翻清朝统治的《玫瑰花》;针砭时弊、揭露社会黑暗的《宦海潮》;歌颂革命志士的《秋瑾》《鄂州血》等。还演出过外国名剧《黑奴吁天录》。

在北方,年轻的梅兰芳编演《一缕麻》《邓霞姑》等时事新戏。伶界大王谭鑫培等也纷纷参加新剧演出。一时戏曲改良之风弥盖全国,同时带动了汉剧、梆子等地方戏的改良。中国戏曲界一派新气象,面貌为之一新。

1915年后,随着政治形势的变化,京剧改良运动每况愈下,逐渐失去了民主性和鲜明的政治斗争色彩,转为一味迎合市民阶层要求的方向,营利成了主要目的。改良运动逐渐衰落,究其原因,从根本上说,是由于中国资产阶级的软弱性和不彻底性造成的。就戏曲本身而言,京剧改良运动之所以走向低谷,主要是因为:第一,京剧改良无法摆脱封建性,如不少戏中只是痛斥封建官僚,而只字不提封建社会的最高统治者;第二,大量的时事新戏是依据当时特定的环境产生的,待环境变化后,许多新戏失去作用,无人问津;时事戏在京剧舞台上演出形式不够完善,有些戏更生硬地照搬西洋戏剧,破坏了中国戏曲的传统。例如,京剧十分讲究身段、动作的虚拟化,而时事戏将话剧道具原封不动地移植过来。有的戏还不顾戏曲表演原则,一味追求社会效用,只为宣传需要,未经反复雕琢,艺术价值不高,不像传统戏曲剧目那样久演不衰。

戏曲改良是中国戏曲史上一次重要的文艺运动,改良京剧无论在内容还是形式上,都具有一些新的特色,尤其是南派京剧的发展,乃至对解放后的现代戏都产生过巨大作用。

民国时期,京剧艺术流派纷呈,名角辈出,新剧目大量涌现,表演艺术高度发展,进入极盛时代。北京、上海剧作家日渐增多,排演新戏之风极盛。内容新颖、思想进步、情节曲折的优秀剧目不断涌现,如任天知编剧、周信芳主演的以反对汉奸卖国贼为主题的《学拳打金刚》《血泪碑》《阎瑞生》等。1913 年梅兰芳在上海演红后,回北京排演《孽海波澜》《宦海潮》《嫦娥奔月》(古装新戏),轰动剧坛。京沪两派争相编演时装新戏,促进了京剧艺术的发展。演出的兴盛,造就了大批表演人才。老生谭鑫培和刘鸿生、青衣王瑶卿、武生杨小楼、花旦杨小朵、小生朱素云、文丑罗寿山、武丑王长林,深受北京观众称赞,其中谭鑫培、王瑶卿是京剧承前启后的划时代人物。"谭派"唱、念、做、打并重,艺术造诣炉火纯青,一时无双。王瑶卿熔青衣、花旦、刀马旦于一炉,在唱、念、做、打、服装、妆扮上都作了较多改进和创新,为旦行演技另辟新径,对后继新派影响甚大,堪称一代京剧宗师。

第二节 社会主义社会的艺术发展

1949 年中华人民共和国成立,中国结束了自鸦片战争以来近百年的坎坷、屈辱的历史,国家具有独立的国格和尊严。新中国成立初期,党和国家领导人有效的政策和各级共产党干部廉洁、勤奋的工作热情,营造了整个社会积极进取的氛围,使整个中国投入到了建设社会主义新国家的热潮之中。经济建设的有序开展,以及文化、教育社会主义进程的推进,为艺术的发展创造了宽松的社会环境。因此,艺术在社会主义社会的建设过程中继续向前发展。这里主要对民族声乐和工艺美术的发展进行相关的阐述。

一、民族声乐的发展

中华人民共和国成立后,新中国的各项事业百废待兴,党中央高度重视文艺,出台了一系列方针、政策,各方面呈现一派欣欣向荣的景象,也推动着我国音乐事业向前迈进。其中,民族声乐的发展就是很值得一说的一个方面。

民族声乐从开始发展到今天与其他艺术形式一样,受一定的历史时代的政治、经济、文化乃至每个民族特定传统的文化审美、风俗习惯、民族语言、人文精神等因素的制约和影响。自从不同民族的形成,就有了不同民族的歌唱。"中华民族广大欣赏者的歌唱观及其再创造的实践,既是孕育它的生命生长的母体和乳汁,又是培育它壮大成熟取之不尽的营养源泉。"[①]中华民族在五千年光辉灿烂的文化历史中不断衍生了广大人民喜爱的千姿百态的艺术形式,表演艺术中带有演唱形式的就有三百余种,而每一种形式都有其各具特色的唱法及表现手段,因而可以说"中国唱法"是绚丽而丰富多彩的。从古代传统中的有关唱论的描述可见中国传统声乐

---

① 王霭林. 我的"民声观"[J]. 星海音乐学院学报,1988(2).

艺术是很讲求方法的,如《礼记·乐记》中描绘:"故歌者,上如抗,下如队(坠),曲如折,止如槁木,倨中距,勾中钩,累累乎端如贯殊";又如《东府杂录》中讲:"善歌者,必先调其气,氤氲自脐间出,至喉乃噫其词,即分亢坠之者,即得其术即可致遏云响谷之妙也。"在《唱论》中对于演唱风格是这样论述的:"有唱得雄壮的,失之村沙;唱得蕴拽的,失之乜斜;唱得轻巧的,失之寒贱;唱得用意的,失之穿凿;唱得打稻的,失之本调。"(陶宗仪《南村辍耕录》第二十七卷)。古人的这些论述,今天看来是十分精辟和科学的,是和当今被称为最科学的唱法之一的"贝尔康托"唱法的很多要求是相一致的,我国传统的这些对于歌唱的科学总结早于"贝乐康托"两千年左右。这足以说明我国的传统歌唱艺术源远流长,并在演唱实践和理论总结上都达到了相当高的水平。而当今的"民族声乐"等称谓则是现代我国乐坛上的提法,这种唱法正是在这种传统的声乐艺术基础上,随着我国的政治生活、文化生活不断的改变而不断提高发展的,对其他姊妹艺术的长处进行不断的取舍和融入而形成的。

1919 年的"五四"运动,唤醒了民众思想的解放,自此,学习西方先进的科学文化开始成为社会潮流,也使中国音乐文化走向一个前所未有的新阶段,并由此使得中国开始有了西洋式的声乐教学,开始创作自己的艺术歌曲,甚至后来更出现了歌剧,尽管这些艺术形式在当时是稚嫩的,但毕竟向着现代艺术形式的方向迈出了有力的一步。

20 世纪 40 年代,中国民族声乐发展史上辉煌的一页到来,当时涌现出一大批优秀的词曲作家和声乐作品。如肖友梅的《问》,贺绿汀的《游击队歌》《嘉陵江上》,黄自的《玫瑰三愿》,冼星海的《黄河大合唱》,聂耳的《卖报歌》《大路歌》《码头工人歌》《梅娘曲》《铁蹄下的歌女》《义勇军进行曲》等,都有其鲜明的民族风格和时代精神。

这一时期,革命根据地和解放区的一些新文艺工作者,为了使自己的演唱为广大人民群众所喜闻乐见,他们研究传统民歌、说唱和戏曲的特点和规律,并努力学习这些传统声乐艺术的演唱和表演,又借鉴西洋美声唱法,形成了当时风格独具、举世无双的"戏歌唱法"。这种歌唱方法最大的艺术特色在于民歌演唱的亲切自然和戏曲演唱的行腔韵味。然而它又不同于传统的声乐和戏曲的演唱,可以说"戏歌唱法"开启了中国现代民族声乐表演艺术的大门。新歌剧《白毛女》的诞生催生了新的民族演唱表演方法,其中尤以郭兰英为代表的把传统的戏曲与民歌唱法,灵活地融汇于新歌剧与民族风格浓郁的歌曲演唱之中最为成功。她的艺术经验对中国民族歌唱与表演艺术起到了承前启后的重要作用。

1949 年冬到 1950 年初,中国声乐界展开了一场轰轰烈烈的"土唱法"和"洋唱法"的大辩论。

在中国传统声乐领域中有一种被大众广泛接受的"土"唱法即"民族唱法"。所谓"民族唱法"原来是指民间艺人,包括民歌手、戏曲演员的演唱方法。这种唱法根植于中华民族博大精深的传统文化艺术的土壤中,极具民族气质和地域特色。由于用嗓方式及审美风格的差异性,导致各民族音乐形态及表现风格相迥异,同时也存在着共同之处,即歌唱方式自然、原始,未形成较为统一的规范,无法适应多种风格的歌曲演唱要求。

"洋唱法"即"Bel Canto"(欧洲传统唱法)起源于 17 世纪初的意大利,而后在欧洲各国经过了不同的传播和发展,并通过与各个国家自身传统音乐风格特征的相互融合,逐渐演变为法国、德国、英国、俄国等各个国家自己独具特质的唱法。这些唱法在欧洲历经了两百多年歌唱的艺术实践、创新、发展后逐渐形成了固定的美声唱法学派,并于 20 世纪 20 年代传入中国,与

"民族唱法"相较,被称之为"美声唱法"。1927年萧友梅创办上海国立音专,聘请了俄籍声乐家苏石林和从国外留学归来的周淑安、蔡绍序、斯义桂等中国声乐家,他们经常举办独唱音乐会、录制唱片,并把"五四"以来由中国作曲家们自主创作的艺术歌曲和少量经民歌改编的艺术歌曲列入音乐会中。而随着艺术歌曲和"美声唱法"在中国的逐步传播与发展,到了20世纪三四十年代出现了被誉为中国美声"四大名旦"的黄友葵、喻宜萱、郎毓秀、周小燕四位歌唱家,反映出艺术歌曲及美声唱法在中国音乐界的初步影响。美声唱法在中国真正开始广泛地传播与发展,是在新中国成立以后。由于党和政府的高度重视,随着一系列文艺方针、政策的出台,各级专业音乐团体和艺术、音乐学院也陆续在全国各地建立起来,加之频繁的中外文化、艺术交流和歌唱者们在国内外声乐大赛中的突出表现,进一步促进了美声唱法在中国的发展,激发了人们对美声唱法深入探究的欲望和热情。与民族唱法相比,"美声唱法"在发声生理机制上有一定的科学性和教学的系统性,这种建立在欧洲语言体系和音乐风格基础上的声乐艺术与中国语言和音乐风格的有着较大差异,而中国近现代声乐创作中出现了大量贴近大众、具有鲜明中国特色的歌曲,一些为工、农、兵而创作的具有普及性的独唱歌曲在艺术构思上侧重于运用、表现民族音调的风格,强调词曲配合妥帖的严谨性,并在有条件的情况下结合钢琴伴奏,如此种种,使得大众的审美情趣成为检验歌曲艺术价值的重要标准。

20世纪50年代爆发的"土洋"之争,对中国声乐艺术的发展方向及声乐作品创作的本土性、审美观念等问题起了至关重要的作用。经过激烈的研讨,声乐界终于达成了两种唱法并存的共识,即新中国唱法应与中国人民的生活紧密联系,摄取中国民间传统唱法的精华,有机地接受外来进步的理论和方法,创造出一种以表现新中国人民的思想感情、富有民族色彩、为人民大众所喜闻乐见的新的歌唱方法。

1957年的"全国声乐教学会议"明确指出:我们的历史任务是努力创造社会主义民族的声乐新文化。对西洋欧洲唱法要民族化,对民族传统唱法要继承、学习,并进一步发展提高。这次会议进一步明确了声乐教学的方针,为以后我国声乐事业的繁荣和提高打下了良好基础。在欧洲传统唱法的逐渐影响下,我们的民族声乐在传统唱法的基础上吸收了西洋传统唱法的精华,不仅民族韵味浓厚,而且发声方法更加科学、自然通畅。这时期出现了如男高音歌唱家胡松华、郭颂,女高音歌唱家任桂珍、鞠秀芳等优秀的民族声乐歌唱家。

20世纪60年代,中国音乐界一度出现了过分强调民族化,忽视西洋唱法的倾向。由于从西方传入中国的声乐艺术在当时还很不成熟,没有取得声乐界在学术上的统一认知,声乐教育领域出现民族化之争以及对西洋唱法的不同说法,所谓意大利学派、俄罗斯学派等,各执一端,客观上阻碍了声乐艺术的系统学习和发展。

1966年开始的"文化大革命"对声乐艺术也有着一定的影响,十年人为灾害致使原本根基就不牢靠的民族声乐几乎荒芜,解放后我国刚刚开始繁荣的民族音乐艺术事业落入低谷。但是,在这段非常时期,仍然脱颖而出了诸如李双江、吴雁泽、朱逢博、李谷一等优秀的声乐艺术人才,他们之中有的在"文化大革命"前已经走上了舞台,受到群众喜爱,其演唱艺术的高峰期是在"文化大革命"的中后期。

改革开放后,我国的民族歌唱艺术迎来了一个万紫千红百家春的新时期。这时期的民族声乐艺术不论是在作品创作的难度、深度,还是对演唱声音的认识、技巧发挥上,以及演唱作品的个性、风格、艺术表现上都突出了时代的气息,增添和发展了民族色彩,跨上了一个新的台阶。在声乐表演和教学方面,一批国际知名的声乐教师和世界级的歌唱家纷纷来中国传经送宝,为我国的声乐教学创造了良好的外部条件。我国各音乐学院和音乐系逐渐出现了一批声乐教育家,如沈湘、周小燕、郭淑珍等。这些声乐教育家们对欧洲美声学派都有了更深的认识和理解,从而打开了我国声乐教学的新思路,使我国的声乐教学质量有了极大的提高。另一方面,在借鉴欧洲声乐技术的同时,如何继承和发扬本民族的文化遗产,发展和完善我国的民族声乐,加快对民族声乐理论及教学理论的研究,也成为声乐教育家们广泛重视的问题。在声乐艺术家们不断的摸索实践中,现今我国的民族声乐唱法,在传承中国传统艺术瑰宝的同时,大胆吸收了美声唱法的精髓,在尊重科学发声规律基础上革新求变;在保持我国民族语言、民族风格、民族气质的原则上,在发声方法上进行了大胆的尝试突破。总的来说,我国的民族声乐唱法在经历了一个较长时期的缓慢发展后,正以崭新的姿态在迅速向前发展。

二、工艺美术的发展

1949 年 3 月,中国共产党在河北省平山县西柏坡举行了第七届中央委员会第二次全体会议,提出了党在革命转变时期的路线、方针和政策,并着重阐述了党在这个时期的经济纲领。报告提出了全国胜利以后在经济建设方面的总目标,即使中国稳步地由农业国转变为工业国,把中国建设成为一个伟大的社会主义国家。七届二中全会提出了对工商业、手工业的社会主义改造的基本思想:建立社会主义国家所有制工业,高度集中的工业管理体制和企业管理制度;恢复和发展国有工业的生产建设;恢复、改造民族资本主义工业和个体手工业;在恢复、发展工业和其他社会生产的基础上,改善职工的生活。通过没收官僚资本主义工业企业和清除帝国主义在工业方面的侵略势力,对民族资本主义工商业采取"利用、限制、改造"的政策。"三反""五反"运动等稳定了社会环境和经济秩序,迅速治疗了战争创伤,到 1952 年完成了恢复国民经济的任务。

在这样的时代背景下,党和政府对工艺美术十分重视,并根据"保护、发展、提高"的方针,采取了各种有利于工艺美术事业的措施:对供应原料、加工订货、技术指导、低利贷款、税收优待、收购包销等办法加以扶持;积极组织过去改行的艺人归队,帮助他们恢复生产,安置他们的生活;通过展览,访问民间艺人,挖掘、搜集民间工业品。例如,1949 年 8 月 31 日,北平市人民政府工商局在解放饭店招集梁思成、费孝通、徐悲鸿、林徽因、吴作人、高庄等专家,举行了"北平特种工艺品产销问题座谈会";1953 年,由文化部主办的"全国民间工艺品展览会"在北京举行,组织人员进行全国性的手工艺现状调查等。经过以上的挖掘、恢复和发展工作,一些停产的行业得到恢复,不少失传的著名工艺品得到了新生,如河南的均瓷、北京的烧瓷、浙江的篾丝镶嵌、成都的银丝制品、浏阳的菊花石,等等。到 1952 年,全国从事工艺美术生产的从业人员有 43.8 万人。此外,人民政府对设计行业也采取了比较宽松的态度,许多设计事务所、设计公司和广告公司延续着他们固有的现代设计观念和设计手法。

在广告上,初期上海成立了公私合营的广告公司,并于 1950 年成立"广告商同业公会"。这一时期的广告量大,如开国大典后,《人民日报》用了两个半版的篇幅刊载了各种广告。广告设计强调为生产、为消费、为人民服务的思想,构图简洁、图案特征鲜明、文案表达明确。1950年,由张仃和吴劳负责,在原华北大学美工队的基础上,成立的"美术供应社",设有百余人的加工工场,隶属于中央美术学院实用美术系。新中国成立初期的许多艺术设计都由中央美术学院实用美术系的师生和美术供应社的工作人员承担,如第一届全国人民代表大会会议的会场布置,国家举办的各种大型展览会的展示设计,国旗、国徽、政协会徽的设计和制作,"建国瓷"和"建国展览瓷"的设计和生产,天安门一带的环境艺术设计,以及解放军军服、警服和20世纪50年代元帅服、将军服,各种勋章、奖章、纪念章、纪念邮票等。在建筑设计上,也涌现出一批非常成功的作品,如杨廷宝设计的和平饭店、傅义通设计的北京儿童医院、冯纪忠设计的武汉医学院医院,等等。

1952年毛泽东和党提出了过渡时期总路线后,资本主义工商业社会主义改造进入了新的阶段,手工业成为社会主义改造的一个重要组成部分。由于延安时期的实用美术设计强调向民间、民族传统造物学习,延安的日用品生产形式主要是手工业,新中国成立后延安的设计教育与设计实践经验成为新中国造物艺术的参照,加之手工业工艺品成为新中国出口创汇重要力量,从1950年到1956年,工艺品美术品出口总额达到较高的数值。由于工艺美术品对支援国家社会主义工业化的建设发挥了重要的作用,所以人民政府对"民间工艺""传统工艺"和"手工业"更加重视。

工艺美术的概念其实在我国20世纪30年代就已经形成,但工艺美术在新中国成立以后获得了真正的发展。1953年第一届全国民间工艺美术展览会之后,"工艺美术"被确定为设计学科的名称。1956年中央工艺美术学院建立后,各地的美术院校大都设置了工艺美术系科或专业,并出现了一批中等工艺美术学校和多种形式的职工工艺美术教育。原有的图案教育被改称为工艺美术教育,"工艺美术"被全社会所接受。工艺美术文化中图案只是工艺品设计的前半部分,就是工艺品制作之前的预想、意匠和用图样显示的方案。图案也明确划分了广义和狭义两重意义,图案从各专业名称的总和的习惯用法中淡出,形成了诸如染织、陶瓷、装潢等以工艺特征而命名的专业名称。不得不说,在新中国成立后,工艺美术被艺术化和手工艺化了,实用性逐渐淡化或忽略。

事实上,从工艺美术早期的定义来看,实用性是工艺美术的首要目的。工艺美术既是物质产品,又是艺术创作,它的主要特点就是实用与美感的统一。据现存的资料,最早对"工艺美术"进行定义是陈之佛在1929年的《现代表现派美术工艺》一文中,他说:"工艺在本身上,本来含有'美'和'实用'两个要素,美的要素包括"质、形、色彩、装饰",实用的要素则是"构造样式等对于使用上的关系""工艺是适应人类日常生活的要素一。'实用'之中,同时又和'艺术'的作用融合抱合的一种工业活动。"陈之佛认为,美术工艺绝不是"古董的模仿",现代美术工艺是现代工业和艺术的结合。它的发展是"密切关系于人类生活的",随着社会文化生活的发展,服务于大众,而原来古董制作的满足对象是少数的贵族阶级,要使它为社会服务是不可能的。所以,只有新兴的美术工艺才能担当这种功能,这就需要"养成一般社会的工艺趣味,切实指导工艺品的制作者,以文化的目标,使美术工艺民众化,是为当务之急"。1961年,陈之佛在《中国工艺美术史纲·绪论》中完整阐述了工艺美术:"工艺美术和其他美术如绘画、雕刻等具有共性,也有它的特性。工艺美术必须满足人们的物质生活要求,同时也要满足人们的审美要求。实用性就成为工艺美术的首要目的。所以工艺美术既是物质产品,又是艺术创作;实用与美感的统一,就形成工艺美术的特点。对工艺美术创作设计的'适用、经济、美观'三原则,就是根据工艺美术本身的特点提出来的。"

工艺美术具有实用和审美的双重功能,工艺是第一性的,它是在工业生产中由材料到成品的一种加工手段,美术是从属于这种手段的,因而工艺美术成为一种实用的艺术,美化生活的艺术。这种性质实际上从人类文化产生的最初阶段就已经显示出来:史前石器到青铜、丝织品,显现了实用物质和审美精神两种特性,这两种特性是统一的、融合的,但可以相互转化,即从实用转化为鉴赏,从依附于器物表面纹饰,器物造型中分离,逐渐发展而形成独立的绘画、雕塑等艺术形式,显示了审美精神的艺术发展的一个重要途径。艺术往往被看成是历史的奇迹,但仔细观察,它却源自实用器物,最初是依附于器物及其实用性而得以展现,实用与审美是完美结合的。

第三节　入世精神与全球化中的艺术

一、玩世现实主义艺术

"玩世现实主义"这个名词最早出现在栗宪庭于 1991 年 8 月完成的一篇题为《无聊感和"文革"后的第三代艺术家》的文章里。在这年初,栗宪庭就开始注意并研究一种以写实主义方法完成批判性作品的新倾向。

1993 年初,《创世纪》(创刊号)"盖尔波瓦咖啡馆"栏目主持人岛子将栗宪庭于 1992 年初完成的文章《89 年后中周艺坛的后现代主义倾向》发表出来,这篇文章将这位具有影响力的批评家过去一年经过修正的思想比较充分地进行了阐释。于是,"玩世现实主义"一词在中国进一步流行起来。在这篇文章里,栗宪庭作了一个被题为"附文"的注脚:对涉及"玩世现实主义"的"泼皮幽默"和"流氓文化"这两个概念进行了历史和文化上的言说。

从精神上讲,玩世现实主义受惠于 20 世纪 80 年代的"超现实主义样式的现实陌生化和荒诞感的心理",然而,玩世现实主义放弃了对形而上领域的追问和对意义的寻求。因此,玩世现实主义没有多少形而上的精神背景支持。这就使这种主义从很大程度上可以说是中国两千年来封建历史构成的世俗痞子文化的一种当代表现:自嘲(有时是自贱)、夸张、不切实际、随机应变、没有立场、自以为是、无可奈何。但这一切又不回避安全、利益、权利这样的问题。由于"无聊"与"泼皮"这样的状态在 20 世纪 90 年代初被批评家纳入反官方意识形态的范围内,所以栗宪庭将几十年前的文人林语堂的"放浪"这个"专制社会一束最后最强的光"同新的玩世现实主义艺术联系了起来。

与历史上不同时期的意识形态对立的目的与结果不同,由玩世现实主义所表现出的意识形态对立除了要与现实进行对抗外,也同时在追求一种与现实的合谋。对于个体艺术家而言,加入玩世现实主义的行列既是一种艺术的需要,也是一种树立品牌的需要。在一个已经改变了的历史语境中,这种"品牌意识"要求独特性、卖点以及有效性。它是意识形态环境的产物,但也更多的是综合影响力的产物:政治的刺激、金钱的诱惑、名誉的吸引、权力的影响、个人的机智以及对形式的创新。所以,当 20 世纪 50 年代出生的艺术家在对已经熟悉的各种思想进行理性的分析和检讨,并以波普艺术的语言来推进自己的艺术,60 年代出生的艺术家则轻松抛弃了绝对主义和相对主义二元论,以一种利益社会中的现实主义态度从事自己的艺术工作。

从某种程度上讲,玩世的姿态实际上是承继着中国历史上不同时代的"王大点"①的残酷人生观。值得我们注意的是,这种被鲁迅批判过的看客,正是专制权力集团所期望的理想臣民。玩世现实主义艺术中表露的精神状态,基本上属于这样的看客的精神状态,这也正是为什么西方社会在了解中国90年代精神状态的过程中,对玩世现实主义的形象语言感兴趣的原因之一。

1997年,在荷兰布列达举办的"ANOTHER LONG MARCH Chinese Conceptual and Installation Art m the Nineties"(另一次长征:90年代中国观念和装置艺术)展览目录上,侯翰如将政治波普和玩世现实主义的政治和文化背景作了有意义的阐释。这位20世纪90年代初离开中国内地的批评家指出,中国80年代的艺术运动一直是集中在意识形态问题上展开的。1989年后,先锋艺术在被国际艺术市场、机构和媒介体系接受的同时也开始得到国内外更多人的认可,而这些主要是通过政治波普和玩世现实主义而促成的。20世纪90年代,随着经济高涨和向市场体系的转化,政治波普和玩世现实主义成为官方思想与"先锋"之间妥协的象征。因为,官方与前卫代表都有意识地认同市场体制的价值。一方面,认可市场重要性以及它的促进作用能巧妙地保持各自的力量以及在"改革开放"中的利益;另一方面,市场本身的推进似乎也体现了自由表达的可能性。

玩世现实主义绘画的语言具有风格主义和学院派倾向,它的目的并不是艺术语言的创新。将社会中存在的对政治和日常生活的普遍不满与市场价值融合起来,在暴露社会的消沉状态的同时又能够在经济上获得收益——在利用国际艺术市场的过程中,市场价值和极权主义如此奇特地相融在一起了。从某种意义上讲,玩世现实主义是一种文化实用主义,因此,它受到国际艺术市场以及中国香港、台湾地区人士的青睐是自然而然的。

玩世现实主义艺术的整体性面貌在"后89中国新艺术"展览中首次被充分展示出来,并影响了许多年轻艺术家的绘画风格。直至大约1995年,玩世现实主义以与消费社会更加接近的"艳俗艺术"风格相融合,得到精神上的延续。

玩世现实主义的艺术家主要有刘小东、赵半狄、李天元、王劲松、宋永红、方力钧等。刘小东的艺术是最早为社会所知的玩世现实主义的艺术,他以放弃理想主义的态度、富于现实敏感性的绘画天赋表现了这个时期的社会精神状况,为历史留下一种富于审美价值的艺术佐证。他的代表作有油画《田园牧歌》《吸烟者》(图4-2)《休息》《醉酒》《白胖子》《阳光普照》等。赵半狄的作品采用的主要是学院派技法,笔触生动,构图自由,画中人物表情漠然,人物之间没有呼应,题材也普通和过分的平常。他的代表作有油画《蝴蝶》《怀抱皇城的少女》(图4-3)《听我说》等。李天元的绘画更多地表现出了艺术家所追求的理性分析。他通过分次制作的方法,将历史与现实的画面重叠起来,希望通过不同内容的形象构成有层次的对比:陈腐的象征物与感性的肉体的对比(《宝座》)、不同权力象征的对比(《单刀赴会》)等。王劲松习惯于空白的处理。那些空白的人物没有因为不具体而丧失真实,反而因为他们所处的位置以及姿态,唤起观众更加丰富的想象。此外,他画中的空白也隐含着"人的空洞、苍白,抑或是对这个失去精神支柱的时代的自嘲"。他的代表作有《助人为乐》《气功疗法》《曙光普照》《天安门

---

① 王大点是清末北京五城公所的差役,写过生活日记,结集为《王大点庚子日记》。

前留个影》等。

图 4-2   图 4-3

二、波普艺术

波普艺术的产生与商品和消费社会的大众化现实有关,这听起来有点滑稽。作为一个契机,1992 年初,邓小平到深圳和珠海这两个沿海城市进行考察,发表了刺激中国人向着市场方向努力的具有权威影响力的讲话。这种来自政治权力中心的声音,无疑使"市场"这一中国逐渐开始认识的事物得到空前的渲染。正是因为这样一个政治背景,由市场权力支持的"广州双年展"才像 20 世纪 80 年代思想解放运动那样唤起了新的希望,艺术家的经验和本能告诉自己:使命感和终极关怀的精神状态对于这个社会不再具有影响力。湖北波普艺术就几乎产生在 1992 年 2 月之后。这是一个拜金主义和商品化以及消费主义在邓小平"南巡讲话"刺激下开始迅速蔓延的时期。当时,电视、游戏机、复印机、传真、广告、卡拉 OK、选美等传媒手段空前发展,由它们制造出的视觉图像超出了娱乐和消费的范围,深深地影响了一代人的生活方式与思维方式,文化的即时性、消费性和浅表性成为一种时尚。这种时尚不断向正统文化发出挑战,要求在时代的艺术中得以表现。于是,艺术圈出现了"迅速""即时""明星""通俗""效虚"等这样一些概念。从这些概念来看,中国的波普艺术在事实上还是吻合了 20 世纪 50 年代汉密尔顿(Richard Hamilton)关于波普艺术轻松的表述:"通俗的(为广大观众而设计的)、短暂的(短期内消解掉)、可放弃的(容易被忘掉)、低成本、批量生产、年轻的(针对青年人)、诙谐的、性感的、噱头的、刺激的和大企业的。"当然,中国波普艺术产生的现实背景毕竟与美国不同,中国的波普艺术必然会表现出一些特殊之处。比如,张培力早在 1990 年就创作过《中国健美——1989年的风韵》和《1990 年标准音》。在 1990 年,充斥中国大街小巷的日常生活混乱中夹杂着苍白,市场仿佛是一个刚刚探头又缩回去了的巨兽,并没有对中国大众的日常生活带来决定性的影响,商业化的符号与形象只能表明一种物质的存在,丝毫没有感性的趣味。在这个时候,具有普遍意义的公众形象仍然在那些曾经对这个国家和民族的命运有过深切关怀的人的大脑里构成现实的提示,同时又让人感到单调恶心和没有意义。张培力将具有政治象征性的大众传播形象以毫无诗意的手法涂抹出来,表现出了一种百无聊赖的心态。从这个意义上说,张培力的为数不多的波普作品与汉密尔顿或者沃霍尔、李希藤斯坦、罗森奎斯特的商业提示全然不同,在它们中间我们看到的不是戏谑和放松,而更多是愤怒和无奈。

"广州双年展"是将波普艺术作了全面推广的一个重要艺术展览。参加了"广州双年展"学术评审工作的批评家和艺术史家皮道坚在评审工作结束之后总结"广州双年展"中的波普艺术时这样写道:

> 艺术家们的创作心态显然较85时期放松。调侃、嘲讽、游戏的创作态度成为一种时尚。这在"湖北波普"和所谓"新生代"艺术家群的作品中均有鲜明的反映。"湖北波普"从过去的历史文化中引用图式,或将流行的大众消费品转换为艺术的做法,无疑具有深刻的文化或社会的含义,以至批评家可以将其大致划分为"文化波普""社会波普"这样一些不同的类型。然而这些作品中的相互冲突、互不连贯、错综复杂的多重意义,却是经由幽默与机智的艺术想象,耐人玩味的技术性制作,轻松而洒脱地自然溢出,绝少刻意为之的痕迹。生活意识的加强,与公众距离的切近,则使之更加富于中国当下文化的浓郁气息。

这种感性化的评述记录了1992年波普艺术的真实状况。那些参加过85年运动的艺术家在一个截然转变的历史时期将自己的作品和趣味也作了相应的截然改变。这样的现象与英美波普艺术家的情况是截然不同的。

产生于1992年的波普艺术主要以湖北艺术家为主体,代表人物有王广义、魏光庆、李邦耀、杨国辛、任戬、舒群、方少华、石磊等。其中,杨国辛的《参考消息》很明显地使人想到沃霍尔。可是,《参考消息》和其他媒体的文字与毛泽东的艰难岁月中的形象结合起来,使得这件作品成为一种带有明显政治意味的回顾。李邦耀的《产品托拉斯》(图4-4)很容易让人联想到"消费"这个概念。将日常生活用品毫无主题地平均对待,使制作的图像缺乏任何目的性。杨小彦使用了"卑俗、平凡乃至无聊"这样的词语来描述这种状态。的确,将那些没有任何特殊性的物品放置在一起,不可能使观众朝着"意义"的方向去理解。物品就是物品,它们不可能是别的东西。可以说,在湖北波普艺术中,这是一件最具消费主义倾向的作品。任戬的《集·邮,欧洲部分》虽然是一个第三世界国家的艺术家对国际政治的符号化表态,但这组作品更多地给予观众的是视觉上的趣味。重复性的邮戳与线条成为艺术家统一图案的链条,保持着作品的整体性。任戬使用了现成图案,但不是采用丝网技术,这在一定程度上削弱了作品的"波普"性质。任戬的作品表明,这个时期中国波普艺术家对日常生活与艺术之间的界限的消除本身并不关心,而更注重一种特殊语言(波普的或非波普的)的表达方式和视觉效果。魏光庆的《红墙系列》(图4-5)将历史的图像突出地放置在画面的主要部分,以求获得一种文化上的隐喻效果。艺术家在使用波普手法的同时增加了幽默与调侃,又不失严谨。由于一种思想的惯性,魏光庆无法放弃隐喻和象征。艺术家以中国传统木刻读本图式和强烈的色彩,改变了波普语言原初的性质——对意义的消解。它成为研究20世纪90年代西方艺术在中国情境中的变异的范例。消费社会的符号控制着那些历史的图像,那些矩形的框架更使人联想到集装箱。在这样一种并置当中,由古代绘画提示的北宋风情就成为当代商业社会的一种衬底,一种对枯燥的视觉感受的滑稽补充。石磊的《胎教——忘记歌词的帕瓦罗蒂》将一个象征古典的形象内容放入一个轻松的构思之中,重复的胎形以一种接近卡通的图式表现出来。尽管画家在这个时期受到自己周围兴盛的波普风格的影响,但是画中仍然遗留了明显的绘画性特征,这样的特征直至以后也没有被石磊放弃。

图 4-4

图 4-5

很有趣,作为更年轻的"新生代"艺术家几乎很少加入其中。这个现象也从另一个侧面表明,这个时候的中国波普是理性与分析的产物,是那些充满激奋的前卫艺术家对已知语言方式的一次有目的的选择。所以,从逻辑上讲,以"湖北波普"开始的中国波普艺术是政治与思想的产物,而商业化社会趋势只是一种契机。当"新生代"画家在不假思索地描绘他们周遭的图像时,那些 50 年代出生的前卫艺术家却在思考艺术无论如何应该出现的"意义",哪怕这个"意义"是通过尽可能的方式消解过去熟悉的思想与含义,是使作品显得没有任何意义,是一种对意义的反讽。这无疑是说,波普艺术家们保持着一种习惯了的逻辑态度。出于经历与知识背景的原因,他们在内心坚持着责任感和强烈的参与历史的心理情节,他们仍然相信理性选择的重要性。波普语言对于他们来讲是一种思想表达的工具,如果非理性的、抒情的、表现的语言不能准确地表达生活的真实内容,那么,一种通俗的、挪揄的、嘲讽的、轻松的图案也许可以构成一种思想立场或生活态度。

三、艳俗艺术

艳俗艺术产生于1996年的《大众样板》《艳妆生活》这样的几个展览中。在随后的几年里，艳俗艺术出现了更为流行的势头。1999年6月，一个以整体面貌出现的艳俗艺术展览《跨世纪彩虹——艳俗艺术》在天津泰达艺术博物馆展出。持续了四年之后，艳俗艺术终于正式地被命名，被历史所记载。艳俗艺术家包括杨卫、徐一晖、胡向东、俸正杰、常徐功、祁志龙、李路明、孙平、罗氏三兄弟（罗卫东、罗卫国、罗卫兵）、王庆松、刘睁等。此外，以广州艺术家黄一瀚等人为主的"卡通一代"，也被认为是艳俗艺术家的组成部分。

艳俗艺术在精神方面的最近的传统是玩世现实主义。在1994年左右趋于鼎盛的"泼皮""调侃"的玩世生活观念，在20世纪90年代中期以后逐渐被转换为矫饰的妩媚或风格化的反讽。玩世现实主义艺术家将政治与商业、权力与金钱构成的社会现实唤起的荒诞，以一种现实主义的寓意形态表现出来，其中遗留下一些与现实对抗的"思想""隐语"与"象征"。艳俗艺术吸收了玩世现实主义的反理想主义的血液，却滤掉了玩世现实主义的历史或者个人化的心理故事。对于现实，也许"讽刺"这样的词汇仍然可以使用，不过，艳俗艺术的"讽刺"带有显而易见的现实亲和性，甚至与现实的"同流合污"。

艳俗艺术与1992年开始流行的波普艺术也有联系。事实上，在整个20世纪90年代，波普艺术都以各种风格样式一直持续着。在语言方面，艳俗艺术应该是波普艺术的一种变体。波普艺术的语言范式为艳俗艺术的出现提供了一个逻辑化的背景。不过，艳俗艺术的发展路线或许更类似于美国的波普艺术或者英国的经典波普——艳俗艺术家非常习惯于从现实中借用现成符号。由王广义、余友涵、李山为主要代表的波普艺术对于大众文化的形式和手段的借用是服务于艺术家历史和政治化情结的，而艳俗艺术家的目光则完全是自我的、民族的、怀旧的，它尽量避开东西方"冷战"游戏中受到关注的政治符号，更加直截了当地从民间和流行文化中寻找形象资源，从而减弱了意识形态对抗的色彩。所以，有的批评家将艳俗艺术视为"后波普"，甚至把它看成是中国波普走向衰落的标志。综上所述，我们可以这么认为，艳俗艺术是前玩世现实主义和波普艺术在急速变化的商业化社会温床中培育出的"私生子"。

艳俗艺术家们希望通过通俗易懂的方式来正面描绘庸俗不堪的现实。他们认为，过去曾经出现过的艺术手段并非不可重复。相反，也许正是利用人们已经熟知的手段，反而可以达到更加强烈的说明效果。艳俗艺术家采用了新年画、宣传画、陶瓷、民间艺术以及业余者的手法，将其进行变形和夸张，从而获得一种新的幽默效果。就此而言，艳俗艺术更容易让人联想到"熵"这个概念：那些被利用过的形象资源又被艳俗艺术家再次反复利用，通过摹写、抄写和改写，直至使其成为不可再利用的垃圾。

艳俗艺术家并不想现实主义地或象征主义地描绘生活，对隐藏在生活之中的所谓社会意义也不企图作理智的分析，他们只对夸大、突出、强调现实生活中的低俗或者平庸感兴趣。在合法的绝对主义权力大伞下，大众文化以花红酒绿、歌舞升平、伪古典风格、自以为是的贵族派头和貌似有教养的权力者的傲慢，在铺天盖地的商业气氛中涌现。这样的现实局面使得这个社会处于一种没有任何价值和道德判断依据的真空。借用现代主义的自由态度来发挥传统文化中病态的一面，同时又保持后现代的相对主义立场，成为艳俗艺术家的艺术空间。艳俗艺术家面对现实所保持的不是一种批判的态度,相反,它是一种扭曲的迎合。他们像洛可可时代的艺术家那样,运用纤巧与灵活的花瓣与枝叶来装饰一种时尚趣味,在这种装饰之中,借用幽默和反讽来弥补一种无可奈何的失落。

艳俗艺术也涉及了政治,这倒不是由于像祁志龙或者杨卫这样的艺术家的作品中出现了历史上的政治色彩或者人物形象。如果说艳俗艺术涉及了政治话题,那么这种涉及也是将任何政治话题平庸化和无意义化。艳俗艺术家没有兴趣讨论政治问题。然而,正如卖猪的农民对国家意识形态毫不关心却要说几句关于世风的俏皮话一样,他们也愿意在一种不负责任的状态中来调笑当前的社会生活。

同玩世现实主义一样,"缺乏深度"也被认为是艳俗艺术家的共同特征。实际上,艳俗艺术家所处的社会和文化语境并不拒绝"深度",只是暴发户和政客的"深度"或者"严肃"让人可疑,艳俗艺术家对这种"深度"和"严肃"敬而远之。从某种程度上讲,他们通过对民间形式和民间符号的戏拟,将"深度"放逐了。

廖雯在她的文章《平民时代的贵族布景——艳俗艺术的语境和定位》中也谈论了艳俗艺术。她认为,艳俗艺术对现实的反映的确与这个时代的人们追求没有实际根基的贵族传统外观有某种联系。

在艳俗艺术家眼中,20 世纪 90 年代的中国暴发户追求的"贵族"式的生活,追求所谓的"高雅"和"上流"是一种值得关注的生活形态。暴发户心态盛行的同时,社会丧失了基本的价值准则,正义、善、尊严、人格这样的人类永恒标准被抛弃了,真正的文明与智慧的提醒者几乎无法发出自己的声音。1993 年至 1995 年——这正是艳俗艺术即将产生的时期——关于"人文精神"的讨论只是一种思想枯竭的空洞呼吁,并没有对社会文化语境发生影响。庸俗的美,庸俗的时尚成为价值主流。即便是艺术家,即便是被称之为"知识分子"的艺术家,似乎也不能置身于外。于是,采取一种"媚俗"的姿态来表现"艳俗"的现实,似乎就成了一种可靠的选择。

虽然艳俗艺术希望通过对社会主流价值和意识形态内涵的嘲讽,消除文化与艺术的精英主义状态,解构大众对精英主义的神话期待,让艺术的语言和风格回到民间,但艳俗艺术家绝不希望自己成为真正大众中的一员。正如郭晓川所提示的那样"艳俗艺术仍然是精英艺术","艳俗艺术所能表达的内容,说到底还是中国知识分子对当下中国社会的一种独特认识和感受"。所以,艳俗艺术仍然是少数人的艺术,因为艳俗艺术没有因对大众熟悉的形象的描绘和表现而获得大众的青睐。相反,艳俗艺术破除社会神话的努力撕开了社会价值的遮羞布,让普罗大众在自己熟悉的图像面前意识到自己的荒诞,从根本上隔离了大众对艳俗艺术的认同。由此看来,艳俗艺术家们往往是想躲在背后,不动声色地探讨现实中的非自然因素以及造成这些因素的历史、现实原因。

艳俗艺术家广泛借用了如传统年画、街头广告、月份牌年画、民间刺绣、金丝绒油画的手段和趣味,这种接近彻底放弃正统艺术手段的趋势表明了艺术的开放达到了"增熵"的程度。艳俗艺术家并不揭示大众生活中的文化趋向与趣味特征,它本身就是这种趋向和特征。他们没有像行为艺术家那样采取冒险的牺牲精神去对抗社会,而是保留、挪用、拼装大众熟知的形象,去揶揄、嘲笑、反讽。从某种程度上讲,艳俗艺术不需要想象力,只需要生活本身的荒诞和麻木,艺术家用自己的堕落和庸俗去接近大众的堕落和庸俗。艳俗艺术不是反映现实的镜像,而是现实本身溃烂的奇观。

　　艳俗艺术是一批没有权力和社会影响力的平凡人的生活景观。艺术家们不仅生活在艳俗的环境里，而且自己就是艳俗大众的一分子。徐一晖的作品就直截了当地把自己毫无价值感，毫无文化支撑的生活状态呈现在作品之中——艺术家将自己的形象放入自己制作的电视机装置里，强行使自己成为"革命英雄"登上舞台。所谓的"文化幻想"已经彻底与永恒价值脱钩，"英雄"状态成了自我认定的一种庸俗表演。

　　艳俗艺术还在很大程度上可以被看成是通俗的现实主义。例如，常徐功的《肖像》系列（图 4-6），就是对商业化时代的大众消费和审美趣味的模仿。他将城乡结合部或小城镇中经常能够看见的物品，如小彩灯、麦克风、旧式花台、瓷凳、手机、国画轴等简单地拼装在志得意满的暴发户或有钱人的周围，让这些西装革履的"成功人士"成为画面的"英雄"。没有任何写实主义作品能够像这些作品那样，用刺绣的手段将土气、平庸、无教养的农民企业家的形象表现得如此真实。俸正杰的《婚纱摄影》系列作品，则以满街流行的"婚纱摄影"为摹本，试图嘲弄流行时尚。艺术家对那些把自己装扮成各种时代有钱人模样拍摄结婚照的人们，对那些模仿影视明星搔首弄姿的市民进行了戏拟和夸张。新人"幸福无比"的脸色被渲染成紫红，画面充斥着晃眼的银黄嫩绿，新人的表情和姿态亲密浮华又僵硬可笑。俸正杰的作品是艳俗艺术中最为风格化的代表之一，他从 1994 年的《皮肤的叙述》就开始了"艳俗"的艺术表现。但是，艺术家这个时候的作品较倾向于对"溃烂"与伤害的表现。随着社会商业化的进一步膨胀，他开始创作出了真正意义上的艳俗艺术作品，如《浪漫旅程》（图 4-7）。画家以大街小巷出现的婚纱摄影为题材，将艳丽和娇柔的图像与姿态给予极度的夸张。画面上所描绘的形象，与人们熟知的现实形象形成了对立，婚姻仪式——这个普罗大众生活中的神圣时刻就这样被艺术家给调戏了，滑稽化了。艺术家通过这些夸张的图像反讽社会的同时，已经创造出一种病态的审美样式。他试图描绘日常生活中的"假大空"，让这种被视为时尚的行为在自己的作品中让人发笑。当观众依凭自己的审美惯性来面对画中的人物和表情时，很快就会被艺术家铺陈的形象世界感染，从而意识到自己也许从来没有意识到的生活现实的荒诞。尽管俸正杰没有将愤世嫉俗的态度或者强烈"批判"的肤浅观念纳入自己对艳俗艺术的认识，我们仍然可以想象，这样的作品会从平凡大众那里得到什么样的反应。

图 4-6

图 4-7

第五章　近现代科技的变迁

中国近现代科学技术,由于封建社会的漫长统治,压制了中国人的创新思维。中国缺乏产生、发展科学技术的动力,人们的思想保守落后,在近代又由于国家贫穷,没有财力发展科技,使得科学技术发展很慢。不过,从明末传教士来华带来西方自然科学知识作为起点,中国的科学技术逐渐与西方融为一体。尤其是进入 20 世纪以后,开始建立起较为严谨的各自然科学的分支学科,分工也更为细密。许多科学和技术都是从西方引进的,产生了很多颇有建树的科学家。

第一节　清代中叶的科学技术

清代的科学技术成就不及宋明时期,加上闭关锁国政策的推行,直到清代中叶也没有出现系统的科学著作,也没有重大的科技发明。随着西方某些科技知识传入我国,某些传统科学的结构发生变革,使中国进入建立近代科学的准备时期。

一、闭关政策阻碍科学技术的发展

我国古代封建社会,在科学技术方面曾取得举世公认的辉煌成就,对人类社会的发展产生重大而深远的影响。但是,清代乾隆、嘉庆以后,科学技术继续受到封建制度的束缚,开始处于停滞不前的状态,与西方资本主义国家科技的迅猛发展相比相形见绌。究其原因,除封建统治日趋腐败、国力日衰诸多因素外,还因为清朝政府实行闭关锁国政策。为抵制西方资本主义商品经济的入侵,维护封建统治,清康熙五十六年(1717)颁布了禁海令,标志闭关政策的开始。乾隆二十二年(1757)关闭了除广州以外的所有其他各口,接着颁布《防范外来规条》,从而最后形成了清代的闭关政策。闭关政策包括两个方面:一方面禁止或严格限制大陆人民出海到西方殖民者控制的南洋一带进行贸易;另一方面实行公行制度,对来华贸易的外国商人严加管制。由于实行闭关政策,使中国在一个多世纪内与西方世界基本上处于隔绝状态。清代闭关政策既是统治者的对外政策,也是其对内政策,它涉及经济、政治、外交、科学文化思想各领域。闭关政策实质上是中国的封建主义西方资本主义的斗争的产物。清王朝企图用闭关政策实行自卫,以保其封建统治万古长存,但结果只是一场悲剧。闭关政策阻碍和摧毁了资本主义萌芽的成长,使中国在经济上长期落后,同时扼杀了科学技术的发展。

本来,处在封建社会的清王朝和欧美资本主义相比相差一个历史时代。虽然人类文化、科技是不存在"国界"的,是在相互撞击、渗透、吸收中前进的,可是自乾隆中叶以后,清朝统治阶级处在与世隔绝的状态，对外闭目塞听，把西方的一切新科技、新事物视作"奇技淫巧"，拒之门外。当西欧国家的思想文化、科学技术突飞猛进发展的时候，中国知识分子仍禁锢在理学、八股、考据、词章的泥沼中，阻塞着文化的发展，如不冲破这种夜郎自大、无须"以通有无"的牢笼，落后势必就要挨打，势必就会越来越拉大与西方国家的差距。

二、西方科技的引进

鸦片战争打破了清王朝闭关锁国的政策，在先进资本主义列强面前，代表落后生产力的"天朝上国"显得衰败腐朽；在西方文明的冲击下，以儒学为标志的传统文化，越来越暴露出它的空疏和无用。随着列强侵略的不断加剧，民族危机日益加深，一部分地主阶级知识分子开始觉醒。他们继承中国文化中反对封建专制、要求思想解放的进步传统，吸取西方资产阶级的"民主""科学"精神，在这一新的思想起点上，在对中国传统文化重新审视和深刻反思的基础上，展开对桎梏人心、抑制民族生机的儒学的批判，兴起以革新除弊、向西方学习为内容和目标的社会思潮。西方自然科学的引进和运用也是在这一思潮的驱动下兴起的。

鸦片战争时期，改革派林则徐、魏源就主张引进西方技术。他们不仅提出"师夷长技以制夷"的正确见解，而且还组织人力译介有关船炮知识。魏源在《海国国志》中介绍了蒸汽机、火轮船的原理和制造方法。

西方先进的自然科学在中国获得广泛传播，始于洋务运动时期。从19世纪60年代开始，洋务派中湘系、淮系官僚军阀基于创办军事工业的需要，开办一些学习西方科学技术的新式学堂，如1862年恭亲王奕䜣奏设的京师同文馆，附属总理衙门，为培养翻译人员，招收八旗子弟学习外语，设英、法、俄文三班，1866年又添设天文、算学及德、日文班。又如，洋务大官僚李鸿章开办的江南制造总局，附设翻译馆，聘请英国人伟烈亚力、傅兰雅、美国人玛高温专门从事翻译工作，20多年译介西方科学技术书籍163种。另附刊32种，其中影响较大的《西国近事汇编》（季刊）出了108期。再如，西方在华教会也设立学堂，开办印书局，出版报刊，译介西方科学知识。广学会的翻译工作开始较晚，侧重于宗教、医学、外国史方面。广学会译著数量很大，但却没有价值较高的科学译著。一些留学生在国外学习天文、物理、地理、医学和工程技术，同时也译介一批科技著作。19世纪末共翻译、辑著科技书籍千余种。

输入、引进近代科技，初期侧重于工业制造的实用学科。江南制造局译著中军事技术比重很大，重要的有《水师操练》《克房伯炮图说》《行军测绘》《水露秘要》《爆药纪要》。介绍自然科学综合知识的著作有《博物新编》《格物入门》《西学考略》《观物博异》等。还有1857年出版的《六合丛刊》和《格致汇编》两种综合性科学杂志。

随着对西学认识的提高和社会生产力发展的客观需求，不论是应用学科还是基础学科都陆续引入中国。

（1）数学。同文馆的李善兰撰写的《方圆阐幽》已独立地涉及微积分的初步概念。他还与伟烈亚力合译罗密士的《代微积拾级》《代数学》13卷，首次使用"代数"一词，是我国第一部符号代数著作，后被日本人采用。江南制造局的华蘅芳精研数学，旁及地质、矿物。他与傅兰雅合译《代数术》25卷、《微积溯源》《三角数理》《决疑数学》，还著有《金石识别》《地学浅识》，其中《决疑数学》把西方的概率论介绍到中国。一些数学译著被各类学校用作教材，一再重印。

(2)物理学。江南制造局早期的军工译著中有《炮法求新》,介绍金属的性能和膨胀系数。后来又有介绍物理学基础知识的《格致启蒙》(光绪五年刊行)、《格致质学》(光绪二十年刊行)。其后,《声学》《光学》《电学全书》等译著也陆续问世。同文馆也译有《格物入门》《格物测算》。

(3)化学。最早的化学译本是1870年广州刻印的《化学初阶》,最早的分析化学译著是《化学分原》。江南制造局的徐寿译著十余种,他编了新的汉字元素符号和元素表,许多名称今天还在使用,如钠、锰、镍、锌、镁等。徐寿曾和傅兰雅合译《化学鉴原》《化学材料中西名目》,第一次刊行中文元素表,也是第一部化学名词汇编,在我国化学发展史上起了先驱作用。

(4)矿物学。矿物学的引进自华蘅芳译《金石识别》始,随后译出的有《开矿工程》《宝藏兴焉》《银矿指南》《探矿取金》等。这些著作分别介绍煤层的形成、开采,矿石的种类及冶炼法,矿石与地层的关系等知识。

(5)地质学。华蘅芳较早地选择翻译英国著名地质学家赖尔的《地质学原理》,译名《地学浅释》。赖尔的专著40多年中再版12次。1890年刊行的《地球初探》《地学稽古说》,叙述地球演变的历史,均涉及星云假说和自然进化观念。

(6)天文学。清初著名的天文学家王锡阐著有《晓庵新法》。英国天体力学名著《天文学纲要》1859年由李善兰、伟烈亚力合译刊行,译名《谈天》,自此哥白尼学说首次介绍到中国。书中介绍八大行星、恒星、慧星、星体运行椭圆轨道要素的变化、行星之间的引力对原轨道引起的偏差等。天体演化知识对中国思想界的启发颇大。

(7)医学。最早译介到中国的西医药物书籍是英国传教士合信编译的《全体新论》(道光三十年)。合信还翻译《西医略论》(咸丰七年)、《内科新论》和《妇婴新说》(咸丰八年)。继后,美国医生嘉约翰编译《西药略说》《割症全书》《内科全书》等书。与此同时,江南制造局译有《西药大成》十卷、《内科理法》《产科》《妇科》《法律医学》《临阵伤科》《保全生命论》。其中,《西药大成》不仅是重要的医学专著,也是重要的化学著作。

(8)生物学。道光末年刊行的吴其浚撰著的《植物名实图考》,是研究植物学和中草药的一部巨著。最早的动植物学译著有《植物》《植物学启蒙》《动物学启蒙》。《生命世界》一书论及生命由来、生命种类及分布、遗传与变异、细胞原质等。微生物学、人体生理学也译入中国。

从以上列举的译著看,各学科的引进水平是很不均衡的,有的学科比较及时、全面,也有的较陈旧粗浅。有的学说(如牛顿、哥白尼学说)在国外已成科学旧闻,但在中国还闻所未闻。数学方面翻译引进的译著质量很高,这与翻译者的知识结构有关;同时与古代数学在中国具有雄厚的基础有关。而有些陌生的学科在开始引进时就只能是浅近的、介绍性的。由于中西文化相去甚远,以上译著尽管是科普性质的,但对一般中国人来说入门仍很困难。为此,徐寿与华蘅芳、傅兰雅等人在上海创办格致书院,经常公开演讲科学专题,进行"课堂示教"的实验,并在院中陈列各种科技书籍和仪器。格致书院是中国最初出现的科学团体的雏形。

通过译著传播的科学知识,有力地影响着中国的思想家。近代科学成就在他们的哲学理论中时有反映,新知识成了他们主张政治改革的理论依据。被称为"晚清思想界慧星"(梁启超语)的谭嗣同就明显地受到过影响。他留下许多谈论数、理、化、天文、地质方面的文字,从这些文字中可以看出谭嗣同对那个时期传入的各学科几乎都有所了解。他曾经研究《几何原本》,并作题解补充;在《石菊影庐笔记》中论及大气层、日心说、气象、光学等知识;在与友人通信中讨论星球的起源、演变,万有引力与地球运行轨道的关系,计算地球的体积和重量等。谭嗣同本人曾著有科学论文《以太说》《论电灯之益》。

在当时引进的自然科学中,对思想界影响最大、最具现实意义的莫过于古地质学和古生物学。晚清思想家尽管原先的知识结构和兴趣不尽相同,他们追求新知识时注意力也各有侧重,但毫无例外地都表现出对古地质学中进化思想的强烈兴趣。关于地球、生物不断进化的观念,是在江南制造局翻译的《地学浅释》中首次被介绍到中国的。谭嗣同以地质学新知识简述地球、生物的演变,完全接受《地学浅释》中生物与地球环境的关系,生物由低级向高级进化的观点。

科学译著中尤其是天文学、物理学和古地质学大大地影响了康有为。康有为仔细研究哥白尼的"日心说"和牛顿的天体力学,并在1886年写了《诸天讲》一书。在这部书中按他的理解对太阳系的起源、行星与太阳的关系,月亮的圆缺、彗星与流星、太阳黑子等都进行了科学的解释。

近代思想家一方面受传统自然观的影响,习惯于融合不同学科的知识和概念,并力图从中找出共同点;另一方面民族危机使得他们把所得新知识急切地与政治主张结合在一起。因此,造成近代科学引进后在短时间内发生作用的往往不在科学方面,而在政治思想方面。

19世纪后半期,近代科学技术开始在中国生根发芽,同当时先进的资本主义国家相比,中国的自然科学是很落后的。许多重要的学科没有系统介绍进来,研究工作尚处于初创阶段,成果凤毛麟角,但它毕竟冲破了封建制度和旧的传统思想的束缚和阻挠,坚定地迈出了第一步。

19世纪后期,中国开始出现一批新型的知识分子。这些知识分子的具体情况千差万别,但总的来看,他们不仅在政治观点、哲学观点方面,而且在科学知识素养方面都同传统士大夫有明显的区别。我国第一代新型的知识分子,主要是通过新型学校、科学实践和派遣留学生而产生的。

数学家李善兰青年时期居上海期间,接触一些自然科学知识,又认识英国人伟烈亚力,曾合译欧几里德的《几何原本》后九卷。1868年经郭嵩焘推荐进入同文馆任算学总教习。他的著作汇集为《则古昔斋算学》13种,24卷。还译有罗密士《代微积拾遗》18卷、棣么甘《代数学》13卷,又译奈端《数理》(即牛顿的《自然哲学的数学原理》)。李善兰在数学上造诣颇深,1864年写的《方圆阐幽》,已独立地涉及微积分的初步概念。另写有《垛积比类》,研究高阶等差级数的求和问题,即为国际数学界所瞩目的"李善兰恒等式"。他翻译的解析几何和微积分,贡献很大,因为微积分的出现是数学史上的一个飞跃:变化和运动的观念进入数学领域,由此兴起了高等数学,成为人类认识自然界的一个重要工具。在天文学方面,李善兰所译《谈天》,正确介绍哥白尼的学说,使中国人对近代天文学的全貌有了初步了解。在物理学方面,他介绍牛顿的古典力学,从此开始打破了传教士对中国科学界的垄断和封锁。

化学家徐寿曾任驻德使馆参赞数年,对自然科学、工程技术有较深入的研究。他在系统地吸取和介绍西方国家化学成就方面,做出开拓性的贡献,对中国化学事业的发展起了先驱作用。他在江南制造总局工作期间,翻译武器制造资料和军事章程多种,还翻译《化学鉴原》(包括无机化学和有机化学,介绍化学基本原理和重要元素性质)及其续编、补编共37卷,《化学考质》(定性分析)八卷,《化学求数》(定量分析)八卷,还译有《西艺知新》《汽机发轫》《测绘地图》。所翻译的化学术语,有许多沿用至今。

数学家华蘅芳精研数学,旁及地质、矿物等学。同治初年,参与筹划江南机器制造局,并翻译数学、地质等书籍。先后在格致书院、湖北自强学堂、两湖书院任主讲近 20 年,造就数学人才甚众。1863 年,与徐寿最早制造"黄鹄"号轮船(船长 50 余尺,时速 40 里),又自造轻气球。著有《算学笔谈》《行素轩算稿》六种,23 卷,其中《开方别术》和《积较术》有独到见解。他以译书出名,尤以数学为主,译有《代数术》《微积溯源》《三角数理》《决疑数学》(概率论著作)等,还著有介绍地质矿物学内容的《金石识别》《地学浅释》。

派遣留学生的结果产生了严复那样的知识分子。他译著很精,选择性很强。通过译著,使中国人对西学的认识大大提高。他翻译的《穆勒名学》,引进了科学的方法论。西方所有科学成果(连同三大发现)都是运用实验定性和归纳法的结果。自从培根的经验归纳法受到重视后,科技大受其益。

李善兰、徐寿、华蘅芳的科技活动,为中国近代科学技术的发展增添了新气象。尽管他们的许多科研成果在清政府的腐败统治下,没有广泛地应用于生产部门,发挥其应有的作用,可是它们毕竟与封建旧文化相斗争而存在,从而打破了地主阶级旧文化长期禁锢人们的思想的局面,为近代开风气之先。徐寿、华蘅芳利用洋务学堂向求学者灌输西方近代科学知识,连同他们所翻译的科学书籍一起,给严重束缚中国人民头脑的八股科举制度以有力的冲击,吸引众多知识分子步入科学之门。

第二节　近代中国科学技术的转型

20 世纪初,随着资本主义教育制度移植到中国,使西方自然科学和各种技术得到广泛传播。自戊戌变法到辛亥革命,在近代科技发展的同时,政治上也完成了一系列变革,从而进一步促进了科技及产业革命的发展。政治上的变动首先表现在一系列重视科学技术、鼓励发明创造的政策法令的制定。早在甲午战败后,清政府就在维新思想的推动下,宣布要"造机器",并着手制定鼓励发明创造的政策。南京国民政府成立后,建立正式官方的科研机构,高等学校设立科研院所,奖励各种技术发明。同时晚清以来的归国留学生及国内培养的高校学生也已经成才,中国的科技人才队伍初步形成并得到不断发展壮大,在日本发动全面侵华战争之前的10 年里,中国的科学技术得到很大的发展。

一、清末到民国初期科学技术的发展

在维新思想的推动下,清政府开始着手制定鼓励发明创造的政策。1896 年 7 月,颁布了《振兴工业给奖章程》,首次以专利的方式鼓励发明创造。1903 年提出鼓励商人参加博览会,引进技术,倡设实验工厂。1906 年又颁布了《奖给商勋章程》,更明确规定对于"凡制造轮船能与外洋新式相者","凡能与西人旧式之外另出新法制造各种汽机器具畅销外洋者","凡能作新式机器制造土货于工艺农务著有成效者"等,分别奖给一至五等商勋,同时赏加二至六品顶戴。1912 年 6 月 13 日,中华民国北京政府工商部正式制定了第一个专利法令《暂行工艺品奖励章程》,共 13 条,12 月正式公布实施。章程规定对经考验合格的新产品,属于发明的,授予 5 年

以内的专利权利,属于改良的,授予褒奖状。清末民初工商机构也有重大的改革:中央专门设立农工商部,并于1911年初设工业实验所,1914年设立地质调查所,1915年再设立黑龙江金矿实验场等,推动了工业化的发展。

由于政治的变革,集会结社自由进一步扩大,各种旨在技术交流、谋求工业发展的实业团体相继出现。最早成立的实业团体是1912年初的"中华民国工业建设会"。同年10月,"中华实业团""民生团""经济协会"等也相继成立。1913年,"中华民国矿业联合会"在上海成立,以"谋求全国矿业的共同发展"。他们研究矿业学术,联络地质调查及地质矿冶工程等学术机关进行调查和学术交流。此外,各地方性团体也纷纷成立。各地还办起了《经济杂志》《中国实业杂志》等刊物,更推动了学术研究和技术交流,逐步形成了倡导产业革命的思潮。

我国近代气象,早期操纵在外国人手里。辛亥革命后,我国才开始有了自己的气象事业。1912年,北京政府在北京设立中央气象台。从1917年开始,又先后在库伦、张家口、开封、西安等地设测候所。1916年,张謇设立军山气象台,这是我国最早的私立气象台。1924年10月10日"中国气象学会"在青岛成立,由高鲁、蒋丙然、竺可桢等人共同发起,以谋求"气象学术之进步与测候事业之发展"为宗旨,是我国最早成立的全国性自然科学学会之一。学会成立后开展气象学术交流,出版《气象学报》,培养气象人才,普及气象知识等,对中国气象事业的发展和现代气象科学的建立具有重要的推动作用。与此同时,国内许多大学也相继建立起自然科学的系科或者研究机构,完善学科体系。

近代地质学,最早始于德国人李希霍芬1868—1872年来我国旅行,回国后写成《中华》一书,讲述中国的地质。我国地质学研究萌芽于鲁迅,他1903年发表的《中国地质学略论》一文,讲述中国地质概况,不久又和顾琅合著《中国矿产志》,并附中国矿产全图。辛亥革命前,章鸿钊到外国学习地质八年,回国后在北京创办地质研究所,对华北地质进行调查。1916年,他与翁文灏合编《地质研究所师弟修业记》,对我国地质史、地质结构、矿产与地质的关系作了阐述,为我国开发矿产提供了理论根据。1905年,地质学家邝荣光绘制的《直隶省地质图》和《直隶省矿产图》,是我国第一批地质图。1922年1月27日,章鸿钊积极倡导,丁文江、翁文灏、李四光等多位地质学家在北京成立"中国地质学会",章鸿钊被推选为首任会长。这一学术团体对中国地质事业的发展起了十分重要的作用。

近代医学也有一定发展。中医夏春农,对威胁儿童生命的喉痧(腥红热)在细致研究的基础上撰写了《疫喉浅论》。在外科方面,1897年,赵濂在前人研究的基础上发明铜质吸脓器。中医冯汝玖对小儿惊风进行深入研究,1911年写成《惊风辨误》。本草方面,1901年郑严原写成《伪药条辨》,此后,曹炳章在此基础上继续研究,增订《伪药条辨》,1927年刊行,对本草学的发展起了一定作用。在温病方面,著名中医何廉臣撰写《全国名医验案类编》,对前人的医案作了比较分析,制定一套医案规格,在中医学界影响很大。

民国以后经过政府倡导发展科技和工业,近代科技的引进和运用达到了一个较高的程度,使工业化运动从原来仅局限于少数企业家范围,扩展到成为政府和全社会的行为,从而成为近代产业革命发展的重要标志。据统计,"从1895年到1913年设立的工矿企业达到549家,包括燃料、采掘、金属开采冶炼、金属加工、水电、水泥、砖瓦、陶瓷、玻璃、火柴、烛皂、扎花、纺纱、织染、缫丝、呢绒、织麻、碾米、面粉、炸油、卷烟、饮食、造纸、印刷、胶革等各个行业。1913年后发展更快,北洋政府时期工业企业达 706 家,矿业企业达 186 家"①。工业体系更为完备,形成了轻工业发展和重工业发展兼备的局面。特别是重工业中,采煤业、钢铁工业、机械工业都已相当正规,尤其是以往没有的化学工业也得以发展。著名实业家范旭东创办的永利制碱公司,成为中国最早的化工基础企业。

随着民国时期教育事业的发展,大批留学生学成回国,涌现出一批卓越的科学家、工程技术专家,如铁路工程师詹天佑,他对国家科技事业的发展起了极大的促进作用。詹天佑 1873 年被录取为公派第一批幼童生赴美留学。他先入滨海儿童学校,后入山屋中学,1878 年考入美国耶鲁大学土木工程专业,1881 年获得学士学位。回国之际,正值洋务运动高潮时期,没有修路的工作可做,被派到福州船政局改学驾驶。此后长期用非所学。1882 年 11 月,分配去福建水师扬武号旗舰任驾驶官。1884 年 10 月,两广总督张之洞调他到广东博学馆、广东海图水陆师学堂任教,又派他测绘东南沿海地形图。1888 年,被天津铁路公司总办伍廷芳聘为该公司工程师,从此詹天佑得以发挥专长。由于俄国反对中国重用英国铁路工程师肯特,1905 年直隶总督袁世凯任命詹天佑为京张铁路总工程师。这条铁路全长 200 多公里,要穿过燕山山脉,工程难度很大。詹天佑亲自到现场同工人一起测定一条路程短、造价低的路线,并采用高坡度、长隧道的方案,在居庸关、八达岭多山地段开挖四条隧道,靠近长城的那条长达 1901 米。为加快工程进度,詹天佑从山上选择能垂直达到隧道中心线的两点开凿两个竖井,使隧道挖掘工程形成六个掘井作业面。他与工人一起,采取各种措施,解决隧道工程中渗水、塌方等问题。他设计"人"字形轨道,第一次使用挂钩机车,还采用在火车后部加一机车以增加推力的办法,创造性地解决了坡度大时机车牵引力不足的难题。

1915 年 10 月,由留美学生任鸿隽、胡适、赵元任等发起的"中国科学社"在美国正式成立,任鸿隽为社长,其宗旨是"联系同志,研究学术,以共图中国科学之发达"。1918 年中国科学社由国外迁回国内。

飞机设计师冯如早年出国不为留学,但认为"国家富强,由于工艺发达;而工艺发达,以机器为权舆"。为此,他立下学习科学技术振兴中华的宏愿。他在美国旧金山、纽约谋生期间,白天工作,晚上学习,经过十多年的刻苦努力,终于掌握了机械技术、机械学和电学理论。他自制的无线电机,能发能收,电码灵敏。1903 年美国人莱特兄弟发明的飞机(飞行 35 秒钟、260 米远)试飞成功,到世界各地巡回表演,引起冯如的极大兴趣。1906 年,他回到旧金山便开始钻研飞机的设计和制造。他曾经学鸟儿飞行的原理,试制过三架飞机,都未成功。1908 年,冯如终于制成了一架试验性飞机。1910 年 6 月,又试制成一架性能较先进的飞机。

近代中国制造飞机的除冯如外,还有刘佐成、李宝焌和潘世忠。冯如的设计制造活动在国外进行,而刘佐成、李宝焌、潘世忠三人则在国内。他们都是中国航空事业的奠基人。刘佐成、李宝焌都是福建永安人,都曾在日本早稻田大学留学。他俩在日本留学期间,就潜心钻研航空,合作制造飞机。因刘佐成、李宝焌两人在日本制造飞机小有名气,驻日公使胡维德资助他俩带着自己制造的飞机回国。后由陆军出钱在北京南苑庑甸毅军的操场内建筑厂房,制造飞机。刘佐成后来从事航空教育事业,培养出一大批航空人才,成为近代中国航空事业的骨干力量。李宝焌是中国第一个撰写航空论文的人,曾写过一篇《研究飞行的报告》,发表在《东方杂

---

① 杜应娟. 近现代中国社会简明教程[M]. 广州:暨南大学出版社,2013:127.

志》上。潘世忠曾去法国学习机械制造技术,后改学航空。潘世忠不仅设计制造飞机,而且还会驾驶。1913 年 10 月 20 日,潘世忠曾设计试飞成功一架双翼机。刘佐成、李宝焌、潘世忠三人的航空活动,在时间上与冯如差不多,但他们的活动都在国内进行,他们的助手、学生,成为中国近代航空界的骨干力量。李宝焌因他的论文成为中国航空理论的奠基人。

　　自然科学的输入和引进,推动了中国实用科技的初步发展,而基础理论方面仍处于缓进状态。近代科学的传播、引进,使中国科技研究在方法论上发生重大变化。中国古代科技长期停滞在现象描述阶段,缺乏实验手段验证其普遍性,无法归纳成普遍法则。近代科技的引进开始改变这种状况。数学领域微积分的引进,使数学研究从宏观领域进入微观领域,从相对静止进入运动变化状态。符号代数的出现,突破了旧的表达方式。科学术语的形成和制定,建立了科学的系统性。化学中定量、定性分析的使用,使研究走向实验阶段。自然科学的传播和引进,引起人们思想观念发生巨大变化,为科学世界观的创立和发展,准备了必要的条件。

二、南京国民政府时期科学技术的发展

　　南京国民政府成立后,建立正式官方的科研机构,高等学校设立科研院所,奖励各种技术发明。同时晚清以来的归国留学生及国内培养的高校学生也已经成才,中国的科技人才队伍初步形成并得到不断发展壮大,在日本发动全面侵华战争之前的 10 年里,中国的科学技术得到很大的发展。

　　首先,高级科研机构相继成立。1927 年 4 月 17 日,中国国民党中央政治会议第七十四次会议在南京举行,李石曾提出设立中央研究院案,决议推李石曾、蔡元培、张静江共同起草中研院组织法。1927 年 5 月 9 日,中央政治会议第九十次会议议决设立中研院筹备处。7 月 4 日颁布的《中华民国大学院组织条例》,改列筹设中的中央研究院为中华民国大学院的附属机关之一。11 月 9 日颁布的《中央研究院组织法》,明定"中央研究院直隶于中华民国国民政府,为中华民国最高学术研究机关",设立物理、化学、工程、地质、天文、气象、历史语言、国文学、考古学、心理学、教育、社会科学、动物、植物等 14 个研究所。11 月 20 日,大学院院长蔡元培聘请学界人士 30 人在大学院召开"中研院筹备会暨各专门委员会联合成立大会",讨论中研院组织大纲及筹备会进行方法。1928 年 4 月 10 日,颁布《修正国立中央研究院组织条例》,规定国立中央研究院"为中华民国最高科学研究机关"。研究范围包括数学、天文学与气象学、物理学、化学、地质与地理学、生物科学、人类学与考古学、社会科学、工程学、农林学、医学等 11 组科学。条例还对组织、基金、名誉会员等作了规定。中研院改为不属于大学院的独立机关,特任蔡元培为院长。6 月 9 日第一次院务会议在上海东亚酒楼举行,宣告中央研究院正式成立。

　　其次,这十年间在第一代科技研究者的刻苦努力下,科研成果显著,在某些科技领域中甚至可以达到世界领先水平,如数学方面,华罗庚、陈建功对三角级数,许宝禄对数理统计的研究,都达到世界领先水平。熊庆来在无穷极整函数方面的研究被国际数学界命名"熊氏无穷极"。物理学方面,吴有训与美国物理学家康普顿创立了著名的"康普顿—吴有训效应"。青年学者赵忠尧在与英、德科学家的合作中,最先观测到正负电子对湮灭辐射现象。化学方面,侯得榜在 1933 年写成《纯碱制造》一书并在美国纽约出版,为世界制碱工业解决了存在 70 多年的难题,被国际化学界命名为"侯氏制碱法"。天文学方面,在美国学习的张钰哲 1928 年发现

一颗小行星;1936 年,涂长望的中国气候区域研究取得重大新成果。地质学方面,李四光对华北的太行山麓和长江中下游的庐山、九华山、天目山、黄山等地进行了实地考察研究,在此基础上撰写《地质力学概论》,创立了地质力学理论,提出中国也有第四纪冰川的确证。黄秉维在中国海岸地质构造研究上取得突破性进展,地图学家曾世英在 1934 年也绘出《中华民国新地图》。考古学方面也取得了瞩目的成就,旧石器时代的考古发掘,"北京猿人""河套人""山顶洞人"和新石器时代的"仰韶文化"及殷墟遗址的发掘工作取得重大突破。其中"北京猿人"的发现震动了世界学界。

1937 年全面抗战爆发后,国民政府积极组织科研机构内迁。为适应战时及后方经济发展需要,政府还实施"建教结合"计划,鼓励研究院所和生产相结合,一批新的科研机构顺应而生,如清华大学与中央研究院化学研究所、实业部地质调查所及政府有关部委合作设立农业、航空、无线电、金属、国情普查等特种研究所。到抗日战争结束,设有研究所的高校由战前的 12 所增加到 25 所 86 个学部。科研成果取得了一定成就,特别是在工业生产技术如冶金、机械制造、精密仪器等方面有较大突破。不过,由于处在战争时期,国统区的科学技术发展还很难达到和平时期的正常发展水平。

第三节　近代科技文化的发展与中国社会经济的变革

一、科技文化在近代中国文化发展中的地位和矛盾运动

一般来说,科技文化是继宗教文化之后而崛起的文化新形态,它是在人类对自然认识和改造中产生的,也是人类意识、人类文化及人类实践进化的结果。在科技文化的影响下,社会文化实现了定量化、应用化、系统化、统一化的走向。当科技文化占据社会文化的统治地位时,科技文化的时代即已到来。在科技文化时代,科学成为人的思想、态度的取向和价值尺度。科技文化崇尚人,以人为本;崇尚经验和理性;崇尚实用和功利;崇尚进步和发展。自欧洲出现近代科学以来,即在人类文明中产生了巨大的影响,尤其作为文化系统中最能动的革命力量,科技文化在西方启蒙运动中地位显著。在封建专制主义时代的法国,君主、贵族、天主教紧密勾结,从政治、经济、思想上全面钳制和束缚着新兴资产阶级的成长。新兴资产阶级首先要争取"人"的权利。为此,他们依仗科学,诉诸科学理性,不承认任何外界的权威,从而将启蒙推向前进。德国为了摆脱封建主义分散性,随着科学革命的发展,他们运用科学及由此而致的人类"自己的悟性",走出了中世纪,实现了启蒙。科学,这一在近代西方价值观念中占有重要地位的观念,也成了近代中国先进人士视野驻足的焦点,它同样是近代中国人进行社会变革和文化改造的最大助力。可以说,中国近代史是一个中西方文化冲突与交融的过程,从 19 世纪上半期开始,西方文化的大潮伴随着战火涌进中国大门,以各种不同方式逐渐破坏了中国传统文化的稳定性和连贯性。从此,中西方文化交锋渐次展开。这一交锋过程正是以科技文化作为西方整体文化的前沿对中国本土文化——伦理文化的冲击和渗入为线索的,它展示给我们的历史图式和历史轨迹,可以简括为以科技文化为其内在逻辑关联的三个阶段:对科技事实的反省和引

进阶段；为适应科技的引进和发展而进行的对体制的变革阶段；运用科学精神对传统文化的改造阶段。三个阶段文化冲突的层层深入，都伴随着科技文化力量的发挥。

中国传统重人事、轻科学；重技术、轻理论；重经验实用、轻理性概括。19世纪40年代后，魏源、冯桂芬等提出"师夷长技"以及"采西学""制洋器"的主张，开始了对西方科学的最初觉醒。洋务派在"中体西用"的新模式下，大量引进先进技术，兴办洋务企业，成为"师夷长技"理论的实践者。但随着甲午战败，"坚甲利兵"的洋务新政败迹毕露，在中国旧政体下，西方的科技文化遭到第一次挫折。戊戌变法正是要触动封建政体，力图为科技文化的确立与前行消除障碍。当这一冲突日益深入，特别是在中国的政治、社会、道德氛围下，政体的变革仍然不能成功，而科学思潮伴随着民主意识继续向中国文化挑战。经过西方文化的不断冲击及中国人尝试的一次又一次失败，先进的中国知识分子对中国社会文化和道德采取了彻底怀疑和否定态度。从而，更新价值观念和行为规范的新文化运动开始，科技文化又成为中西文化第三期冲突的主流。如果说"五四"启蒙本质上是一场价值转换的观念变革，那么它所运用的思想武器和新价值坐标的轴心就是以科学和民主为内核的近代新型价值观。科学的威力，不仅震撼和冲击了封建传统，而且为"五四"知识分子选择一种新的世界观提供了契机。

很显然，在西方文化冲击下，科技文化在中国近代文化变迁中具有重要的主导性地位和作用。不过，在近代中国，对西方近代科技最先予以关注的，并非科学家们，而是一批具有进步意识的知识者和思想家。科技文化的发展在文化结构上，沿着技术器物层次向科学方法、科学体制层次，再向科学态度和科学精神层次依次展开；而在认识过程的逻辑上，则沿着科学知识阶段向科学方法阶段，再向科学研究阶段深化。这都符合人类文化发展的逻辑规律。但科学技术作为一种重要的文化力量，它绝非仅仅构成对思想界的冲击，其力量往往渗透到上层建设和经济基础的各个领域中，渗透到普通民众中。这种科技文化对社会文化的多层次影响也体现了科技文化的重要作用。

中国近代科技文化合乎逻辑的发展过程，除了受到外在的社会条件影响外，也由其内在的矛盾运动推进。这种矛盾性概括而言，主要是时代性和民族性的矛盾，这是最基本的矛盾；其次是科技文化的工具价值和内在价值的矛盾，这是影响近代科技文化进程的深层次矛盾。

一般而言，"古今"之分即时代性差异；"中西"之别乃民族性差异。然而对于这一问题在近代思想家那里理解各有不同。具有强烈"欧化"倾向的严复、胡适等认为中西之争即古今之争，着重强调中西文化的差异。强调中西文化的差异就是古今之分，即时代性不同。陈独秀、胡适等更进一步发展了将古今之分作为中西文化的差异的观点，认为中西文化乃是在同一条路上，只是走的速度不同。而与严复同时代的章太炎则认为古今中西之争实为"国粹"与"欧化"的对立，把古今之争看作是中西之争。后来，梁漱溟等则把章太炎强调的中西文化是民族性差异的观点进一步发展了，提出中西文化的差异在于为"意欲"所决定的根本"路向"是背道而驰的。这种对于时代性和民族性各执一端的尖锐对峙，使近代中国人对西方科技文化乃至整个西方文化的认识都存在着明显差异。近代中国大多数进步思想家、科学家称赞近代科学技术是"西方之特产"，进而论述科学的"种种精绝"，实际上是从时代性上来比较中西科技差异的，进而要求以西方科技文明为支点，建立中国的"科学世界"，甚至走上科学为"道"之路途。而另一部分人则偏重于从民族性方面来分析科学文化，从早期的"中体西用"论者，到"西学中源"论者，再到"玄学派"，其思想都鲜明地反映了这一特点。

与此同时,科技文化作为人在社会实践基础上的理性创造,又有双重价值,即工具价值(或称"工具理性""目的理性")和内在价值(或称"价值理性")。前者强调人达到某种目的实际功用;后者则强调人的本质力量以及人在其中的精神满足。这两种态度,在任何一方看来,另一方都是不理性的,换言之,二者之间存在着紧张的关系。然唯有两者的结合,科技文化才算是完整的。从总体上来看,近代中国人把科学技术作为富国之术来看待,强调科技文化之"工具价值"。后来,无论戊戌时代的严复、梁启超,还是"五四"时期的陈独秀、胡适,在制度层面和心理层面,都反对"中体西用",认为西方科技文化无论是工具价值还是内在价值都优于中学,认为中学"无用""无实"。但一个明显的倾向是认为西方科技文化的内在价值必须以工具价值为基础,换言之,特别强调的仍是科技文化的工具价值。

二、近代科技文化发展下的中国社会经济变革

(一)中国旧经济结构在外国资本主义机器工业冲击下的解体

在中国封建社会,自然经济占据统治地位,其特点是自给自足,生产是为了满足自己的需要,而不是为了交换。其具体表现则是以农业为主,小农业和家庭手工业紧密结合,而中国历代封建王朝都致力于维持和加强这种耕织结合的小生产方式。资本主义机器工业通过两条途径促使中国自然经济结构分解。首先,通过大量工业品的输入并自由掠夺中国的原材料。在一次次侵略战争和一个个不平等条约签订后,外国资本主义对华殖民贸易不断加强。其次,通过直接在华投资兴办各种工业企业。最早开始于船舶修造业。五口通商后,外商轮船日益增多,欧美各国在中国设立了很多"轮船航运公司",外商船舶修造业应运而生。最著名的有上海祥生船厂(成立于 1862 年)、香港黄埔船坞公司(1863 年)及上海耶松船厂(1864 年)。这三大厂长期成为在中国垄断航运业、输出廉价工业品和掠夺原料的重要工具。此外,还投资设立了各种加工工业和轻工业。到甲午战争前,外国资本主义先后在中国设立工业企业达 191 个。西方资本主义机器工业通过以上两个途径,在客观上促使了中国旧经济结构出现以下两种重要的变动。

第一,在资本主义机器工业及其制品的冲击下,农产品向商品化方向发展。由于资本主义机器工业的冲击以及资本主义的掠夺,各种作为商品出口的农产品大量增长。蚕桑、茶叶、棉花、烟叶、罂粟,以致花生、芝麻等都大量出口,很多农民都走向商品化生产。

第二,中国手工业在强大的资本主义工商业冲击下,也出现前所未有的新变动。在先进技术的冲击下,中国传统的手工业,无论是老牌的手工棉纺织业,还是历史悠久的冶铁炼钢业、蜡烛业、制针业、采火石业、制糖业等,都遭到毁灭性的打击。例如,"棉纺织业在 1858—1860 年条约增辟了包括长江三个埠的通商口岸后,洋纱、洋布的进口量就大量增加,到 1871 年已占中国进口值的 1/3。此后更是大幅度增长。棉纱的平均年进口量从 1871—1880 年的 97451 担,增加到 1901—1910 年的 2263000 担,整整增加了 24 倍。棉布也从 11463010 匹增至 21442000 匹,翻了一番"[①]。郑观应曾在《盛世危言》中描述 19 世纪后半期手工棉纺织业的变化说:"如

---

① 费正清.剑桥中国晚清史(下)[M].北京:中国社会科学出版社,1985:30.

棉花，一项产自沿海地区，用以织布、纺纱供应本地服用外，运往西北各地络绎不绝。自洋纱洋布进口，华人贪其价廉质美，相率购用，而南省纺布之利半为所夺。迄今通商大埠及内地市镇城乡衣大布者十之二三，衣洋布者十之七八。"在大机器工业冲击下，传统的家庭手工业大多衰落，有的被迫歇业，有的也奄奄一息。

受破坏最严重的是手工棉纺织业、冶铁炼钢等，只有如陶瓷业、爆竹业、制扇业、锡箔业、竹木器家具制造业、中药材加工业及农具制造业等传统民族工艺业才得以保存；而一些能适应新的资本主义发展的手工业通过转换机制及运用新的技术，走出了家庭手工业的小范围，以新型状态得以发展。

总之，在资本主义机器工业的冲击下，中国经济状况和经济结构发生了重要变化。家庭手工业屈服于大机器工业，新型的采用机器制作的手工业开始出现，农业走向商品化，绵延了几千年的自给自足的自然经济终于开始解体。这种大机器工业对落后的手工业和传统农业的冲击，实际上是西方先进的科技文化对中国传统文化冲击并引起重大变革在经济领域的反映。它是科技文化推动近代中国社会经济变革的重要方面，也是重要起点。

（二）近代工业革命在科技推动下的萌发

1. 近代中国工业革命发生的内外形势

1840 年中英鸦片战争结束了中国闭关锁国的时代，中国历史被强行纳入由资本主义所开创的世界历史体系之中。中国由此开始了漫长而艰难的早期工业化探索历程，换言之，中国早期工业革命开展的形势逐渐形成。

中国近代工业革命的形势，以科技推动为前提，分内外两个方面。

从中国工业革命发展的外部条件而言，19 世纪是以三大发现（细胞学说、能量守恒和转化定律、达尔文进化论）及其在广泛领域的突破性进展而被誉为科学世纪，由世界范围内科学技术的飞速发展，实现向大生产的社会转化，由此导致的第二批工业革命国家，连锁式地由西方向东方延伸。这构成了自 18 世纪英国工业革命后的又一伟大历史时代。近代中国正是处于这一伟大历史转折之时，从而获得了良好的进行工业革命的形势。这一工业革命时代，在西方以美国为代表，在东方的代表则是日本。美国和日本的工业革命发展，虽然特点并不相同，但却同为这一大潮中的一部分，都建立在对科学技术的重视和发展基础上，也同为中国提供有利的条件和借鉴。美国在 18 世纪后半期的独立战争中诞生，经 19 世纪中叶南北战争后，资本主义获得迅速发展。为尽快改变原来落后的殖民地经济，美国政府重视发展科学技术，并从原来引进欧洲技术，走向致力于独立创新和发明创造，科学技术发展出现了战略性转折。爱迪生发明电灯导致了美国电力工业技术的重大突破，并造成了其他工业部门随之起飞的形势。美国地质学家发现了石油，从而使内燃机在美国得到普遍使用，大大推动了美国交通运输业的发展。与此同时，一些名牌大学创立，并建立科研中心，各大公司也纷纷建立实验室，吸收大批科学家和工程师从事工业部门的定向研究。从而，在 19 世纪初到 20 世纪初，出现了螺旋推进器、电磁铁、收割机、电报、水力涡轮机、汽车引擎、电话、交流变压器、计算器、交流电动机、实验飞机、汽轮机、气体涡轮机、无线电话、三极真空管等近百项重大技术发明。经过这场从农业到工业的广泛的科学技术革命（工业革命），美国逐渐成为世界上最强大的工业大国。

稍后于美国，日本于 19 世纪中叶开始崛起。与美国不同，日本工业革命是在外力作用和挑战，被迫"开国"并输入西方科学文化中开始的。1853 年，美国海军东印度舰队司令 M. 培理准将率领四艘"黑船"强行进入东京湾，从而打开了日本国门，迫使德川幕府签订了神奈川条约和五口通商条约。日本在受到美国船舰及先进科技的挑战下，由震惊而自强，决心自己起来改变自己的命运。他们放弃了传统的汉学，接受了广泛的欧美式西学。1867 年，明治维新开始，天皇政府提出"求知识于世界，大振皇基"的国策宣言。他们首先聘请了大批外国科学技术专家，培养国内人才，创立科技基础。同时，日本政府派出了大量留学生到美国、德国和英国等，他们学成回国后成为日本科学技术革命的中坚力量。1874 年，时任日本内务省的内务卿保利通即提出"振兴工业"的口号。从此，日本广泛地开展改造原有工业企业，创办"模范工厂"，再转让民间，扶植民族资本家。这样，日本以轻纺工业为主导，带动整个轻工业的发展，同时注意能源交通、电讯等基础工业的重点，达到机械、化工、钢铁等重工业体系的有序全面发展。到 19 世纪末，日本几乎所有工矿企业都勃兴而起。

处在这一工业化大潮序列之中的还有俄国等。俄国与日本一样，也是在外力作用和挑战下，开始寻求出路的。1853—1856 年在克什米亚战争中，强大的俄国被小小的土耳其打败，成了引发俄国大变革的催化剂。从此，俄国进行了农奴制改革，经由农业化向工业化国家发展。

这场波及东西方的工业化浪潮表明，第二次世界性的工业化运动在西方老牌的资本主义工业化国家的殖民中形成，产生了一种世界性的工业化发展之形势。中国在这一形势中，同样也时时展现着开展工业革命的良好契机和崭新前景。虽然中国与美国的状况不可同日而语，但中国与日本、俄国等则是极其相似。同是落后的封建国家，同是受到外敌入侵与挑战。1840年鸦片战争后，直至 19 世纪末的半个多世纪内，已经完成和正在进行工业革命的西方资本主义列强，凭借其坚船利炮，打开中国国门。这为中国从屈辱中自强，在危机中寻找新生，从农业社会向工业社会转变，创造了极为难得的机会和可能。与此同时，众多工业化国家的出现，无论在科学技术上，还是在工业发展的经验上，都为中国提供了借鉴，尤其是第二批工业化国家的产生，对中国产生着更为直接的影响。实际上中国近代许多留学生都是到美国和日本求学，这些国家为中国开展工业革命提供了更为直接和便利的学习榜样。

就内部条件而言，一方面在资本主义机器工业的冲击下，传统的自给自足的经济结构受到冲击，并开始解体；另一方面，由于西方列强的侵略，打开了中国的大门，中国一批批有识之士不断改变对世界的看法，向西方学习科学技术，中国开始步履艰难地走上了发展科学技术的道路，特别是通过科学启蒙和科技教育的实践，中国近代科学技术向正规化、体制化方向发展。这一切都为工业化打下了难得的基础。

随着西方科技文化的冲击和中国近代科技的开始发展，广大有识之士强烈主张改变传统观念，倡导以工立国，从而使工业化运动成为一种时代思潮。最早倡导发展近代工业的是魏源。他主张先由学习西方的军事工业技术开始，进而制造某些非军用的新式工业品；还主张在官办之外，听任"沿海商民"自设厂局来仿造新式工业品。魏源首倡近代工业的主张，成为后来资产阶级思想家发展实业之先声。

资产阶级早期改良思想家冯桂芬接受并发展了魏源"师夷长技以制夷"之说，主张自制洋器，强调必须要能自造、自修、自用，然后，新式机器才能掌握自己手中，而不受制于人。冯桂芬还主张开矿，而且不只是开银矿，更主要是要开发煤铁等现代工业动力原料，这已是一种建立新式工业的主张。

其他早期改良思想家发展工矿企业的思想也非常明显。例如，王韬在 19 世纪 60 年代初的思想转变很快。他在 1860 年《与周弢甫徵君》中，还只是提倡学习西方的火器、轮船和语言文字，至于西方先进的日用工业技术，则仍被视为"奇技淫巧"而加以否定。但王韬很快摒弃了这种陈旧思想。他在 1863 年《代上苏抚李宫保书》中，就尖锐批评了顽固派因循守旧的习性，主张顺应时变，积极学习西方，努力发展中国自己的工业、商业、农业，藏富于民。他还强调用新的标准选拔人才。与此同时，他在另一篇文章中大谈"掘铁之利""掘煤之利""开五金之利""织纴之利""造轮船之利""兴筑轮车铁路之利"，认为唯有大兴工矿企业，才是中国富强之出路。1892 年和 1893 年，薛福成先后写成了著名的《用机器殖财养民说》和《振百工说》，明确指出发展工业，以工立国的系统思想。

郑观应对中国发展科技和工业，无论在理论思维上还是在具体思路上都有着自己独立的见解。首先，他从哲学根源上提出"道器论"这一重要理论，以揭示中西文化之差别。他认为中国早期文化虽还重视器的研究，但自秦汉之后，中国学者"莫窥制作之原，循空文而高谈性理"，而"古人名物象数之学，流徙而入于泰西，其工艺之精，遂远非中国所及。"此即郑氏所谓"我堕于虚，彼征诸实"的历史发展轨迹。正是在这种认识基础上，郑氏在强调"道"的同时，竭力主张"器"的发展，主要指自然科学技术和工业技术的发展。郑观应高度评价了西方的科学技术，肯定其"有益于国计民生，非奇技淫巧之谓也。"他大力提倡机器生产方式，发展工业，充分认识机器在现代生产及社会经济中的作用。他说："论商务之原，以制造为急；而制造之法，以机器为先。"又说："泰西诸国富强之基，根于工艺。"郑氏强调："工艺一道为国家致富之基。工艺既兴，物产即因之饶裕。"因而，他主张在中国大兴工艺，鼓励百工，发展工业。认为自制机器、发展工业乃中国根本的振兴之途。郑观应还主张为了发展工业生产，必须发展矿业和交通。他认为开矿能为工业生产提供必要的原材料和燃料。拥有丰富矿产资源的中国，必须大力加以开发，推动工业发展和国家富强。对于交通，他全面论述了修筑铁路的好处，包括所得运费，可助国用；征兵筹饷，朝发夕至；矿产开采，运费省而销路速；便于商贾贸易，税饷日增；减轻河运、海运之靡费等十个方面。他还强调发展航运业的重要性，指出："多造坚固快利之船，分走通商口岸及华人寓居之埠，如南洋诸岛、北洋、海参崴及朝鲜、日本各口，皆可以运我土货，畅销各国。又添派小轮船往来各省内河，船中驾驶、管轮，悉用华人。"他还特别强调船只的更新，推动现代航运业和工业实业的发展。

总之，作为一位具有浓厚现代意识的民族企业家和思想家，在发展工业实业问题上，郑观应构筑了较为全面的基本思想理论，成为早期思想家以工立国思想的总结，而且提供了许多有价值的操作性极强的观点，为工业化思想发展做出了杰出的贡献。

经过早期改良思想家的思想积累和实践探索，努力要求发展工业化的中国，已成为思想界、知识界的普遍认识。特别是经过洋务运动时期工业企业的创办，到戊戌变法和辛亥革命，中国资产阶级的力量逐渐发展壮大。1898 年，康有为明确指出"夫今已入工业之世界矣。"于是他多次上书，要求"皇上诚讲万国之大势，审古今之时变"，"讲明国是，移易民心，去愚尚智，弃守旧，尚日新，定为工国，而讲求物质。"并"乞下明诏，奖励工艺，导以日新。"他在维新变法纲领性文件中首次主张中国的经济发展模式应"定为工业国"，要采取有效措施"成大工厂以兴实业。"接着,梁启超也提出振兴实业的主张,他在辛亥革命前夕曾在《敬告国中之谈实业者》中宣称:"今之中国,苟实业更不振兴,则不出三年,全国必破产。"从此,社会上形成了倡导实业的思潮。《经济杂志》《中国实业杂志》《实业杂志》等刊物相继创刊发行。20世纪初年,《东方杂志》连续刊登了《论实业所以救亡》《实业救国之悬谈》等文章,详尽论述了发展实业与民族生存图强的关系以及实业发展战略。

2. 中国近代资本主义工业化运动的开展

建立在近代科学技术发展基础上的世界性工业化浪潮,为中国工业化运动提供了良好的外部条件;而科技文化的全面渗入中国,也为中国近代工业发展创造了极有利的内部条件。中国近代资本主义工业化运动就是在这种形势下开始的。

近代中国早期工业化发展情况极其复杂,可划分为以下三个重要的历史发展阶段。

第一时期,洋务企业的创办与近代工业化运动的起始。

洋务企业首先是洋务军工企业。从1861年到1894年间,清政府在全国各地创办了大小19个枪炮厂和军用船舰制造厂。其中规模较大者有江南制造总局(1865年)、金陵机器局(1865年,原苏州洋炮局)、福州船政局(1866年)、天津机器局(1867年)、福州机器局(1869年)、兰州机器局(1872年)以及广州、山东、湖南、四川、吉林、神机营、云南、台湾、陕西等机器局,还有汉阳枪炮厂等。由于特殊的历史基础和历史背景的影响,这些企业主要依赖外国建立起来。一方面生产设备、各种原材料、燃料均购自外国;另一方面生产技术也完全依赖外国人。如近代军事工业的第一个大厂——江南制造总局,就是李鸿章于1865年收买了美国侵略者料而在上海开设的旗记铁厂基础上建立的。该局正式成立后,也由美国人料而担任总监工,留用洋匠7人,负责制造工艺。同年,曾国藩又委托容闳向美国购买了100余台机器,用以装备江南制造总局。不久,该局不断扩大规模,修建了机器厂、汽炉厂、熟铁厂、洋枪楼、木工厂、火箭厂、铸铜厂等,新增机器设备,也都购自外国。同时聘用外国洋匠,如从英国购买了炮弹、水雷和炼钢厂的设备的同时,也聘用了英国洋匠;从德国购进黑色、粟色、无烟等火药厂的设备,这些厂的洋匠也是德国人。其他军事工业的情况同样如此。

同时,洋务军工企业都经清政府批准,由洋务官僚创办,经费也由清政府拨给,直接归属清政府军事机构的领导,在性质上又属于清政府封建军事机构的组成部分。企业内设有总办、会办、提调、委员等官员,对工人实行军事管理。与此同时,各军事工业还成为各洋务派官僚扩大个人或本集团政治经济势力的资本,不按经济规律办事,任意操纵自己所创办的军事工业。可见,洋务军事工业具有强烈的封建性。

从以上两个特点可以看到,洋务军事工业虽然是中国在近代形势下出现的最早的大工业,但并不表明中国近代真正的工业化运动已经开始。因为工业化运动应是为发展工业,寻求富强的有目的有计划的自觉行动。而这些洋务军工企业无论在它的产生目的上,还是在其殖民性、封建性的特点上看,都难以与真正工业化相提并论。这些企业在设备和技术上强烈地依赖外国,经营过程中又纷纷寻找外国势力作靠山,实际上成了外国军事工业的附庸,并未成为近代真正的大工业。这表明当时中国并没有因这些军事工业的建立,而有了近代工业化的基础。同时,这些在严重封建性笼罩下的企业,其生产目的并不是商品生产,也不按照经济规律进行,更不通过资金积累进行扩大再生产,因而它并不属于资本主义的范畴,无论在内部关系上,还是在组织管理上，也都不具备近代工业的管理知识和组织形式。

但是，洋务军事工业毕竟是在众多保守的官绅和士大夫宣扬"祖宗成法""礼义廉耻"的反对声中，由较开明的洋务派"力排浮议"，在"救时""自强"口号下建立起来的最早工业，也是最早利用先进的科学技术发展起来的，因此，它们在近代工业化发展过程中，又具有相当重要的地位。虽然这些近代军事工业仍处于非商品生产的旧的封建形态，但作为机器大工业发展有其自身的规律，许多配套设施随着机器大工业的出现而产生，如一些必要的民用工业和交通运输业开始建立。而随着机器大工业自身发展规律的作用，它又必然会愈来愈突破旧的封建性的束缚，在客观上必然会对中国资本主义工业的产生起着一定的促进作用。洋务派很快从"自强"转而"求富"，从发展军事工业转而又发展民用工业，就是这一规律发展的自然结果。

洋务派创办民用企业，正是导源于军事工业的发展。由于军事工业的发展，一方面，经费不足的矛盾越来越突出。另一方面，各种原材料和燃料长期依赖进口，价格昂贵，且时时供应不上。这就促动洋务官僚们逐渐突破原来认为只要靠洋人、洋机器建立军事工业、仿制洋枪洋炮，即可达到"自强"目的的旧观念，思想上完成了一个重要的变化，即从"自强"到"求富"的转变。洋务派已经清楚地看到，只有广开煤铁五金、铁路、电报等事业，才能"权自我操"，"以贫交富，以弱敌强"。加上其时在大批机器的引进过程中，机器的民用价值也越来越被洋务派所认识。实际上，到这时，洋务派已经感到发展民用工业已是大势所趋。

近代民用工业自19世纪70年代开始建立，至90年代甲午战争止，共建立了20多个。规模较大的有轮船招商局、开平煤矿、唐山胥各庄铁路、天津电报局、漠河金矿、湖北织布官局、汉阳铁厂等。这些民用企业的发展与此前军事工业相比，有很大不同。首先，近代机器引进和技术运用的范围大大扩大了。洋务派非常重视在民用工业中尝试用机器生产。1874年，李鸿章提出开直隶磁州煤矿，委托英商订购采矿机器，"以资倡导，固为铸造军器要需，亦欲渐开风气以利民用也"。1875年，沈葆桢命人购买"凿山钢钻全副"，开采台湾鸡笼煤矿。为"利民实政"，左宗棠决定进口织呢、织布、掘井、开河等机器。1876年，李鸿章在复沈葆桢的函中提议，亟宜购买机器织布，以"期渐收回利源"。这样，到19世纪八九十年代，中国在采矿、冶金、纺织、铸钱、制糖、制火柴等行业中都已开始机器生产。蒸汽机、蒸汽透平机、煤气机、发电机等动力机器；镗床、车床、卧式铣床、龙门刨床、汽锤、六角车床、摇臂钻床等各种机床；机车、汽车、轮船等交通机械；缫丝机、织呢机、棉纺织机、电力织机等纺织机器，还有农业机器、矿冶机器等，都相继输入中国，中国近代机器工业出现了一个较为完备、初具规模的局面，为近代工业的全面发展打下了一定的基础。其次，民用工业的性质已经有了很大的变化。虽然其最终目的仍然是为维护封建统治秩序，在生产设备和技术上也同样强烈地依赖外国，但它们在组织形式和经营目的上则已经有相当大的改变。洋务民用企业分"官办""官商合办"和"官督商办"三种形式。前者在数量上占少数，后二者则占绝大多数，并已初步具有了资本主义工业性质。这些企业的资金主要由官僚、商人、买办等私人集股而成，产品进入市场销售，追求一定的利润，体现了资本主义工业的经营目的。如"官商合办"的第一个企业——轮船招商局，就是通过招股形式出现，1873年就招到商股47.6万两，1877年商股增至73.02万两，另有各海关拨官款170多万两，后来干脆改为"官督商办"。当然，从更深层看，这些民用工业也还不是纯粹的资本主义工业。它们的产生最初即是为解决军事工业的资金和原材料服务的，最终目的仍是维护封建统治。无论是基隆煤矿的煤，还是汉阳铁厂的铁以及铁路交通等，都首先为满足军火工业的特殊需要,剩余部分才投入市场。而在内部管理上,也具有强烈的封建性。无论何种企业都冠以"官"字旗号,企业大权操纵在清政府委派的总办、会办、帮办和提调手里。

总之,洋务民用企业是一种新旧交替、充满矛盾的工业类型。资本主义性质与封建主义传统并存;新的观念和旧的陋习共生。其封建主义的管理方式和经营目的,不利于甚至阻碍了资本主义工业的发展;然而,它们在社会风气未开的情况下,提倡科学技术,引进西方先进机器,建立工厂,又一定程度上推动了资本主义工业的发展。

第二时期,民营工业的发轫与第一代实业家的产生。

民营工业的产生源于以下几个方面的原因:首先,外国机器工业及其产品的大量输入,冲击了中国社会经济,推动了自然经济的分解。其次,自鸦片战争以后,西方科学技术的威力已经受到自魏源到郑观应等一大批先进人士的普遍关注。倡导运用科学技术,发展工业,以振兴民族经济,成为近代开始以后中国思想界的一个重要趋势。再次,洋务工业特别是其民用工业的创办,打破了旧的传统,冲破了旧习俗观念,在近代工业发展史上起到开风气的作用,而且它们引进西方先进机器和技术,促进了科学技术在中国的运用和推广,这对民营工业的发展也起到先导和典范作用。

民营工业最早出现在器械修理手工业中。在广州、上海等沿海地区,有些手工作坊接触机器和轮船,承接有关的修配业务,由此逐渐由手工作坊发展成民营机器修造厂。例如,1839年,陈淡甫在广州创办的陈联泰号,最初即是一个制缝针和修理器械的手工作坊,后来技术有了改进。1876年,陈濂川继承父业,购买车床3台、刨床、钻床各1台,办起了陈联泰机器厂。陈濂川之子陈子昂经过福建马江船厂学习机械,回厂后主持技术工作,机器厂进一步扩大,并开始仿制小轮船。又如上海发昌机器厂也是由1866年方赞举在上海虹口办的手工锻铁作坊发展而来的,1869年引进车床后转为近代机器工业。到19世纪70年代已能仿造车床、汽锤、蒸汽引擎和小轮船等,成为上海最大的民营机器厂。外资船厂在上海的建立,就与中国原有的造船、打铁、铜锡等手工业作坊有密切的关系。鸦片战争后最早进入上海的外资船厂伯维公司,即是租用中国手工船场的泥坞和雇佣中国木工建立起来的。中国的这些手工作坊也因此有重大发展,并逐渐向近代机器工业转变。采矿业也是如此。

诚然,中国资本主义大机器工业更多地是从国外移植而来,一开始便是大机器工业,与传统的手工业并无传承关系。不过,即便是在一开始就是从国外引进的大机器工业各企业中,有一些最初也有一个过渡阶段。例如,如面粉机器工业大多都是从国外移植全部的厂房建筑设计、机器设备及工艺操作建立起来的。但在此之前,自1863年开始中国面粉业还有一个机器磨坊阶段,19世纪90年代之前在中国已出现这种机器磨坊十来家,它们在传统手工磨坊基础上,仍使用石磨,只是以蒸汽动力代替畜力而已。近代民营工业产生的复杂性表明了近代中国大机器工业的复杂性和特殊性。按照马克思主义理论,在发达的资本主义国家,资本主义工业发展有三个阶段,即从手工业的简单协作发展到以分工为特点的工场手工业再过渡到大机器工业。这一历史规律在落后的以封建性占主导地位的近代中国表现为两种情况,一种是直接从国外移植而来的大机器工业,另一种则是通过引进技术和先进机器嫁接到中国原有的手工业或手工工场中,逐渐演化成大机器工业。这反映了中国近代历史发展的特殊性,也反映了中国近代资本主义工业产生的特殊历史背景。先进科学技术的影响导致中国近代经济形态在工业领域里,手工工场还没有充分发展的情况下,就向大机器工业迅速转变,这无疑是科技文化对中国社会经济影响的重大成果。

民营工业产生以后,出现了中国第一代实业家。这一代实业家因民营工业产生的特殊性和复杂性,而具有浓厚的自身特色和民族特点。第一,他们大都是最早从旧的科举道路中摆脱出来的时代弄潮儿。这批人一般都有较深厚的传统文化知识,又有对现实的深刻认识。长期的科举生涯,使他们对封建传统伦理道德和观念有着强烈的不满。因而,他们目标明确,勤奋刻苦,眼界开阔,有一股勤奋不息的顽强意志,开拓性强。比如第一个近代民族企业家陈启源,就深感在当时的中国,商人办厂不易,只有精心筹划,方有成功之望。因而他广作调查研究,一切全凭自己在实践中摸索。从厂址的选择、盖厂房,到购机器、雇工人,都十分谨慎小心。并且建立健全了一整套生产管理、工资制度、质量管理以及八小时工作制等管理制度,做出了前人从未做过的开创性工作,奠定了当时民办工厂的基本格局。

第二,第一代实业家一般都有着强烈的爱国主义精神。19世纪后期,正是中国一步步沦为半殖民地半封建社会的时期,这些实业家与一些"先进的中国人"一样,认为中国必须努力自强;要达到强,必须富;要富,必须振兴工商,引进和学习西方先进科技创办和发展近代工商业。这是中国近代工业产生的重要出发点,也是第一代实业家产生的重要标志。南洋巨商张振勋是一位杰出的爱国华侨实业家,是山东烟台张裕酿酒公司等的投资创办者。他曾拒绝南洋的英、荷殖民政府的封官许爵,明确表示:"吾华人当为祖国效力。"这正是他大量投资国内实业的思想基础。而张謇于1894年中状元时,正值甲午战争开始,帝国主义的侵略使他深切地感到:要使中国"不贫不弱",不被外人欺负,除了振兴工商业之外,实无第二条路可走。这正是他无意于仕途而潜心实业的一个根本原因。

第三,第一代实业家都有着对科学技术的渴求和发展新式机器生产的强烈愿望。实业家张謇极其重视科学技术。早在1886年,他提出"中国源兴实业"的思想后,就曾邀集家乡的一批乡绅、商人,动员他们出资组织小型的蚕桑公司,并且组织技术学习班.将《蚕桑辑要》分赠给大家。作为一个思想家出身的实业家,郑观应对科学技术的论述和重视就更明显,他将"西学"分为天学、地学、人学三类,明确肯定其"有益于国计民生,非奇技淫巧之谓也。"他强调"泰西之强强于学非强于人也。"因此,"欲与之争强,非徒在枪炮战舰上,强在学中国之学,而又学其所学也。"因此他极其重视将科学技术运用于"商战"和实业之中。

总之,19世纪后期,随着中国社会的逐步转型,西方先进科学技术的传播,一批初步具有近代资本主义工业发展自觉意识,深切体会机器生产和科学技术之重要性的实业家开始产生,表明近代中国工业化运动的真正开端。

第三时期,政治变革与工业化运动的发展。

工业的发展,必须要有政治和法制的保障。近代中国政治的变革开始于甲午战争之后。经过戊戌变法和辛亥革命,政治上完成了一系列的变革,对于近代中国科技和工业化的发展起到了重要作用。其主要表现在以下几个方面。

第一,制定了一系列重视科学技术、鼓励发明创造的政策法令。早在甲午战争后,洋务军事工业宣告破产,清政府就在戊戌维新派的不断上书奏议的推动下,终于宣布要"造机器",于是开始着手制定一些鼓励发明创造的政策。1898年7月13日,清政府颁布了《振兴工艺给奖章程》,首次以专利的方式鼓励发明创造。1906年颁布的《奖给商勋章程》,则规定了各种奖励共五等。1903年,清政府提出鼓励商人参加博览会,引进技术,倡设实验工厂。到1912年6

月 13 日,中华民国北京政府工商部正式制定了第一个专利法令《暂行工艺品奖励章程》13 条,12 月正式公布实施。章程规定,对经过考验的合格的新产品,属于发明的,授予五年以内的专利;属于改良的授予褒奖状。

第二,制定了一系列诱导投资、广兴工商业的政策法令。清末民初,在政治变革中,为顺应社会上办实业的浪潮,清政府和民国政府制定了一系列诱导投资、广兴工商业的措施,如制定"公司法"、商标注册章程、制定《矿业法》、制定"保息律"、制定"减免税制"等。

制定"公司法":包括 1904 年 1 月 21 日颁布的《公司律》,1914 年 1 月 13 日颁布的《公司条例》,1904 年颁布的《公司注册试办章程》,1913 年 6 月 2 日颁布的《公司注册暂行章程》,1914 年 7 月 19 日颁布的《公司注册规则》,1914 年 7 月 19 日颁布的《公司注册规则》,1914 年 8 月 17 日颁布的《公司注册规则施行细则》等。主要内容是将公司分为合资、股份、合资有限、股份有限几类,对公司组织程序,均一视同仁。同时,以公司类别立为章目,详细规定各类公司自有的组织程序。

1904 年制定《商标注册试办章程》,这是我国最早的商标法,用以保护华洋商人的商标权利。该法详列商标商品种类 54 门,并统一规定注册及公告、诉讼等程序。

制定《矿业法》,包括 1904 年 3 月 17 日颁布的《矿务暂行章程》,1907 年 9 月 20 日颁布的《大清矿务章程》,1914 年 3 月 8 日颁布的《矿业条例》,1914 年 5 月 6 日颁布的《矿业注册条例施行细则》《矿业注册呈文图式》等,规定放宽矿区限制;理清纳税标准,以前纳税价格,以省会市价为标准,但各矿区与省会远近各有不同,颇为不允,新例则改以产地市价为标准,避免以前的不合理。

制定"保息律"。1914 年 1 月 13 日《公司保息条例》颁布,其中规定:"商业幼稚,总宜采保育主义,拟订保育条例,其保息率甲种六厘,乙种五厘。"被保息的公司种类有甲种为棉织业、毛织业、制铁业等;乙种为制丝业、制茶业、制糖业等。

制定"减免税制"。华商工厂有免税例,开始于 1887 年。1903 年后,走上正轨,规定华商机制土面粉及华商各种工厂准照机制洋货例缴税,值百抽五征税,沿途概负重征;华商矿产有减低出口税、征正税一道,余全免征,且免出口矿产区等税。其他规定还很多,如制定《公司投资奖励章程》;派遣特使招徕侨资;设立商品陈列所,倡导商品检验,统一度量衡,促销国货等等。

上述规章法律的制定,对于工业化运动向有序和理性方向发展,起到了一定促进作用。

第三,清末民初变革工商机构,以利于工商业的发展。1903 年 9 月,清廷首先在中央创设商部,1912 年 1 月,南京临时政府设有实业部取代旧的农工商部;1912 年 3 月,北京政府决定分设农林、工商两部,以推动经济发展;1914 年 1 月,由张謇建议,又将农林、工商部合并为农商部。这种新式机构的建立和不断变更,表明当时的政府对农、工、矿、商等实业的重视。

第四,由于政治的变革,集会、结社自由的进一步扩大,政府制定的关于发展资本主义工业的政策法令发挥作用,各种与科学共同体相类的实业团体,或实业共同体相继出现,推动着工业化运动的发展。

总之,经过清末民初的政治变革,工业化运动从原来仅局限于少数企业家范围,扩展到成为政府和全社会的行为,这成为近代工业化运动发展的重要标志。

经过政府的倡导、支持和直接参与,经过社会上民营企业家的努力,加上 1905 年到 1913

年的收回利权运动以及 1914 年第一次世界大战爆发,西方列强无暇东顾,近代中国科学技术的引进和运用达到一个较高的程度,资本主义工业也得到了较快的发展。

第四节　前进中的中华人民共和国科技

中华人民共和国成立后,国家对原有的科学组织机构作了调整和重新组建。1949 年 11 月,南京的原中央研究院、北京的北平研究院和延安自然科学研究院合并组成中国科学院,院部设在北京,郭沫若任院长,其人员和各个研究所主要分布在北京、南京、上海三地。中国科学院成立后,由一批学术界的第一流专家在全国范围内选聘人员,按照苏联科学院的模式,组成各个学科的专门委员会。此后,中华人民共和国科技开始走上稳步发展的前进道路。

一、通信和交通网的延伸

邮电通信的发展是现代社会的一个重要标志。在《中苏友好同盟互助条约》签订后的第 10 个月(1950 年 12 月),北京—莫斯科的有线电话开始通话。到 1953 年,以北京为中心的全国邮电网形成了。1957 年底全国通邮的乡达到 99%。

铁路的延伸很能代表工业推进的状况。1952—1956 年间,第一条全部用国产器材建成的成渝铁路,以及天兰铁路、睦南关至河内铁路、内蒙古通向蒙古又直达莫斯科的铁路先后通车,宝成铁路筑成,1975 年这条铁路最先实现了电气化。1957 年,鹰厦铁路通车,1958 年,包兰铁路通车,1962 年,兰新铁路通车,1958—1970 年建成了成昆铁路。此后建成通车的还有湘黔铁路(1972 年)、焦枝铁路(1975 年)、襄渝铁路(1978 年)、柳枝铁路(1978 年)等。1949 年,中国的铁路总长 2.2 万千米,1990 年初,增至 5 万多千米。适应中国 1997 年恢复对香港行使主权的形势,在 20 世纪 90 年代修建了京广铁路之外的另一条南北大动脉——京九铁路。京九线已于 1996 年 9 月正式通车,它贯穿了包括革命老区在内的九个省市,不但大大缓解了我国铁路运输南北方向上的紧张状态,而且形成了一个新的经济增长带。

汽车和公路是现代工业社会的另一大标志。1956 年 7 月,由苏联援助在 3 年中建成的中国长春第一汽车制造厂造出了第一批解放牌汽车。1958 年,由专家孟少农(1915—1987)主持设计,“一汽”造出了东风牌小轿车。1950—1979 年间,中国的公路从 8 万千米增至 87 万千米,其中 1954 年通车的康藏公路、青藏公路把世界屋脊同四川、青海联系起来了,高原上开始有了现代化的春色。在这 30 年间,中国的汽车增至 144 万辆,其中大多数为“一汽”生产,此外,北京的吉普车厂、上海的小轿车厂、南京的轻型载重车厂都生产了不少产品,天津、武汉、郑州等城市也建立了不同型号的汽车制造厂。20 世纪 70 年代在湖北十堰建立的第二汽车制造厂生产了东风牌载重汽车。但 20 世纪 50—70 年代卡车的型号在计划经济体制下没有明显的改进,轿车一直处于小批量生产的水平。20 世纪 80 年代以来,从国外进口的汽车(包括高级小轿车)数量剧增,与此同时,许多企业都在市场压力下开发新产品。新产品技术性能有了提高,色彩趋于鲜艳明快和多样化。1986 年中国的公路已延长到 96.2 万千米,国产和进口汽车已达到 360 万辆。近 20 年,中国汽车工业发展中最明显的进步是一大批企业同外国合资,引进先进技术,大大提高了汽车工业的技术水平和规模档次。其中上海生产的"桑塔纳"和"别克"、北京生产的"切诺基"和"现代"、长春生产的"奥迪"和"捷达"、十堰生产的"富康"、广州生产的"本田"、天津生产的"夏利"等轿车和吉普车,是我国分别同德、美、韩、法、日等国合作的产品,现在已成为公路和城市街道上最常见的车辆。

造桥技术在中国古代相当高超,赵州桥、卢沟桥、泉州的安平桥今日犹在。1955 年 9 月开工的由苏联专家设计的中国长江上的第一座大桥——武汉长江大桥,于 1957 年 10 月通车。1960 年,中国最长的铁路复线桥——郑州黄河大桥建成(1905 年这里建设了单线便桥)。1968 年,由中国人自己建造的南京长江大桥也建成通车。1991 年上海建成了南浦大桥,该桥设计上采用了双塔双索叠合梁斜拉桥的形式,主桥全长 846 米,主孔跨径 423 米,贯通了浦东浦西,在全球同类桥中仅次于美国旧金山的金门大桥。90 年代中期,另一座相似的杨浦大桥建成。这两座桥的风格和技术集中体现了 90 年代中国的造桥水平。

民用航空在新中国得到了较快发展。1949 年前夕国民党控制的中央航空公司在起义后留在了大陆,构成了中国民航的基础,接着从苏联买进了新飞机。1954 年 7 月中国工厂制造的第一批飞机试飞成功。20 世纪 50—70 年代中国自己制造的民运飞机基本上是苏联飞机的改进型号。80 年代,中国研制了中小型客货两用运输机"运七"和中型运输机"运八"、多用途直升机"直八"以及其他一些型号的运输和民用飞机。20 世纪 50—70 年代,乘坐飞机对普通人还是可望不可即的,但 80 年代以来却逐步成了现实。1984 年底,中国的航空运输线已达 214 条(国内 183 条,国际 24 条,香港地区 7 条)。20 世纪 90 年代以来中国民航经营体制有了改革,民营航空公司和合资性质的航空公司也出现了,并且向集团化方向发展,航空管理和服务水平以及飞机维修技术有了提高,中国国际航空公司和德国汉莎航空公司合资的北京飞机维修工程有限公司拥有亚洲最大的机库。

民用船只制造和水运方面的发展相当突出。旧中国的造船技术有一定的基础,但仍然没有造大船的能力。1949 年后,大连、天津、上海、武汉、广州等地造船业有了新发展。民用船只的吨位不断取得突破。1958 年大连造船厂造出了万吨远洋货轮"跃进"号(苏联设计)。1960 年,上海造船厂造出了由中国工程师设计的万吨远洋货轮"东风"号。1962 年,上海江南造船厂造成 3 万吨自由锻造水压机,这是大型构件锻造技术的一个进步,1971 年,这个厂制造的 2 万吨货轮"长风"号下水。1976 年大连造船厂制造的 5 万吨级远洋油轮"西湖"号下水。20 世纪 80 年代,中国的造船业进入了世界市场,可以造出一流的大型船只。90 年代上半期,中国船舶工业总公司每年所造船的吨位总量已达到 100 万吨以上。1995—2004 年间,中国的造船吨位一直处于世界第三。

自 20 世纪 50 年代以来,电话、电报、邮电网、广播网、卫星网、电视网、铁路、公路、航空线以及水运网已逐步把中国大陆这片古老的土地用现代工业技术之网和信息网,更紧密地织成一体。

二、民用工业的发展

中国在 20 世纪 50 年代进行社会主义改造的同时,从结构上和技术上彻底改造和重建了工业。1953—1957 年第一个五年计划期间,施工的建设单位达 1 万个以上。经过"一五"期间的建设,中国的钢铁、有色金属、电力、煤炭、石油、化工(包括塑料、橡胶和合成纤维)、大型金属切削机床等工业、发电设备、无线电和有线电器材、冶金设备、采矿设备、汽车、拖拉机、飞机等制造业和重工业有了坚实的新基础。

(1)煤炭工业。中国是世界上最早开采和使用煤的国家。旧中国的煤炭工业有一定的基础,但产量并不高。20世纪50年代以来,作为最主要的能源和化工材料的煤的生产得到了重视。1952—1980年间煤的年产量增加了近10倍(从6600万吨到62000万吨)。原煤产量从1949年占世界第10位,进至1988年占世界第1位,在这期间,年增长速度一直保持在10%左右。中国的煤都有大同、开滦、抚顺、阜新、平顶山、淮南和淮北等。

(2)水利电力工业。在过去,中国没有建设大型电力工业的技术条件和历史环境。从20世纪50年代起,中国在沿海和内地工业城市附近建设了几十个大型火力发电厂,主要以煤为燃料,约提供50%的电力能源。水力发电站也在有条件的地方建立起来。20世纪50年代末至60年代初建成的有青铜峡水电站、新安江水电站、丰满水电站、三门峡水电站;60—70年代建成的有丹江口水电站、龚嘴水电站、盐锅峡水电站,以及刘家峡水电站(1964—1975年建成)。1965年,先进的双水内冷汽轮发电机首创成功,1969年安装并发电,这是当时具有世界先进技术水平的设备。70年代以来又有一大批新的水电站开始施工,其中几座大的分布在长江、黄河、乌江、松花江、大渡河之上。20世纪90年代还通过国际招标建设黄河上的小浪底水利枢纽工程。中国水力发电为国民经济提供的动力源占30%左右。大大小小的电力提灌工程使水源不足的农业地区提高了粮食产量,扩大了耕种面积。

(3)金属工业。20世纪50年代末,以鞍钢(扩建)、武钢(基本上是新建)、包钢(新建)、首钢(扩建)为中心的钢铁工业基地已建成。1969年,第一座旋转氧气转炉在鞍钢建成,标志着钢铁冶炼技术的一个进步。1965年,攀枝花钢铁工业基地建设动工,1978年11月27日,一期工程建成投产,这是中国第一个自己设计、制造设备并安装施工的大型钢铁联合企业。20世纪50年代末至60年代,辽宁、黑龙江、山东、内蒙古、河南、贵州、四川、甘肃、宁夏等地建设了一批铝的生产和加工厂矿。湖北大冶、安徽铜岭、山西中条山、云南东川、甘肃白银和江西德兴则建成了铜的生产基地。江西南部的钨、河南的锑、贵州的汞也先后得到了开采,甘肃的金川发展成了中国的"镍都",云南的个旧发展成了中国的"锡都"。

(4)机器制造业。机械化的机器制造业是工业化的基础。20世纪50年代中期在齐齐哈尔、大连、北京、天津、武汉等地建设了18个重点工厂。80年代中国已有400多个机器制造厂,其中大型的有42个。70年代以来,尤其是由于80年代初以来农业经济政策的改变,中小型拖拉机制造业兴旺起来,拖拉机制造工厂数量大增,型号多了起来。机械工业属于传统工业,它是由手工业发展而来的。20世纪60年代以来,电子计算机技术、传感技术以及新材料和新工艺正在这个领域引起一场技术革命。数控机床、计算机集成制造系统、机器人等技术已成为当前的主导技术。

(5)电子工业。从20世纪50年代至80年代,中国大陆的29个省市自治区先后都建立了电子设备工厂。生产的产品有广播通信器材,雷达、舰船、飞机、导弹、卫星和各类武器上的电子设备,科研部门所需要的各种电子测试和电子显示系统,电子计算机,电视机,以及其他各种各样的电子产品。从世界的角度看,这一时期是电子计算机在经济和军事部门应用飞速发展的时代,由于中国工业基础和技术基础的薄弱,以及和世界电子技术进步前锋的相对隔绝,一直和发达国家之间存在技术差距。

（6）化学工业。主要包括石油化工、化肥工业和橡胶工业。上海、北京、天津、青岛、大连、沈阳、兰州等城市是化学工业中心，广州、南京、重庆、常州、武汉、西安、哈尔滨、太原等城市的化工也发展很快。至 1980 年，国营的化工企业达 5880 个，其中 302 个是大型企业。从这些大型企业的类别来看，石油化工是化学工业中技术性强、生产最为集中、规模最大的企业。化学工业为国民经济提供的重要产品有塑料、橡胶、合成纤维、汽油、煤油、润滑油、化肥、药物、酸碱等，其地位举足轻重。

（7）建筑材料工业。包括水泥、玻璃、砖瓦、新型建筑材料等的生产，20 世纪 50 年代以来有了新发展。清华大学、同济大学等的建筑学系是建筑工程师的摇篮。现代建筑学和古代不同的是应用了固体力学、材料力学、结构力学。建筑材料工业的发展和建筑设计水平集中体现在首都北京的大型建筑物上。20 世纪 50 年代建造的人民大会堂、国家博物馆、人民英雄纪念碑、民族文化宫、军事博物馆、北京展览馆等代表着建国初期的政治、文化特征，也反映了那个时代的技术特色。20 世纪 80 年代以来，我国一些大城市逐步出现了特高型建筑物。至 1997 年全国已有百米以上的高楼近百座，其中北京的京广中心达 200 多米，上海浦东金茂大厦高达 400 多米。这一时期建成的天津电视塔、北京中央电视塔、上海东方明珠电视塔等的高度都在 300 米以上。这些也给城市带来了更多的现代化气息。2004 年建设的"蛋形"国家大剧院、作为 2008 年奥运场馆的"鸟巢"形国家体育场和"水立方"形国家游泳中心等，代表了 21 世纪初我国的科技文化水平。

另外，纺织工业——棉纺织、毛纺织、化学纤维纺织、丝绸纺织，造纸，陶瓷，制革，自行车制造，缝纫机制造，钟表制造等工业，也从 20 世纪 50 年代起或建立，或扩建，以新的规模和速度发展。其中纺织、造纸、陶瓷制造曾代表过中国古代驰誉世界的技术，但在 20 世纪的先进技术行列中，它们已不再具有这种代表性了。但从对一般人日常生活的影响方面来看，纺织、自行车制造业和钟表制造业依然是重要的。

三、地质学和石油工业的发展

新中国成立后，把科学研究和国家建设结合起来取得巨大成功的第一个领域是石油部门。石油在整个国民经济中占有极其重要的地位，地上跑的和天上飞的一切机动车辆——汽车、拖拉机、内燃机车、舰船、坦克、飞机和许多其他机械都需要石油产品做燃料，石油也是重要的化工原料。1975 年，从大庆到秦皇岛、再到北京的输油管道建成。1977 年，山东半岛上滨海地区的大港油田和渤海湾的胜利油田建成。1975—1978 年间，河北冀中平原上的任丘油田建成。至此，中国东部和沿海地区成为主要石油产区，中国由石油的进口国成为出口国。20 世纪 80 年代，一系列新的油田被开发，不少大油田发展成为石油化学工业联合企业，石油和天然气开采和生产加工基地已遍布 19 个省市自治区，1983 年统计的石油和天然气开采基地达 122 个，其中有 15 个大型基地。20 世纪 80 年代以来新的油田正在不断建设中。1984 年，中国在东海建造的第一座半潜式石油钻井平台交付使用，这是一座高 100 米、如足球场般大小、可以配 124 人工作的海上石油站。20 世纪 90 年代，南海石油的勘探和开采也加快了步伐。大量新开发的油田为石油化学工业提供了充足的原料。其中大庆油田由于采用了注水开发技术而保持了长期高产稳产。1989 年初,中国石油工业开始重新关注西部的复兴,计划开发塔里木盆地的石油,建立一个特大型的石油基地。20 世纪 90 年代中期,塔克拉玛干沙漠中的塔中 1 号井已经开始喷油。1996 年我国石油的产量达到 1.5 亿吨左右。尽管如此,2004 年,中国在经济多年持续增长的情况下,成了继美国之后的世界第二大石油进口国。

四、核武器的研制

中国的原子核物理学研究在 20 世纪 50 年代初期由赵忠尧、钱三强、王淦昌、彭桓武等人最先推动,第一个目标便是制造原子弹。1955 年初,由地质部的铀矿勘探队伍和中国科学院近代物理研究所的科技队伍组成了最初的阵容,接着成立了二机部,近代物理研究所改称原子能研究所。国防科委、二机部和科学院协同领导制造原子弹的工作。参加这项工程的有全国 568 个单位,科技人员、工人、解放军共 10 万人左右。宋任穷、张爱萍、刘杰、李觉等担任过这支队伍的主要领导。

1958 年,由苏联援建的第一座实验性反应堆开始运转,回旋加速器也建成了。1960 年苏联专家撤走,当时在苏联原子核研究所担任副所长的中国科学家王淦昌和丁大钊、王祝翔等发现了反西格马负超子,在国内的核弹专家们开始独立地设计和组织制造原子弹。经过一批核物理学家、核弹专家、大批工程技术人员、工人和解放军在严格保密情况下的联合奋斗,1964 年 10 月 16 日,中国第一颗原子弹研制成功。

1965 年,中国进行了第二次核试验。1966 年 10 月,又成功地进行了近程的导弹核武器试验,这是完整的陆基核武器系统的初步完成。之后,核武器的研制一直继续进行。1967 年 6 月 17 日中国的第一颗氢弹爆炸成功后,完善核武器的地面和地下核试验一直相当连续地进行到 1996 年 7 月 30 日(共 40 次左右)。此后中国为了响应广大无核国家的要求和推动核裁军,宣布停止核试验,并于 1996 年 9 月在联合国同其他 50 多个国家首批签署了《全面禁止核试验条约》。

五、火箭、导弹和航天技术的发展

研究火箭技术和喷气技术,既是发展军用的现代武器系统(包括核武器)的关键技术,又是用火箭为动力发射外层空间航天器的关键技术。和原子弹一样,火箭和导弹技术在 1956 年的科技规划中被列为发展的重点。1956 年起步的中国导弹、火箭事业作为一项军事性质的、代表 20 世纪尖端技术的事业,和原子弹的研制一起,最为国家所重视。从 1956 年到 1959 年,这项事业还处于打基础的阶段,而且在同苏联专家合作。1960 年苏联专家离开后,中国的专家们不得不独立地开展研制工作。1958 年开始在甘肃酒泉平沙万里绝人烟的戈壁上建设第一个试验发射基地。在经历了初期的失败之后,从 1964 年开始,中近程火箭开始从酒泉的发射场上飞起。

1966 年,作为陆基战略核武器的导弹核武器发射成功。1970 年 4 月 21 日,"东方红一号"人造地球卫星从酒泉飞上太空。

1970 年,战术导弹的研制和战略火箭的研制被划归不同的工业部门领导。战术导弹与新型战斗机、舰艇及陆军的部分装备的研制计划密切相关。20 世纪 60—80 年代中国新式战术导弹的研制取得了相当可观的成绩,有"红旗""红樱""海鹰""鹰击"(有 C-601、C-801 等型号,为空舰导弹)、"上游"(舰对舰导弹)等。与战略武器和卫星相关的巨型火箭更为引人注目,因为它是洲际核导弹和卫星的运载工具。中国战略火箭中最有名的是长征系列运载火箭。其中"长征三号"是一种在第三级采用低温燃料的太空运载火箭,具有世界一流水平,性能极为可靠。"长征四号"是一种大推力火箭。1990 年 7 月 16 日发射试验成功的"长征二号"捆绑式运载火箭,推力更大,用以发射重型卫星。

在第一颗卫星上天之后,一颗科学实验卫星"实践一号"于 1971 年进入轨道,并连续工作了 8 年。洲际火箭也于 1971 年基本试验成功。在不断进行发射实验的过程中,于 1975 年实现了人造卫星的回收,1981 年实现了一枚火箭(上海航天基地研制的风暴一号)发射 3 颗科学实验卫星。1984 年 4 月 8 日发射成功的地球静止轨道试验通信卫星是国家加强航天技术在通信和军事上实际应用的第一步。这颗卫星是从 20 世纪 70 年代初开始建设的四川西昌发射场上飞起的,这是一个低纬度发射点,有利于卫星进入赤道平面。1988 年 9 月 7 日,发射了一颗太阳同步轨道试验性气象卫星——"风云一号"。卫星给地面的几个接收站发回了清晰的地球上空云图照片,有利于提高天气预报的时效性和准确度,但它仅工作了 39 天便出现了故障。同年,性能优秀的长征系列火箭开始承担为欧洲国家发射卫星的任务。1990 年 4 月 7 日,"长征三号"火箭在西昌基地把美国制造的"亚洲一号"卫星送入轨道,这在技术、经济、政治上都有很大的意义。1990 年 9 月 3 日,太原卫星发射基地又发射了"风云二号"气象卫星。同年 10 月发射的一颗卫星舱内装有试验性的动物和植物,说明中国也在进行太空生物学的研究。与火箭和卫星技术并行发展的还有一个完整的卫星测控系统,这个系统的中心在古城西安。1992 年以来,用长征系列火箭发射卫星时曾出现过发射失败的情况,使人们更加认识了航天事业中的风险。

从 20 世纪 80 年代以来,原来严格保密的航天工业界和外国同行的接触大大增加了,中国的开放政策给这个尖端技术部门带来了新的生机。为了实现航天领域的进一步探索,中国在1992 年开始实施由王永志、戚发轫等主持的载人航天工程,并于 2003 年 10 月 15—16 日成功实现了"神舟五号"乘载航天员杨利伟的太空之旅。2004 年,中国探测月球的"嫦娥工程"也进入了实施阶段。

六、飞机、舰船和常规武器的研制

(1)飞机。20 世纪 50 年代是喷气式飞机的时代,先进喷气式飞机的速度跨过了音速。超音速飞行和空气动力学的研究联系在一起。旧中国的几所重点理工科大学已开设了航空系,飞机工厂已建立了几个。20 世纪 50 年代从国外归国的留学生中有一批空气动力学家和航空技术专家,新中国也开始培养新一代的航空科技人才。

中国的飞机制造业在 20 世纪 50 年代初得到了重建,从 20 世纪 50 年代到 80 年代,在苏联最初全面援助的基础上发展,走了一条仿制、改进、研制的道路。1951—1986 年,中国建设了 11 个飞机制造厂,6 个专业飞机设计所和一些厂属设计所,其中军用飞机的研制生产处于主导地位。

20 世纪 80 年代以来,中国扩大了在航空工业技术领域同外国的接触和合作,从英、法、德等国引进了先进的直升机技术,开始合作生产;之后曾试图与美国合作以改进新型战斗机上的电子设备,却没有成功,只共同生产了民航机;同俄罗斯在军用飞机技术方面的交流在 20 世纪 90 年代取得了进展。

从整体上看,中国航空事业的生产、科研、教育体系相当完整,其规模甚至超过航天系统。但由于 20 世纪 60—70 年代的内部动乱和同外部世界的相对隔绝,中国在喷气发动机材料和航空电子设备方面赶不上世界先进水平。20 世纪 80 年代后半期以来,军工企业面临新的发展环境。80 年代飞机工厂已不再成批生产 70 年代定型的军用飞机。和其他军工生产一样,航空工业进入了多研制、少生产、重点发展、重点装备、新旧并存、梯次更新的阶段。这个时期,航空工业工厂和其他军工企业都利用自己雄厚的技术力量,开始大力开发各种类型的民用产品,以增加收入。2004 年,欧盟开始考虑在军售方面对中国的解禁问题,这对包括军用飞机在内的中国常规军事技术的发展会产生重大影响。

(2)舰船。20 世纪 50 年代的中国海军装备着从国民党海军缴获的舰艇和从苏联买进来的鱼雷艇。1960 年底成立了海军舰船研究院,开始自行研制新的水面舰艇(护卫舰、扫雷舰、登陆舰、驱逐舰、鱼雷快艇)、潜艇、鱼雷和导弹。20 世纪 60 年代初,701 研究所设计了排水量 1000 多吨的火炮护卫舰。1963 年至 1966 年,上海、广州的造船厂开始生产猎潜艇。1968 年开始了新型导弹护卫舰和中型导弹驱逐舰的设计,并于 70 年代上半期装备海军。60 年代后期国产的常规动力潜艇编入海军序列。70 年代海军有了一批空军通用的强击机、歼击机、轰炸机(其中水轰 5 为海军专用型号),20 世纪 60—70 年代的海军也开始装备小型坦克登陆艇和大型登陆舰,海岸要塞在 70 年代装备了反舰导弹。1981 年 4 月,导弹核潜艇下水。1982 年,新型的导弹驱逐舰 105 舰在北海舰队下水,同年,常规动力潜艇在水下成功地发射了潜地导弹。1985 年,封闭型的导弹护卫舰开始编入海军。在 20 世纪 80 年代,其他水面舰艇、常规动力潜艇和海军航空兵的飞机都装备了反舰导弹。1988 年 9 月,核潜艇水下发射运载火箭成功,标志着我国已经形成了海基战略核力量。1992 年 5 月,1954 年从苏联买来的"鞍山"舰退役,表明中国海军舰只已经全部实现了导弹化。

20 世纪 70 年代以来,中国开始了对渤海、东海和南海石油的勘探和开采。由于舰船制造技术的进展,进行远洋矿藏的考察成为可能。1976 年 7 月,万吨远洋科学调查船"向阳红"五号和十一号完成了第一次远洋考察,20 世纪 80 年代又对太平洋底的矿藏进行了调查。

由于舰船制造技术的发展,中国在南极科学考察方面也跻身于世界先进行列。1995 年 4—5 月间,中国科学考察队首次对北极地区作了考察,到达了北极点。

(3)常规武器。20 世纪 50 年代初期中国军队装备着旧中国制造的武器、缴获的美式装备、从苏联进口的武器。50 年代至 60 年代有了一系列改进型的步枪、冲锋枪、机枪、手枪、迫击炮、无后坐力炮、加农炮、榴弹炮、中型坦克、火箭筒等。1959 年国庆阅兵展示的武器全部是国产的,此后军队中的原有装备被淘汰或转交到武装民兵师手中,至 1970 年基本上被淘汰。

在世界范围内,陆军的发展方向是机械化与合成兵种化。由于中国工业基础还不雄厚,庞大的陆军只有一部分达到了机械化的标准。20 世纪 80 年代改变了战略,1985 年裁减了 100 万军队,部分地区实行了民兵预备役制度。80 年代后期,中国陆军中的特种兵(其中最重要的是战略武器部队——第二炮兵)的数量已超过了步兵。90 年代以来我国陆军中以坦克为主的装甲战车数量已居世界第三位,主战坦克的战术技术性能有了相应的提高,部队正向合成化方向发展,军事装备正处于更新换代的过程中,武器工业正处于向新技术过渡的阶段。

七、新技术革命的冲击

(1)电子技术。改革开放以后,以电子技术为代表的高新技术受到了社会的重视,取得了新的进展。20世纪50—70年代,正是世界上工业技术先进的国家用电子技术改造传统工业、开发新的电子技术产业和相应新产业的年代。当时电子技术实际上已上升为主导技术。中国在1956年制定十二年科技发展规划时曾制定了发展计算技术、半导体技术、无线电电子学、自动化技术的紧急措施,电子工业从此起步。电子工业中最主要的部分是电子计算机,它在科研计算、机器系统、武器系统、航天器以及经济和文化生活中的应用使整个工业和社会进入智能化高技术的时代。1956年,中国第一座电子管厂——北京电子管厂建成投产。1958年,中国的第一台电子管计算机——103机诞生。1965年由专家高庆狮负责总体设计,科学院系统研制成了运算速度为每秒5万次的晶体管计算机。1972年11月,运算速度为每秒11万次的集成电路计算机在上海制成。1973年,科学院系统研制成了运算速度为每秒100万次的新型机。1983年11月,中国的第一台向量运算速度为每秒1000万次的向量计算机在北京通过鉴定。1983年底,由专家慈云桂(1917—1990)负责总体设计的"银河"巨型机由国防科技大学的计算机研究所研制成功,运算速度达到了每秒1亿次,1992年研制成功的"银河Ⅱ"型机的运算速度则达到了每秒10亿次。2004年中国制造的"曙光"计算机运行速度达到了每秒11万亿次。

(2)激光技术。1961年和1963年,中国科学院长春光机所的科学家王之江和邓锡铭先后主持设计并制成了中国第一台红宝石激光器和气体激光器。在此后30多年中,中国从事激光工作的人员逐渐增至1万人左右,其中1/3为科技人员。激光技术的研究单位发展至80多个,70多个高校设有激光专业或研究室,激光产品的生产厂家有200个左右。多种类型的激光器先后被研制出来,激光技术先后被应用在计量部门的测长、勘察、测绘和卫星技术方面的测距、医学方面的激光治疗和诊断方面。20世纪90年代之后激光技术发展节奏加快,取得了多项新突破,应用领域在不断拓宽。

(3)光纤通信技术。以光频为载波、以光导纤维作为传输线路的光纤通信具有很多的优点,是信息化社会数字通信网的重要支柱。1979年中国开始在一些重要城市建立试验线路,1980年,由黄宏嘉领导的联合研究组首次研制出单模光纤。1983年在武汉完成了13千米的光纤通信系统,1985年在北京建成了27千米的专用系统,目前光纤通信系统正在各个城市全面推广。

(4)生物技术。20世纪50年代以来,中国的生物技术取得了相当显著的进展。50—70年代童第周对细胞发育的研究取得了成就。1965年,纽经义、汪猷、邢其毅、邹承鲁、龚岳亭、杜雨苍、徐杰诚、季爱雪等协同攻关,在世界上第一次人工合成了具有生物活力的牛胰岛素(蛋白质分子)。20世纪50年代末以来,中国的生物技术开始逐步应用到医疗和药品生产、农林牧渔、轻工、食品、化工等方面。1985年统计的中国生物技术产品有100多种,占国民生产总值的1%,抗生素的生产量超过1万吨,居世界首位。

中国生物技术在人和动物的胚胎培育方面取得了新成果。20世纪80年代前期,蒙古族的科学家旭日干培育出了试管山羊。1987年北京医科大学第三医院为甘肃一家农民培育的第一个试管婴儿(女孩)降生。1988年6月7日,湖南医科大学附属第二医院培育的异体试管婴儿降生。中国在这方面的技术也已经达到世界先进水平。

(5)核技术。在发展核武器的同时,中国也开始了同位素与辐射技术的和平应用,到20世纪80年代加快了发展的步幅。目前同位素与核辐射技术已经成熟并在应用中取得的成果主要有:放射性同位素的临床应用、医疗用品的辐射消毒、核能谱检测、食品辐射保藏、核辐射育种、聚合物的辐射改性等。核电厂的建设也是从20世纪80年代开始的。1982年11月,中国建设的第一座核电厂——浙江省海盐县秦山核电厂经国家经委批准上马,这是一座功率为30万千瓦的压水堆型核电厂,建成后于1992年开始运行。1982年底还选定了广东南部大鹏半岛上的大亚湾核电厂,这是一个功率为130万千瓦的大电厂,由中法合资建设,核岛和常规设备主要从法国和英国引进,总投资40亿美元,是最大的中外合资项目之一。该核电站已于1993年8月31日开始投入运行。核电厂的上马表明中国已把自己的核技术力量转向经济建设方面。

(6)超导材料的研究。1976年以来,中国科学院物理研究所、中国科技大学和其他一些学校及研究机关的人员积极参与了超导材料的研究。超导材料是多种金属的氧化物或多元素氧化物,在一定的低温下会变成电阻为零的超导体,并具有完全抗磁性。超导材料的突破可能会带来电力工业乃至整个机械工业的一场技术革命,如制造超导发电机、实现无损耗输电、无损耗蓄电、制造磁悬浮列车和电磁推进船等。这一技术能使电能在传输过程和非做功状态的损耗接近零,消除机械结合面的摩擦损耗,从而大大提高机械效率。1989年超导材料的零电阻已上升到130K左右。

第五节　现代技术及其重要影响

科学发展史反映的是人类认识自然界的活动不断深化扩展的过程,技术发展史则反映的是人类改造自然界的能力不断提高、增强的历史。技术作为人类改造自然界能力的标志,是一个历史范畴。在手工业时代,技术与科学几乎没有联系。到近代以后,特别是近代两次工业革命之后,技术一方面推动着科学的进步发展,另一方面又受到科学的巨大影响,同时技术已成为一种促进生产不断进步发展的重要力量。进入20世纪之后,技术与科学、生产的联系日益加强,表现出明显的一体化趋势。现代技术是科学理论、实践经验和物质手段的有机统一。现代技术的本质,它基于科学发现或科学发明,源自最新的科学理论。换句话说,现代技术是一种基于科学发现或发明,以最新的科学成就为基础的知识密集型技术。现代技术群落或系统一般由信息技术、生物技术、材料技术、能源技术、空间技术、海洋技术等多个技术领域构成。在现代社会里,科学技术的地位日益显著。它既是推动社会生产力发展的强大动力,也是加强精神文明建设的有力武器,更是推动社会发展的决定力量。科学技术不仅可以转化为物质生产力、促进生产的发展、经济的繁荣,还可以帮助人们形成正确的世界观,推动社会的变革。许多发达国家把发展科学技术列为国策。我国同样把科技现代化视为实现四化的关键。

一、现代技术的内涵

(一)现代技术的特点

现代技术相对于手工业时代的技能化技术、工业革命时期的物质化技术,主要表现出以下特点。

(1)高度的创新性或高度的智能性。现代技术离开了科学技术工作者的创新性活动或高度紧张的智力劳动,是不可能产生出来的。现代技术的高创新性或高智力化,一方面表现为在原有技术水平上的技术革新和积累,另一方面表现为在广泛利用现有科技成果的基础上,通过研究与开发的高投入,进行技术创新和拓展。

(2)高度的战略性或高势能性。现代技术对于一个国家的政治、经济、文化、军事、外交等事业的发展具有举足轻重的重要作用,已成为衡量一个国家综合国力的核心标志,已成为一个国家最重要的战略资源。在一定意义上可以说,现代技术的发展水平决定了一个国家在国际舞台上说话的分量及发挥作用的程度。

(3)高度的增值性或高效益性。现代技术是以最新的科技成果为基础的先进技术,并入生产过程后,能够大幅度地增强产品的功能,显著地提高劳动生产率、资源利用率和工作效率,从而创造出巨大的经济效益。根据国内外统计资料,高技术产业的人均产值和利润要比传统产业高出一个数量级。

(4)高度的渗透性和系统性。现代技术处于综合性交叉性较强的技术领域,能够广泛地渗透、辐射、扩散到传统产品部门,带动社会各行各业的技术进步。另外,现代技术分成许多领域,彼此之间相互关联、影响、作用,共同构成了自成体系的技术系统。

(5)高度的风险性。现代技术的风险性主要来自于技术创新风险和市场竞争风险。现代技术研究与发展处于科学技术创新链的前端,具有明显的超前性质和探索性质。任何超前性探索性的工作都具有可错性、不确定性,即都具有高度的风险性。另外,现代技术研究同产品、企业、市场的关系密切,在激烈的竞争中也存在着极大的风险性。

(6)高度的竞争性和时效性。鉴于现代技术巨大的战略价值和社会经济价值,各国政府、各大型企业、各实力雄厚的金融机构,均纷纷介入了现代技术的研究和开发,致使现代技术研究与开发呈现出极大的竞争性。竞争性还表现为现代高技术研究和开发的产品之间的激烈竞争。与此同时,现代技术产品存在着在很短时间内被其新产品以及其他技术产品替代的极大可能性,即现代技术产品表现出极大的时效性。

(7)高投入和高回报。制约各国政府、各企业现代技术研究与开发的重要因素,除了其需要高智能的科技工作者、高素质的管理者之外,还有需要高投入。所谓高投入,是指相对于传统技术研究与开发而言,现代技术研究与开发需要更多的研究开发费用,其费用多到甚至是一个国家都难以承担的程度。尽管现代技术研究与开发需要巨大的投入,各国政府、金融机构和大型企业仍乐此不疲,情有独钟,其重要原因在于,高技术研究与开发一旦获得成功,将获得异常丰厚的回报。

(二)现代技术的构成

应当指出的是,现代技术不是指某一单项技术或彼此无内在联系的多项技术,而是指处于科学、技术和工程前沿的,彼此相互关联、影响、作用的高新技术群落或系统。目前,国际上普遍认为的现代技术群落或系统一般由以下技术领域构成:信息技术,其标志性技术为智能计算机和机器人;生物技术,其标志性技术为基因技术和蛋白质技术;新材料技术,其标志性技术为人工合成材料和超导材料;新能源技术,其标志性技术为太阳能技术和可控核聚变技术;空间技术,其标志性技术为空间站和航天飞机;海洋技术,其标志性技术为深海挖掘和海水淡化。就中国来说,1995 年 9 月,中共中央通过的《关于制定国民经济和社会发展"九五"计划和 2010 年远景目标的建议》中,把电子信息、生物、新材料、新能源、航空、航天、海洋等方面的高技术,作为重点开发的现代技术领域。以下重点讲信息技术、生物技术、材料技术、能源技术、空间技术、海洋技术。

1.信息技术

信息技术主要是指信息的获取、传递、处理、转化、应用等技术,它以微电子技术为基础,包括通信技术、自动化技术、微电子技术、光导技术、计算机技术与人工智能技术等。它是高技术的前导。

(1)微电子技术及其应用、发展

微电子技术是微小电子元器件和电路的研制、生产及用它们实现电子系统功能的技术领域,具体是指在几平方毫米的半导体材料上,用微米和亚微米的精细加工技术,制成由万个以上晶体管构成的微缩单元电子电路,及其装配成的各种微电子设备的总称。其中最主要的是集成电路技术。在一定意义上也可以说,微电子技术是随着集成电路技术,特别是大规模集成电路技术的发展而发展起来的一门新兴技术,而集成电路是指以半导体晶体材料为基片,采用专门的工艺技术将组成电路的元器件和互联线集成在基片之上的微小型化电路,简称微电路,是一种比最紧凑的分立元件电路小几个数量级、轻几个数量级的微结构电路。相对于传统的电子技术,其特点主要不在于更小、更轻,而是在于实现了所有传统元器件,如晶体管、电阻、连线等在硅基片内的整体连接、整体设计。

标志集成电路发展水平的指标主要是集成度。所谓集成度是指在一定尺寸的芯片上能做出多少个晶体管(也有的用在一定尺寸的芯片上能做出多少个门电路来衡量集成度。门电路既可以是由一个晶体管组成,也可能是由多个晶体管组成)。集成电路发展的初期仅能在这个小面积上制造十几或几十个晶体管,而目前已经能制造千万个以上的晶体管。与集成度不断提高相伴随的是晶体管技术、芯片技术的不断改进、提高。

微电子技术的发展,集成电路的出现,引起了计算机技术的巨大变革。由于计算机的逻辑部件特别是中央处理器的集成化,一方面大规模地减小了体积,从而使微型计算机、个人计算机应运而生;另一方面大幅度地提高了运算速度,从而使计算机应用领域大大拓展,使计算机广泛地进入普通的办公室和家庭,成为人们越来越喜欢的智力辅助工具。

微电子技术的发展,集成电路的出现,还大大推动了广播电视和通信事业的发展。由于集成电路的广泛使用,一方面使广播电视的发射和接收系统的功能大大提高、体积明显减小、操纵维修方便、成本价格降低,为提高广播电视的普及程度奠定了基础;另一方面使电视机接收能力、声音图像保真度、频道选择数量得到提高,使使用维修变得简单易行,价格也不断降低。

（2）现代计算机技术的发展

电子计算机技术是现代信息技术的核心,是微电子技术最重要的应用领域。如今,现代计算机技术呈现出多元化发展趋势,将出现人工神经网络计算机、光子计算机、量子计算机、生物计算机。

人工神经网络计算机:其核心构成是人造神经元,但建立在这一基础上的神经网络不是人造的,而是在学习、适应的基础上自发生成的。1991 年国际人工智能会议上,专家们认为今后计算机发展的主要方向是神经网络的计算机,也就是说今后不再是建立更大规模的知识库,而是研究人脑的构造机制。神经网络计算机发展根本是要通过各种人工神经元来实现,初期也可以借助通用数字电子计算机进行软实现。人工神经元有微型电子式的（VLSI 芯片）、光子式的、化学式的、生物式的、分子式的、量子式的等。

光子计算机:它是以光子,而非电子为信息载体,来实现信息的存储、传输、处理、转换等功能的计算机,其基础元件是集成光路,而非集成电路。集成光路可以将光源、光开关、光波导、光存储器等集成在一块芯片上,之间用光导纤维互联。以集成光路为核心构件的光子计算机,相对于电子计算机,存储容量将提高 100 亿倍,运算速度比 25 亿次巨型机快 1000 倍,达 1 万亿次以上。光子计算机也分数字的和模拟的。前者目前的研究重点是光学器件和光学神经网络计算机;后者的研究重点是新的神经网络模型。

量子计算机:它是一种基于原子所具有的神秘量子物理特性的装置,这些特性使得原子能够通过相互作用起到计算机处理器和存储器的作用。IBM 公司已经研制出这种世界上最先进的计算机。

生物计算机:它是指用生物技术的方法,以超功能的生物化学反应模拟人体的机能,完成大量复杂信息的存储和处理的计算机。DNA 计算机是目前正在探索的最具独创性的生物计算机,其基本原理是将以 A～T、C～G 联结方式组合起来的相互缠绕的两条核苷酸链,当成一种生物计算机磁带使用。

（3）现代通信技术的发展

现代通信技术是现代信息技术的重要内容之一,是支撑现代社会的重要基础设施,是推动人、组织和社会现代化的基本动力。现代通信技术包含程控数字交换技术、微波通信技术、卫星通信技术、光纤通信技术、移动通信技术、数据通信技术。

程控数字交换技术:程控数字交换技术是以数字信号形式来控制交换接续动作的新型信息交换技术,其基本设施是程控数字交换机。程控数字交换机是在程控交换机的基础上发展起来的。所谓程控交换机,即利用预先编好的程序来控制电话的交换接续的通信设备,用程控交换机接续的电话机,称为"程控自动电话",简称程控电话。所谓程控数字交换机就是采用处理机并由存储程序控制实现对数字信号进行交换的设备。程控数字交换机除用于电话通信外,还广泛地应用于数据、图文等非话业务通信,从而大大拓宽了程控交换机的应用范围,并奠定了数字通信的重要基础。目前,我国公用电话通信网,基本上都使用的是程控数字交换机。

微波通信:微波即波长为 1 米～1 毫米或频率为 300MHz～300GHz 范围内的电磁波。微波与光波一样沿直线传播,通常只能在两个没有障碍的点间传递。微波通信即利用微波作为传输媒介的通信方式,它包括地面视距通信、卫星通信和散射通信等。地面视距通信,即在两点或通过中继站在多点之间建立的微波通信;卫星通信即以卫星作为中继站的微波通信;而散射通信是一种利用地球电离层或大气层对电磁波的散射特性,进行的微波通信。目前通常所说的微波通信是特指地面视距通信,又称地面微波。

卫星通信技术:卫星通信是地球上的无线电通信站之间利用人造卫星作中继站而进行的通信。专门用作通信用的人造卫星,通称通信卫星。通信卫星一般位于地面赤道上空 3 万千米的轨道上,与地球自转同步运行,其轨道平面与地球赤道平面平行。由于每一颗通信卫星可覆盖地球 1/3 的面积,所以,在赤道上空的定点同步轨道上等距离分布三颗通信卫星,即可实现全球通信。目前,卫星通信的应用领域已扩展到国际国内通信、国防通信、广播电视、移动通信等领域。

光纤通信技术:光纤通信是利用激光光波作为信息载波,光导纤维作为载体的通信。激光的频率高、方向性强,是进行光通信的理想光源。光波的频带宽,与电波通信相比,光纤通信能提供更多的通信通路,可满足大容量通信系统的需要。采用光纤通信,其通信容量比同轴电缆大几十万倍,而且光缆寿命长、结构紧凑、性能比通信电缆要好得多。它的传送距离远、成本低、重量轻、绝缘性能好、线路损耗低、保密性强。目前,光纤已散布于陆地、海洋,不少发达国家正在将光缆铺到公路旁、住宅前,欲将家庭、办公室、商店、学校等联系起来。

移动通信技术:移动通信是指在移动体之间或移动体与固定体之间进行的无线电信息传输与交换。根据其移动方式的不同,可以分为无线寻呼通信、无绳电话、移动无线电话。无线寻呼通信是一种单向型只收不发的移动通信。无绳电话是在原有线电话机座和听筒之间通过无线电波实现的移动通信。移动无线电话是在移动电话用户之间,或移动电话用户与固定用户之间实现的移动通信。移动无线电话使人们可以在移动中实现对话,适应了现代社会人员流动性大、节奏快的需要。目前,包括中国在内的许多国家已基本实现移动通信的全国漫游,正在向全球漫游发展。

数据通信技术:20 世纪 50 年代末期电子计算机与通信技术的统一,导致了数据通信的产生。所谓数据是指离散的数字信号代表的文字、符号、数码等。而数据通信是指把数据的处理和传输合为一体,实现数字信息的接收、存储、处理、传输、控制、检验和管理的一种通信方式。计算机与通信线路及设备结合起来实现人与计算机、计算机与计算机之间的通信,一方面使各用户计算机的利用率大大提高,另一方面又极大地扩展了计算机的应用范围,并使各用户实现计算机软硬件资源与数据资源的共享。人们将用于数据通信的通信网,称为数据通信网。它分为专用数据网和公用数据网。专用网目前仍普遍使用,局域网也是一种专用的数据通信网。20 世纪 70 年代前,公用数据通信一般使用原有的公用电话网或电报网。70 年代以来,随着数据通信迅速发展,开始建立公用数据网。E-mail 是数据通信网上的增值业务,主要用于计算机用户之间交换电子邮件,它包括收发信件、处理信件、直接投送、布告栏等功能,其主要优点是可使不同类型的终端之间相互通信,可实现不同网上的用户的通信。

2. 生物技术

生物技术是应用于有生命的物质的技术,是一门古老而又新兴的技术。根据产生的年代,一般可以将生物技术划分为传统生物技术和现代生物技术,前者一般包括发酵工程、细胞工程、酶工程和遗传育种技术,后者则主要是指基因工程、蛋白质工程、克隆技术等。

(1)传统生物技术及其现代发展

在发现微生物以前,人类就已经自觉应用发酵技术来生产酒、酱油、醪糟等日用食品了。发现微生物之后,人们终于自觉意识到发酵技术的关键是微生物。随着人们对微生物的认识越来越深入、全面,人们开始自觉地利用微生物来生产越来越多的东西,并逐渐与化工技术结合起来,终于导致了发酵工程的建立。

发酵工程一般是指利用微生物的特定性状,通过现代工程技术,在生物的反应器中生产有用物质的一种技术系统。目前日常生活中常见的维生素 B_2、味精,绝大部分的医用抗生素、农用抗生素、工业用酶等都是发酵的产品。

细胞是生物体的基本结构和功能单位,它是决定生命世界千姿百态的基本原因。细胞一般由细胞核、细胞质和细胞膜组成,细胞核是细胞的核心部分,也是千姿百态的生命秘密之所在。细胞工程就以细胞理论为基础,以细胞为基本单位,在细胞水平上进行遗传操作,使细胞的某些遗传特征按照人们的意愿发生改变,为人类提供优良品种和产品的生物技术。细胞工程克服了常规杂交的局限性,它不仅可以在植物与植物之间,动物与动物之间,微生物与微生物之间进行边缘杂交,而且还可以在动物、植物、微生物相互之间进行细胞融合,形成杂交物种。细胞工程主要包括细胞融合技术、细胞器移植技术、原生质体融合技术、细胞和组织培养技术等具体技术。

酶介于生物体和非生物体之间,是一种由生物体产生的具有催化剂活性的蛋白质。它们的最大特点是可以特定地促成某个化学反应而自己却不参与该反应。由酶促成的化学反应,一般又称催化反应,相对于普通化学反应,它具有反应效率高、反应产物污染小、反应容易控制、能耗低等特点。所谓酶工程就是利用人工的方法对酶进行分离、提纯、固化以及加工改造,使其能够充分发挥快速、高效、特异的催化作用,促进某些生化反应过程的进行,从而生产各种有用产品的技术。或者说,酶工程就是利用酶的催化作用,在一定的生物反应器中,将相应的原料转化成所需要的产品的技术。

酶工程包括酶的开发和生产技术、酶的分离和纯化技术、酶的固定化技术、酶分子改造技术、酶的应用技术等几类具体技术。

(2)现代生物技术

现代生物技术,又称现代生物工程,是特指应用现代生物科学以及某些工程学原理,将生物自身某些功能应用于其他技术领域,生产出供人类利用的产品的技术体系。现代生物技术主要包括基因技术、蛋白质技术、克隆技术等。

基因技术,又称基因工程,是对不同生物的遗传物质,根据人们的意愿,主要是在分子水平上在体外通过工具酶进行剪切、拼接,建成重组的 DNA 分子,然后通过载体转入微生物或动、植物细胞中,进行无性繁殖,并使重新组合的遗传物质在细胞中表达,产生人类所需要的产物或组建成新的生物类型。

基因工程这门现代生物技术已经广泛地渗透、影响、改变着传统的生物技术,如细胞工程、酶工程、发酵工程、遗传育种工程等,同时自身也正发展到了新的更高的阶段,即蛋白质工程阶段。蛋白质工程作为一种现代生物技术,是应用现代生物学和工程学知识,借助现代技术手段,改造蛋白质的结构和功能,以生产出人类需要的产品的过程。蛋白质工程一般包括下列内容或过程:第一,通过基因工程技术了解蛋白质的 DNA 编码序列。第二,对蛋白质的分离纯化。第三,分析研究蛋白质的序列、结构和功能。第四,蛋白质结晶和动力学分析。第五,计算机辅助设计突变区。第六,对蛋白质的 DNA 进行突变改造等。

蛋白质工程为改造蛋白质的结构和功能找到了新的途径,为工业或医药用蛋白质(包括酶)的实用化开拓了美好的前景,必将大大推动蛋白质和酶学的研究和生物学及其相关学科的发展。

克隆技术实际上早已有之,是一种传统生物技术。所谓"克隆",简单地讲就是无性繁殖。在 DNA 分子结构被发现之后,人们借助基因工程技术,已经可以将某个生物的 DNA 分子片段(基因)分离出来,通过某种载体移入某一细菌(如大肠杆菌)使其大量复制,所有新增的基因均来自原 DNA 分子,这也是无性繁殖,也是"克隆"。1995 年 7 月,苏格兰科学家成功地用一只母羊的胚胎细胞克隆了两头绵羊;1996 年 7 月 5 日,苏格兰科学家用从一只 6 岁母羊的乳房上取下的组织克隆了绵羊"多莉"。自"多莉"问世以来,已先后产生了克隆牛、克隆鼠、克隆野牛、克隆猴子、克隆猪、克隆猫、克隆鹿,等等,而且日本科学家还成功地以一头体细胞克隆牛的皮肤细胞为基础克隆出了一头再克隆牛。不仅是美国、英国等发达国家的科学家们不断地克隆出各种动物,包括中国在内的一些发展中国家也不甘示弱,积极从事相关研究,并已经成功地克隆出了许多动物。事实证明,人们不仅可以利用植物体细胞克隆植物,同样可以利用动物体细胞克隆动物;不仅植物的体细胞具有全能性,动物的体细胞也同样具有"全能性"(或全息性)。

(3)转基因动、植物与人体基因组计划

现代生物技术,特别是基因工程技术产生的最重要成果有以下三个:一是转基因动物的制备;二是转基因植物的生产;三是人体基因组测序及功能分析。

所谓转基因动物,是特指通过实验方法,将外源基因(目的基因)导入动物受精卵内,使其在动物染色体基因组内稳定整合,成为动物体的组成部分,并能遗传给后代的实验型或工程型动物。简单地说,转基因动物即采用 DNA 重组技术将特定的外源基因导入动物染色体,使其发生整合并能遗传的动物个体或品系。转基因动物的研究开发具有并且已经显现出巨大的社会、经济、文化等价值。具体表现在以下几个方面。第一,已经生产出了长得快、繁殖力强、抗病能力强的优质家禽、家畜和水产动物,如"特大号绵羊""超体鸡"等。第二,已经培育出了能够生产基因药物的转基因动物。据专家估计,今后包括一些疑难病治疗所需的药物,都可以通过转基因动物的乳汁中取得,其经济、社会效益极其可观。第三,已经制备出能够作为药理试验和病理研究的特殊转基因动物——模型动物。例如,高血压小鼠,它可以为医生了解高血压症形成机理与治疗方法提供实验,医生可以在该实验小鼠上尝试各种治疗方法。当然,这一做法有悖自然伦理。第四,已经培养出了专为人类提供异体器官的转基因猪和克隆猪。

所谓转基因植物,是特指借助现代植物基因工程技术,将含外源目的基因的 DNA 片段转入植物细胞,再利用植物细胞的全能性,由一个转化细胞最终生成的完整的转基因植株及稳定遗传的后代。简单说,转基因植物即采用植物基因技术将特定外源基因导入植物细胞,由这一细胞生成的完整植株及其后代。一般来说,通过植物基因技术培育出的转基因植物,都被赋予了一些新的特性,如抗虫、抗病毒、抗细菌、抗真菌、抗除草剂、延熟保鲜、改变花色花形等。

人类基因组计划(HGP)是一项跨世纪的国际合作的大科学计划,是现代生物技术,特别是基因工程技术结出的果实。1979 年英国科学家博德默和罗门提出了绘制人类基因的设想。1986 年,美国《科学》杂志发表了著名生物学家、诺贝尔奖获得者杜伯克撰写的《癌症研究的转折点——人类基因组的全序列分析》,引起了很大反响。同年杜伯克在"人体基因组计划"标书中写道:"这一计划的意义,可以与征服宇宙的计划媲美。我们也应该以征服宇宙的气魄来进行这一计划。""这样的工作是任何一个实验室难以承担的,它应该成为国家级的计划,并使它成为国际性的计划。"1988 年美国国会下属的技术评估办公室对此标书做了评估,并提交了相关报告。1990 年美国国会正式批准于同年 10 月 1 日正式启动历时 15 年、投资 30 亿美元的"人类基因组计划"。1999 年,中国承担了测定 1‰人类基因组序列的任务。

"人类基因组计划"具有巨大的科学、经济、社会价值。其科学价值表现为以下三点:第一,通过对基因结构、功能和传递三个方面的研究,将在基因水平上为生物学、医学奠定基础,为 21 世纪建立统一的生物学提供依据,同时又促使生命科学产生基因组学等新兴分支学科和生物信息学等新交叉学科。第二,通过人类基因组图同低等到高等的各个生物体基因的比较研究,可从生物基因进化史角度研究生命起源和生物进化及人类起源。第三,有可能从基因分子水平上解开人的生、老、病、死之谜。第四,对跨世纪科技的未来发展方向产生深刻影响,它同脑科学一起促使科学探索主流从物理世界转向生命世界,把历来认为是认识的主体也变成认识的客体,开创了人类自我认识(人体、人脑的奥秘)的科学发展新阶段。其经济价值表现为:人类基因组是一种有限的不可再生的资源,谁先分离,鉴定和克隆出同疾病相关的新基因,提取出能用于生产基因工程产品的,能用于基因治疗的新基因,然后加以封锁而开发出可用于诊断疾病的新手段和治疗疾病,特别是治疗大病、疑难病的基因药物,那么谁就拥有知识产权和高达数千万乃至数亿元的基因转让费。其社会价值主要表现为:通过研究人类基因组的结构、序列、功能,有可能会根除人类的各种遗传病和医治各种致死性疾病,提高现代人健康的整体水平和生活质量。

3.材料技术

材料是物质的一部分,是人们可以用来做成器件、结构件或其他可供使用的那些物质。能源、信息和材料被认为是现代文明的三大支柱,其中材料又是一切技术发展的物质基础。材料按其发展可分为传统材料和新型材料。传统材料主要是指有悠久使用历史的材料,具有量大、面广、可连续生产等主要特点。而新型材料是指新近发展起来的或正在发展的、具有一系列优异性能和特殊功能,且对科学技术尤其是对高新技术的发展及现代产业的形成具有决定性意义的材料。新型材料是高新技术的一部分,同时又是其他各项高新技术发展的物质基础。新型材料按其用途可分为结构材料和功能材料;而按材料的属性可分为金属材料、无机非金属材料、有机高分子材料和复合材料。

(1)新型金属材料

由于金属材料已有成熟的生产工艺,相当多的生产设施及相当大的生产规模,其综合性能优良,价格低廉,供应稳定,使用方便,已成为日常消费的基础材料;且在相当长时期内金属资源不致枯竭,最重要的是金属材料本身在不断发展,其新技术和新品种不断增加,材料质量不断提高。因此,在有机高分子材料、陶瓷材料与复合材料高速发展的今天,金属材料特别是钢铁材料仍然有强大的生命力,在未来相当长的时期内,它在材料中仍占主导地位,即使在高新技术产业中也不例外。新型金属材料目前主要有非晶态合金、高强度新型轻合金、高温合金（金属间化合物）和功能材料（包括磁性材料、形状记忆合金、储氢合金、生物医学材料等）。

（2）无机非金属材料

无机非金属材料主要包括陶瓷材料、玻璃、水泥、耐火材料、石墨等。这里以陶瓷材料为例。传统意义中的陶瓷是指将硅酸盐化合物为主要组分的物料，经过高温处理变成坚硬有用的多晶材料。而先进陶瓷（也称精细陶瓷、新型陶瓷和特种陶瓷等）是指用氧化物、氮化物、碳化物、硅化物以至各种无机非金属化合物，经过特殊的先进工艺制成的材料，是知识、技术、资金密集型的高性能、高产值、高效益的高技术新材料。按用途可分为结构陶瓷和功能陶瓷。陶瓷材料一般具有以下共同特征：耐热性优良；除电绝缘性、半导体性能外，还具有磁性、介电性等多种功能；不易变形，断裂时属于脆性破坏；韧性低等。

（3）新型高分子材料

高分子材料一般是指具有高分子量（10^4，10^6，10^7）的有机化合物，包括天然高分子材料、天然高分子的衍生物和合成高分子材料。它们有以下共同的结构特征：高分子量；具有长链结构（每个高分子像一个长线团）；高分子链由小分子聚合得到，且有周期性。而合成高分子材料由于其质轻、绝缘、耐腐蚀、综合性能好，资源广，生产效率高，易加工成型、生产成本低等特点，从 20 世纪初自合成了酚醛树脂特别是 20 世纪 50 年代合成了各种聚烯烃以来，其发展十分迅速。与此同时，高分子科学的三大组成部分：高分子化学、高分子物理和高分子工程也日趋成熟。迄今为止，在生产规模上，合成高分子材料体积早已超过金属体积的总和，并广泛应用于现代生活、各产业和各个科技领域。新型高分子材料包括工程高分子材料和功能高分子材料。工程高分子材料包括三大合成材料（塑料、合成纤维、合成橡胶）、高分子涂料和合成胶黏剂。

4.先进复合材料

复合材料是两种或两种以上不同物理或化学性质，或不同组织结构的物质或物相，以宏观或微观的形式结合而成的材料。现代复合材料是以 20 世纪 40 年代产生的通用复合材料（即玻璃纤维增强塑料）为代表和起点的。先进复合材料是比原有的通用复合材料具有更高性能的复合材料。按基体材质，可分为树脂基、金属基、陶瓷基、玻璃基和碳基复合材料等，也可按用途分为结构复合材料和功能复合材料。

国际上的材料专家普遍认为，当前人类已经从合成材料的时代进入复合材料时代。因为想要合成一种新的单一材料，使之满足各种高要求的综合指标是非常困难的，即便能研制出，从实验室到生产的周期也很长。如果把现有的有机高分子、无机非金属和金属材料等通过复合工艺，则可以利用它们所特有的复合效应，使之产生原组成材料不具备的性能，而且还可以通过材料设计以达到预期的性能指标，并起到节约材料的作用。

先进复合材料可通过组成和制备工艺的选择，使之具备密度小、强度和刚度高、耐热、耐磨、膨胀系数小、抗疲劳性好、阻尼性能好等物理功能；还可通过复合效应开发出许多新的功能。而这正是推动高技术发展中迫切需要解决的问题，因此，可以说先进复合材料的发展有力地促进了高技术的进步，同时高技术的进展也带动和加速了先进复合材料的不断更新。如今，复合材料已在航空航天、交通运输、化工和通用机械等领域广泛应用。

5.能源技术

所谓能源技术,简而言之,就是开发和利用能源的技术。人类开发和利用能源有着悠久的历史,能源结构发生过多次变革,能源技术根据经历分别以开发利用柴薪、煤炭、石油和新能源为主的四个历史阶段。人类目前处于化石能源时代的后期,或者说全面探索、开发和利用新能源的新能源时代与化石能源时代的交替时期。这一时期内的能源技术主要是洁净能源技术、节约能源技术和新能源技术。

(1)洁净能源技术

洁净能源技术包括:洁净煤技术、洁净核能技术等。这里重点说洁净煤技术。所谓洁净煤技术是指减少污染和提高效率的煤炭加工、燃烧、转换和污染控制等新技术的总称,是当前世界各国解决环境问题的主导技术之一,也是现代技术的一个重要领域。美国、日本、欧盟都投入巨额资金全力研究开发和应用洁净煤技术,我国作为世界上最大的煤炭生产与消费国家,也高度重视研究开发和应用洁净煤技术。

洁净煤技术主要包含以下具体技术。

燃烧前的净化技术:其中有洗选处理(即除去或减少原煤中所含的灰分、硫等杂质,并按不同煤种、灰分、热值和粒质分成不同品种等级,以满足不同用户需要的方法),型煤加工(即用机械方法将粉煤和低品位煤制成具有一定粒度和形状的煤制品),制水煤浆(即把灰分很低而挥发性高的煤,通过一定的技术手段变成煤浆的过程),等等。这是减少污染物排放的最经济、有效的途径,是国际公认的洁净煤技术的重点。

燃烧中的净化技术:一是改进电站锅炉、工业锅炉以及窑炉的设计和燃烧技术;二是采用流化床燃烧器,其作用都是减少污染物排放,提高煤的使用效率。该技术是洁净煤技术的核心。

燃烧后的净化技术:主要包括烟气除尘、脱硫、脱氮等技术。它是控制煤炭燃烧过程中污染物排放的最后一个环节。

煤炭的转化利用技术:该技术是以化学方法为主将煤炭转化为洁净的燃料或化工产品,包括煤炭气化、煤炭液化和燃料电池,以提高煤炭的利用效率,并减少对环境的污染。

废弃物处理技术:主要是对煤炭开采和利用过程中所产生的矸石、泥煤、煤层甲烷以及燃烧电站产生的粉煤灰等污染物,进行无害化处理和资源再利用。

(2)节约能源技术

所谓节能,是指采取技术上可行、经济上合理以及环境和社会可接受的一切措施,来更有效地利用能源,减少能源消耗。节能技术也就是有效地利用能源,减少能源消耗的技术。发达国家及许多发展中国家都高度重视节约能源的工作,都积极地致力于发展节能技术。可以说,节能及节能技术已经成为衡量一个国家能源利用好坏的一项综合性指标,也是一个国家现代技术发展水平高低的重要标志。同时也是一个国家解决自身能源问题的最可靠、最有效的途径之一。节约能源技术主要包含以下具体技术。

余热回收利用技术:现在科学家们已发明了回收利用余热的三种方法:一是热电联产技术,即同时生产热和电的工艺,利用余热产生蒸汽来驱动汽轮机发电,余热再用来供热的技术;二是热泵技术,即以消耗一部分高质能为代价,使热能从低温热源向高温热源传递的技术;三是热管技术,即通过利用封闭在热管壳内的工作液化的相变(或沸腾或凝结)来传递热量的技术。

高效用电技术:包括高效电动机、高效节能照明器具、远红外加热技术、电热膜加热技术等,使用这类技术可以大幅度提高用电效率。例如,用节能灯代替白炽灯可提高效率50％～80％。

电子电力技术:这是电力、电子与微电子技术相结合的综合性技术,涉及半导体、电路、电机、微处理器和控制理论等,主要是利用功率半导体元件的交换功能。这一技术可以广泛地应用于工业、交通运输、通信、家用电器等领域,是节约能源,提高能源利用效率的重要途径、手段。

电储电技术:包括抽水储能技术、压缩空气储能技术、新型蓄电池储能技术、超导感应储能技术,等等。

电热膜加热技术:是将电子电热膜直接制作在被加热体的表面,通电加热时使热量很快传给被加热体的技术。电热膜加热效率达85％,而普通电热丝加热效率仅40％。这一技术可用于电热杯、电淋浴器、电吹风、电暖器等电热器具。

(3)新能源技术

新能源技术是指开发利用新能源,造福于人类的现代能源技术。它主要包括以下具体技术:太阳能利用技术、受控热核聚变能利用技术、生物质能利用技术、海洋能利用技术、风能利用技术、地热能利用技术、水能利用技术。

太阳能利用技术:所谓太阳能是指太阳以电磁辐射形式发射的能量,在实际应用中,太阳能是指到达地球表面及大气层中的太阳辐射能。它是一种巨大的、无污染的、清洁的可再生能源。太阳能利用技术又包括太阳能热利用技术、太阳能热发电技术、太阳电池技术、光化学转换技术。

受控热核聚变能利用技术:迄今为止,生产、生活用核能基本上都是通过受控核裂变反应取得的。通过这种方式获取的核能虽然已经并将继续为人类做出贡献,但因其原料有限终究是不可长久利用的能源,而且这种能源还存在安全性低、利用率低、环境污染等问题。因此,这种核能是不被人们看好的。人们寄以厚望,倾心向往的核能是通过受控核聚变技术获得的聚变核能。科学家估计,一座核聚变反应堆,可连续工作3000年之久,而供核聚变反应的原料在地球上几乎是取之不尽用之不竭的,因而,原则上可以建设无数座核聚变反应堆。也就是说,如果人们能够完全掌握受控核聚变技术,事实上也就基本上解决了困扰人类生存发展的能源问题。另外,相对于受控核裂变反应,受控核聚变反应还具有清洁、安全、质能比高等优点。

生物质能利用技术:即运用现代科技开发利用狭义的生物质能,并造福于人类的现代技术。具体包括热化学转换技术、生物化学转换技术、生物质固化成型技术、生物质能发电技术。热化学转换技术,即将固体生物质转换成可燃气体、焦油、木炭等优质能源产品的技术。典型的热化学转换技术是生物质热解转换技术,该技术是在完全缺氧或部分供氧的条件下,将生物质放在反应器中加热,使之发生热化学分解反应,而生成焦炭、煤焦油和煤气。生物化学转换技术,即通过微生物发酵将生物质转换为酒精、沼气等能源产品的技术。典型的生物化学转换技术是沼气技术。该技术是将杂草、秸秆、树叶、垃圾、人畜粪便以及含有机物2％以上的工农业废渣和废水等,置于一定的温度、湿度、酸碱度和厌氧条件下,经各种微生物发酵及分解作用将储存于其中的生物质能转换为一种混合可燃气体,即沼气。沼气燃烧后的产物是 CO_2 和 H_2O,是一种无污染能源。生物质固化成型技术,即将生物质物料,如秸秆、稻壳、锯末、木屑等,经粉碎后,挤压成型生成固体燃料的技术。经挤压成型的固体燃料,其体积减少到同样重量的物料体积的 $1/14\sim1/10$,这就使其储存、运输、燃烧稳定和持久性发生了质的变化,接近于中质煤,故也被称为"生物煤"。生物质能发电技术,即以生物质经热化学转换或生物化学转换产生的可燃气体如沼气等为燃料发电的技术,包括沼气发电、垃圾发电、生物质气化联合循环发电等技术。

氢能利用技术:氢能即通过氢气和氧气反应释放出的能量,或者说是氢燃烧产生的能量。广义的氢能还包括通过氢的热核反应释放出的能量。氢在地球上主要是以化合态存在,如水、各种有机碳水化合物及烃类等。氢能利用技术包含着相互关联的三个环节。第一,氢的制取。氢的制取方法很多,主要的方法有:水电解制氢、煤炭气化制氢、重油及天然气水蒸气催化转化制氢、光化学法制氢、生化法制氢等。第二,氢的储存和运输。氢能具有可储存、可运输的特点,故氢气是一种理想的能源载体。氢气的储存和运输方法可采用气态或液态氢和金属氢化物储存和运输等方式。第三,氢能的利用。氢能的利用方法也很多,如直接以氢气作为汽车、火箭、飞机发动机的燃料;或采用燃料电池的形式,将氢气与氧气反应转变为电能,作为电动汽车及发电装置的能源;或将氢转化为人造石油及高载能产品等等。

海洋能利用技术:海洋能即蕴藏在海洋中的可再生能源,包括潮汐能、海流及潮流能、海洋温差能、海洋盐度差能。除了潮汐能、潮流能来自月球和太阳的引力外,其他海洋能主要是直接或间接来自太阳辐射。目前海洋能开发利用主要有以下途径:第一,潮汐能的开发利用。潮汐能是指海水涨潮和落潮时形成的水位差——潮差。在大洋中的潮差只有几十厘米,而在某些窄浅的海湾或河口可达十几米。第二,波浪能的开发利用。波浪能是指海水波浪运动所具有的波浪力。海洋波浪的产生主要是由于风力。波浪力的大小主要取决于波高和波周期。海洋中常常是波涛汹涌,蕴藏着巨大的能量。开发利用波浪能的基本途径是波浪发电。第三,海洋热能的开发利用。海洋热能是指海水吸收和贮存太阳能辐射蕴藏着的热能。因为海洋热能资源的开发利用是以海水表面温水为热源,以深层冷水为冷源,利用海水的温差进行发电,所以又称为海水温差能。

风能利用技术:风能是太阳能的表现形式之一,它是太阳辐射造成地球各部分受热不均匀,引起空气运动产生的能量。据估计,太阳传给地球的辐射能约有 1.9% 被转换成风能和海洋能。目前,风能的利用主要是靠风力机将其转化为电能、机械能、热能等形式来实现。

地热能利用技术:地热能是地球内部蕴藏着的巨大的天然热能,其来源一是太阳能,二是岩石中放射性元素蜕变产生的热量。地热资源以其在地下热储中存在的形式分为蒸汽型、热水型、地层型、干热岩、热岩浆型五种。目前,人们对于地热资源的利用,基本上是通过开采地下热水或蒸汽来实现的,通过这些热水或蒸汽,地球内部的热能才得以携带到地表上来。目前,世界上大多数地热电站都是由地热蒸汽或地下热水经蒸发来驱动的。

水能利用技术:水能即水流中蕴藏的能量,它包括位能、压能、动能三种形式,狭义的水能主要是指江河溪流之中蕴藏的能量,广义的水能还包括海水中蕴藏的巨大的能量。一般意义上的水能,多指狭义的水能。水能利用技术主要是指把水能用适当的方法转换为机械能和电能的技术。目前,水力发电是水能利用的主要方式。

6.空间技术

所谓空间技术,又被称为航天技术或宇航技术,它是研究如何使空间飞行器飞离大气层,进入宇宙空间,并在那里探索、研究、开发和利用太空以及地球以外天体的高度综合性技术。它主要包括人造卫星、火箭、宇宙飞船、空间站、航天飞机等内容。目前,人类的航天活动主要涉及三个方面:一是人造地球卫星及其应用;二是载人航天;三是空间探索。

(1)人造地球卫星及其应用

人造地球卫星即环绕地球轨道运行的无人航天器,简称人造卫星。人造卫星是发射数量最多,用途最广、效益最大、发展最快的航天器。世界各国发射成功的数以千计的航天器中,90％以上是人造卫星。按其用途,人造卫星可分为科学卫星、技术试验卫星和应用卫星;按其运行轨道,可分为近地轨道卫星、中高轨道卫星、地球静止轨道卫星、大椭圆轨道卫星、极轨道卫星和太阳同步轨道卫星等等。

在发射成功的数以千计的卫星中,应用卫星与人类社会关系最为密切,它是直接为国民经济、军事和文化教育等服务的人造卫星。应用卫星的服务领域涉及了卫星通信、卫星气象遥感、卫星导航、卫星侦察、卫星定位等。空间技术主要是通过应用卫星的广泛服务转化为直接生产力和国家实力。这也是世界各国高度重视发展自己的应用卫星事业的重要原因。中国也十分重视发展自己的应用卫星技术,已初步建立了气象卫星地面系统,资源卫星地面系统,卫星通信、广播地面系统、卫星定位系统,这些系统已经对国民经济发展,国防力量增强,相关科学技术进步发挥了重要作用。

(2)载人航天

所谓载人航天是指人类操纵和乘坐载人航天器在太空中从事各种探测、试验、研究、军事和生产的飞行活动,它通过载人航天工程系统得以实施。载人航天工程系统则是由载人航天器、航天运载器、航天器发射场和回收场、航天测控网、航天员系统、应用系统等组成。

载人航天的目的是突破地球大气层的屏障和克服地球引力,把人类活动的范围从陆地、海洋和大气层扩展到空间;更广泛和深入地认识地球及其周围的环境,更好地认识整个宇宙;充分利用空间和载人航天器的特殊环境从事种种试验和研究活动,开发利用空间及其丰富的资源。

载人航天作为一种重要的空间探索活动,其完成主要是借助了载人航天器。目前载人航天器主要包括载人飞船、空间站、航天飞机。

(3)空间探测

所谓空间探测,又称深空探测,是指对月球和月球以外的天体和空间进行探测的活动。空间探测主要涉及两方面的内容:一是对太阳系的各个行星进行深入探测,二是天文观察。空间探测的主要工具是空间探测器。

在行星际探测方面,美国、苏联、欧洲航天局及日本等先后发射了100多个行星际探测器,分别发向月球、金星、火星、木星、土星、海王星、天王星等行星,还有专门探测我们居住的行星——地球的。几十年来的空间探测活动使人类获得了以往难以想象的众多空间信息,大大地提高了人类对于太阳系的认识水平。

在天文观察方面,目前,人类已把各个波段的天文卫星(即对宇宙天体和其他空间物质进行科学观测的人造地球卫星)送入太空。天文卫星在离地面几百千米或更高的轨道上运行,因为没有大气层的阻挡,卫星上所载的仪器能接收到来自天体的从无线电波段到红外波段、可见光波段、紫外波段,直到 X 射线波段和 γ 射线波段的电磁辐射。天文卫星的观测推动了太阳物理、恒星和星系物理的迅速发展,并且促进了一门新型的分支学科——空间天文学的形成。较大的天文卫星有美国的 γ 射线观测台,λ 射线天体物理设备,红外望远镜设施,"哈勃"空间望远镜等。

二、现代技术的重要影响

现代技术对社会发展的影响是多方面的,这里主要从经济、社会、军事、政治、精神文明建设等五个方面进行阐述。

(一)现代技术对经济发展的影响

历史表明,经济的起伏与科学技术的盛衰有着密切的联系,二者虽不一定同步发生,却在走向上是一致的。这说明科学技术在各个时代都具有生产力功能。

18 世纪 60 年代开始的技术革命使科学技术的生产力功能大为增强,科学技术革命成为产业革命的前提和先导,使社会生产获得突飞猛进的增长。19 世纪后 30 年技术的巨大进步,电机和内燃机的广泛使用,不仅使原有的重工业部门有了进一步的发展,而且导致一系列新的重工业开始在世界工业中占据主导地位,带动了全部国民经济的大发展和工业化的实现。总之,在 18 世纪技术革命以后,科学技术与生产间的联系加强了,不仅表现出生产—技术—科学的联系方式,而且也表现科学—技术—生产的联系方式。

现代科学技术对经济发展的作用越来越大,无数客观事实表明,现代科学技术在经济增长中已起到首要作用,成为第一生产力。例如,天瑞集团汝州水泥有限公司,采用先进设备和新技术生产干法水泥,一年生产水泥 300 万吨,比原年产量提高 5 倍,生产每吨水泥节约原煤 150 公斤,一年节约原煤约 45 万吨,平均每吨原煤现价 100 元,一年可节约 4500 万元。同时,也减少了"三废"排放,既达到了"节约、增产、增效"的目的,又实现了环保要求。

近几十年来,为了适应科技发展和经济增长的需要,逐步形成一套从基础研究、应用研究、开发研制到推广应用的转换机制,促进了科学技术与经济的结合发展。经济增长依靠科技进步的比重日益提高。19 世纪以前的生产力增长中,科学技术虽然也起了重要作用,但远远赶不上增加劳动力、设备、资金所起的作用。到 20 世纪初,发达国家的工业生产增长也只有 5%到 20%来自科技进步。第二次世界大战结束以来,科技进步在经济增长中所占的比重提高很快。在 20 世纪 70 年代以后发达国家的经济增长中依靠科技进步所占比重已达 60%到 80%。目前,我国的科学技术在经济增长中所占的比重低于世界发达国家,约占 30%,个别领域达到50%以上。

现代科学技术革命在高新科学技术的基础上,通过对生产力各实体要素的强烈渗透作用而使其发生质的飞跃,从而导致了国民经济的根本改造。第一,现代科技革命以现代控制技术武装生产,使其物质技术手段发生质变,迎来了生产高度自动化的新时代,广泛运用数控机床和自动线进行生产,甚至大量使用机器人代替人的劳动,使生产向综合自动化、全程自动化方向发展。第二,现代科学革命以信息资源改造了物质资源,引起能源革命和材料革命,使自然资源得到最有效的利用,并通过海洋工程、生物工程等,最大限度地开发利用自然界的各种资源,使劳动对象的范围空前扩大,质量空前提高。第三,现代技术革命以崭新的知识、技能武装劳动者,给劳动者自身带来巨大而深刻的影响,他们的文化教育程度空前提高,劳动者队伍的素质和组成结构发生重大变化,体力型劳动者将逐渐转变为智力型劳动者。第四,现代科技不仅分别作用于生产力各实体要素,而且通过管理改革作用于整个生产力系统,改善其系统结构,增强其整体功能。

因而,现代科技将会使社会劳动生产率几倍、几十倍甚至成百倍地提高,推动生产力飞跃发展,带来社会财富的巨大增长。

(二)现代技术对社会生活的影响

科学技术的发展对社会各个方面如对产业结构、社会生活、人类物质环境等方面都产生了重大影响。还以汝州市为例,近年来,汝州市在项目建设中,不断增加科技含量,拉长产业链条,发展循环经济,形成了"煤—电—供热、煤—电—铸钢、煤—电—水泥、煤—煤矸石—新型建材、煤—焦—化工"五大产业链条。五大产业链条前伸后延又聚集发展科技循环型民营工业项目40多个,既实现了资源的再利用、最大化和无废化,提高了产品附加值,推动了经济结构的调整、经济增长方式的优化,又有效地降低了能源消耗,改善了厂区及周边环境质量。同时又促进了就业和再就业工作,促进了社会稳定和人民生活质量的提高。

(三)现代技术对军事的影响

科学技术是军事上的战斗力。军事的发展依赖于科学技术的进步,科学技术与军事战略、军队的武器装备,以及战争的进程、样式、时间的长短、损失的大小,有着密切关联。从这个意义上说,科学技术决定战争的规模、形式和前景。在和平建设时期,科学技术产生一种威慑力,保证一个国家一个地区的安全。

现代高新技术突飞猛进,其最新成果往往首先被应用于军事领域,对战争产生着深刻影响。军队历来是当时科技成果的密集点。当今军队的力量形式,正由"体能型""技能型",向着更为先进的"智能型"方向发展着。高技术的飞速发展使军事装备的更新换代加快了步伐,一代武器装备的更新时间,由20世纪初需要20~30年,缩短到现在的10年左右或更短的时间。由于高技术具有高度的适应性、灵活性和准确性等特点,使武器装备的威力和性能发生了巨大变化。从军事上讲,高技术无疑已成为军队的重要战斗力。精确制导武器同非制导的同类武器相比,其命中概率提高了上百倍,使用弹药的消耗量降低到原来的1/10,甚至1/50。

高技术在军事领域里的广泛应用,对增强战略防御武器系统和技术攻防兼备武器系统的"大脑"功能,"中枢神经"功能,将起根本性的促进作用。这些新武器与新战略、新技术有机地结合起来,可收到意想不到的军事效益。高技术武器装备进入现代战场,对确保强国实力地位,增强战备威慑力量,保卫国家安全,是必不可少的重要手段。

(四)现代技术对政治的影响

最大限度地解放科技生产力,是现代化建设的关键。当今世界正处于历史的大变动时期,国际间的竞争,实质上是综合国力的竞争,生产力的竞争,但首先是作为第一生产力的科学技术的竞争。要巩固和发展社会主义,使人民群众真正对社会主义充满信心,必须在世界范围的激烈竞争中,在两种社会制度的较量中,高举"科学技术是第一生产力"的旗帜,把经济搞上去,最终创造出比资本主义更高的劳动生产率。

改革开放以来,我国坚持以经济建设为中心,高度重视和大力发展科学技术,国家经济实力迅速增强,人民得到更多的实际利益,社会主义有了更强大的物质基础。我国的政治地位大大提高,这就增强了社会主义在人民群众中的吸引力和凝聚力。

第六章　近现代教育思想的变革

教育思想是人们对人类特有的教育活动现象的一种理解和认识,借助于教育思想,人们能够更好地把握教育现实、进行教育实践,继而促进教育的健康有序发展。与此同时,教育思想的发展是一个连续不断的过程,而且在不同的阶段会呈现出不同的特点。就中国近现代教育思想来说,其伴随着近现代社会发生的一系列重大的历史事件,如洋务运动、维新运动、辛亥革命、新文化运动、抗日战争、解放战争、改革开放等,不断地进行发展与演进。

第一节　中西教育思想的会通与融合

自 1840 年鸦片战争开始,随着西方教育思想陆续传入我国,中西教育思想得以会通与融合,并促使中国教育思想呈现出新的面貌。在本节内容中,我们将从以下三方面着手,对中西教育思想的会通与融合进行详细阐述。

一、西学东渐与中国近代教育学的诞生

在明末清初时,西方教育学便传入中国。明末万历年间(1573—1619),传教士利玛窦率先踏上了中国的国土,他以传播自然科学和技术为手段,求得在中国传教的权利。紧随其后的西方传教士大多也如法炮制,在为传教服务的宗旨下,翻译介绍了各种科学文化知识,同时也为中国带来了与传统的封建教育截然不同的西方教育信息。比如,西方传教士高一志撰写的《童幼教育》论述了西方儿童教育的方方面面,这部著作很可能是最早输入我国的教育类读物;艾儒略的《西学凡》和《职方外纪》比较详细地介绍了西方的教育制度,尤其是欧洲大学文、理、医、法、教等专业的课程纲要、教学过程、教学方法和考试等。这一时期西方教育学的传入,由于数量极少、内容零星,在当时产生的影响并不大。

到了 18 世纪时,由于外国传教士介入了清廷内部争权夺利的斗争,雍正皇帝把传教士全部赶出境外,西学东渐的历史出现了暂时的中断。直到 19 世纪中叶时,西方传教士才再度来华,中西方才再次开始教育交流。此时,描述与介绍西方教育制度的著作陆续出版,如德国传教士花之安在 1873 年出版了《德国学校论略》,该书强调义务教育及在全国各地开办大量学校,尤其是职业学校的重要性;北京同文馆的总教习、美国传教士丁韪良在 1883 出版了《西学考略》,这也是一部有影响的介绍西方教育制度的著作。此外,中国的学者们也开始翻译西方的教育理论著作,如颜永京在 1882 年主持圣约翰书院的院务时翻译了《肄业要览》,这其实是英国教育家斯宾塞的名著《教育论》中的一篇《什么是最有价值的知识》的最早译本,也是中国

最早的汉译教育理论著作。

自甲午战争之后，中国真正开始大规模地引进或传入西方教育学说和思想，而且这一时期对西方教育学说和思想的引进是以日本为中介的。1898年8月2日，清光绪帝发布上谕："现在讲求新学，风气大开，惟百闻不如一见，自以派人出洋游学为要。至游学之国，西洋不如东洋。诚以路近费省，文字相近，易于通晓，且一切西书均经日本择要翻译，刊有定本，何患不事半功倍。"这样，优先向日本派遣留学人员就作为政策确定下来，一时间留学日本的人员激增。留学日本的学生在引进国外教育学的过程中起了重要的桥梁作用，夸美纽斯、卢梭、洛克、斯宾塞、裴斯泰洛齐、福禄贝尔、赫尔巴特等西方一些著名教育家的学说及其著作，大多是从日本传入中国的。因此，以日本为媒介来引进西方教育学，是近代西学东渐的重要特点之一。此外，这一时期对西方教育学的引入，是以编译讲义和教科书为主的。这主要是为了满足当时师范学校开设教育学课程的需要，或以强国富民、重视教育的目的介绍，引进的功利性目的比较明显。也就是说，当时还没有完全、真正地把教育学作为一门研究教育现象、揭示教育规律的科学，更没有自觉认识到教育学可以用来指导实践、预测未来教育发展的理论功能。引进西方教育学的这种缺陷，已成为中国教育科学发展中的一大问题而长期存在，在一定程度上制约了我国教育学的发展与成熟。不过，这些编译或翻译自日本的有关教育学著作，以及少部分参考日本著作而由中国人自己编著的教育学书籍，毕竟把域外的科学教育学的种子播在中国的土地上，对于推动中国近代教育学的建立与发展，起了相当大的历史作用。特别是中国学者编著的教育学书籍，尽管其体系、结构、内容等均有明显的模仿痕迹，但毕竟已开始了结合中国国情来编著教育学的尝试。比如，康有为、梁启超等就把西方教育制度与自己的大同理想糅合在一起，并未显出拼凑勉强之状。

在新文化运动产生之时，中国的近代教育学已具雏形。在新文化运动和"五四"运动以后，随着美国对中国侵略的全面扩张和留学欧美的人数增多等原因，西方教育学的引进已渐渐舍弃了日本的媒介，而以直接输入为主。赫尔巴特的《普通教育学》、夸美纽斯的《大教学论》、洛克的《教育漫话》、斯宾塞的《教育论》、卢梭的《爱弥儿》、克伯屈的《教育方法原论》、桑代克与盖茨的《教育学原理》、帕克的《普通教育法》、杜威的《民本主义与教育》、罗素的《教育论》等，都先后系统地从德、英、法、俄等文的原著翻译过来。尤其是实用主义教育学的著作，如杜威的《我的教育信条》《学校与社会》《儿童与教材》《思维术》《教育上兴味与努力》《明日之学校》《经验与教育》《今日的教育》等，几乎无一遗漏地被译介过来。在此影响下，杜威的实用主义教育学在中国教育学界的影响逐渐增大，并取代了赫尔巴特的教育学，成为中国现代教育理论的主导倾向。除了翻译国外教育学者的著作外，我国学者在这一时期也出版了不少自己编著的教育书籍，如王凤歧的《单级教授讲义教育学》、舒新城的《心理原理实用教育学》、余家菊的《教育原理》《国家主义教育学》、庄泽宣的《教育概论》、范铸的《三民主义教育原理》、李浩吾（杨贤江）的《新教育大纲》、蒋梦麟的《中国教育原理》、钱亦石的《现代教育原理》、缪序宾等的《动的教育学》等。这些著作有不少已试图根据中国国情来寻找一种主义为指导思想，虽然大多属于实用主义教育学体系，但其中也有马克思主义的、三民主义的、国家主义的、美感主义的、人格主义的。此外，还有不少教育家致力于自己的教育实验，如陶行知、晏阳初、黄炎培、陈鹤琴、梁漱溟等，均以惊人的热情，投入了巨大的精力，探索中国的教育理论。他们共同为近代中国教育学的正式诞生与向现代中国教育学的过渡，做出了不可磨灭的贡献。

总之,伴随着西学东渐的过程,中国教育领域逐渐完成了近代教育学和现代教育学的诞生与创立。自此,中国教育科学结束了古代的纯思辨的研究方式,步入了科学化的殿堂。虽然近现代中国教育理论还有许多不成熟之处,但它毕竟标志着一个新时代的开端,是中华教育思想发展过程中的一个里程碑。虽然这个过渡并没有充分实现古代与近现代的融合,尤其是在本土化方面有丢失一些优良传统之虞,但从本质而言是历史的一大进步。

二、西学东渐与中国近代教育思想的发展

中国近代教育思想的发展是伴随着西方教育学的传入、伴随着向西方学习的过程而行进的,也是伴随着中国人对西方世界和"西学"的认识不断深化而进行的。而且,中国近代教育思想沿着器物、制度、文化(心理)的层次,通过不断地向西方学习并反省自身教育的过程,实现了对中国传统教育的三次超越。

(一)中国近代教育思想的第一次超越

在明末清初,伴随着西学东渐与资本主义生产关系的萌芽在中国一些地区和行业的出现,中国教育理论也出现了所谓的启蒙教育思想。启蒙教育思想除继承传统实学的经世致用主张,其内涵已涉及某些近代科学和民主的因素,尤其是注重吸收西方的科学文化,反对八股选士的制度。但在清政府闭关自守的政策和文化专制主义的高压下,这种启蒙思想并未得到发展与张扬。到鸦片战争前夕,清王朝在大军压境的情况下,仍然昏睡不醒,封建官僚不问国计民生,知识阶层慑于权威而沉湎于故纸堆中,国家濒于全面崩溃。伴随着鸦片战争的爆发,知识阶层逐渐从麻木状态中惊醒。龚自珍首先对空谈心性的理学和八股取士的科举发难,发出了培养经世致用人才的呼声。他的好友魏源也认为"人心之寐"和"人才之虚"是中国落后挨打的两大原因,因此他呼吁改变人才的培养与选拔制度,综核名实,用实用知识试士子,并强调"国以人兴,功无倖成,惟厉精淬志者,能足国而足兵"。不过,龚自珍、魏源等人在鸦片战争期间提出的教育改革主张,实际上是在传统的范围内、用传统的模式和力量,来对传统教育进行改造。

在鸦片战争之后,清统治者与农民的矛盾日益激烈与尖锐,由此导致农民运动不断爆发,其中影响最大的是太平天国运动。在太平天国存在的十余年中,清政府一方面要集中力量对付洪秀全领导的农民革命运动,一方面又要穷于应付帝国主义的挑衅,可谓内外交困。最后只得继续割地赔款,向西方购置洋枪洋炮并借助洋人力量镇压太平天国,在文化教育方面出现了一段空白。因此,这一时期向西方学习的任务是由太平天国领袖洪秀全、洪仁玕等来完成的。但他们既不是学西方的科学,也不是学西方的民主,而主要是引进并改造西方基督教文化,并以基督教文化为武器批评中国的传统思想。也就是说,太平天国虽然主张推行"学习邦法,大兴政教"的教育制度革新,但其思想武器却不是西方的科学与民主思想,而是早已过时的陈旧的政教合一文化。因此,太平天国不过是站在宗教迷信的基点上批判中国的儒道释思想和传统的文化教育,实际上也没有突破传统的范围,没有超出封建中世纪的思想水平。这样,在落后的思想基础和经济基础之上,企图构建资产阶级式的政治制度与教育制度,当然是不可能实现的。

太平天国运动繁盛之时,洋务派的活动也逐渐增多。自 19 世纪 60 年代至 90 年代中期,是洋务派活动的时期,也是近代教育思想实现其第一次超越的时期。洋务派在教育思想方面,明确提出了"中学为体,西学为用"的教育纲领,把魏源限定的"长技"发展到"用"的水平,从而大大扩展了向西方学习的内容。洋务派虽然在恪守传统文化教育的核心内容,即伦理和政治的价值方面,与龚自珍、魏源等并无轩轾,在本质上仍属于封建教育思想的范畴,但毕竟多了若干近代的内容,从而实现了近代中国教育思想的第一次超越,超越的内容主要是传统教育所忽视的"器物"的层面,即科学技术与实业教育。

洋务教育思想的这个超越在中华教育思想上是值得重视的,因为它毕竟在封建教育的制度与内容上首次打开了一个缺口,毕竟在中国创办了各种新型的学校(语言学校、军事学校、工艺与农务学校、师范学校),把"西学"付诸教育实践,为中国社会的近代化奠定了基础,因此也为中国近代教育思想的诞生准备了条件。洋务教育思想在中国古代教育思想向近代教育理论的过渡中,起了不可忽视的作用。

(二)中国近代教育思想的第二次超越

洋务派活动随着甲午战争的失败而宣告破产,这也表明"中学为体,西学为用"的教育模式解决不了中国的问题。那么,中国的教育在今后该如何发展?这成为中国近代教育思想实现第二次超越的契机。

中国近代教育思想的第二次超越是由维新教育家来实现的,维新教育是近代资产阶级的一种教育思潮,主要包括王韬、郑观应等早期改良派,康有为、梁启超等资产阶级改良派以及孙中山、蔡元培等资产阶级革命派的教育思想。他们的共同主题是在中国建立一种新的资产阶级的教育制度。

维新教育家认为,中国不能富强的根本原因,并不在于没有坚船利炮,也不是因为没有"制器之器"和"制器之法",而是由于政治黑暗、制度腐败。因此,向西方学习,绝对不能只停留在"坚船利炮"的物质、技术层次上,而必须学习它们的政治制度,进行变法维新。维新派不仅有着强烈的变法维新的愿望,而且进行了具有资产阶级性质的教育改革,并且已明确地把教育变革与政治变革联系起来,向封建教育制度提出了挑战。资产阶级改良派则用民权、平等的理论,抨击封建教育的等级观念和不平等现象。资产阶级革命派则进一步把政治革命作为推进传统文化教育变革的先决条件,提出了"今日之民智,不必恃他事以开之,而但恃革命以开之"的命题。

伴随着维新教育的开展,中国近代教育得以产生,并实现了由中国古代的教育思想向近代教育理论的过渡,封建教育思想向资产阶级教育体系的过渡。而这一过程,主要是通过两次重大的教育改革来实现的。第一次在戊戌维新流产后不到三年,清政府迫于形势进行了自上而下的教育改革。1901 年 1 月,光绪宣布实施"新政",在教育方面的内容主要是颁布学制、废除科举和宣布教育宗旨。1901 年 8 月,清政府颁布《兴学诏书》,把各地书院一律改为学堂;1902年,清政府颁布了《钦定学堂章程》(《壬寅学制》),但未及实行;1903 年,由张百熙、张之洞和荣庆依据日本学制,对《壬寅学制》进行了修订,于 1904 年 1 月 13 日由清政府作为《奏定学堂章程》(《癸卯学制》)公布实行。这个学制包括从小学到大学的完整体系,是中国近代教育史上第一个以政府法令的形式公布的新学制。尽管这个学制还有浓厚的封建性、买办性,但毕竟终结了中国古代的官学、私学、书院等办学形式,为中国近代学校教育制度的建立奠定了基础。1905 年 8 月,清政府发布"立停科举以广学校"的谕令,"废科举"终于从 19 世纪末的口号变成了 20 世纪初的现实,这标志着中国封建教育最终崩溃。1906 年,清政府成立了中央教育行政机关"学部"后,又拟定了更为简明的"忠君、尊孔、尚公、尚武、尚实"的教育宗旨。这一教育宗旨不过是洋务教育"中学为体,西学为用"纲领的翻版而已,其封建色彩是相当浓厚的,已明显地落后于时代。第二次教育改革也是自上而下进行的,但领导者已变为资产阶级,且矛头直指封建教育。资产阶级首先颁布了《普通教育暂行办法》,规定初等小学可以男女同校,各种教科书必须符合民国宗旨,小学读经科一律废止,废除旧时奖励出身,学堂一律改称学校等。接着又提出了新的教育宗旨:"注重道德教育,以实利教育、军国民教育辅之,更以美感教育完成其道德。"彻底否定了 1906 年清末教育宗旨。1912 年,临时教育会议制定了新的学校系统,1913 年又进行了修改、补充和完善,形成了《壬子癸丑学制》。这个学制把清末《癸卯学制》的 26 年学习期限缩短为 18 年(大学院未包括在内,实际上缩短学制 3 年),而且在设立女校、取消贵胄学堂、改革课程内容等方面也有了实质性的变化。如果说《癸卯学制》是中国近代第一个学制的话,那么,《壬子癸丑学制》则是中国近代第一个真正意义上的近代化的学制,即具有资产阶级性质的学制。

在维新教育时期,除了进行了两次重大的教育改革外,还出现了两个值得关注的教育现象。第一个是出现了一批教育团体和教育刊物,在宣传革命教育思想、介绍西方教育学说、探索中国教育之路等方面做了大量工作。就教育团体来说,中国人自己创办的最早的教育学术团体是 1902 年 4 月成立于上海的中国教育会,由蔡元培任会长,主要成员有章太炎、蒋维乔等人。中国教育会不仅组织力量进行教育研究,而且开展教育实践活动,如开办了具有补习学校性质的通学所,分外文、理化、代数、几何、博物等科,由马相伯等任教员。之后,全国教育会联合会于 1914 年 3 月成立,目的是"邀集各省教育会推选教育家富于学识经验者,共同讨论,各抒心得,庶几离娄鲁班,各输长策,为教育界稍助螳臂之力"①。就教育刊物来说,1909 年由商务印书馆创办的"以研究教育、改良学务为宗旨"的《教育杂志》,分图画、主张、社说、学术、教授管理、教授资料、史传、教育人物、教育法令、章程文牍、纪事、调查、评论、文艺、谈话、杂纂、质疑答问、绍介批评、名家著述等二十余个栏目,是一份很有影响的综合教育刊物。其他如《中华教育界》《教育今语杂志》《直隶教育杂志》《教育公报》等也刊发了大量教育论文和译文,为繁荣教育理论、活跃学术气氛提供了阵地。第二个值得关注的教育现象是,这一时期出现了不同的教育思想流派,形成了一些教育思潮。在清末民初,中国近代教育思想出现了一个比较活跃的时期,在大量介绍和引进西方教育理论和教育制度的同时,各种教育思潮也纷至沓来,如军国民教育思潮、实利主义教育思潮、科学教育思潮、义务教育思潮、平民教育思潮等。

总之,从洋务派教育到维新派教育,中国近代教育思想实现了第二次超越,内容越来越丰富,体系也日益完善。

(三)中国近代教育思想的第三次超越

辛亥革命取得了推翻帝制、建立民国的胜利,但随后袁世凯就复辟帝制,张勋、段祺瑞又竭

---

① 朱永新.中国近现代教育思想史[M].北京:中国人民大学出版社,2011:14.

力复古,辛亥革命的成果得而复失。中国的知识分子再一次对传统的文化教育进行反思,他们认识到,从器物的学习到制度的学习虽然是一种进步,但仍没有把握问题的实质;如果没有大多数国民精神文化素质的提高,自强图存只能是一句空话,现代化也只能是梦想。因此,他们强调应该进行思想启蒙,改造愚昧落后的国民精神。也就是说,中国近代教育的第三次超越,应该是在国民精神、个性心理层次上的超越。

在这一认识的推动下,新文化运动产生。新文化运动的重要主题,就是在文化的层面、心理的层面,对以往的教育进行反思与超越。新文化运动的提倡者们,通过各种形式揭露了封建教育压抑人的个性的本质,并提出了个性解放的要求。这种要求在"五四"运动以后,成为时代的最强音,成为"五四"前后教育思想的主旋律。在这种要求下,教育思想自身的解放也开始出现,教育理论的争鸣和教育思潮的涌现,可谓百花齐放。近代教育思想也跃进过渡为现代教育思想。新文化运动的个性教育思想,在这个跃进和过渡中起了中介性的作用。

总的来说,中国近代教育学的诞生是中华教育思想史的重大事件,中国终于有了自己的近代形式的教育理论,中国人终于开始用近代的思维方式和实证手段来研究教育现象,中国的教育终于能够用自己的语言与西方"对话",这自然是历史的进步。但我们也必须看到,中国教育近代化的历程也并不是完美无缺的,中西文化教育的会通过程中,并没有很好地实现融合的任务,而呈现出破坏多于建设、批判多于创新、抄袭多于继承的势态,传统教育中的优秀遗产并没有得到很好的认识与重视,而是在反传统的吼声中同传统教育中的封建糟粕一起被埋葬了。此外,中国近代的教育学者对于西方的教育理论往往缺乏较深入的剖析和思考,匆匆地介绍给国人,盲目地付诸实践,虽然"主义"与"思潮"风起云涌,但大多为过眼烟云,并没有对中国教育产生多大影响。

三、西学东渐与中国现代教育思想的发展

自 1919 年开始到 1949 年新中国成立,中国教育思想的发展进入了现代时期。在这一时期,中西方教育思想进一步会通与融合,促使中国现代教育思想有了重大发展。

(一)"五四"运动时期现代教育思想的发展

"五四"时期(1919—1921 年),中国现代教育思想一方面继续新文化运动个性教育的主题,教育家们仍然以民主、科学和个性解放为旗号,猛烈抨击旧礼教、旧道德、旧教育;另一方面显现出理论的多元化格局,教育家们用自己的信仰去宣传和团结青年学生,马克思主义的教育思想也开始得到传播。马克思主义教育思想的传播是中国现代教育思想史上的一个重大事件,也是中华教育思想发展过程的一个重要转折点。中国早期的马克思主义者积极地参与各种教育活动,如平民教育、工读教育等,并在这些活动中坚持马克思主义的方向,开始了具有新民主主义教育性质的初步实践。

就在马克思主义教育思想开始在中国传播的同时,美国的杜威、英国的罗素等相继来华,使实用主义的教育思想和改良主义的教育万能论影响了不少人,"教育救国"再次成为许多教育家的"光荣梦想"。比如,李大钊在《再论问题与主义》一文中,明确地把社会的"经济的构造"作为包括教育在内的一切社会上层建筑的"基础",认为只有工人的联合实际运动和经济的革

命,才能谋求中国社会制度的根本改造。不过,相比于改良主义教育思想来说,杜威的实用主义教育思想在这一时期产生的影响更大。杜威实用主义教育思想之所以受到中国教育界的欢迎与赞赏,之所以在中国产生如此的轰动效应,有着十分深刻的原因。首先,当时的中国军阀混战,民不聊生,封建专制的政治并未真正改变,人民需要真正的民主制度,而杜威提出的"进步"与"民主",恰恰适合于中国社会对于民主的迫切要求。其次,当时的中国虽然在形式上实行了新的教育制度,但教学方法基本上还是"先生讲,学生听"的注入式,师生关系仍是"师道尊严"那一套;而杜威反对传统教育对青少年的束缚、禁锢,主张儿童个性的自由发展以及教学上的民主,自然给中国教育界吹来一阵清风,受到了教师和教育思想界的支持。再次,当时的德国是第一次世界大战的罪魁祸首,日本军国主义又加紧了对中国的侵略与掠夺,曾经向德国和日本学习的中国教育界,由于民族和政治的情绪,而对它们彻底失望,从而把希望寄托于美国,从政治制度到教育制度都以美国马首是瞻。杜威的实用主义教育思想,正是在中国社会对美国的好感与希望中传入的。最后,当时的中国已基本接受了经验论的哲学,为实用主义教育思想的输入铺平了道路。早在实用主义传入中国之前,洛克的唯物主义经验论和斯宾塞的实证主义,就由梁启超、严复、王国维等介绍到中国。"实用主义是经验论的亚种,是一种向唯心论转变的时髦的经验主义,不免有人错把杜威当洛克,把他推到中国的讲坛上来。"加上胡适等名声已噪的哥伦比亚大学学生和校友的推广与讲解,杜威的实用主义教育学成为对中国影响最大的学说。

在这一时期教育思想的发展中,还有一些值得关注的事件,如蔡元培在北京大学推行了大刀阔斧的改革,使北京大学成为新思潮的摇篮和"五四"运动的首倡者,为新教育思想的传播和发展创造了良好的氛围;平民主义教育思潮、攻读教育思想等广泛流传。

（二）第一次国内革命战争时期现代教育思想的发展

第一次国内革命战争时期现代教育思想的发展,大致发生于1921—1927年间。1921年7月1日,中国共产党在上海成立。这是现代中国最重大的事件,也是现代教育思想发展史的重大事件。从成立之日起,中国共产党就十分重视文化教育工作,把它作为革命斗争的重要组成部分。1922年7月,中国共产党第二次全国代表大会宣言,就把"改良教育制度,实行教育普及"和"废除一切束缚女子的法律,女子在政治上、经济上、社会上、教育上一律享受平等权利"等,作为党的任务和近期的奋斗目标。为了领导广大工农群众进行革命斗争,中国共产党成立了中国劳动组合书记部,并先后办起了一批工人补习学校和农民学校。在教育思想方面,中国共产党还开展了反对帝国主义奴化教育与封建复古主义教育的斗争,对中国教育的发展方向和前景提出了令人信服的观点。

在这一时期,教育界围绕着学制改革问题进行了一系列讨论和争鸣。最终,1922年11月,经过全国学制会议和全国教育会联合会审议修改后的新学制即《壬戌学制》。这是中国教育史上第一次经过教育理论界广泛参与讨论后制定出来的学制,虽然有受杜威实用主义教育思想影响的痕迹,但毕竟在教育政策制定的民主化方面开了先河。而"新学制"对于职业教育的重视,与中华职业教育社同人对于职业教育的宣传和推行是分不开的,它反过来也进一步促进了职业教育思潮的传播和职业教育思想的发展。此外,教育独立、教育测验与反奴化教育的运动与思潮在这一时期也颇具声势,是中国现代教育思想史上不容忽视的事件。

（三）第二次国内革命战争时期现代教育思想的发展

第二次国内革命战争时期现代教育思想的发展，大致发生于 1927—1937 年间。1927 年蒋介石在上海的政变和汪精卫的"分共会议"后，中国共产党开始把革命斗争的重心转向农村，并建立了农村革命根据地，1931 年成立了中华苏维埃共和国。这样，中国就同时存在着两种政权，即共产党的政权和国民党的政权。中国的教育也就同时存在着两种模式，一种是中国共产党领导的解放区的教育模式，另一种是中国国民党领导的国统区的教育模式。

在这两种教育模式的影响下，教育思想也呈现出较大的不同。中国共产党明确规定：中华苏维埃政权以保证工农劳苦民众有受教育的权利为目的；在进行国内革命战争所能做到的范围内，应开始施行完全免费的普及教育，首先应在青年劳动群众中施行并保障青年劳动群众的一切权利，积极地引导他们参加各种文化革命生活，以发展新的社会力量。1934 年 1 月，毛泽东在概括和总结革命根据地教育经验和教训的基础上，提出了苏维埃文化教育的总方针。这就是："在于以共产主义的精神来教育广大的劳动民众，在于使文化教育为革命战争与阶级斗争服务，在于使教育与劳动联系起来，在于使广大中国民众都成为享受文明幸福的人。"这个方针对解放区的教育产生了重要影响，而且成为以后各个历史时期中国共产党的教育方针的原型，是毛泽东对于现代中国教育思想的重要贡献。在苏维埃文化教育总方针的引导下，解放区的教育事业有了较大发展，干部教育、工农业余教育、儿童教育及师范教育都办出了特色，并形成了依靠群众办学、多种形式办学、开拓新路办学、艰苦奋斗办学等系统的办学思想。在教学与德育理论方面，解放区的教育思想家也提出了许多颇具创见的观点，如毛泽东提出的十大"教授法"，就是很有特点的教学法理论。

国民党在教育思想方面，确定了三民主义教育思想及其宗旨，即中华民国之教育，根据三民主义，以充实人民生活，扶植社会生存，发展国民生计，延续民族生命为目的。不过，由于蒋介石理解的教育并不是真正的现代意义上的教育，而是以仁义道德、礼义廉耻为基本内容的旧教育，用旧教育来建设现代化的国家，只能是缘木求鱼；用来钳制人们的思想，却是再合适不过的工具。因此，这一思想影响下产生的教育救国、读书救国和读经救国的教育思想，不管主观动机如何，在当时的消极作用是显而易见的。当然，在国民党政权下也产生了一些具有一定进步意义或具有革命色彩的教育思想与学说，其代表人物有晏阳初（提出平民教育思想）、梁漱溟（提出乡村教育理论）、陶行知（提出生活教育理论）、鲁迅（提出儿童和青年教育理论）、杨贤江（奠定了马克思主义教育理论的基础）等，他们的学说与教育实践，在沉闷的社会氛围中分外引人注目，也极大地丰富了现代中国教育思想的内容。

（四）抗日战争时期现代教育思想的发展

自 1937 年"七七卢沟桥事变"后，以抗日为目的、以国共合作为基础的民族统一战线形成。中国共产党领导的人民武装，除巩固陕甘宁根据地外，还深入敌后，并陆续建立了许多抗日民主根据地。为适应抗日救亡的需要，毛泽东及时作出"伟大的抗战运动，必须有伟大的抗战教育运动与之相配合"的战略决策，并具体制定了抗战教育的四项政策："第一，改订学制，废除不急需与不必要的课程，改变管理制度，以教授战争所必需之课程及发扬学生的学习积极性为原则。第二，创设并扩大增强各种干部学校，培养大批的抗日干部。第三，广泛发展民众教育，组织各种补习学校、识字运动、戏剧运动、歌咏运动、体育运动,创办敌前敌后各种地方通俗报纸,提高人民的民族文化与民族觉悟。第四,办理义务的小学教育,以民族精神教育新后代。"毛泽东还对这一时期的干部教育问题、实行以抗日救国为目标的新教学制度与新课程问题、知识分子与工农群众相结合的问题、学习方法与学习态度问题、群众办学问题等,阐述了抗战时期根据地办教育的途径与方法,为抗日民主根据地教育发展指明了方向。毛泽东关于抗战教育的思想提出后,得到了积极实践,抗日战争时期,国民政府为了应付抗日战争爆发后急剧变化的形势,在教育上也采取了一定措施,先后颁布了《总动员时督导教育工作办法纲领》《战时各级教育实施方案纲要》和《各级教育设施之目标及施教对象》等法令。蒋介石也多次发表讲话,提出了"平时要当战时看,战时要当平时看"的办学方针;规定要以"忠孝仁爱信义和平"八德和"礼义廉耻"四维作为各级学校的训育标准和校训;并要求教育要文武结合,一切都要适合于军事,培养学生的爱国思想。他的教育思想,一方面有抗日救国的先进性,另一方面又有控制教育、思想奴役的反动性。在蒋介石教育思想指导下的国统区的教育,也呈现出上述矛盾的特点。在初等教育方面,国民政府在抗战期间推行"政教合一"的国民教育制度,制定了强迫入学条例,改革了初等教育行政管理制度,修订了小学课程标准和训育标准,改善和提高了小学教师的待遇。这一系列措施使国民政府的初等教育事业有了较大发展。在中等教育、高等教育,以及师范教育、职业教育等方面,也进行了若干重大的改革。应该说,这一时期在同仇敌忾、共御外侮的旗帜下,国民政府的教育事业取得了不少成绩,其中关于提高教师待遇、补助困难学生、发展职业教育等方面的经验,直到今天还是可资借鉴的。

(五)第三次国内革命战争时期现代教育思想的发展

第三次国内革命战争时期现代教育思想的发展,大致发生于 1945—1949 年间。在这一时期,中国共产党人在千百万人民群众的支持下进行了自卫战争,并最后取得胜利,成立了中华人民共和国,使中国教育又进入了一个新的发展时期。

毛泽东在抗日战争前夕召开的第七次全国代表大会,明确提出"中国国民文化和国民教育的宗旨,应当是新民主主义的;就是说,中国应当建立自己的民族的、科学的、人民大众的新文化和新教育"。为此,必须采取适当而坚决的步骤,清除一切奴化的、封建主义的和法西斯主义的文化与教育。毛泽东的上述思想成为这一时期解放区教育的纲领性指示,在全面内战爆发后,解放区正是以建立民族的、科学的、大众的教育,作为教育工作的基本立足点的。自此,解放区的教育得到蓬勃发展,为中华人民共和国培养了新中国成立初期的建设人才。

与蓬勃发展的解放区教育相比,国民党统治区的教育却未得到有效发展。这一时期虽然蒋介石也提出了"建国时期教育第一"的口号,并提出注意发展国民教育与师范教育,重视中学教育,以及注意西部地区的文化教育建设等主张,但并未得到真正实施。不过,这一时期民主教育思潮进一步发展。

总之,在中国现代教育思想发展的过程中,西方教育学的进一步广泛传播,教育理论界的争鸣与讨论,一批中国人自己的教育理论与实验著作的出版,教育研究的学术团体与组织机构的形成与发展,陶行知、晏阳初等具有世界性影响的教育界代表人物的出现,鲁迅、杨贤江、恽代英等进步教育家的战斗精神,解放区革命教育的理论与实践,都为现代教育思想增添了丰富的内容与绚丽的色彩。当然,由于现代中国社会变化剧烈、战火不断,教育理论的建构也受到很大程度的影响,对于教育的内部规律的研究相对显得比较单薄,这都是现代教育思想很难形成真正具有中国特色、融古今优秀教育思想为一体、熔中外优秀教育成果于一炉的原因所在。

第二节　洋务派的"中体西用"教育思想

洋务派教育思想的产生、发展经历了一个不断丰富、完善的过程。早期洋务教育家与后期洋务教育家对于教育问题虽不尽相同,但对于教育基本问题的认识并无轩轾之分,有共同的倾向性,是统一在"中学为体,西学为用"这面旗帜之下的。19世纪后期20世纪初叶的国际国内形势迅速变化,清王朝虽步步设防但社会政治改革不断突破,与此同时,思想启蒙运动不断深化,"中体西用"观也在不断丰富发展。不过,辛亥革命、清朝覆灭、民国建立在政治上宣告了"中体西用"观的破产,它作为一种社会政治改革框架失去解释力与生命力,但其在文化意义上所提出的古今中西之争问题并未终结,其所提出的"中""西""体""用"及其关系等命题并未过时。

一、"中体西用"教育思想的形成

"中体西用"是"中学为体,西学为用"的简称,它是洋务教育的指导思想和基本纲领。它是19世纪后期20世纪初叶,中国由闭关走向开放、由传统走向现代的过程中,对于古今中西关系的一种认识模式与思想潮流。不同时期、不同立场者,对于"中体西用"的界定并不清晰与一致,甚至颇有歧义,并且由于古汉语文约义丰、言简意赅的特点,对于同一人、同一时期的"中体西用"观也往往有着不同的理解和阐释。但大致来讲,所谓"中体西用"观主要是指第二次鸦片战争以后至清朝覆灭前,尤其是洋务运动与新政改革、预备立宪时期,为了救亡图存、求强求富、维护清朝统治,主张在坚持中国传统文化本位、伦理纲常与君主统治的基础上,大力学习与引进西方现代科学技术、文化知识、资本主义工商业乃至管理与行政体制的一种改革思想、思潮与理论。

"中体西用"这一教育思想由张之洞在1898年正式提出,但实际上这一思想发轫于19世纪40年代。鸦片战争时期,魏源在《海国图志》中就提出"师夷之长技以制夷""尽转外国之长技为中国之长技"的主张,这可以看作"西学为用"思想的萌芽。到了19世纪60年代初,这一思想日益明朗化。1861年,早期改良主义者冯桂芬在《校邠庐抗议·采西学议》中发展了魏源的思想,提出"以中国之伦常名教为原本,辅以诸国富强之术",初步勾勒出"中体西用"思想的基本框架,这也是"中体西用"思想的最早直接提出。此后,类似表述颇多。进入19世纪90年代,随着世界一体化趋势的加剧,中国半殖民地化程度的加深,中国思想启蒙与社会改革步伐的加快,"中体西用"论者进一步增多,并在内涵理解上进一步深化与分歧。1892年,郑观应在《盛世危言·西学》中提出:"中学其体也;西学为末也。主以中学,辅以西学。"1895年,沈毓桂用笔名在《万国公报》发表文章,通过洋人的口吻警劝国人道:"中西学问,本自互有得失,为华人计,宜以中学为体,西学为用。"这是"中体西用"概念的首次完整提出。1896年,礼部尚书孙家鼐在《议复开办京师大学堂折》中称:"今中国京师创立大学堂,自应以中学为主,西学为辅;中学为体,西学为用。中学有未备者,以西学补之;中学有失传者,以西学还之。以中学包罗西学,不能以西学凌驾中学,此是立学宗旨。日后分科设教,及推广各省,一切均应抱定此意。千变万化,语不离宗。"这表明,"中体西用"论已经从学者著述、媒体舆情层面进入到朝廷高官的政策视野。两年后,张之洞在其所著的《劝学篇》中,对"中体西用"观进行了全面总结与完整阐释。

《劝学篇》全文4万余言,分内篇、外篇,"内篇务本,以正人心;外篇务通,以开风气"。内篇又分《同心》《教忠》《明纲》《知类》《宗经》《正权》《循序》《守约》《去毒》9篇,重在阐释御侮图存、保国保种、忠于朝廷、反对民权、坚持三纲五常、坚持儒家经典以及中体西用、先中后西的中西学关系原则等问题;外篇又分《益智》《游学》《设学》《学制》《广译》《阅报》《变法》《变科举》《农工商学》《兵学》《矿学》《铁路》《会通》《非弭兵》《非攻教》15篇,主要阐释设立现代学校,建立现代学制,变通科举考试,广泛派遣留学,翻译外国书籍,出版新闻报刊,改革行政体制,发展农工商业与采矿、铁路事业,加强军备建设,妥善处理教会问题等。《劝学篇》带有当时中国洋务运动与对外关系的白皮书之意味,是对洋务运动的全面总结,是对外交关系与中西文化关系的原则表述。《劝学篇》在写作手法上,援古喻今,援中释西,中西兼引,中西比较,尤其注意用中国传统价值观念所普遍认同的经典与事例来论证"西学为用"的合理性、必要性与迫切性,迥乎不同于康有为《新学伪经考》《孔子改制考》的今文经学笔法,比照而言,康有为的疑古改制说是颠覆性、激进性的,张之洞的奉古改良说则是建构性、渐进性的,无疑更具策略性和可接受性。此外,《劝学篇》所表述的"中体西用"观是一种稳健的改革观,旧派人物欢迎,外国人赞赏,维新派也不反对。

二、"中体西用"教育思想的内涵

对于"中体西用"教育思想的内涵,我们可以从以下两方面进行理解。

(一)"中学"与"西学"的界定

"西学"又称"新学"。张之洞在《劝学篇·设学》中指出:"四书、五经、中国史事、政书、地图为旧学,西政、西艺、西史为新学。旧学为体,新学为用,不使偏废。"可见,"中学""西学"二者在教育中都发挥着重要的影响。

1."中学"的界定

"中学"又称"旧学",张之洞在《劝学篇·设学》中指出:"四书、五经、中国史事、政书、地图为旧学。"张之洞认为,"中学"是一切学问的根本,在教育学习中占有重要的位置,学生应从传统经史之学、"圣人心性"的学问出发,为以后的学习打下基础。此外,张之洞从理论方面对"中学"在洋务教育中的地位与作用进行了阐明。他认为,教育的目的是培养为封建统治服务的卫道士,而只有具备丰富的"中学"知识,才能自觉地遵守封建伦理道德规范。他在《劝学篇·循序》中说:"如中士而不通中学,此犹不知其姓之人,无辔之骑,无柂之舟,其西学愈深,其疾视中国亦愈甚,虽有博物多能之士,国家亦安得而用之哉!"

"中学"的内容在洋务教育中始终处于主导的地位。在早期洋务派创办的学校中,对儒家经典的学习非常重视,并将这种学习视为"植根"的大事。例如,李鸿章在《请设外国语言文字学馆折》中就提出,外语学堂既要聘请西人讲授外语,也要"兼聘内地品学兼优之举贡生员,课以经史文艺",使学生既能"精通番语",又能"读书明理",这样才能担任外交、洋务人才。除外语学堂外,其他军事、专业学堂也非常强调"中学"的内容,加强忠君尊孔的封建道德教育,将儒家经典作为教学之根本,如福州船政学堂规定学生要读《圣谕广训》《孝经》等。此外,"中学"在洋务派所办的留学教育中具有十分重要的地位。1872年,曾国藩等在关于留学生出国"应办事宜"中就明确规定:"查考中学、西学,分别教导,将来出洋后,肄习西学,仍兼讲中学,课以《孝经》《小学》、'五经'及《国朝律例》等书",并要求在国外也必须定期"宣讲《圣谕广训》,示以尊君亲上之义,庶不至囿于异学"。使留学生们在异国也能够笼罩在"中学"的气氛中。为防止留学生们"腹少儒书,德性未坚,尚未究彼技能,已先沾其恶习",除了讲解儒家经典与《圣谕广训》外,还要对留学生的行为进行多种限制。

2."西学"的界定

"西学"又称"新学",是指西方的法制规章与自然科学知识,主要包括"西政""西艺"和"西史"。张之洞在《劝学篇·设学》中对"西政"与"西艺"主要内容进行了概括:"学校、地理、度支、赋税、武备、律例、劝工、通商,西政也;算、绘、矿、医、声、光、化、电,西艺也。"至于何为西史,张之洞未作说明,我们可以理解为西方各国治乱兴衰的史实与规律。

洋务派对"西学"的理解,有一个发展的过程。早期洋务教育家认为"西学"主要是指西方的语言文字与科学技术。随着洋务运动的开展,洋务教育思想家的视野不断开阔,对"西学"的理解也更加深入、广泛,不断扩大了"西学"的内容。早期洋务教育主张"西学"的目的是"师夷之长技以制夷",是为了"制外国而不为外国所制"。例如,李鸿章在谈到创设武备学堂的动机时就指出:"我非尽敌之长,不能制敌之命,故居今日而言武备,当以其人之道还治其人。若仅凭血气之勇,粗疏之才,以与强敌从事,终恐难操胜算。"[①]"尽敌之长"即学习西方的军事知识与技术,以"备国家干城御侮之用"。张之洞在《劝学篇》中提到的"西学",已不仅包括外国语言文字和船坚炮利的军事技术,还包括"算、绘、矿、医、声、光、化、电"等自然科学知识与"赋税""律例"等西方的规章制度。也就是说,张之洞作为"用"的"西学"可以概括为西方的行政管理体制与措施、科学技术与文化知识以及社会改革与发展规律。不过,他对于西方政治制度所能接受的极限,是必须坚持清朝的君主统治,"民权之说,无一益而有百害"。由此可见,洋务教育家提倡的"西学为用",只是主张学习西方的科技与实业知识,学习某些外在的管理形式,弥补"中学"的不足,而不涉及政治内容。

(二)"中学"与"西学"的关系

关于"中学"与"西学"的关系,张之洞主张"旧学为本,新学为用,不使偏废";"中学为内学,西学为外学;中学治身心,西学应世事";"讲西学必先通中学";"欲强中国存中学,则不得不讲西学。然不先以中学固其根柢,端其识趣,则强者为乱首,弱者为人奴,其祸更烈于不通西学者"。概括来说,就是中体西用,中内西外,先中后西,中西兼修,体用兼备。

体用是中国古代哲学的一对基本范畴,所谓"体",是指根本或原则;所谓"用",是指形式或

---

① 朱永新.中国近现代教育思想史[M].北京:中国人民大学出版社,2011:47.

应用。"中体西用"也就是指以中国传统的儒家文化为根本，以学习西学为中国所实用。张之洞将"体用"理解为"务本"与"务通"的关系。针对当时革新派与顽固派围绕救亡图存各执己见、争论不休的情形，他在《劝学篇》中对"旧者不知通"而"新者不知本"进行了批评。在人才培养上，他从知识结构、整体素养、各种技能等方面对新型人才提出了新的要求；他在《劝学篇·益智》中指出："夫政刑兵食，国势邦交，士之智也；种宜土化，农具粪料，农之智也；机器之用，物化之学，工之智也；访新地，创新货，察人国之好恶，较各国之息耗，商之智也；船械营垒，测绘工程，兵之智也。此教养富强之实政也，非所谓奇技淫巧也。"他认为人才应具有新的知识结构，他对狭隘的传统经史教育人才培养目标规格进行了批判，强调培养出得人才既要做到忠君爱国，又要具有专门学识和技能，进一步冲破了传统教育的藩篱，在自己的办学思想上有了重要的发展。

张之洞在教育的社会功能上，主张将保国、保教、保种、正人心与求智、求勇、应世开风气结合起来。他从"中学""西学"各自不同的功能出发，主张"新旧兼学"，在《劝学篇》最初的序言中指出："中国学术精微，纲常名教以及经史大法无不毕具。但取西人制造之长补我不逮，足矣。"在《劝学篇·循序》中说："今日学者，必先通经以明我中国先圣先师立教之旨，考史以识我中国历代之治乱，涉猎子集以通我中国之学术文章；然后择西学之可以补吾阙者用之，西政之可以起我疾者取之，斯有其益而无其害。"后来，他在与张百熙、荣庆共同上奏的《重订学堂章程折》中将这种思想定为"立学宗旨"。

西学既包括西政、西艺，即人文社会科学和自然科学技术，处理好二者的关系也是洋务教育家们关注的问题。张之洞从学校教育的总体上说，提倡做到"政艺兼学"。对于不同的教育层次、不同的个人及不同的社会需要，又有着不同的要求。例如，"小学堂先艺而后政，大中学堂先政而后艺"；"才识远大而年长者宜西政；心思精敏而年少者宜西艺"。而从社会发展需要来看，尤其对于救亡图存、富国强兵的当时情形来说，"西艺非要，西政为要"；"大抵救时之计，谋国之方，政尤急于艺。"但总体来说，还是应该做到"政艺兼学"。

在具体的教育实践中，为了更好地贯彻"中体西用"的思想，洋务教育家强调"讲西学必先通中学"，即学好"中学"的内容是接受"西学"教育的基础，要做到循序渐进。张之洞在《劝学篇·循序》中指出："今欲强中国，存中学，则不得不讲西学，然不先以中学固其根柢，端其识趣，则强者为乱首，弱者为人奴，其祸更烈于不通西学者矣。"又说："今日学者，必先通经，以明我中国先圣先师立教之旨；考史，以识我中国历代之治乱，九州之风土；涉猎子、集，以通我中国之学术、文章。然后择西学之可以补吾阙者用之，西政之可以起吾疾者取之，斯有其益而无其害。"他不但说明了学校教育中按先"中学"后"西学"的顺序进行教学，也阐明了"中学"以务本，"西学"以补阙的相互关系。

三、"中体西用"教育思想的体现

洋务派的"中体西用"教育思想，主要体现在办学指导思想和人才观两个方面。

（一）"中体西用"的办学指导思想

张之洞认为兴学育人是立国强国之本，培养人才就必须建学校，正如他在《劝学篇·序》中指出："世运之明晦,人才之盛衰,其表在政,其里在学。"在教育实践上,张之洞大力创建新式学堂,以适应社会发展的需要。在他看来,办学宗旨应是"讲求时物,融贯中西,研精器数,以期教育成材,上备国家任使"。在这一思想指导下,为培养更多的具有相当外语水平,掌握军事知识、西方先进农业工业知识的"西学""西艺"人才,张之洞创办了大量外语学堂、军事学堂、技术学堂以及培养师资的师范学堂等各类新式学堂。可以看出,张之洞在办学过程中强调学习近代科学知识,掌握西方先进的各种技能。在他的这些教育实践中,西学得到了提倡,旧教育意识逐渐淡化,新的办学宗旨体现出浓郁的近代化色彩。他在《劝学篇》中对中学与西学的矛盾进行了调和,并从理论上全面系统地概括并阐述了"中学为体,西学为用"的教育思想,这一思想逐渐成为清末兴办教育的重要思想。

（二）"中体西用"的人才观

洋务派的"中体西用"教育思想,具体化在人才问题上,就是培养出德才兼备、以德为主的人才,即中西学兼通的洋务人才。

早期的洋务教育家曾国藩将其人才观表述为："德与才不可偏重。譬之于水,德在润下,才即其载物溉田之用;……德而无才以辅之,则近于愚人;才而无德以主之,则近于小人。"也就是说,培养的人才要做到德才兼备。如果对"德""才"的重要性进行比较的话,则"德"更为重要,因为"德"在教育中占有主导性的地位,"才"是对"德"的一种辅助。在德才不能兼顾时,则要"与其无德而近于小人,毋宁无才而近于愚人"。这与"中学为体,西学为用"的思想是完全一致的。张之洞在办洋务的过程中,发现中国缺乏德才兼备、学贯中西的人才,曾发出"中国不贫于财,而贫于人才"的感叹。为此,他多次向清政府推荐保举经世济用的洋务人才。

需要特别指出的一点是,洋务教育家所说的"才"主要是指精通洋务之才,在精通"中学"的基础上掌握"西学"。为促进洋务事业的发展,他们致力于洋务人才的培养,一方面对现有的洋务人才进行举荐和招揽,一方面兴办各种学堂培养,培养洋务人才。例如,张之洞在担任山西巡抚期间,在太原创办了山西省城洋务局,并发布了《延访洋务人才启》,其中写道："盖闻经国以自强为本,自强以储材为先,方今万国盟聘,事变日多,洋务最为当务之急。……查中外交涉事宜,以商务为体,以兵战为用,以条约为章程,以周知各国物产、商情、疆域、政令、学术、兵械、公法律例为根柢,以通晓各国语言文字为入门。"并声明只要是"习知西事、通达体用"的人,不管是天文、算学、水法、格物、制器、公法条约、语言文字、兵械、船炮等哪一方面,只要涉及洋务,一律任用。此外,洋务教育家认为,仅仅依靠广延招揽无法从根本上解决洋务人才匮乏的问题,必须通过教育来培养。由此,洋务教育家非常重视学堂教育,创办了培养外语人才的同文馆,培养军事人才的武备学堂,培养掌握西方"机巧之原""制作之本"的专业学堂,以及培养人才"母机"的师范学堂,而且向国外派遣了大批留学生,可见洋务教育的发展以及对人才的重视,也是"中体西用"思想在具体实践中的体现。

四、"中体西用"教育思想的地位与影响

（一）"中体西用"教育思想的地位

"中体西用"作为一种教育改革思想,无论从对社会政治的实际影响还是其所探讨命题的

重要性来看,在晚清以降的社会政治史与文化思想史上都具有重要地位,具体表现在以下几个方面。

第一,"中体西用"教育思想是洋务派自强改革运动的思想结晶,是洋务运动的思想总结,是 19 世纪 20 世纪之交清政府现代化运动的思想指针,它与此前地主阶级改革派的"师夷长技以制夷"思想,几乎同时代的早期改良思想、"维新变法"思想,同为 19 世纪后期探索中国早期现代化的改革思想的代表。

第二,"中体西用"教育思想是 20 世纪初清政府改革运动与早期现代化运动的思想指针和政策基石,有着很强的思想包容性与政策拓展性,对于清末新政与预备立宪时期的政府政策、中上层官僚的思想观念以及社会政治改革实践产生了重大影响。

第三,"中体西用"教育思想具有比较完整的思想体系和比较深刻的理论认识,相对于龚自珍、魏源、林则徐等地主阶级改革派的思想更加丰富成熟,相对于早期改良派冯桂芬、王韬、郑观应等人的思想在当时更具影响力,相对于康有为、梁启超、谭嗣同等维新派的思想更具可接受性与操作性。

第四,"中体西用"教育思想是中西文化综合论的早期代表,它虽然在理论上还比较粗糙,但它最早地采取温和与务实的态度来思考、处理中西文化关系问题。

第五,"中体西用"教育思想在古今中西之争中,从中国早期现代化的社会政治现实出发,对于中国传统文化的前途、命运以及中与西、新与旧、体与用、道与器、本与末、变与不变等关系命题,进行了初步的理论探索,虽然没有也不可能解决这些命题,但其所提出的这些命题具有敏锐性、全面性与深刻性,对于这些命题的探索历久弥新,历久弥深,迄今无法回避,没有终结。

(二)"中体西用"教育思想的影响

"中体西用"教育思想对晚清的教育改革产生了重要影响,具体表现在以下几个方面。

第一,"中体西用"教育思想是一种体用兼备的改革思想。张之洞深受中国传统文化的熏陶,懂得体用兼备、明体达用的要求。但他也非常明白中国是一个遵奉实用理性的国家,在具体的社会政治改革实践过程中,"用"比"体"更加重要。因此,他在中学与西学的关系上,用体用论、先后论取代了之前的本末论、主辅论、主次论等,中体西用、中先西后并不意味着西学不重要,只是作用的领域与学习的次序不同而已。这为西学在中国的传播创造了条件,也为现代教育在中国的发展铺平了道路。

第二,"中体西用"教育思想推动了晚清教育改革的进行。"中体西用"教育思想作为晚清教育的指导方针,既符合了封建统治阶级维护和巩固封建统治的需要,推动了近代教育的改革,并促进了新式教育的产生,出现了清末新学制;又迎合了当时国民面对社会剧变的心理状况。但坚持"中学"为本,无法从根本上触及封建统治及传统教育制度,因此阻碍了中国教育近代化的进程。

第三,"中体西用"教育思想树立了务实的教育改革思想。这一教育思想主张采取全面的实用主义的改革态度,对中国传统的"旧学"以及维护旧学的科举考试制度进行改革。正如《劝学篇·守约》中所写"今欲存中学,必自守约始……学堂之书,但贵举要切用,有限有程,人人能解,且限定人人必解者也……经学通大义,切于治身心、治天下者……不必章释句解,亦不必录本经全文。……史学考治乱典制。可资今日取法者考之,无所取者略之。……词章读有实事者。……政治书读近今者。……地理考今日有用者。"因此,"中体西用"思想中所说的"中学"以及在它指导下学校课程内容的"中学",从地位到形式上与传统教育中的以四书五经为核心的"中学"具有明显的不同,其主要是以伦理纲常为学生品德修养的准则,通过传统的经史之学培养学生的文化修养,"中学"主要注重德育而不是智育。

第四,"中体西用"教育思想树立了渐进的改革思想。所谓渐进,一指其所主张的改革模式是渐进而非激进的,一指其对"西政"的理解与学习也是逐渐进步的。进入 20 世纪,经历了八国联军战争、"东南互保"的张之洞,在新的国内国际形势下,也认识到:"其实变法有一紧要事,实为诸法之根,言之骇人耳。西法最善者,上下议院互相维持之法也。""下议院此时断不可设,若上议院则可仿行。""督抚由司道府县公举,司道由府县公举,府由州县举,州县由通省绅民公举。"在这种渐进式改革思想指导下,在清末新政与预备立宪运动中,现代教育逐步发展与深入,尤其是普及教育、女子教育开始纳入教育早期现代化的视野。

第三节　维新派的"变科举、兴学校"教育思想

洋务运动开始后,随着西方思想文化进一步渗透以及近代民族资本主义工商业的产生和发展,早期改良主义思想即资产积极启蒙思想逐渐在中国思想界萌生。在甲午战争之后,这股改良主义思想迅速转化成一场声势浩大的维新运动。维新派以维新学校为基地,以学会为阵地,以报纸为传媒,讲新学、论国事、育人才,宣传变法主张,抨击封建势力,进行思想启蒙,起到了开民智、新民德、育新民、养人才的作用,扩大了维新变法运动的社会基础。维新派认为,改革科举取士制度和传统教育制度,建立新式教育制度,提高国民素质,培养新型人才,是实现变法维新目的的基础。因此,他们高度重视教育,疾呼改革旧教育,发展新教育。总体来说,维新派的教育思想可以用"变科举、兴学校"来概括。

一、"变科举、兴学校"教育思想的内容

维新派"变科举、兴学校"教育思想的内容,主要体现在维新教育家的具体论述之中。在这里,主要阐述一下康有为、梁启超和严复的"变科举、兴学校"教育思想。

（一）康有为的"变科举、兴学校"教育思想

1898 年 6 月,康有为在《请废八股试帖楷法试士改用策论折》中明确指出了明清两代八股取士的危害,他认为八股取士使人的思想狭隘,不关注世界各国的情形,不懂得灵活应变,进而会导致国家的衰亡。因此,他提出当务之急就是改革科举考试,废除八股取士,培养一批经世致用的人才。关于改革科举制度,康有为提出:"文试要'立废八股''并罢试帖',请求光绪皇帝'特发明诏,立废八股','并罢试帖','勿尚楷法',令'今乡会童试,请改试策论',以中国文学、策论、外国科学代之;武试要停止弓刀步石及旗兵弓矢,用武备学校培养人才。"

除了主张改革科举制度外,康有为还主张创办新式学堂。他在《请开学校折》中提出了关于建立新式学校教育体系的构想,具体办法是在乡设立小学,在县设立中学,在省、府设立专门

高等学校或大学,如设立海、陆、医、律、师范各专门学校,在京师设立京师大学堂,并试图建立类似于西方的近代学制。

康有为在主张建立新式学堂的同时,还提出了建立新式学校教育制度的设想。他的这一设想在他 1884 年写成的《大同书》中有着系统的反映。在这部著作中,康有为设想的理想社会是一个没有私有制和等级制,"人人平等,天下为公"的大同社会。大同社会的教育制度体系具体由人本院、育婴院、小学院、中学院、大学院五级学校所构成,人本院主要进行胎教,育婴院以养体为主,小学院则德先体主智次,中学院体智德并重,大学院以开智为重。具体情形如下人本院:已怀孕的妇女进入人本院,进行胎教,并且出生 6 个月以内的婴儿也在人本院养育;育婴院:婴儿 6 个月断乳后离开人本院,进入育婴院接受学前教育至 5 至 6 岁,任务是"养儿体,乐儿魂,开儿知识";小学院:学习期限为 6 至 10 岁接受初等教育,任务是"以育德为先""以养体为主,而开智次之";中学院:学习期限为 11 至 15 岁,主要任务是接受中等教育,除养体、开智外又以育德为重;大学院:学习期限为 16 至 20 岁,任务"专以开智为主",接受高等专门教育。这是一个体系完整、前后衔接、普及平等、终生贯通的学校教育制度。他认为大同社会里"公养""公教",每个社会成员都有权在公费的条件下接受教育,特别是女子应该和男子一样享受各种教育,强调胎教和早期教育、学前教育;主张男女教育平等,重视女子教育;主张实行德、智、体、美诸方面发展教育,反映了改良主义者的良好愿望,具有强烈的空想色彩,在当时给世人以耳目一新的感觉。

(二)梁启超的"变科举、兴学校"教育思想

百日维新前,梁启超在《变法通议·论科举》中对科举考试制度的危害进行了深刻的批判,他指出八股取士制是中国封闭落后的一大根源,是导致学者不识古今、不知五洲的重要原因。这种制度如果不改,会严重阻碍国家的发展。另外,一些聪慧之人为了通过科举考试追求功名利禄,不愿意入新式学堂。可见,八股取士的科举制度是"开民智"、创建新式学校制度的一大障碍。因此,梁启超奏请光绪皇帝立即废除科举考试,推行经济六科,培育时代发展需要的人才。他说:"欲兴学校,养人才以强中国,惟变科举为第一义。大变则大效,小变则小效。"与此同时,梁启超设计了上策、中策和下策三种方案,上策是取消科举"合科举于学校",中策是增加明经、明算、明医等科,下策是对科举取士进行变通,增加一些实学。他对上策特别推崇,主张将科举合并于学校。他在《论变法不知本原之害》中指出:"变法之本在育人才,人才之兴,在开学校,学校之立,在变科举。"他极力提倡"停止八股""变通科举"。

梁启超还主张通过兴学校,达到开民智、提高国民素质、培养使用专门人才的目的。他希望改变科举取士的教育制度,建立新的学校体系。1902 年,梁启超在《教育政策私议》中主张仿效日本的教育制度,根据儿童的年龄阶段建立中国的近代学校系统。他将教育分成四个阶段,每阶段接受相应的教育内容。第一阶段是 5 岁以下的幼儿期,接受家庭教育或幼稚园教育;第二阶段是 6 岁至 13 岁为儿童期,接受小学教育;第三阶段是 14 岁至 21 岁为少年期,接受中学教育或程度相当的师范教育及各种实业教育;第四阶段是 22 岁至 25 岁为成人期,接受大学教育,主要有文、法、医、理、工、农、商等大学。在这个教育系统中,梁启超非常重视儿童教育与女子教育,还主张实行强迫义务教育。梁启超在国家学制还没有确定时,就提出建立从幼稚园到大学院完整的教育体系,而且根据学生身心发展阶段对教育阶段进行划分,这在当时具

有一定的进步意义。

(三)严复的"变科举、兴学校"教育思想

严复深刻地批判了封建传统教育及科举制度,主张效法西方,建立新式教育制度。严复认为,科举考试主导下的封建教育是无法起到启迪智慧、培养人才的作用的。在《救亡决论》中,严复将封建教育的弊端总结为了三点:一是"锢智慧"。以八股取士为主导的封建教育过于注重知识积累,沉湎于对古训的考释求证,演绎发微,忽视实用知识,导致一些文人故步自封,孤陋寡闻。二是"坏心术"。这主要表现在科举考试过程中盛行作弊之风,一些科举之士因袭成文,长期"习为剿窃诡随之事",使得"羞恶是非之心"丧失。三是"滋游手"。科举考试教育的内容与社会生产严重脱节,导致一些士人成为衣食仰赖于社会的游民。因此,他大声疾呼"痛除八股而大讲西学",以改变封建教育的弊端。

1902 年,严复在《与外交报主人论教育书》中将"瘉愚"和"西学"作为两项重要的任务。他认为,"瘉愚"必须靠教育,而传统教育已经腐朽没落,因此当务之急是兴办"西学"。他进一步提出了学校教育制度体系,小学阶段主要学习中国传统经世之学,旧学课程占很大的比重,但教育方法必须进行改革,进行启发式讲解,避免让学生死记硬背,这一阶段的教师全用中国教师;中学招收文理既通,有一定基础的十六七岁青年,课程以西学为主,这一阶段的教师要中外教师兼用;高等学校设预科和本科,并设置各种专门学堂,课程内容以西学为主,这一阶段的教师要用洋人,中国教员只作助教,不设中文课程。他还特别提出实行免费师范教育,加快师资培养,进而实现教育的普及。

二、"变科举、兴学校"教育思想的体现

维新派"变科举、兴学校"的教育思想,主要体现在以下几个方面。

(一)创办新式学堂

据梁启超统计,维新派创办的学堂有十余所。此外,这些学堂可以分三类:一类是维新派作为培养维新人才、传播维新思想基地的学堂,如康有为在广州创办的万木草堂(1891 年),黄遵宪、谭嗣同等在长沙创办的时务学堂,谭嗣同、唐才常创办的浏阳算学馆也有类似性质;另一类是维新派创办的新式普通学堂,如张元济等在北京创办的通艺学堂、经元善在上海创办的经正女学等;还有一类是受到维新风气影响的新式学堂,如北京八旗奉直小学堂、广东逊业小学堂、广东时敏学堂等。这些学堂不能一概而论都是维新学堂,有的是维新派与洋务派、开明士绅共同创办的,有的则难以明确界定其创办者的身份派别,有的始办即废或在办学过程中发生性质变化。这些学堂的规范化程度一般不如洋务学堂,但开一时风气,并与举办学会、编印报刊、讲学演讲以及维新派的活动相结合,形成很大的社会影响力和观念冲击力。

(二)改革传统教育的课程内容

严复认为,空疏无用是中国传统教育内容与课程的最大弊端,因此,他主张教育要以有用为宗旨。关于有用的教育内容,在他看来,一是能够为以后的学习奠定基础的知识技能,如阅

读、书写、计算等。二是西方近代自然科学和社会科学知识等经济发展所需要的专业技术知识。三是能够促进个体身心个性发展所需要的知识内容。严复极力提倡学习西学以达到富国强民的目的。他说："论救亡而以西学格致为不可易。""救亡之道当何如？曰：痛除八股而大讲西学，则庶乎其有瘳耳。东海可以回流，吾言必不可易也。"他认为学习西方科学，尤其是自然科学是中国变法自强的主要途径，"救亡之道，非造铁道用机器不为功。而造铁道用机器，又非明西学格致必不可。是则一言富国阜民，则先后始终之间，必皆有事于西学"。不同于洋务派的西学主张，他认为西学不仅要学习西方的技艺，还要学习西方的政治。严复早期非常推崇西方文明。他在《论世变之亟》中对中西之学进行了比较，基本上对西学进行了颂扬，对中国传统进行了批判。例如，"中国亲亲，西人尚贤；中国尊主，西人隆民；中国委天数，西人恃人力；中国夸多识，西人尊新知"等。他认为国家要想实现富强，则必须讲西学。针对守旧派对"三纲五常"的维护，严复从"天有变""道亦有变"对"中体"不可变的立论进行了反驳。他也对洋务派只注重学习西方的某些技术，或只是抄袭西学的某些论点，而忽视西学的整体性和发展性进行了强有力的批判。

1902 年，严复发表了《与外交报主人论教育书》，表达了他的文化教育整体观，他反对"中体西用"的说法，认为体用是本不可分的系统整体。他指出，中学与西学具有明显的差异性，"中学有中学之体用，西学有西学之体用。分之则两立，合之则两亡"。他通过对中西文化进行比较，对西方文化的整体性、先进性和优越性进行了肯定，对西方民主、自由、平等的思想进行了极力颂扬。同时，他还指出社会就像是一个完整的有机体，西方社会是"以自由为体，以民主为用"，进一步证明了体用的整体性。此外，他也不赞成对"西政"和"西艺"的重要性进行争论，他说："政艺二者乃并出于科学。若左右手，然未问左右之相为本末也。"他主张对西方的自然科学和社会科学进行全面的学习，为此他译介了大量西方的社会科学著作。他按照从基础到应用的层次，将西方近代科学分为三类。第一类属于思维和工具学科，包括名学（逻辑学）、数学等；第二类属于基础理论科学，主要提供应用学科的一般原理，包括物理学、化学等；第三类属于应用学科，包括天学、地学、人学、动植之学、生理之学、心理之学等。各类学科相互综合为一个整体，尤其数学等基础理论学科渗透于近代学术的方方面面。

严复既接受了传统教育，又接受了较为系统的西学教育。他译介了大量西学名著，同时对近代自然科学和社会科学进行悉心钻研。作为一位学贯中西的人物，他在维新变法巨子中占有重要的地位。在废八股、兴学校、尊西学、重科学等方面，他具有独到的认识，能够不流于表层的评论、倡导或谴责，多能从中西文化比较与融通的角度进行深入的分析，进而提出适应时代发展的主张。到了晚年，严复逐渐改变了早期"全盘西化"的思想倾向，提出了要构建一种融会中西、兼备体用的新文化教育内容与方法体系的设想。

（三）提倡讲求实证的教学方法

严复在教育方法方面，非常重视实证的教育方法。他认为，西方近代科学的发展就是建立在实证的基础上的。要想对西学进行全面系统的学习，就必须掌握和运用实证的方法。因此，严复指出："一理之明，一法之主，必验之物物事事而皆然，而后定之为不易。"学习"方其始也，必为其察验，继乃有其内籀外籀之功，而其终乃为其验证，此不易之涂术也"，应重视观察、实验在学习中的作用。此外，严复还特别重视实践效果，他说："实业教育，其扼要不在学堂，而在出堂后办事之阅历。以学堂所课授者,不过根柢之学,增广知识,为他日之事阶梯云耳。若夫扼要之图,所以陶炼之使成真实业家,则必仍求之实业之实境,作坊商店,铁路矿山,此无疑义者也。"可见,实践在培养人才方面发挥着重要的作用。

(四)重视师范教育、女子教育和儿童教育

在维新教育家中,最为重视师范教育、女子教育和儿童教育的是梁启超,因而我们这里只论述一下梁启超在这方面的思想。

1.梁启超的师范教育思想

1896年,梁启超在《时务报》上发表的《变法通议·论师范》一文,首次对师范教育问题进行了论述。梁启超认为,"师范教育是各种学校教育的基础。'师范学校立,而群学之基悉定'。'师范也者,学子之根核也。师道不立,而欲学术之能善,是犹种稂莠而求稻苗,未有能获者也'"。文章分析了新、旧学堂教师的状况,发现传统学校的教师都是一些不通六艺、不读四史的人,他们对西学的基本常识更是知之甚少,因此是无法实现"开民智"的目的的。为此,梁启超指出,中国应设立师范学校,培养符合时代要求的教师。

他认为师范学校应该办在大学之先,自京师以及各省府州县,可以同时设立小学和师范学堂,首先对小学教师进行培养。师范学堂的学生同时兼任小学堂的教师,可以对师范学堂的成果进行检验。通过逐步提高师范生的程度,使其可以在中学堂和大学堂担任教师。可以说,师范教育在革旧习,兴智学方面发挥着重要的作用。只有办好了师范教育,才能促进新式学堂的建设,促进新式教育的发展。

关于师范学校的教育内容,梁启超认为师范学生应掌握六经大义、历朝掌故、文字源流、列国情状、格致专门、诸国语言等方面的技能,因此课程的设置也应从这些方面出发。另外,他认为应对中国古代《学记》中提到的"诲人之术"和"为教之道"进行发掘利用。

在梁启超看来,师范教育不仅要强调对教师进行专门培养,更要重视通过统一的课程设置,培养一批在知识结构和思想观念上都符合维新教育要求的新教师,推动新式教育的发展,实现救亡图存的目的。

2.梁启超的女子教育思想

梁启超从男女权利平等的思想出发,提倡兴办女学,这在深受"女子无才便是德"的封建思想影响下的清末无疑产生了重要的影响。梁启超在《变法通议·论女学》《倡设女学堂启》《上海新设中国女学堂章程》中对他关于女子教育的主张进行了系统的阐述,揭示了女子接受教育的重要意义。他认为,中国贫弱的一个重要原因在于中国女子教育落后、女子无学。中国想要实现救亡图存、由弱转强,就必须大力发展女子教育。这主要是由于女子接受教育,掌握了知识,就可以通过就业实现自立,同时也能够教育好子女,促进家庭和睦,还可使国强民富,在持家、保国等方面发挥重要的作用。

梁启超对各国女学发展情况与该国强弱进行了考察,发现女学最盛者,其国最强,如美国;"女学次盛者,其国次强",如英、法、德、日等国;而"女学衰,母教失",其国必然衰弱,如印度、波斯、土耳其等国。由此,他认为:"欲强国必由女学。"另外,他还指出女子接受教育是其天赋权

利,也是男女平等的保障。女子喜静、心思细腻等性格特点,能够与男子的性格特点相互补充,这也是中国应充分开发和挖掘的人才资源。他认为,发展女子教育首先应实现女子解放,从破除女子缠足陋习开始。

在教育内容方面,他认为男子所学的,女子都可以学,"农商医律格致制造等事,国人无男无女,皆可各执一业以自养,而无或能或不能之别。故女学与男学必相合"。他曾起草《女学堂试办略章》,主张招收 8—15 岁女子四十名,学习内容既包括中文,也包括西文,学堂设三种学科,即算学,医学,法学。学生可以根据自身情况自选一门,三科之外另设师范。学成之后,发给文凭,即可充任医师、律师、教师。

梁启超是中国近代史上较早提倡女学的教育家,他关于女子教育的主张,反映了他男女平等、提倡妇女解放的进步思想,具有重要的时代意义。1898 年,梁启超在上海积极参与了国人自办的第一所女学——经正女学的筹创,将其女子教育思想付诸实践,以实际行动推动了女子教育的发展。

3.梁启超的儿童教育思想

梁启超在《变法通议·论幼学》一文中对自己的儿童教育主张进行了系统的阐述。他首先指出儿童教育的重要意义:"人生百年,立于幼学。"他对中国压抑儿童个性发展的教育模式进行了批判,同时对西方的儿童教育表示认可。他对中西儿童教育进行了比较,可以看出一些明显的差异,具体表现为以下几点。

第一,西方强调对儿童进行由浅入深,由易到难,循序渐进的教育,中国则常常忽视基础,急于求成,"未尝识字,而即授之以经。未尝辨训,未尝造句,而即强之为文"。

第二,西方注重儿童的学习兴趣,重视理解,如采用演戏法、说鼓词、歌谣等形式进行教学,且"不妄施扑教",中国则强调死记硬背。

第三,西方注意用实物教学,比较具体直观,而中国只注重通过言语文字教学,比较抽象。

梁启超主张创办新式学校,借鉴西方先进的教育方法。另外,教育内容应做到丰富多彩,要与儿童的年龄特征相符。他提出儿童的读物主要应包括以下几类。

第一,识字书。选择儿童在生活中常用的字,采用合理的方法编排,让儿童能够掌握约 2000 个常用字。

第二,文法书。主要教授儿童联字成句、联句成篇的方法。

第三,歌诀书。将当前各种知识,选择切用者,借鉴中国古代的经验,编成韵语。

第四,问答书。配合歌诀书,歌诀帮助记忆,问答通过设问的方式引导学生理解。

第五,说明书。文言合一采用俚语俗话,广著群书,包括圣教史事等,让儿童阅读。

第六,门径书。开列儿童应读书目。

第七,名物书。即字典。

他详细地说明了这七种书籍应包括的学科内容和教学方法,他是我国近代最早提倡各科教材教法的教育家。他还专门为 8—12 岁儿童拟了一个教学程序表,把儿童一天的学习内容进行了具体的安排,他认为儿童一天的学习不应超过三小时,要注重调动起他们的学习积极性。

第四节 蔡元培的"兼容并包、思想自由"教育思想

蔡元培既是中国近代著名的资产阶级革命家,也是中国教育早期现代化时期的全面总结者,为中国近代教育的发展做出了重要贡献。他作为民国首任教育总长,提出了"五育并举"的教育方针,促成了现代教育宗旨的确立;他作为最重要的北大校长,秉持并实践了"思想自由,兼容并包"的大学精神,奠定了中国现代大学的价值基石,促动了新文化运动的发生发展。在本节内容中,将着重阐述一下蔡元培"兼容并包、思想自由"的教育思想。

一、"兼容并包、思想自由"教育思想的内容

"循思想自由原则,取兼容并包主义",这就是常为人们称道的蔡元培著名的"思想自由、兼容并包"的大学办学指导思想。这一思想主要包括以下几个观点。

(一)研究学问、培养人才

研究学问、培养人才点明了大学的两个基本职能,即研究与教学。蔡元培认识到了这一点,他的大学理想是教授高深学问,陶冶健全人格,养成硕学闳材。这是蔡元培对现代大学本质职能的认识,同时也是对北大自创办以来师生尤其学生热衷官场的批判。他多次阐明,大学为纯粹研究学问之机关,不可视为养成毕业生资格之场所,亦不可视为贩卖知识之场所。他认为,研究学问是大学师生共同的责任。"所谓大学者,非仅为多数学生按时授课,造成一毕业生之资格而已.实以是为共同研究学问之机关。"只有这样,大学才能培养具有真才实学的对国家人民有用的人才,推动科学知识的发展。

(二)囊括大典、网罗众家

囊括大典、网罗众家是"思想自由、兼容并包"指导方针的具体体现。蔡元培说:"大学者,囊括大典、网罗众家'之学府也。"大学应广泛吸收各种人才,容纳各种学术思想流派,让其相互争鸣,自由发展;墨守成规、抱守残缺,实行思想专制是不能使学术得到真正发展的。因此,他不仅大力延聘新派学者,像陈独秀、胡适、李大钊等这样的人物,也允许学有专长的旧派人物,如辜鸿铭、黄季刚、刘师培等在北大教坛保留一席。他认为,学术上的各种派别,若"言之成理、持之有故",就应让他们并存,任其自由发展,使学生有自由选择的余地。蔡元培引述《中庸》"万物并育而不相害,道并行而不相悖"来证明这种观点。各国大学都是各种流派纷呈、各种人物云集的,"各国大学,哲学之唯心论与唯物论,文学、美术之理想派与写实派,计学之干涉论与放任论,伦理学之动机论与功利论.宇宙论之乐天观与厌世观,常樊然并峙于其中,此思想自由之通则,而大学之所以为大也。"这种思想对于学术的发展来说无疑是十分可贵的。

(三)学为基础、术为应用、分途并进

蔡元培认为,学即学理,即基础理论学科,如纯粹的科学与哲学等学科;术即应用,即应用

技术学科,如实用的工商、法律、医学、农业、工业等学科。学与术的关系是:学为基础,术为枝干;学必借术以应用,术必以学为基本;两者并进始可。具体来说,应该分途并进,"治学"的学校和"治术"的学校应当分设,"治学者可谓之'大学'",治术者可谓之'高等专门学校'。两者有性质之别,而不必有年限和程度之差"。高等教育的双重任务由不同的高等学校来承担和完成。应当说,这是最早的高等学校分类分层办学的思想。

不过,在"学"和"术"方面,蔡元培更强调"学"。他说:"中国固然要有好的技师、医生、法官、律师等,但要在中国养成许多好的技师、医生等,必须有熟练技能而又深通学理的人。""一国中,要是但知练习技术,不去研究学历,或者练习技术的人虽多,研究科学的人很少,那技术也是无源之水,不能会同改进,发展终属有限。"这种认识是很有远见的,至今仍可发现其深刻的理论蕴含与重要的实践价值。

(四)教授治校、民主管理

蔡元培借鉴德国大学的经验,主张改革大学旧的管理体制,让教授参与学校行政事务管理。这种思想,他早在1912年起草并经教育部发布的《大学令》中就已明确提出来了,其中详细规定建立大学评议会和教授会的条款及职责范围。按照这种设想,他提出组织各种有教授代表组成的委员会来实施学校事务管理。

此外,蔡元培主张织学生自治会,让学生在自己管理自己的同时参与学校管理。他说:"学校事情本很简单,学生都可以管。"学生参与管理,不仅可以使学校办得更好,而且"可以提起国民自治的精神"。他认为,学生完全有能力和意识参与学校管理。他说,学生具有参与学校管理的"自动精神"和"自治能力",只要"能在校中保持这种自治的能力,管理就不成问题"。

让教授和大学生参与学校事务管理,既体现了民主精神也反映了自由精神,也反映了现代大学的办学特色。为此,他积极鼓励学生组织各种学术研究团体,开展课余学生社团活动。

二、"兼容并包、思想自由"教育思想的实践

蔡元培"思想自由、兼容并包"的教育思想,主要是通过其对北京大学的全面改革体现出来的。中华民国在成立后,将京师大学堂改为了北京大学,并对其进行了一定的民主改革,从而使学校的面貌发生了一定变化。但是,北京大学既对"老爷"式学堂的传统进行了继承,又受到了袁世凯复古思想的影响,因而总体的改革成效是不理想的,民主思想也未能得到进一步发展,还有着十分严重的封建沉疴。直到1916年12月,蔡元培出任北大校长,并对北大进行了全面改革,北大才真正呈现出新的面貌。具体来说,蔡元培对北大的改革主要有以下几个方面。

(一)明确大学的性质与宗旨

蔡元培在对北大进行改革时,第一步便是对大学的性质与宗旨进行明确。1917年9月21日,蔡元培在就任北京大学校长典礼上,发表了一篇重要演说。在这篇演讲中,他向与会者提出了一个重要问题:大学教育的目的究竟何在？是职业训练所？是官僚养成所？还是别的什么呢？对此,他阐述了现代大学的性质与宗旨。

蔡元培指出,所谓"大学"者,是研究学问、追求真理、培养人格的神圣殿堂。他说:"欲求宗旨正大与否,必先知大学之性质。今人肄业专门学校,学成任事,此固势所必然。而在大学则不然,大学者,研究高深学问者也。"他指出,大学的性质与专科学校不同,差异性明显。如果抱着功利目的去求学授教,定位便错了。蔡元培指出:"欲达其做官发财之目的,则北京不少专门学校,人法科者尽可肄业法律学堂,入商科者亦可考商业学校,又何必来此大学?"大学教育的宗旨只有一个,就是为求学而来。他指出:"诸君需抱定宗旨,为求学而来。""求学"是唯一的志向,永恒的宗旨,它是纯粹的、不带有功利色彩。1918 年 9 月,蔡元培在开学仪式上再次强调了这一思想:"大学为纯粹研究学问之机关,不可视为养成资格之所,亦不可视为贩卖知识之所"。在这里,他概括了现代大学最本质的三大特征。第一,大学是"博大与精深"的知识宝库、是"思想自由"的圣地,它容纳宇宙自然、人类世界一切知识于一体,继承文明,传承历史。各类知识在此汇集,"百花齐放,百家争鸣"。第二,大学是"探索与创造"的神圣殿堂,它不仅在继承,更在于"站在巨人的肩膀上"创造新的成果,推动人类文明的不断发展。第三,大学是国家的文化中心,承载着振兴民族的历史使命。

为了确保大学的性质与宗旨被真正接受并得到有效贯彻,蔡元培采取了以下几个重要措施。

1. 对学生的观念进行改变

蔡元培在就任北京大学校长时,发表了重要的演说,并对学生提出了一定的要求,即抱定宗旨、砥砺德行、敬爱师长。其中,抱定宗旨指的是抱定为求学而来的宗旨,将学校当作是研究学问、养成学问家人格的重要场所。

2. 对教师队伍进行整顿

蔡元培认为,要将北大真正建成学术研究机构,改变学生的观念,一个重要的举措是提高教师群体的学术水平。因此,他在对教师进行聘任时,将"学诣"原则放在首要位置,即具有真才实学、热心教学、有兴趣和能力对学问进行研究;而对于教师的国籍、年龄、思想倾向、资格等不加限制。同时,蔡元培还辞掉了一些不称职的中外教师。

在这一举措的影响下,北大的教师队伍得到了有效充实,并呈现出平均年龄小、富于学术活力的特点。

3. 积极发展研究所

蔡元培认为,大学在传授知识的同时,还应进行知识创新,以推动学术的不断进步。为此,他在北大内设立了各科研究所,培养研究人才。同时,他十分注重对图书馆藏进行丰富,以便为学术研究创造便利的条件。

在这些举措的影响下,北大不仅培养了一批研究人才,还取得了可观的研究成果。

(二)改变大学的校风

蔡元培在出任北大校长后,依据大学的性质与宗旨,对北大的不良学风进行改变,具体措施有以下几个。

1.提倡道德修养

蔡元培认为,要促进北大的发展、落实大学的宗旨,还需要在师生中提倡道德修养。因此,他自上任后便经常告诫学生要砥砺德行、敬爱师长。

2.培养学生的正当兴趣

蔡元培在出任北大校长后,还积极提倡成立体育会、书法研究会、演剧会等,以引导学生形成正确的兴趣,并改善学生经常到校外寻求不正当消遣的情况。

3.解聘引诱学生堕落的教师

蔡元培在对待教师时,主要是看重教师的学识,因而对于教师的品性通常不加干涉。但是,当教师的私生活过于糜烂且出现引诱学生堕落的情况时,则不论其是否富有学术声誉,一律进行解聘。

(三)大力整顿教师队伍

如果说"高深学问"是大学的性质,那么拥有"高深学问"的教师就是大学的"灵魂"。也就是说,一所大学能否成为一流水平的高等学府,关键在于教师,关键看能否有一支高水平的师资队伍。为此,蔡元培积极延揽人才,引进优秀教师,以使教师队伍呈现出新的面貌。而蔡元培在引进人才时,主要遵循以下几个标准。

第一,大力引进"能够开风气之先"的新式人才,吐故纳新,以补充"新鲜血液"。采取的主要措施是从正在兴起的新文化运动中选择声名鹊起的著名人物延揽为师资,形成一支思想进步、锐意改革的新派教师阵营。其中,吸纳新文化运动的两员主将陈独秀、胡适是其代表性的典型事例,对北大的发展影响甚大。

第二,积极吸纳各派学者,形成各种思想流派、理论观点百家齐放、百家争鸣的格局。蔡元培提倡学术民主,主张不论什么学派,只要持之有故,言之成理,就应允许其存在;主张不同的教员,无分新旧,应允许其自由讲学,让学生自由进行鉴别和选择。在这种办学方针指引下,北大形成思想汇聚、自由争鸣的良好风气,为学生的成长创造了教育环境。举例来说,在蔡元培的改革之下,北大的文科教师队伍中既有陈独秀、李大钊、鲁迅、胡适、刘半农等新文化运动的代表人物,也有刘师培、陈汉章、黄侃等存在明显保守政治倾向和旧学传统的学者;在北大的新派教师中,既有倾向于马克思主义的,也有倾向于三民主义的,还有倾向于无政府主义的;在教师的政治倾向下,既有倾向于激进的,也有倾向于保守的,还有主张改良的等。

第三,注意文理学科的教师资源统筹兼顾、相互平衡、全面提高。蔡元培在经过大力的整顿后,北大文科方面师资阵容整齐、水平精湛。在"国学"研究领域"独领风骚"的是章太炎的众多弟子:马叙伦、沈尹默、沈兼士、马裕藻、马幼渔、朱希祖、钱玄同等学术大家,他们在文字学、音韵学、训诂学、文学史等方面发挥巨大影响。同时,留学欧美日的新人也脱颖而出:胡适、刘半农、鲁迅、李大钊、陶孟和等,在哲学、文学、社会学等方面日益彰显其特殊的魅力。理科方面也与之"并驾齐驱",一大批学识优秀的人才被引进到北大,在各个方面担当重任,如数学系的冯祖旬、秦汾,物理系的丁燮林、颜任光、李书华、何育杰、张大椿,化学系的陈世璋、丁绪贤、王星拱、俞同奎,地质系的李四光、温宗禹、王烈等,生物系的李石曾、谭仲逵等。与此同时,北大基础薄弱的社会科学方面,也充实了优秀师资。以法科为例,蔡元培请来王雪艇、周鲠生诸君来任教授,始组成正式的法科。在这一学科的教师中,还包括了陈启修、王世杰、周鲠生、何基鸿、燕树棠、朱鹤翔、周龙光等著名的法政学者。

（四）整顿教学制度

蔡元培在对北大的教学制度进行整顿时,采取了以下几个有效的措施。

第一,改革学科设置。蔡元培的理想是把北京大学办成偏重学理研究的综合大学。于是他根据"学术分途"原则,把工科调到北洋大学,法商科合并,将北京大学办成以研究高深学问为宗旨、培养高级综合性人才为中心的文、理、法三科综合性大学。

第二,改革科系设置,废门设系,实行学系制,取消文、理、法三科的界限,加强文科（社会科学）与理科（自然科学）的联系,做到文理渗透沟通。全校编为 14 个系,各系之间可以选修课程,这样使文理科学生能够兼涉他科的课程。

第三,改年级制为选科制（学分制）。蔡元培认为,年级制"不论个性如何,总使读满几年,方能毕业,很不适当";选科制比整齐划一的年级制更能发展学生个性。他要求学生改变"守一先生之言,而排斥其他"的偏见,"习文科者不可不兼习理科,习理科不可不兼习文科",提倡文理兼习,以一科为主,兼习他科,实行主辅修制和弹性学制。北大选科制规定,以每周 1 课时,学完一年为一个单位计算。本科生应修满 80 个学习单位。一半为必修,一半为选修。修满即可毕业,不受修业年限的限制。

第四,创建研究所,创办学术刊物,为师生提供进一步研修的学术机构和学术平台,形成研究学问的风气。在蔡元培担任校长期间,北大先后创建的研究所有文科、理科、法科、地质科和国学研究所,创办的学术刊物有《北京大学日刊》《北京大学月刊》《国学季刊》等,为师生发表学术研究成果提供园地,使师生"提起学理的研究心",并有"交换知识机会"。

第五,重视办好图书馆,整顿扩充实验室等,为师生的教学和科学研究提供条件。

（五）重视基础学科的发展

蔡元培认为,应用学科要想得到持续不断的发展,需要有基础学科的大力支持。因此,他在出任北大校长后,积极扩充文理,以期对"重术而轻学"的思想进行改变。具体来说,蔡元培采取的措施主要有以下几个。

第一,积极调整学科结构,突出文、理科的重要地位。蔡元培认为,文科与理科是研究自然与人类最基本知识的"学问",是基础性学科,而基础学科之于现代大学,是"源"、是"本"。他说:"文、理,学也。虽亦有间接之应用,而治此者以研究真理为的,终身以之"。"所兼营者,不过教授著述之业,不出学理范围"。基础学科的创新与突破,带有根本性和整体性特点,对人类发展和科技进步起到至关重要的作用,深刻影响人类文明的进程。而工、商、法、农、医是应用学科,是"流",是"术"。应设立单独的专门大学。他认为:"完全的大学,当然各科并设,有互相关联的便利。若无此能力,则不妨有一大学专办文理两科,名为本科,而其他应用各科,可办专科的高等学校,如德法等国的成例。以表示学与术的区别。"因此,他认为:"因为北大的校舍与经费,绝没有兼办各种应用科学的可能,所以想把法律分出来,而编为本科大学;然没有达到目的"。尽管如此,蔡元培还是花了很大气力去办好北大的"文理"两科。

第二,采取"有所为,有所不为"的战略,采取"强干弱枝"的措施,大力发展基础性学科。比如,蔡元培果断停办北大工科,并入天津的北洋大学,专心办好文理两科。在他看来,如果一所大学条件有限时,不必"样样精通",只要"集中一点",即集中到文、理学科上,而后"倾注全力"办好它,就能办出一所高水平的大学来。他正是本着这样的办学宗旨,对北大的学科进行建设的。

第三,积极强调文理学科的相互交叉渗透。蔡元培认为,学科之间的划分是相对的,不是绝对的,"文理是不能分科的"。1920 年,为了推动学科之间的交叉与渗透,蔡元培在北大进行了新的一次改革。他进一步打破文、理、法、商的界限,废除"学长"的职务,改为"学部"。"第一部",有数学系、物理系、天文系;"第二部",有化学系、地质系、生物系;"第三部",有心理系、哲学系、教育系;"第四部",有中文系、英语系、法语系、德语系"及行将设置的其他国家的语言文学系";"第五部",有经济系、政治系、法律系、史地系。每一个学部的设置,纳入其中哪些学科,经过了蔡元培"匠心独运"的思考。他将彼此之间能够产生相互关联的学科放在了一起,以便于他们在研究当中产生相互碰撞的结果。这样做的目的很明确,就是贯彻"学科相互融合"的精神,发挥交叉的作用,推动学术的创新。

(六)改革学校的管理体制

蔡元培在出任北大校长后,确定了教授治校、民主管理的大学校务管理原则,并积极进行了实践。而蔡元培在实践教授治校、民主管理的大学校务管理的原则时,采取的主要措施就是改革学校的管理体制,具体如下。

第一,组织评议会,评议长由校长担任,评议员从全校的教授中选取,标准是每 5 名教授中选举 1 人。

第二,将评议会确定为全校的最高立法机构和权力机构,规定学校章程的制定、学校经费的预算和决算、学校教师的学衔、学科的设立与废除等学校的一切重大事务都要提请评议会进行审核,且只有审核通过才能进行具体实施。

第三,组织各门教授会,教授会主任在各门教授的推举下产生,负责对各门的教务和教学工作进行管理和规划。同时,规定教授会主任的任期是两年。

此外,蔡元培改革学校的管理体制也具有十分重要的意义,具体来说表现在以下几个方面。

第一,有助于真正懂得学术的人即教授来对学校进行有效的管理。

第二,有助于改变北京大学从京师大学堂继承下来的封建衙门作风,从而使得工作效率得到大大提升。

第三,有助于推动北京大学的顺利、蓬勃发展。

第五节　当代多元化的教育思想

进入 1991 年以后,中国进入社会转型期,学校教育教学和整个教育事业的改革和发展都面临着教育思想的建设和创新问题。随着我国改革开放和现代化建设事业的深入发展,以及世界科技经济信息化、网络化、全球化浪潮的涌动,传统的文化心理、价值取向、思维与行为方式等均面临着一系列挑战。同时随着社会主义市场经济体制的不断完善和发展,人们开始以一种冷峻的目光审视我们的教育理论和实践,开始对教育思想观念中的理论前提、概念术语、命题的规范性和合理性进行追问和反思。也正是在这样一种社会大背景下,教育工作者墨守成规和迷信经验,无论如何是不行的,必须加强教育思想的建设与创新,必须用教育思想武装和壮大自己。因此,自20世纪90年代至今,我国的教育改革不断推进,在积累了丰富的教育经验的同时,也形成了一定的符合时代发展要求且具有中国特色的社会主义教育思想。从宏观上来看,这些教育思想主要体现在素质教育思想、主体教育思想、人文教育思想、创新教育思想、终身教育思想等诸多方面。

一、素质教育思想

为了适应世界政治经济的发展和我国改革开放的需要,作为与"应试教育"相对应的一个概念,作为一种不同于传统教育的改革实践活动,素质教育在20世纪80年代中后期应运而生了。1988年,《上海教育》(中学版)第11期发表了题为《素质教育是初中教育的新目标》的评论员文章。此后教育界围绕着素质教育展开了讨论,并对现实的教育教学改革实验产生了一定的影响,至20世纪90年代中期,素质教育则已成为教育界尤其是基础教育领域较为流行的一种思想观念。

中共中央、国务院在1993年2月下发的《中国教育改革和发展纲要》中指出:中国教育思想史"基础教育是提高国民素质的基础工程","中小学要由'应试教育'转向全面提高国民素质的轨道,面向全体学生,全面提高学生的思想道德、文化科学、劳动技能和身体心理素质,促进学生生动活泼地发展,办出各自的特色"。这里虽然没有明确提出"素质教育"这一个概念,但已明确指出提高全体学生的素质是教育活动的核心内容与目标。紧接着,在1994年6月中共中央召开的第二次全国教育工作会议上,李岚清副总理在讲话中指出:"基础教育必须从'应试教育'转到素质教育的轨道上来,全面贯彻教育方针,全面提高教育质量"。从此,素质教育成为我国教育改革与发展的主题。为了介绍、总结和推广各地开展素质教育的经验成果,1996年2月,国家教委在湖南汨罗举行了全国素质教育现场会。会后,全国首批建立了10个素质教育实验区,各省市也相继建立了省级素质教育实验区。1997年9月,国家教委又在山东省烟台市召开了全国中小学素质教育经验交流会,并于10月29日颁发了《关于当前积极推进中小学实施素质教育的若干意见》。该文件系统阐述了素质教育的含义和特征以及实施素质教育的重大意义,针对薄弱学校建设、课程体系、督导评估体系、考试与评价改革、升学考试制度改革、改进德育工作、校长教师队伍建设等方面,提出了在全国推进素质教育的一系列政策措施。

1999年1月13日,《面向21世纪教育振兴行动计划》得到了国务院的正式批准实施。该《计划》明确提出实施"跨世纪素质教育工程",提出素质教育要从典型示范为主转向整体推进和制度创新为主,通过改革课程教材、推行新的评价制度、完善督导制度和建设高素质的师资队伍,整体推进素质教育改革。在这一年的6月,中共中央、国务院又在北京召开了第三次全国教育工作会议,会议通过了《关于深化教育改革全面推进素质教育的决定》,明确规定了全面推进素质教育的指导思想和基本策略。

在当前,要推进素质教育的进一步发展,最为关键的行动是新一轮的基础教育课程改革以及教师专业化发展。其中,完善教师教育体系,深化人事制度改革,大力加强中小学教师队伍建设是积极推进素质教育的重要环节。也正是随着这两大行动的不断展开,"科研兴教""科研兴校"的意识逐步得到了贯彻和落实,教育研究走向中小学,教师成为研究者,大大小小的教育实验在全国各地普遍展开。不过素质教育的实施过程中,现实情况却往往是"素质教育喊在嘴上,应试教育落在行动上"。因此在今后,还需要切实采取有效的措施来促进素质教育的真正贯彻,而且在未来一段时间内,素质教育思想仍然会在学校教育中占据主导地位。

二、主体教育思想

时代呼唤主体,主体呼唤主体教育。为适应此种时代要求,自20世纪80年代起我国也逐步掀起了一股主体教育的浪潮。它的兴起既推动了我国素质教育的提出与实施,又转化为实施与推进素质教育的一种模式。

我国的主体教育思想步上科学发展的康庄大道是在20世纪80年代以后。它是同这么几方面的条件分不开的:一是认真学习马克思主义关于人的学说,自觉地将其作为教育改革的指导思想;二是十一届三中全会之后,在我国形成了一种解放思想、发扬社会主义民主的新局面;三是乘着改革开放的东风,传入并吸收了国外的一些重要教育改革派别的思想与理论。这一时期我国主体教育思想的发展过程,有学者曾将它具体化为三个阶段:第一阶段,关于教育过程(或教学过程)中主客体关系的讨论。在80年代前期的这一讨论中,出现了教学三主体论、主导主体论、双主体论、复合主体论等多种观点,但"学生是教育教学活动的主体"已得到多数人的认可与赞同。第二阶段,关于"教育与人"的关系的讨论。这一讨论涉及的主要问题有:教育的价值取向问题,教育的出发点问题,学生的主体性问题。经过讨论的共识是,弘扬学生的主体性是当代教育的主题,是正确做出价值取向、科学解决教育问题的出发点,以及提高教育质量与人的素质的关键。而要培养学生的主体性,就必须真正确立学生在教育中的主体地位,发挥其主体作用。第三阶段,主体教育思想和教育主体性的明确提出。这主要反映在1990年8月召开的"教育·社会·人"学术讨论会与1996年12月举行的"全国主体教育理论与实践"学术研讨会之中。这一阶段的主要特征是:明确提出了"主体教育""主体性教育"及"教育主体性"等概念,受到越来越多的人的热切关注,并得到较广泛的认可与使用;有关主体性教育理论的认识和研究,已上升到初步的理论性概括水平;理论研究与实验研究密切配合,相互补充;主体教育思想一经提出,便与素质教育思想在相辅相成中同步发展。

马克思主义哲学认为,主体是指具有认识世界和改造世界的能力的人,客体是被主体所认识和支配的客观物质对象。人的主体性是人在与客体的相互作用中发展起来的本质属性。它是对人与自然、社会、自我关系中所具有的主体地位和作用的哲学概括,因此主体性既是属性的概念,更是关系的概念,是只有在关系中才具有意义的属性观念。简单地说,教育的主体性主要体现在教育者的主体性、教育管理者的主体性和受教育者的主体性几个方面。主体性教育就是指以发展受教育者主体性为目标导向,以使受教育者成为合格的社会实践主体为价值追求的教育。

由于学生是接受教育的对象,也是教育活动的能动主体。在深化素质教育的过程中,如何认识和对待学生在整个教育教学过程中的作用和所应有的地位,用主体性教育思想处理好教育教学过程中的师生关系,将主体性教育思想贯穿于整个素质教育之中,是广大教育工作者必须关注和思考的核心问题。其中,教师的主体性主要表现在他们对教育过程的有意识的设计与把握上,教师应该深入了解学生,精心设计教法,提供一种有充分准备的育人环境。在教育教学过程中,学生的主体性表现为他们在教师的引领下,有意识、有目的地获取各种知识,提高各种能力,形成各种品质,这是一种主动学习、主动发展、自我完善的过程,也是一个不断积极地改变、提升自身的身心状态的过程。与传统的"命令—服从"型师生关系不同,主体性教育最为关键的一步就是建构"民主—平等"的师生关系,强调教师和学生的互动关系,重视发挥学生的能动性、自主性与创造性,注重不断地激发学生的内在需求,从而逐渐形成学生主动发言、共同讨论的气氛。主体性教育鼓励学生质疑问难,培养学生敢于同老师辩论的学习习惯,在平等、融洽、坦率的交往过程中,使学生主动参与,与教师进行思想与情感的碰撞,产生共鸣,在宽松、和谐的学习氛围中共同提升。我们发现,在主体性教育思想的影响下,近年来小组学习、合作学习以及研究性学习得到了进一步的推广、完善和发展。

总的来说,主体性教育具有深厚、源远的哲学理论基础和浓郁的社会时代色彩。随着工业文明、后工业文明的兴盛和发展,主体、主体性问题日益凸显,成为哲学社会科学理论关注的热点,其实质是一个"人"的问题,因而,相应地也是一个突出的教育问题。随着人类社会实践的发展,主体性教育思想愈渐彰显,而主体性教育理论也将随主体性教育实践日益深化和完善。

三、人文教育思想

人文教育是现代教育的重要组成部分,它的根本目标是让学生学做进步的现代人。也就是要通过提高人文素养使人活得更自觉、更高尚、更高雅,使现代人拥有更开阔的心胸,更加重视精神追求。

自改革开放以来,中国社会的政治环境是大为宽松的,人们的思想观念随之解放、个人的自由、尊严和价值受到越来越多的关注。然而,新的问题又接踵而至。例如,由于国家为了发展经济,不断提高综合国力,在改革开放以后将经济建设定为我国的发展中心,但这并不意味着国家就忽视了精神文明建设。然而,在实践中,老百姓关注的焦点日益集中到经济活动上面,而计划经济时代的价值标准已被打破,新的适合市场经济健康发展的价值标准体系尚未建立,这就使得极端功利主义、拜金主义在社会上渐成风气,道德失范、斯文扫地的现象屡见不鲜。

所幸我国政府已经认识到问题的严重性,并从社会、文化、教育等各个领域着手改变目前这种局面。例如,国家在教育领域组织开展加强学生文化素质教育工作的同时,提出了提高学生的文化品位,提高教师的人文素养的要求。例如,国家主席习近平在 2015 年教师节来临之际提出"百年大计,教育为本;强国富民,育人为先"的观点,这充分显示了国家对于人文教育的重视。在国家的倡导下,开展人文教育,重视对学生和教师的人文关怀已经成为一种普遍的教育思想。

四、创新教育思想

作为人类当代教育实践的重要指导思想,创新教育思想是也是我国教育改革的重要指导思想。在 20 世纪末、21 世纪初时,人们都在思考未来社会的发展走向。在中国,1998 年初,中科院提交了一个题为《迎接知识经济,建立国家创新体系》的报告,引起了国家领导人及社会各界的极大关注,"创新"二字遂成为使用频率最高的词之一。

江泽民同志 1998 年 11 月 24 日在新西伯利亚科学城会见科技界人士发表讲话时指出:"要迎接科学技术突飞猛进和知识经济迅速兴起的挑战,最重要的是坚持创新。创新是一个民族的灵魂,是一个国家兴旺发达的不竭动力。创新的关键在人才,人才的成长靠教育。教育水平提高了,科技进步和经济发展才有后劲。"随后,他于 1999 年 6 月在第三次全国教育工作会议上指出:"教育是知识创新、传播和应用的主要基地,也是培育创新精神和创新人才的重要摇篮。无论在培养高素质的劳动者和专业人才方面,还是在提高创新能力和提供知识、技术创新成果以及增强民族凝聚力方面,教育都具有独特的重要意义。"为了应对国内新形势和国际激烈的竞争,江泽民同志尖锐地指出:"我们的教育思想、教育体制和结构、教育内容和方法,同社会主义现代化建设发展的需要不相适应的矛盾,已经正在日益暴露出来。"因此,他鼓励创造性地贯彻执行党的教育方针,素质教育要以提高国民素质为根本宗旨,以培养学生的创新精神和实践能力为重点。他说:"面对世界科技飞速发展的挑战,我们必须把增强民族创新能力提到关系中华民族兴衰存亡的高度来认识。教育在培育民族创新精神和培养创造性人才方面,肩负着特殊的使命。每一个学校,都要爱护和培养学生的好奇心、求知欲,帮助学生自主学习、独立思考,保护学生的探索精神、创新思维,营造崇尚真知、追求真理的氛围,为学生的禀赋和潜能的充分开发创造一种宽松的环境。"他要求我国的教育改革"必须转变那种妨碍学生创新精神和创新能力发展的教育观念、教育模式,特别是由教师单项灌输知识,以考试分数作为衡量教育成果的唯一标准,以及过于划一呆板的教育教学制度"。由此,创新教育思想得到了人们的高度关注。

从其内涵上来看,创新教育思想简单来说就是关于知识经济时代人类教育的创新职能、创新观念、创新实践的思想。培养创新能力是我国素质教育的重点,探索创新教育模式是我们教育改革的重要目标。实施创新教育思想,首先要深化对教育的创新职能的认识。传统的观念认为,教育的最大功能是传播知识。但是,随着知识经济时代的到来和社会生产力的极大发展,教育除具有传播知识的功能外,还具有培养创新精神和创新人才的功能。其次是要以创新素质作为素质教育的重点目标,全面推进素质教育。深化教育改革,全面推行素质教育有很多方面,其中最重要的是创新素质的培养,即创新精神和创新能力的培养。它能保证素质教育的实施,而且使之得到深化。最后要树立创新教育观念。学习创新教育思想,就要求我们必须借鉴和吸收古今中外人类社会的一切优秀文明成果,不断地丰富和发展创新教育思想。

创新教育的目标最终要靠教育的创新来达成。构建"教育创新体系"是创新教育的基本内容,也是实现创新教育的保证。对教育创新的基本构成,人们的认识基本一致,即包括教育观念(或理念)的创新、课程内容的创新、教学技术与方法的创新、教育制度的创新以及教育评价体系与方法的创新等。张武升按照创新的对象,划分出教育创新的九个类型,即教育目标创新、教育观念创新、教育体制创新、教育体系结构创新、全面发展教育创新、课程创新、教育组织管理创新、教育形式与方法创新、教育评价创新。创新型教师是创新教育的前提,只有创新的教师才能培养出创新的学生。因此,创新教育对教师的素质提出了更高的要求,如具备创造的激情、终身学习的意识、宽容的态度、创新的教育价值观和管理艺术等。有人还从认知、人格和行为三方面分析了创新型教师的特征,如在人格方面教师应当具备独立性、好奇心、开放性、想象力、富有激情、坚忍不拔等。

此外,只有在浓厚的社会创新氛围和有利于创新的环境中,才能实现对创新型人才的培养。有人提出要营造具有这样特征的精神环境:对文化刺激的开放性,强化独创性与多样性,承认失败的价值,保护学生的好奇心、自尊心和自信心;还要有效地形成学生关于创造的价值观、动态的知识观和积极的文化观。笔者认为创新教育的环境与氛围包括家庭环境、学校环境、社会环境三个方面,三者相辅相成,有机结合,从而形成有利于创新的宏观大环境与氛围。对于社会一方来讲,关键在于营造出有利于创新、鼓励创新的社会风气和支持系统,包括对教育导向的宏观指导、科研创新的资金投入,以及符合时代特征的人才观的舆论导向,建立以教育科研为基础、科技创新为核心的国家创新体系。

总的来说,创新教育提出的时间较短,并还在深入探讨和实践的过程之中,但影响深远,因为它切合了当今社会发展的时代精神。相信,创新教育必将成为主导 21 世纪教育改革与发展的教育理论之一。

五、终身教育思想

从 20 世纪 70 年代末开始,现代终身教育思想在我国传播。1979 年,上海师范大学外国教育研究室翻译了联合国教科文组织国际教育发展委员会的著名报告《学会生存——教育世界的今天和明天》,其中提出的"终身教育"和"学习化社会"等理念开始受到关注。1985 年,周南照、陈树清翻译了保尔·朗格朗的《终身教育引论》,进一步加深了国人对于终身教育的理解。但由于各方面因素的影响,在 20 世纪七八十年代,终身教育只是偶尔出现在个别学者的研究中,并没有进行大范围的研究。1993 年,我国教育政策文本《中国教育改革和发展纲要》中首次出现终身(生)教育的相关表述,该纲要指出"成人教育是传统学校教育向终生教育发展的一种新型教育制度"。1999 年,国务院转批了教育部的《面向 21 世纪教育振兴行动计划》,提出:"到 2010 年,基本建立起终身学习体系。"这是我国的教育政策文本中首次提出构建终身学习体系的目标。同年,中共中央、国务院发布的《关于深化教育改革全面推进素质教育的决定》也提出了逐渐完善终身学习体系:高等学校和中等职业学校要实行弹性的学习制度,放宽招生和入学的年龄限制,允许分阶段完成学业;大力发展现代远程教育、职业资格证书教育和其他继续教育;完善自学考试制度,形成社会化、开放式的教育网络。

进入 21 世纪以后,随着我国对终身教育认识的深化以及政策实践的进展,作为全面推进终身教育的升华,党和国家提出了建设学习型社会的战略目标和任务。2002 年,党的十六大报告中,作为全面建设小康社会目标的一部分,第一次提出"形成全民学习、终身学习的学习型社会,促进人的全面发展"的战略目标。2007 年,党的十七大继续强调了构建终身教育体系和建设学习型社会的战略任务。2010 年,国家颁布《国家中长期教育改革和发展规划纲要

（2010—2020 年）》（简称"《教育规划纲要》"），该纲要在继承既往政策文献相关表述的基础上，对终身教育的认识有了新的发展。一是拓展了对终身教育内涵的认识，将视角从成人教育领域拓展到整个教育。二是进一步明确了构建终身教育体系的内涵。参照联合国教科文等国际组织关于终身教育的定义，可以认为终身教育体系由一系列教育和学习活动领域构成，从其组织化程度上看可分为正规教育（如全日制教育）、非正规教育（如非全日制教育和短期培训等）与非定形学习（无固定形式的学习，如自学、工作场所的实践学习等，也译为"非正式学习"）。三是重新定义"继续教育"，赋予其新内涵，并以其替代原有的"成人教育"概念。2012 年，在党的十八大报告中，政府再次强调要完善终身教育体系，建设学习型社会，并将终身教育视为国家提高民族素质、增强发展动力和竞争能力的重要因素。十八大以来，以习近平同志为核心的党中央，着眼统筹推进"五位一体"总体布局、协调推进"四个全面"战略布局，对教育工作做出一系列重大决策部署，其中重要的一环就是推进终身教育的发展。在这方面，目前我国正在构建正规教育与非正规教育、普通教育与职业教育、职前教育与职后教育纵向衔接横向贯通的终身学习体系，让教育覆盖人的整个生命周期，真正实现终身教育。

终身教育思想，简单来说就是要求教育应伴随人的一生，这就使教育具有了穿越时间和空间的属性，形成了"教育＋工作""教育＋自主学习"等模式。而这些思想与模式的提出使得人们在学习时间上的支出要有所延长，真正使教育成为有效的、公正的、人道的事业，使我们思考教育的角度和视野得到了提升和扩展、许多以前认为天经地义的观念和做法受到质疑，从而引发和推动了世界教育思想、观念和实践的巨大变革。

在我国社会的发展中，积极贯彻终身教育思想具有重要的意义。比如，这一思想能够推动传统办学体制的改革。传统的办学体制以政府主办公立办学为主，这一体制虽然有助于教育资源均衡分配，但事实上由于地区发展不均衡等因素的影响，地区公办学校之间也存在一定的教育资源差异，而实施终身教育，有助于将各种社会力量和个体都拉进学校的创办者队伍中，创办出多样化的学校，满足教育者多样的受教育需求。这一思想能够促进课程改革和教育资源的开发与整合，由于终身教育突破了学校封闭性、教育管理的僵化性，教育与社会发生了广泛的、实质性的联系，这必将扩大教育的资源，使学校组织与整个社会联系在一起，使学校的教育内容保持一种常新的状态。这一思想能够促进教学方法和手段的改革，现有的教学方法和手段比较落后，除了经济的原因外，主要受到时空的局限。而终身教育是以学习者为中心的，处处皆学习、时时皆学习的观念以及现代科学技术在教育中的广泛使用，将使获得多种多样的、具有启发性的方法或手段，网络教学、多媒体教学、广播电视教学等都纳入了现代教学的范畴。这一思想能够促进人的全面发展，终身教育将人的发展放置在具体的、与个体需要相一致的历史环境中，并将其扩展到人的一生，根据个体在每一个阶段内发展的需要及可能，为其提供连贯性的、整体性的教育，以便使个体在每一个阶段都能在理性的指导下，充分利用已有的、潜在的资源，实现自我全方位的发展。这一思想能够促使我国的社会更为公正，改革开放以来，中国在社会分配方面实行"效率优先、兼顾公平"的原则，国家建设取得了显著进展。但在市场经济环境下，收入分配的差距也在迅速扩大，还存在种种不公平的社会现象。在现代阶段，人们对社会公平的需求愈加迫切，这些需求表现在教育领域就是对教育公平的需求。终身教育的推进可以最大限度地给每个个体提供学习机会，最有效地保护受教育权，并将有限的教育资源合理地分配给每个人，这样就能够使人的发展建立在依靠智力开发、能力提高的基础上,从而获得更主动的发展权。教育的平等也将培养人们的公平感,从而有利于人们建立一种和谐融洽的人际关系等。

此外,终身职业能力开发是终身教育的重要内容。1987 年 6 月,国务院转发国家教委《关于改革和发展成人教育的决定》明确提出:把开展岗位培训作为成人教育的重点。各类从业人员走上岗位以前,都按照岗位规范的要求进行培训,走上岗位以后或转换岗位,还要根据生产和工作提出的新要求,经常地培训提高。1987 年 10 月,国家经委、国家科委、中国科协联合发出《企业技术人员继续教育暂行规定》;同年 12 月,国家教委、劳动部又和以上部门联合发出《关于开展大学后继续教育的暂行规定》,对继续教育的对象、内容、培训目标、组织实施、政策措施都做了明确规定。1993 年 2 月中共中央、国务院正式公布的《中国教育改革和发展纲要》,进一步提出"把大力开展岗位培训和继续教育作为重点,重视从业人员的知识更新。国家建立和完善岗位培训制度、证书制度、资格考核制度和考试制度、继续教育制度"。上述种种制度化、规模化职前职后的经常性的岗位培训和继续教育,是开发在职人员终身职业能力的基本模式,是实施终身教育的重要政策。进入 21 世纪,成人教育、职业教育面临着非常好的发展机遇。人们越来越清醒地认识到:随着我国社会主义市场经济体制的建立和不断完善,以及加入世界贸易组织进程加快,各行各业劳动者素质的高低和人力资源开发的程度,越来越具有重要的战略意义,提高广大劳动者的素质和技能水平,成人教育有着不可替代的作用与影响,是实施"科教兴国"战略的需要;构建终身教育体系,建设学习化社会,成人教育、职业教育成为十分重要的一个方面。

第七章　近现代教育立法的变革

我国近现代意义上的教育立法是从清代末年学习国外经验才逐渐开始的,并从此开启了百余年的教育立法历史进程。具体来看,自清代末年教育立法开始奠基以来,经历中华民国教育立法的较快发展,形成了名义上比较健全完善的教育法体系。但旧中国教育立法的实践及其成果,随着旧政权的倒台而烟消云散。在当时,除了作为批判对象之外,旧中国的教育法再没有也不可能给新生的人民共和国以任何价值。现在看来,虽然新旧中国的教育立法,在指导思想、基本性质、主要功能等方面大相径庭,但后来者仍然可以从先行者的经验教训中有所借鉴。新中国成立以后,较长时期都习惯于利用教育政策作为处理教育事务、维护教育秩序的主要手段,几乎很难说存在真正严格意义上的教育立法活动,也就无所谓典型的教育法了。直到20世纪70年代末期,中国开始进行改革开放,教育立法由此获得更为广阔的发展空间。改革开放以后几十年的教育立法,建立起了社会主义教育法规体系的基本框架,取得了极为辉煌的成就。不过,由于基础薄弱,经验短缺,教育立法也存在很多问题,需要吸取自己正反两方面的经验教训以及借鉴别人的有益经验实行进一步的优化和完善。

第一节　清代末年教育立法的初步尝试

在清代末年,遭受东西列强屡次入侵和国内民众迭次反抗的强烈冲击,清王朝的统治受到极大的动摇。为挽救逐渐倾覆的清王朝大厦,统治阶级决定尝试学习西方,开始进行自下而上的洋务运动,这就使在有限的范围内借鉴西方制度成为可能。在这种状况下,再加上陈腐不堪的教育亟待改革,为此,清政府也尝试着进行了初步的立法尝试。

一、清末教育立法的萌发

在鸦片战争及其后续的外战中屡战屡败的清政府,为了避免更多的失败,终于决定实施新的教育措施,培养新式的外交和军事人才。于是,经总理衙门奏请最高统治者批准,在1862年设立了中国近代第一个新式学堂——京师同文馆,作为学习外国语言的学校。为了规范京师同文馆的办学事宜,特别是对招生对象、学生优惠待遇、学成学生的出路、教学内容、专业设置、教师聘任、管理人员等进行限定,清政府陆续拟定了一些章程。这里章程有对新式学堂——同文馆的章程,也有不同类型、各种级别的学堂章程。在这些章程中,清政府不得不放弃旧教育模式,开始学习西方社会制定一些初具现代教育特征的章程规定,这些章程的制定,极大地改变了学校管理中杂乱无章的随意状况,使学校运行更为规范和稳定,这不仅有利于各种类型新式学校较为快速地发展,而且为整个教育体系的法规制定准备了一定的条件。

二、清末教育立法系统的建立

在逐渐为已经设立的各种新式学校尤其是军事学校和外语教育学校制定章程的基础上,1901 年设置的管学大臣张百熙主持拟定了《钦定学堂章程》,意欲"节取欧美日本诸邦之成法,以佐我中国二百余年旧制",光绪皇帝认为这份章程"尚属详备,即着照所拟办理",批准其于 1902 年 8 月 15 日颁布。《钦定学堂章程》又称"壬寅学制",包括《钦定蒙学堂章程》《钦定小学堂章程》《钦定中学堂章程》《钦定高等学堂章程》《钦定京师大学堂章程》《考选入学章程》等 6 件。

《钦定学堂章程》详细规定了各级各类学堂的目标、性质、年限、入学条件、课程设置及相互衔接关系。它把教育分为初等教育、中等教育、高等教育三个阶段。其中初等教育分蒙学堂(四年)、寻常小学堂(三年)、高等小学堂(三年)共三级,中等教育有中学堂(四年)一级,高等教育则分高等学堂或大学预备科(三年)、大学堂(三年)、大学院(年限不定)三级。大学堂内又分政、艺二科。儿童自五年起入蒙学堂,至大学毕业共计二十年。除普通教育外,还有实业教育、师范教育。实业教育分简易实业学堂(相当于高等小学堂)、中等实业学堂(相当于中学堂)、高等实业学堂(相当于高等学堂)三级。而师范教育则分师范学堂(相当于中学堂)、师范馆(相当于高等学堂)。

《钦定学堂章程》制定后不久就废除了。其原因一方面在于现代教育制度在发展初期必然会遭受守旧派的攻击,受到压制;另一方面在于该章程本身就存在较大缺陷,如升学次序凌乱,先行举办高层次学校,学校结构头重脚轻甚至有头无脚,以致学堂缺乏根基,没有合格生源;没有设置专门的教育行政管理机构,导致学务缺乏专门机构和人员负责,成效不大;学生出身按照科举进行奖励,使所谓的新教育制度与旧科举密不可分,学生科名科考之心无一时稍减,不能专心学业,难以达成预期人才培养目标等。因此,它在制定后未及全面实行就遭到废止,虽然如此,但它作为中国近代由国家颁布的第一个规定学制系统的文件,在近代教育立法史上却起到了承前启后的作用。

鉴于《钦定学堂章程》的缺陷,特别是一些地方大员在尝试举办新型学校、设置教育行政机构等方面进行了卓有成效的探索,因此地方大员的代表人物张之洞被举荐受命与张百熙、荣庆等人共同拟定新的学堂章程。光绪皇帝要求他们认真总结《钦定学堂章程》立法的经验教训,拟定更完备的各学堂章程。张之洞等人认真详细研究了外国教育立法情况,主要以日本学制为蓝本,再结合中国的具体情况以及湖北获得的经验,拟定了一系列教育法规上奏光绪皇帝,获准"着即次第推行",这就是我国教育史上非常重要的《奏定学堂章程》。

《奏定学堂章程》有完整的普通教育立法,从《初等小学堂章程》《高等小学堂章程》《中学堂章程》到《高等学堂章程》《大学堂章程》(附《通儒院章程》),一应俱全;有前瞻色彩明显的学前教育立法,包括《蒙养院章程》及《家庭教育法》;有丰富的师范教育立法和职业教育立法,包括《初级师范学堂章程》《优级师范学堂章程》《初等农工商实业学堂章程》(附《实业补习普通学堂及艺徒学堂各章程》)《中等农工商实业学堂章程》《高等农工商实业学堂章程》;有关于教职员的培养和管理、教育行政方面的立法,如《实业教员讲习所章程》《学部官制》《各省学务官制》

《学部官制职守章程》《各省学务详细官制办事权限章程》《劝学所章程》《视学官章程》等；有学校管理和考试规则等方面的立法，如《各学堂管理通则》《各学堂奖励章程》和《各学堂考试章程》；有女子教育方面的立法，如《女子小学堂章程》《女子师范学堂章程》等；有留学教育方面的众多立法，如《派遣出洋游学办法章程》《奖励游学毕业生章程》《约束留学生章程》《自行酌办立案章程》《内外职官出洋游历之奖励规程》《西洋游学简明章程》《管理日本游学生监督处章程》《奖励留学生章程》《考验游学毕业生章程》《贵胄学堂游学章程》《游学毕业生廷试录用章程》《管理欧洲游学生监督章程》《派遣赴美游学生办法》等；还有中国近代最早的义务教育立法《学部咨行各省强迫教育章程》。这些教育方面的立法，共同构成了我国近代史上相当完备的教育法规体系，在一定程度上促进并保障了近代中国由传统教育向近现代教育的逐步过渡和有力发展。

此外，《奏定学堂章程》以《学务纲要》为总纲，不仅对各类学校的办学宗旨、课程设置、学生入学条件、修业年限以及各类学校的相互关系做了详细规定，还对整个教育组织、学校管理、教师选用、学生的考试与奖励等做了具体要求。清政府明令在全国推行章程，由于这年为农历癸卯年，故称"癸卯学制"。

"癸卯学制"规定了完备的现代学校系统，纵向初、中、高等学校相互衔接，横向普通、师范、实业三类学堂相互联系。该学制将学校教育分为三段七级，第一阶段为幼儿教育与初等教育阶段，第二阶段为中等教育阶段，第三阶段为高等教育阶段。其中，第一阶段分为蒙养院、初等小学堂、高等小学堂三级；第二阶段仅包含中等学堂一级；第三阶段分为高等学堂或大学预科、分科大学、通儒院三级。除此之外，师范教育还分为初级和优级两级，实业教育分为初等、中等、高等三级，具体如图 7-1 所示。

"癸卯学制"秉持"中体西用"的指导思想。"癸卯学制"明确规定，"立学宗旨，无论何等学堂，均以忠孝为本，以中国经史之学为基，俾学生心术壹归于纯正，而后以西学治其智识，练其艺能，务期他日成材，各适实用，以仰副国家造就通才、慎防流弊之意"。"欧美日本所以立国，国有不同，中国政教风俗亦自有所以立国之本。所有学堂人等，自教习、总办、提调、学生诸人，有明倡异说，干犯国宪，及与名教纲常显相违背者，查有实据，轻则斥退，重则究办。"这些精神在各种章程中皆有明显体现：初等小学堂"以启人应有之知识，立其明伦理爱国之根基"；高等小学堂"以培养国民之善性，扩充国民之知识，强壮国民之气体为宗旨"；中等学堂"以施较深之普通教育，俾毕业后不仕者从事于各项实业，进取者升入各高等专门学堂，均有根柢为宗旨"；高等学堂"以教大学预备科为宗旨，以各学校皆有专长为成效"；师范学堂"以习普通学之外，并讲明教授管理之法为宗旨"；实业学堂"以振兴农工商各项实业，为富国裕民为本计"。

同时，"癸卯学制"还对各学堂管理员、教员的职责、禁例、罚则，学生的考验、禁例、赏罚，斋舍、讲堂、操场、食堂、接待所的规条，学堂礼仪规条，学堂经费的种类、核算办法等内容以及考试的种类和等级、学生毕业后的出身（即授予的身份，如秀才、进士等，类似今之学位）、任用、教员的任职资格、实业学堂的宗旨、种类和等级等内容做了明确而详尽的规定。此外，规定了各学堂教员、管理员的设置及其职责，学堂场屋、图书、器具的建置、配置等事项。

"癸卯学制"在中国近代建立起了崭新的学校制度。在此之前，旧的学校制度只有直系，并且是简单的两级，即儒学和国子监。新的学校制度，不但有严谨、完备的直系系统，还有较为完备的旁系系统予以协调配合。其直系系统从蒙养院、小学堂、中学堂直至大学堂、通儒院，环环相衔,层层递进,形成了相当严密的体系;而其旁系系统有分层的师范教育体系和实业教育体系。旁系又与直系相沟通,紧密配合。此外,还有补习教育系统。整个学校制度形成一个有机整体,比较符合世界近代教育的性质和要求,具有相当的科学性和进步性。

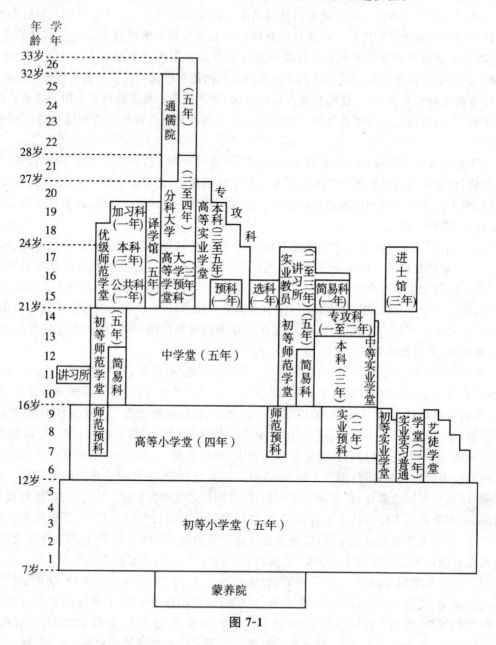

图 7-1

三、清末教育立法的修正与完善

在《奏定学堂章程》颁布并在全国普遍实施过程中,因时势和教育发展的需要,清政府对该章程内容作了一些修改、增补,使之更趋完善。同时,因应教育发展的各方面需求,加强了一些薄弱环节的教育立法。

（一）加强女子教育立法

在清末社会,中国依然处于男尊女卑的思想环境中,广大妇女没有接受学校教育的权利,这是中国几千年来教育的特点之一。到了近代,随着教会兴办女子学校,中国女子学校教育才开始真正兴起,但它在很长一段时间里依然是游离于主流社会之外的,即便《奏定学堂章程》颁布时,政府对女子教育依然持保守态度,这种将女子教育局限在家庭教育的观念,将广大妇女排除在学校教育之外,严重地违背了教育平等的近代教育原则。

随着清政府"新政"的实施,江南、京师一带开始出现私立女子学校,此后私立女校发展迅速,到1907年,清政府进行第一次教育统计时,据报有400多所女子学堂。女学初起,均为私立,多为士绅、商贾所办,其办学宗旨、教学内容、教学方法多呈自然发展之态:有认为女子接受教育只为完成其家庭责任;也有认为,女子接受教育只为完成母亲的责任。更有激进派认为,受教育女子应"撇脱贤妻良母的依靠性,靠自己一个人去做那惊天动地的事业,把身儿跳入政治世界中,轰轰烈烈,光复旧主权,建设新政府"。

如此多样化的状况,既在一定程度上体现了当时女子教育的兴盛局面,但也不可避免地带来了女子教育的混乱。为此,规范女子教育及女子学堂已成为清政府的当务之急。1907年3月,清政府颁布了中国历史上第一个女学章程——《女子小学堂章程》和《女子师范学堂章程》。它是中国近代第一个关于女子教育的官方法规,包括《女子师范学堂章程》39条和《女子小学堂章程》26条,用法律的形式规定了女子小学教育与女子师范教育的培养宗旨、学科程度、编制设备、课程设置等事项,在一定程度上承认了女子教育的合法存在,已完全不同于私塾教育的随意性、宽泛性,开始具备了近代教育的雏形,并由此成为晚清学校教育立法的一个重要组成部分。

《女子小学堂章程》规定女子教育的宗旨是启发知识和保存礼教两不相妨,要求女学必须女德挂帅。女子小学堂分为初、高级两等,初等小学堂招收7—10岁女童入学,学制四年;高等小学堂招收11—14岁女童入学,学制亦为四年;女子师范学堂每州县必设一所,允许民办,学制亦为四年;女学课程的设置既有传统的经史、女红,也导入体育、图画、音乐及自然科学的课程。

《女子师范学堂章程》明确规定:"女子师范学堂以养成女子小学堂教习并讲习保育幼儿方法,期于裨补家计,有益家庭教育为宗旨。"根据其培养目标,规定"教授女师范生,须副女子小学堂教科、蒙养院保育科之旨趣,使适合将来充当教习、保姆之用。"

从以上两个教育法规来看,清末施行的女子教育依然带有浓厚的女卑思想。女学章程立学总义第一章即言明:女子小学堂以养成女子之德操与必需之知识技能并留意使身体发育为宗旨。德育上培养被封建伦理认可的具有传统女德的贤淑闺秀;知识技能上培养能够对家庭负责任、对子女进行教育的贤妻良母。学习现代科技知识,改革社会的人才培养大义与女子教育并无多大的关联,传统的女卑思想仍然深深地根植于统治者的头脑中。也因为这一原因,在教育内容上,这一时期的女子教育与男子教育重在修身,更重视经史的学习不同,强调修身,还有国文、算术、体操、音乐、图画、历史、地理、格致,并兼顾女红,意在培养符合封建女德要求、身体健康、能担负起家庭责任的贤妻良母。

(二)完善义务教育立法

在《奏定学堂章程》中,清政府制定了包括从小学到大学的一系列法规,其中就提出了"义务教育"的概念。之后,学部制定了《学部咨行各省强迫教育章程》,明确规定:(1)广设劝学所。该章程明文规定,"各地广设劝学所"。(2)规定各省城、各府州县、各村须设蒙学。"省城设一百处,学额五千;府州县设四十处,学额二千;村设一处,学额四十,若零星小村各数村为一处。"(3)强制入学。"幼童至七岁须令入学";"幼童及岁,不令入学者,罪其父兄"。(4)以学堂之多少作为劝学员功过的标准。"义学堂之多寡,立劝学员之功过"。(5)监督办学。"各府厅州县长官不认真督率办理,涂以敷衍了事者,查实议处"。对不认真办理学务的官员,查实议处,每两年由提学使考验一次。同时还规定,"凡有绅董热心提倡,多设学堂者,分别给奖"。1911年,清政府又颁布了《试办义务教育章程案》,只不过这个法案根本还没来得及实施就随着清政府的灭亡而流产了。

从这些关于义务教育的立法可以看出,清政府在 20 世纪初期就已经开始酝酿准备实施义务教育,并借鉴域外先进经验,援引国外成功先例,试图用法令对义务教育进行规范和约束。这种思路回应了时代要求,顺从了现代教育日益法治化的世界潮流,其对我国义务教育制度的建立健全具有明显的借鉴意义。

(三)强化留学教育立法

从洋务运动至 19 世纪末的近半个世纪里,清政府对在国外的留学生并无统一的管理章程,各省得以自行其是,各自为政。凡是派遣了留学生的地方,其学生在哪个国家学习,就派一专人前往该国照料监察,称为"游学监督"。可以说,在总体上,这个时期的清政府对留学教育基本上放任自流,疏于管理。

自 1902 年始,清政府针对留学教育中出现的种种问题,制定了一些关于留学教育的法规,如《派遣出洋游学办法章程》《贵胄学堂游学章程》《游学毕业生廷试录用章程》《派遣赴美游学生办法》《管理欧洲游学生监督章程》等,通过制定这些留学教育的法规,对留学资格、学科、留学的奖励与约束、回国考试与任用以及留学生监督管理机构等方面做了较为全面的规定,使留学教育基本上有章可循,留学教育法规进一步健全,留学生管理任用更加规范严格。

除了对留学生进行必要的约束外,清政府还制定了一些奖励政策。例如,1906 年,学部奏定了《奖励留学生章程》,分别许给日本留学生各种相应的出身。如各级各类日本公立学堂毕业者,分别奖励拔贡、举人、进士、翰林出身,并分别录用为官;在私立学堂留学的人员,也视其程度,一体酌给举人或拔贡出身;已有出身者,给予相当官职,但必须自己提出申请,在京城由管学大臣复试合格后方能得到出身或官职。

总体上来说,在清代末期,清政府制定了数量庞大的教育立体,基本上建立了清末教育立法的体系,这一体系以《奏定学堂章程》为骨架,其核心是带有总纲性质的《学务纲要》,纵向骨架是从《蒙养院章程》到《通儒院章程》的各项普通国民教育法规,横向骨架包括师范教育、实业教育、教师任用、行政管理、学堂规则、考试法规等在内的各类教育法规。同时,配合留学教育、女子教育、义务教育等各个方面的教育法规,构成了相当周全严密的教育法规体系。

但是,这一时期的立法发生于内忧外患日趋剧烈的非常时期,清政府面临着多重艰难困境,虽迫不得已做出"新政""变法"之举,但其维护一己之私的意愿仍然极为强劲。在他们看来,既然变法不可避免,那么如何变法、怎样变法当然就成为其中的关键。其中最为紧要的地方,就在于在怎样的思想指导下进行变法。对此,教育立法也概莫能外。事实上,在清末整个教育立法过程中,如同其他变革措施一样,始终贯穿着"中体西用"的基本原则。鸦片战争之后,西学东渐进一步发展,国内关于如何改革教育的建议、议论、争执风起云涌,在一定程度上奠定了教育变革的思想基础。其后,清政府相继制定多种关于发展新式教育的措施。在这种情况下,无论是思想上,还是实践中,旧有的教育传统观念、固执保守的教育实践与从西方输入的近代教育思想、制度、内容必定格格不入,双方不可避免地发生交锋。正是为了更好地解决如何处理西方新教育与中国传统教育的关系以及如何进行教育改革等关系新政变革的指导思想问题,朝野上下有识之士纷纷主张坚守中学,对中国传统教育进行适当的改良,又兼容西学,对近代西方的教育进行适当的采用,逐渐形成"中学为体,西学为用"的基本原则。由于西学东渐引起的思想逐渐活跃,甚至造成一些混乱,而且新学实践中已经出现了被人们视为偏重西学、忽略中学的倾向,新学学生中甚至出现了政府认为非常危险的"背弃纲常,妄议朝政"的现象,对社会秩序带来了现实的威胁,这必定促使清政府加速界定和明确其教育立法指导思想。

第二节　中华民国教育立法的显著进展

　　1911 年,辛亥革命的枪声敲响了清王朝覆灭的丧钟,中华民国取而代之。伴随着政治制度的剧变,教育立法也发生了巨大变化。在这一时期,虽然当时国家在许多方面依然残存着封建制度的一些因素,但毕竟具有一定的资产阶级政权性质,从而为社会各项事业,尤其是保障教育事业发展的重要因素——教育立法的发展奠定了良好基础。因此,在清末教育立法已经奠定了相应基础的情况下,中华民国教育立法取得了显著进展。在民国前期,由于资产阶级本身的软弱性和局限性,再加上封建势力较为顽固,中华民国自 1912 年到 1927 年间的教育立法多有反复,直到 1927 年以后,中华民国的教育立法才有了显著发展,因此,这里主要分析的是1928—1949 年间我国的教育立法情况。自 1927 年中期开始,南京国民政府开始主导中国政局。虽然期间面临十分艰巨的局面,但南京国民政府还是进行了一定的规划,对包括教育事业在内的各项社会事业多有筹谋,并通过积极努力,取得了比较明显的进展。

一、1927—1937 年的教育立法

　　从 1927 年到 1937 年这十年期间,南京国民政府通过大量的教育立法活动,建立了相当完备的教育法规体系,确定了教育法的基本原则,实施了对学校教育、教育设施、教育管理等领域的较为全面的规范和调整,并以此为各级各类教育的发展创造了一个较为良好的法制环境,从而使中国教育尤其是高等教育在这期间有了较为明显的发展,这些发展主要体现在以下几个方面。

（一）完善各级各类学校教育立法

在1927—1937年间，南京国民政府相当关注学校的制度、教育课程、教育评价等方面的立法工作，并制定了大量的关于学校教育方面的法律，将高等学校教育、师范学校教育、职业学校教育、中等学校教育、初等学校教育等都通过教育法规进行了全面的规范和约束，成为这个时期教育立法的最重要组成部分。

在高等教育方面，南京国民政府制定了一个较为周全的约束高等学校教育的法律法规体系，在这个体系中有带有高等学校教育基本法性质的法律，如《大学组织法》《专科学校组织法》《学位授予法》等；也有接近于实施细则之类的法规，如《大学规程》《专科学校规程》《大学研究院暂行组织规程》《大学条例及专门学校条例》《大学教员资格条例》《私立大学及专门学校立案条例》《国内外专门以上学校毕业生复试条例》《专科以上学校卫生设施暂行标准》等；还有针对某类高等教育学校、某种高等教育领域或某所大学的专门法规，如《中山大学维持及建设办法》《司法院监督国立大学法律科规程》《国立清华大学条例》《国立北平大学学则》等。通过这些法规，民国的高等学校教育立法形成了以《中华民国训政时期约法》"第五章国民教育"及《中华民国宪法草案》"第七章教育"的原则性条文为统帅，以《大学组织法》《专科学校组织法》《学位授予法》等法律为主体，以大量的规程、条例、细则、章程、办法等为基础的高等学校教育法规体系，对高等学校教育的各项事务都作出了必要的约束和规范，对于高等学校教育的发展有着足够的保障和促进作用。

在师范学校教育方面，南京国民政府公布了《师范学校法》，对师范学校的办学宗旨，附设之特别师范科、幼稚师范科的修业年限，设立主体，设置程序，教学科目及课程标准实习规程、教科图书的部定原则，附属小学及附设幼稚园的要求，校长的任用权限及程序，教职员聘用，学生入学资格，毕业证书发放，免费原则等都做了详细规定。此外，南京国民政府还颁布了《师范学校学生毕业会考规程》《师范教育制度》《师范学校规程》《师范学校学生毕业会考暂行规程》《中学及师范学校教员检定暂行规程》《中学及师范学校教员检定委员会组织规程》《改进中学及师范学校教学工作令》《省市中学师范教育研究会办法大纲》《修正师范学院规程》《中学师范教育改革要点》等一批关于师范教育的法规，从诸多方面规范和保障了师范教育特别是师范学校的较为积极有效的发展，为中小学教育特别是小学教育的发展奠定了比较坚实的人员基础，准备了较为充分的师资条件。

在职业教育方面，南京国民政府制定了一系列职业教育立法，其中，有在职业教育领域中带有纲领性、根本性的立法，如南京国民政府于1932年2月颁布的《职业学校法》；有依据《职业学校法》的原则制定的《职业学校规程》《修正职业学校规程》和《职业补习学校规程》；有更为具体、更为细致的规则和办法，如《各省市县教育行政机关暨中小学施行升学及职业指导办法大纲》《各省市推行职业补习教育办法大纲》《高级护士职业学校暂行通则》《高级助产职业学校暂行通则》《各省市职业学校职业学科师资登记检定及训练办法大纲》《职业学校与建设机关协作大纲》《高级助产职业学校课程标准》等。

在中等教育方面，南京国民政府制定了中等教育立法的基础法律文件——《中学法》以及准备应对战时中学教育需求的《中等学校特种教育纲要》，对中学教育做出了各个方面的基本规范；通过《中学暂行条例》《中学规程》《修正中学规程》对中学教育的诸多事务作出进一步规定；而《各省区中等学校毕业复试规程》《中小学毕业会考暂行规定》《中学学生毕业会考规程》《中学学生毕业会考委员会规程》《中等学生毕业会考规程》等法规专门对中学生的毕业会考工作进行全面和具体的规定，基本起到了"中学考试法"的功用；由《中小学训育主任办法》《中等学校训育主任资格条例》《审查中等学校公民教员资格条例》《高级中学及初级中学公民课程标准》《中等学校训育主任公民教员资格审查条例》《中等学校训育主任公民教员登记规则》《中等学校训育主任公民教员工作大纲》《中小学训育标准编订委员会章程》《中等学校训育主任及公民教员工作成绩考核办法》等法规构成了中学训育工作和公民课程方面的规定，确保了中学教育在办学方向及指导思想上不会偏离政府的期望；至于中学的课程标准方面的规定就更加具体详尽了，如《中学课程暂行标准》《高级中学普通课程暂行标准》《中小学课程及设备标准拟订委员会章程》等。

在初等教育方面，南京国民政府制定了大量的关于小学教育的各种层次的法规，这些法规以《小学教育条例》《小学法》为核心，以《小学规程》《小学教员奖励金规程》《一年制短期小学暂行规程》《二年制短期小学暂行规程》等为骨架，辅以大量的包括课程教学方面的法规，如《小学课程暂行标准》《小学课程标准》《幼稚园小学课程标准施行办法》《中小学分年实施新颁课程标准办法》《小学公民训练标准》等，以及管理人员、教职员方面的法规，如《小学校长任免及待遇暂行条例》《中小学训育主任办法》《小学校教员聘任及待遇暂行条例》等，加上众多涉及初等教育各个方面事务的教育法规，如《各省市交换小学教育意见办法》《小学校学生团体组织要点》《乡村小学充实儿童学额办法》《扩充小学之经济法》等，构成了较为完整的初等教育法规体系。

（二）强化对教育的集中控制方面的立法

在 1927—1937 年间，南京国民政府以教育立法的方式确立国家教育权的主导地位，从而在多个教育法规的制定领域都体现出明显的集中控制特点，具体如下。

首先，将中央集权型教育政策法定化。1931 年，南京国民政府在《中华民国训政时期约法》中"第五章国民教育"中规定："三民主义为中华民国教育之根本原则。""全国公私立之教育机关一律受国家之监督，并负责推行国家所定教育政策之义务。"此后，南京国民政府又在《中华民国宪法草案》"第七章教育"中再一次强调，"全国公私立之教育机关，一律受国家之监督，并负推行国家所定教育政策之义务。"根本大法中"教育"专章的设立，规定了一系列教育法的原则，明确了教育权利义务关系，确立了国家教育权的主导地位和全部教育应遵循的指针，因此不断地强化了国家对全国各级各类教育无可置疑的统治地位。

其次，借鉴法国大学区制的经验，设立大学院，并试行"大学区制"，既意欲寻求政府与教育关系的新调整，又致力于加强中央政府对全国教育的集中控制。在蔡元培的极力推动下，为了平衡政府与教育的关系，更好地发展教育，满足社会各个方面对人才培养的紧迫需求，南京国民政府决定接受蔡元培的建议，推行在法国极为盛行的"大学区制"，并为此进行了较为充分的立法准备。1927 年 6 月 13 日，国民党中央政治会议第 105 次会议议决通过了《大学院组织法》，规定设立学区制。1927 年，国民政府公布了《大学区组织条例》，决定暂在浙江、江苏试行。同时，《大学院行政处组织条例》《大学院教育行政处办事细则》《大学院教育行政处处务会议规则》《大学院中央研究院组织条例》《大学院大学委员会条例》《大学院大学委员会议事细则》《大学院政治教育委员会组织条例》《大学院美术展览会筹备委员会组织条例》《大学院华侨教育委员会组织条例》《大学院华侨教育委员会议事细则》《大学院体育指导委员会组织条例》《大学院体育指导委员会议事细则》等一大批关于大学院的法规一齐出台,并于 1928 年 1 月对其中一些法规进行了修正,进一步健全了大学院的法规体系,为大学院改革准备了充分的法律基础。据此,我国教育史上全新的教育管理体制改革试验得以在浙江、江苏两省正式展开。

再次,健全私立学校法规,强化社会办学管理。1929 年,南京国民政府公布《大学组织法》,明确规定允许私人或私法人办私立大学,并由教育部来确定私立大学或独立学院董事会的组织和职权,从更高层次上保障了私立大学的发展。1929 年 8 月,国民政府教育部公布了《私立学校规程》,很快又于 1933 年 10 月做了修改,使这一管理私立学校的重要规程渐趋完善。

最后,用法规约束外国人及其机构组织尤其是宗教团体的办学行为,力图逐渐收回曾经沦落的部分教育主权。在近代以来"收回教育主权"呼声日益高涨的民意支持和推动下,北洋政府于 1925 年 11 月制定了《外人捐资设立学校请求认可办法》,明确要求,"学校不得以传布宗教为宗旨;学校课程,须遵照部定标准;要求校长必须由中国人担任;不得以宗教科目为必修课,否则不得立案",从而开始了对外资学校的初步规范。其后,国民政府基本继承了《外人捐资设立学校请求认可办法》的精神和要求,于 1927 年 11 月发布了《修正外人捐资设立学校请求认可办法》,继续对外资学校进行约束和限制。随后,国民政府又相继制定了对有关外资和外国机构人员特别是宗教团体等组织在中国办学进行管理规范的法规,如《取缔宗教团体私立各学校办法》《宗教团体与兴办教育事业办法》《限制宗教团体设立学校训令》等。经过这些立法措施的推行,教会教育机构在整个学校教育中所占比重逐渐下降,尤其是失去了在高等教育领域举足轻重的地位,而逐渐被纳入中国国家教育权管辖的范围。

(三)建立了相当周详的考试法规

在 1927—1937 年间,南京国民政府制定了大量的有关各种考试的法规,用以规范约束官员任用、学校教育等各级各类考试。仅仅就行政官员的选拔任用来说,南京国民政府先后制定了《考试法》《考试委员会组织法》《典试委员会组织法》《修正考选委员会组织法》《襄试法》《监试法》《考试复核条例》《检定考试规程》《典试规程》《考试法施行细则》《特种考试法》等大量关于人员考选以及教育考试方面的法律法规,对于扩大政府的治理基础,缓解统治阶级与知识分子之间的冲突与矛盾可以起到比较重要的作用。国家考试制度的完善还对学校教育的考试工作有着显著的促进作用,有利于学校教育质量的改进和提高,从而促进学校教育为社会培养更为优良的人才。

二、1937—1945 年的教育立法

1937—1945 年间,中国正处于抗日战争时期,期间中华民族遭遇前所未有的民族危亡,这也使得这一时期的教育立法带有鲜明的战争色彩。具体来看,在 1937—1945 年间,南京国民政府的教育立法主要有以下几方面的发展。

（一）军事教育立法崭露头角

在全面抗战前,由于帝国主义侵华,尤其是日本侵华形势的日渐严峻,南京国民政府为建立健全高、中级军事学校,加快培养战争急需的各层次、多类型军事人才,十分重视军事教育,并先后制定了一系列军事教育法规,如《陆军大学校组织法》《陆军大学校附设特别班章程》《保留陆军大学校学员原职原薪办法》《陆海空军留学条例》《陆军步兵学校条例》《陆军工兵学校条例》《陆军炮兵学校条例》《取缔私送军事留学生员办法》《陆军工兵学校组织条例》等。

随着“九一八”事件的发生,东北局势完全恶化而不可收拾,华北及其他地区尤其是上海也战云密布,加强学校军事教育和训练更加刻不容缓。为此,南京国民政府制定了《学生义勇军教育纲要》《学生义勇军训练办法》《中国童子军总章》《初级中学童子军管理办法》《军训成绩核算办法》《学校暑期军事训练暂行办法》《高中以上学校军事教育奖惩规则》等法规,试图通过《颁给勋章条例施行细则》《学生服用国货办法》《装设无线电收音机办法大纲》《无线电收音指导员训练办法》《交通部无线电传习所规则》《训练总监部组织法》等法规来对那些与军事有关的技能教育和训练等事务进行更加有效的规范。

（二）教育立法弥漫着战争的硝烟

抗日战争全面爆发后,虽然中国军队和民众奋起抗敌,也获得了一些战斗的胜利,但由于日军准备充分,中国国土迅速大面积沦丧,军队和民众的人员损失和物质损失都非常惨重。国内局势动荡不安,国人颠沛流离,教育自然在劫难逃。

为应对这种严峻的局面,南京国民政府在危急存亡关头,教育立法也不可避免地在很大程度上加强了战时教育动员及医药救护教育等方面的法规制定,甚至一度以应急性抗战教育立法为主要着眼点。但是,即使在极为紧迫的情况下,南京国民政府也尽量而且坚定地通过政策法规让教育有尽可能大一些的正常的生存和发展空间,一旦战局稍缓,很快就转为以常态化、正规化教育立法为主并兼顾战争教育立法,从而既满足了战争期间的紧迫需求,也比较充分地顾及了战后国家重建所需要的人才储备。

抗日战争的全面展开,是中华民族救亡图存的正义之举,给予了日寇以沉重的打击。战争本来就十分残酷,尤其是凶恶的日本军国主义及其训练下的日本侵略军,妄图尽快消灭我国抗日军民的抵抗意志,不惜粗暴践踏基本的交战规则,残忍地大肆攻击包括大中小学校在内的民用设施。为了应对这种极为艰困危难的局面,南京国民政府加强了战时教育立法。早在卢沟桥事变发生不久,南京政府就及时制定了《战区内学校处置办法》《童子军战时服务大纲》《全国医药专科以上学校高级护士及助产职业学校教职员学生组织救护队工作办法》《各级学校处理校务临时办法》《总动员时督导教育工作办法大纲》等应急性战时教育法规,紧急处置战争中的教育事务,包括战区内学校的处置办法、学校校务处理、童子军的战时服务、医药专业师生员工救护队的组织和调遣等事项,皆有所涉及和规范。

随后,应急性的教育立法大量出现,许多教育法规中都带有“战区”“战时”等硝烟弥漫的意味,或者明确针对沦陷区教育的处置或受抗战影响学生的救济。不过,即使情况十分紧急,但国民政府及其教育部仍然不乏充满长远眼光的维持教育正常状态的立法。从紧急应对战区迫切需求的应急性教育立法来看,有涉及战区学校教职员及学生的登记及资格审查办法,如《战区专科以上学校教员及学生登记办法》《战区各级学校学生登记办法》《战区中小学教师服务团已登记教职员审查及检定办法》《战区各级学校教职员及社会教育机关工作人员登记办法》等法规；有对战区教职员学生救济及学生自修的安排，如《战区各省市救济县市私立中小学教职员及社教人员办法》《公立专科以上学校战区学生贷金暂行办法》《战区中小学学生自修暂行办法》等规定；还有教育行政机构对从战区撤出学生教职员的安置处理以及针对在战区内坚持上课的学校的措施，如《教育部处理战区退出学生办法大纲》《各省市教育厅局收容由战区退出之中小学教职员及地方教育行政人员办法大纲》《战区各级学校学生转学及借读办法》《处理在战区内上课之各专科以上学校办法》等法规；此外，还包括战区教育经费、教师儿童团队组织等立法，如《清理战区各省市教育存款办法》《战区中小学教师服务团简章》《战区儿童教养团暂行办法》等，较为有力地适应了急速恶化的战争形势，既满足了战争的即时性需求，也考虑了学校、教职员、学生的急迫诉求，在相当程度上安定了遭受战争巨大创伤的教育界尤其是战区师生员工的心。

值得强调的是，即使是在兵火连天、硝烟弥漫的紧迫情况下，教育立法固然体现出应急性的一面，但对涉及正常教育事务及长远规划的法规制定同样予以了足够的关注，表现出短期应急性与长期稳定性的平衡。就在应对战争立法的同时，正常的教育规范建设依然在坚定地进行。这期间制定了《国立中学课程纲要》《国立中学暂行规程》《国立中小学教职员暂行服务细则》《中等以上学校导师制纲要》《外国语学校组织大纲》《教育部训育研究委员会规程》等关于中学设置、课程纲要、教职员服务、导师制等事务的法规，进一步健全了国民教育法规体系。

（三）战时应作平时看的教育立法思想

1938 年 4 月，南京国民政府及其教育部在发布《抗战建国纲领》和《战时各级教育实施方案纲要》之后，召开了第三次全国教育会议。在教育部部长陈立夫以及教育部高教司司长吴俊升等人的推动下，得益于国民政府高层如陈诚等人的肯定，更在当时的最高领导人蒋介石的支持下，教育部为这场论战做出的最终"裁决"是"战时应作平时看"，虽有各种战时措施，"但仍以维持正常教育为主旨"。

在"战时应作平时看"的思想引导下，整个抗日战争的中后期的教育立法都表现出明显的常态化倾向。一方面，在抗战中后期，国民政府及其教育部先后制定了《幼稚园规程》《幼稚园设置办法》《国民教育实施纲领》《国民学校法》《强迫入学条例》(修正)《小学教员待遇规程》《小学教员储金办法》《小学教员薪给支配及实施办法》《小学教员年功加俸办法》《小学教员待遇及服务办法》《小学教员检定办法》《学校教职员退休条例施行细则》《学校教职员抚恤条例施行细则》以及《各地小学附设卡片识字教育实验班办法》《中等以下学校推行家庭教育办法》《小学增设儿童义务随习班办法》《小学体育实施方案》《实施国民教育五年计划大纲草案》《乡镇中心学校保国民学校设施要则》《各省市小学教员总登记办法大纲》《督促各省提高中小学教员待遇案》等涉及学前教育、初等教育、普及教育等多方面事务的大量教育法规。这些法规制度关注小学教员各方面的规范和保障，从小学教员的登记、检定、服务、奖励到储金、退休、抚恤以及子女入学优待等事项都进行了全面的规范，尤其是考虑到战时物价的急剧上涨和波动，对小学教员的待遇予以了特殊的关注，先后制定了关于小学教员待遇的总体规范的"规程"、提高待遇的督促令和彻底改善办法、薪给支配、年功加俸、儿童家庭供给食宿、津贴谷米等法规，尽力维持小学教员的基本物质条件,确保基础教育的正常开展。同时,这些法规制度还对幼儿园、小学校建设及教育教学事务的规范和保障进行了相继规定,如幼儿园的设置和规程制定、国民教育的实施和国民学校的规范、小学课程保障总纲及各科课程标准、小学体育及训育事务等都有相应的规定。另一方面,国民政府及其教育部制定了大量的中等教育法规,进一步规范了中等教育的各项事务。在1927—1937年期间中等教育立法显著改善的情况下,国民政府教育部制定了涉及中学课程各个方面事务的《国立中学课程纲要》,详细规定了包括课程训练的类型、基本的时间安排以及每类课程训练的具体内容、训练方式、侧重点等方面的要求。具体来看,国立中学的课程训练主要包括精神训练、体格训练、学科训练、生产劳动训练、特殊教学与战时后方服务训练等五项。精神训练运用升降旗仪式、总理纪念周活动、分组导师指导等形式和途径实施;体格训练以跑步、课外活动以及户外运动、体育比赛来实施;学科训练时,初中的主要学科如公民、国文、算学、历史、地理、自然、英文都应放在上午进行训练,下午安排体育及童子军、劳作与生产劳动、音乐和图画等活动,高中上午主要训练公民、国文、算学、英文、历史、地理及地质、物理、化学、生物,下午安排体育与军事训练、工艺与农艺、音乐、图画及测绘等训练;生产劳动训练包括农业生产、工业生产、校内外清洁卫生等,每天至少一小时;特殊教学与战时后方服务训练依据中等学校特种教育纲要及初高中有关训练办法大纲,在教师指导下,采用研究会与讨论会,举办义务教育及社会教育,进行社会调查等方式进行,达到每天一小时。从法规内容的要求上看,这个时期的中等教育在内容的丰富性、完整性以及实践性等方面,都有可资借鉴之处,这对于真正改变当前以应试为基本甚至唯一取向的课程实践偏差有着相当重要的价值。

三、1945—1949年的教育立法

经过全国军民多年的艰辛抗战,在世界反法西斯力量的支持下,中国终于取得抗日战争的全面胜利。虽然抗日战争的胜利付出了极为惨重的代价,但终究是我国近代抗击外敌入侵以来的第一次彻底胜利,弥足珍视。由于抗战期间大片国土沦丧,沦陷区的教育遭到彻底破坏,因此战后教育的恢复就成为当务之急,这是当时教育立法的重要任务。同时,对于已经比较完整的教育法规进行修订完善,使之形成更为健全的教育法规体系,也成为这一时期教育立法的重要使命。

(一)加紧收复区教育接收和恢复方面的立法工作

早在1944年5月,眼见世界反法西斯战争胜局已定,而日寇的失败结局也将必不可免,根据国民政府的统一部署,教育部就着手拟订《教育复员计划工作计划》和《教育复员计划事别计划》。在这些计划中,对于沦陷区教育机构的接收工作作出了一些原则性规定。但是,由于当时抗战处于胜利前的困难时期,国人对战争何时能够结束难以预料,再加上其他的诸多干扰,所以实际上对于沦陷区教育机构的接收与恢复并没有多少真正有实质性意义的准备,以至于后来真到了需要接收和恢复时不得不仓促以对,极大地影响了接收和恢复工作的进展和成效。

日本宣布投降以后,南京国民政府教育部便在先以电文形式颁布《战区各省市教育复员紧急办理事项》的基础上,相继颁布了《收复区各县市国民学校教员登记甄审训练办法》《收复区专科以上学校教职员甄审办法》《收复区专科以上学校毕业生甄审办法》《收复区专科以上学校

肄业生学业处理办法》《修订收复区中等学校学生甄审办法》《修正收复区中等学校教职员甄审办法》《收复区专科以上学校处理办法》等法规,对收复区教育的甄审办法做了详细规定。

此外,国民政府教育部还制定了《青年复学就业辅导委员会组织规程》《接收东北教育事业应如何具体规划案》《中等以上学校战时服役学生复学及转学办法》《专科以上学校复员后不能随校迁移学生转学办法》《国立专科以上学校战区学生还乡转学办法》《国立各级学校迁校办法》《留日学生召回办法》《抗战期间留日学生甄审办法》等法规,对于一些处境特殊的学生在战后的安排及处置作出必要的规定。这些规定,既给予中等以上学校战时服役学生以必要而足够的学业优待,又对国立专科以上学校战区学生中家贫而志愿还乡者提供返还原籍旅费;既对学业已告完成或已告一段落、无力自行继续留学以及其他特殊原因等应予召回的留日学生的范围进行明确的规定,又强调部分学生经核准可以继续在日留学,并对召回学生的救济费及旅费进行必要的补贴,还对抗战期间在日本留学的学生进行甄审的机构、程序、审查要求以及审查合格的待遇作出了相应规范。

(二)积极推进战后教育立法的健全和完善

在抗战胜利后,对敌占区的收复以及教育复员成为当务之急,教育立法工作也对此积极回应,并做出了极大的努力,取得了教育法规制定方面的明显成效。与此同时,进一步完善已有的教育法规,健全教育法规体系,也成为这一时期教育立法的重要任务。

在这一时期,修订完善各级各类学校教育方面的法规得到了充分关注,如先后制定了《国民学校及中心国民学校规则》《边疆初等教育设施办法》《三十五年度各省市国民学校教员进修研究竞赛办法》《国民学校教员检定办法》《代用国民学校规程》《地方国民教育经费整理及增筹办法》《修正保国民学校及乡镇中心国民学校基金筹集办法》《小学课程标准》等初等教育方面的法规,对于学校规则、教育设施、师资队伍、教育经费、课程标准等事务进行了具体的规定,有利于初等教育的继续发展。

此外,《各级学校学年学期假期办法》《国立各级边疆学校教员服务奖励办法》《学校毕业证书发给办法》《印行国定本教科书暂行办法》《教科图书标本仪器审查规则》《印行国定本教科书暂行办法施行细则》《修正私立学校规程》《修正边疆学生优待办法》《县市教育局编制及局长选用标准》《学生自治会规则》《边疆学生待遇办法》《学校教职员退休条例》《学校教职员抚恤条例》等法规,从私立学校、教员待遇、毕业证书、边疆教育、教材仪器、学生组织、职员选用等方面进行了补充、修正和完善,使有关领域的教育法规更加健全,相关事务的约束和保障更为规范。

第三节　新中国成立以来我国教育政策、法规建设的回顾

自1949年中华人民共和国成立至今,新中国教育事业已经历了70年的发展道路。追溯教育的发展轨迹,我们可以强烈地感受到,正是制定和实施着的教育政策,决定着教育发展的步伐与走向。根据新中国成立以来我国社会发展的分期,我们可以将1949年至今的教育发展大体分为五个阶段,即新民主主义教育向社会主义教育过渡时期(1949—1956年);建设社会主义教育时期(1957—1965年);社会主义教育遭受破坏时期(1966—1976年);建设具有中国

特色的社会主义教育时期(1977—1999 年);新世纪教育改革发展的新时期(2000 年至今)。下面我们采用这一分期方法,对新中国成立以来的教育政策、法规建设进行一个回顾。

一、新民主主义教育向社会主义教育过渡时期的教育政策、法规

中华人民共和国的成立是中国历史的一个转折点,此后中国的教育开始由新民主主义教育向社会主义教育过渡,期间对中国教育事业产生重要影响作用的教育政策就是《中国人民政治协商会议共同纲领》(以下简称《共同纲领》)。《共同纲领》中的文化教育政策对新中国成立初期即过渡时期的教育事业的恢复与发展具有鲜明的指导作用。《共同纲领》中的文化教育政策又可视为教育的总政策。遵循总政策的原则与精神,从恢复与发展教育事业的需要出发,新中国成立初期,中央人民政府与教育部又着手制定并颁布了若干重要而具体的教育政策。主要表现在以下几个方面。

(1)制定了接管与改造旧学校的政策。这一政策分两大层面实施:一是接管原由国民党政府举办的公立学校,这种接管是按照保护原有教育资源与条件的方式进行的;二是整顿私立学校,并在整顿的基础上接管私立学校。

(2)制定并颁发了《中华人民共和国教育部直属高等学校暂行工作条例(草案)》和《全日制中学暂行工作条例(草案)》《全日制小学暂行工作条例(草案)》(简称《高教六十条》《中学五十条》《小学四十条》)。这三个《条例》乃是新中国成立以来对高校、中学、小学工作首次作出的系统而科学的规范。三个《条例》的制定与颁发,本身是教育政策趋于科学化、规范化的体现与明证。这些《条例》对稳定各级各类学校的教学秩序、规范各级各类学校的办学行为及提高各级各类学校的教育质量均起到了良好的影响与作用。

(3)作出了《关于改革学制的决定》。这一《决定》由中央人民政府政务院作出。学制改革的指导思想是利于广大劳动人民文化水平的提高,利于工农干部的深造和国家建设事业的发展。《决定》对新中国成立初期的幼儿教育、初等教育、中等教育和高等教育的内涵、范围、学校类别、办学形式等均作出了具体的政策规定。《决定》是过渡时期重要的教育政策之一,它奠定了新中国各级各类教育发展的制度基础,也提供了制度保障。

(4)制定了关于调整高等学校院系的政策。院系调整的指导思想确定为:高等教育应为建设事业服务,院系设置要同经济建设相适应。当时的调整原则是:改组旧的庞杂的大学,加强和增设工业高等学校并适当增设高师学校;对政法、财经各院系采取适当集中、整顿及加强与改造师资的办法。

(5)对教育政策进行调整。20 世纪 60 年代初期,我国因"大跃进"与"急躁冒进"而导致"欲速则不达"的经济发展后果已突出地显现,经济政策的调整势在必行。与此相适应的是,教育事业发展的政策也在进行重要调整。教育政策的重要调整主要表现在如下三个方面:一是调整教育事业的发展速度与规模。主要是高等教育和中等教育缩短战线、压缩规模、合理布局与提高质量。二是调整高校与中等专业学校的专业设置。具体政策是:合理安排、保证重点、适当放宽专业范围、统一规划国防尖端专业、适当增加文科比重。三是调整知识分子政策。肯定知识分子大多数已是工人阶级的一部分,以信任、团结、帮助知识分子为基本政策。

二、建设社会主义教育时期的教育政策、法规

1957—1965 年,中国进入了全面建设社会主义的时期,这一时期,我国的各项建设事业逐渐步入社会主义的发展轨道,教育事业也是如此,促使《中共中央国务院关于教育工作的指示》(以下简称《指示》)出台,成为这一时期教育总政策。

《指示》的核心内容是提出了党的教育工作方针,即"教育为无产阶级政治服务,教育与生产劳动相结合。为实现这个方针,教育工作必须由党来领导"。遵循这一方针,在全面建设社会主义时期,我国教育的若干政策又有了新的调整与变化,主要表现在以下几个方面。

(1)实施两种教育制度,两种劳动制度。这是时任国家主席刘少奇同志所倡导的教育制度。实施这种制度也是教育政策的一次重要变革与调整,其着眼点乃是贯彻落实"教育与生产劳动相结合"的教育方针。所谓两种教育制度,是指全日制的学校教育制度和半工半读的学校教育制度;所谓两种劳动制度是指 8 小时工作劳动制度和半工半读的劳动制度。建立两种教育制度,一方面导致半工半读学校的发展,尤其是农业中学和"共产主义劳动大学"(简称"共大")的发展;另一方面则使得全日制学校通过建立校办工厂、农场,组织学生参加生产劳动的方式加强教育与生产劳动的结合。

(2)作出了多快好省地发展社会主义教育事业的决策。作出这一决策,乃是为了与工农业生产大跃进的形势相呼应。"随着工农业生产的大跃进,文化革命已经开始进入高潮。"当时,中共中央、国务院明确提出:"全国应在 3 年到 5 年的时间内,基本上完成扫除文盲、普及小学教育、农业合作社社社有中学和使学龄前儿童大多数都能入托儿所和幼儿园的任务。应当大力发展中等教育和高等教育,争取在 15 年左右的时间内,基本上做到使全国青年和成年,凡是有条件的和自愿的,都可以受到高等教育。我们将以 15 年左右的时间来普及高等教育,然后再用 15 年左右的时间来从事提高的工作。"中共中央国务院的这一决策导致了各类教育事业在短期内的迅猛发展。仅以高等教育为例,1957 年全国高校为 229 所,在校生 44.1 万人,1958 年高校迅速增至 791 所,在校生增至 66 万人。至 1960 年,全国高校则为 1289 所,在校生为 94.7 万人。这正是"大跃进"的政策所导致的"大跃进"式的教育发展。

(3)对教育政策进行了重要调整。20 世纪 60 年代初期,我国因"大跃进"与"急躁冒进"而导致"欲速则不达"的经济发展后果已突出地显现,经济政策的调整势在必行。与此相适应的是,教育事业发展的政策也在进行重要调整。教育政策的重要调整主要表现在如下三个方面:一是调整教育事业的发展速度与规模。主要是高等教育和中等教育缩短战线、压缩规模、合理布局与提高质量。二是调整高校与中等专业学校的专业设置。具体政策是:合理安排、保证重点、适当放宽专业范围、统一规划国防尖端专业、适当增加文科比重。三是调整知识分子政策。肯定知识分子大多数已是工人阶级的一部分,以信任、团结、帮助知识分子为基本政策。

除了上述《指示》之外,这一时期我国还制定并颁发了《中华人民共和国教育部直属高等学校暂行工作条例(草案)》和《全日制中学暂行工作条例(草案)》《全日制小学暂行工作条例(草案)》(简称《高教六十条》《中学五十条》《小学四十条》)。这三个《条例》乃是新中国成立以来对高校、中学、小学工作首次作出的系统而科学的规范。三个《条例》的制定与颁发,本身是教育政策趋于科学化、规范化的体现与明证。这些《条例》对稳定各级各类学校的教学秩序、规范各

级各类学校的办学行为及提高各级各类学校的教育质量均起到了良好的影响与作用。

三、建设具有中国特色的社会主义教育时期的教育政策、法规

随着十一届三中全会的召开,我国开始进入建设有中国特色的社会主义新时期,这一时期国家确立了改革开放的总政策,在改革开放总政策的指引下,中国现代化建设事业不断开创新的局面。

在党和国家的领导下,这一时期我国的教育事业逐渐走上健康发展的新轨道,取得了瞩目的成就,而这些成就的获得与我国教育政策与法规的转变是密不可分的,具体来说,这一时期我国的教育政策和法规主要发生了以下变化。

(1)教育战线的拨乱反正。1977 年至 1985 年这段时期被称为拨乱反正时期。教育战线的拨乱反正引人注目,影响深远。教育战线的拨乱反正首先是通过恢复高考进行的。1977 年 10 月国务院批转的恢复高考的政策决定,不仅首开教育战线拨乱反正的先河,同时也成为中国社会拨乱反正的先声。恢复高考是旗帜鲜明地重新确立与实行高校选拔人才的正当标准,它意味着对文化科学知识的尊重和对人才的尊重。恢复高考不仅作用于高等教育的拨乱反正,也作用于基础教育的拨乱反正,作用于整个教育战线的拨乱反正。恢复高考的政策至今依然熠熠生辉。随着高考的恢复,我国也即时开启了教育对外交流的大门。实行留学政策,增派出国留学人员成为我国教育战线率先推进改革开放的重要标志。有论者认为,恢复高考和实行留学政策是促使中国教育发展与经济发展良性互动的两大里程碑式的举措。实行留学政策同样具有重大而深远的意义。

在恢复高考和教育对外交流的大门打开之后,为了促进我国科学专门人才的成长,促进各门学科学术水平的提高以及教育、科学事业的发展,以适应现代化建设的需要,国家适时地将学位制度建设纳入教育政策法规建设的重要议事日程。1980 年 2 月 12 日第五届全国人民代表大会常务委员会第十三次会议通过的《中华人民共和国学位条例》是新中国第一部经全国人大常委会通过的专项教育法规。《学位条例》的颁行是中国学位制度正式确立的标志,它促使中国高等教育迅速步入层次化、规范化的发展道路。

(2)教育立法取得重大进展,教育法制化建设得到加强。20 世纪 80 年代中期,随着依法治国方针的确立,我国教育立法工作受到重视,并不断取得新的进展。1986 年 4 月 12 日第六届全国人民代表大会第四次会议通过了《中华人民共和国义务教育法》(简称《义务教育法》)。这是新中国成立以来通过的第一部专项教育法律。《义务教育法》的颁行,标志着在世界上人口最多的国度实施义务教育有了法律保障,同时也显现出国家实施义务教育的坚定意志与决心。《义务教育法》的制定标志着新时期我国教育立法的起步,继此之后,我国教育立法工作稳步向前推进。20 世纪 90 年代,我国先后有《中华人民共和国教师法》《中华人民共和国教育法》《中华人民共和国职业教育法》《中华人民共和国高等教育法》的颁布与实施。这些教育法律的颁布,标志着我国已初步建构起具有中国特色的教育法律体系。其中《教育法》作为教育的基本法在现行的教育法律体系中具有核心地位。《中华人民共和国教育法》是教育总政策的法律体现,是制定各种专项教育法规及各类教育政策的法律依据。

(3)教育体制改革的启动与推进。1985 年 5 月,我国发布了《中共中央关于教育体制改革

的决定》(以下简称《决定》)。《决定》在阐释进行教育体制改革的必要性的基础上,明确提出教育体制改革的三大任务,即把发展基础教育的责任交给地方,有步骤地实行九年制义务教育;调整中等教育结构,大力发展职业技术教育;改革高等学校的招生与毕业生分配制度,扩大高等学校的办学自主权。《决定》同时指出:"教育体制改革的根本目的是提高民族素质,多出人才,出好人才。"《决定》颁布之后,我国教育体制改革开始启动并不断向前推进。至20世纪90年代,我国教育体制改革全面推进并不断深化。它包含大力推进宏观管理体制改革、办学体制改革、教育投入体制改革、学校内部管理体制改革、高校招生与毕业生就业制度改革。教育体制改革的大力推进与深化是与教育政策的进一步调整与变革相联系的,即是通过政策变革推进教育体制改革的深化。

在《决定》以后,我国陆续又出台了一些新的旨在推进教育体制改革和促进各类教育事业新发展的教育政策,其中以1993年2月中共中央、国务院专门印发的《中国教育改革与发展纲要》(以下简称《纲要》)最为重要。这是一部纲领性的教育政策文献。《纲要》强调把教育事业摆在优先发展的战略地位,明确提出了20世纪末至21世纪初国家教育事业发展的目标、战略和指导方针,并就继续深化教育体制改革、提高教育质量、加强教师队伍建设、保障教育经费投入等提出了明确要求与规定。《纲要》对深化教育体制改革起到了有效的指导作用。

(4)制定了面向新世纪,推进现代教育发展的教育政策。在世纪交替之时,中国共产党和中国政府适时做出了面向新世纪,全面推进教育改革发展的重大政策决定。这种重大政策决定主要有:其一,发布了1998年12月教育部制定、1999年1月国务院批转的《面向21世纪教育振兴行动计划》。该计划提出了教育振兴的"六大工程",即:跨世纪素质教育工程、跨世纪园丁工程、跨世纪高层次创造性人才工程、"211"工程、现代远程教育工程、高校高新技术产业化工程,由此体现出面向新世纪的教育行动方略。其二,发布了《中共中央国务院关于深化教育改革,全面推进素质教育的决定》。该决定深刻地阐释了推进素质教育的强烈现实意义,对如何推进素质教育做出了全面部署。全面推进素质教育成为中国教育改革发展的新理念、新目标、新追求。

四、新世纪教育改革发展的新时期的教育政策

进入21世纪以后,我国的教育事业发展进入新世纪教育改革发展时期,期间我国提出了全面建设小康社会的奋斗目标,确立了以人为本的科学发展观。2013年11月,党的十八届三中全会做出了《中共中央关于全面深化改革若干重大问题的决定》,指出:"全面深化改革的总目标是完善和发展中国特色社会主义制度,推进国家治理体系和治理能力现代化。"2014年10月,党的十八届四中全会召开,会议通过了《中共中央关于全面推进依法治国若干重大问题的决定》,指出:"依法治国,是坚持和发展中国特色社会主义的本质要求和重要保障,是实现国家治理体系和治理能力现代化的必然要求,事关我们党执政兴国,事关人民幸福安康,事关党和国家长治久安。"2017年,党的十九大提出,要持续推动城乡义务教育一体化发展,高度重视农村义务教育,办好学前教育、特殊教育和网络教育,普及高中阶段教育,努力让每个孩子都能享有公平而有质量的教育。完善职业教育和培训体系,深化产教融合、校企合作。加快一流大学和一流学科建设,实现高等教育内涵式发展。党的一切工作必须以最广大人民根本利益为最

高标准。要坚持把人民群众的小事当作自己的大事,从人民群众关心的事情做起,从让人民群众满意的事情做起,带领人民不断创造美好生活。这些宏观政策目标和指导方针的确立,为国家经济社会的发展指明了新的方向,也为教育的发展指明了新的方向,具有重大而深远的现实意义。

在国家宏观政策的指引下,进入新世纪以来,我国教育政策和法规建设也在深入推进,并不断取得以下几个方面的新进展。

(1)出台了加强基础教育发展的新政策。2001 年 5 月,国务院发布了《关于基础教育改革与发展的决定》。该决定强调"基础教育是科教兴国的奠基工程,对提高民族素质,培养各级各类人才,促进社会主义现代化建设具有全局性、基础性和先导性作用"。该决定对完善基础教育的管理体制、推进基础教育办学体制改革、深化基础教育教学改革等均有着新的规定与要求,对促进新世纪初叶我国基础教育的改革和发展具有重要的指导意义。2017 年,党的十九大报告提出,要准确把握基础教育改革发展的历史定位,区别基础教育不同类型,在进一步提高普及和巩固水平的基础上,着力抓重点、补短板、强弱项,加大对农村地区、艰苦边远贫困地区等特殊地区支持力度,大力推进学前教育优质普惠发展、义务教育优质均衡发展、高中教育优质特色发展、特殊教育优质融合发展,努力实现每一名学生都能享有公平而有质量教育的目标。

(2)出台了进一步加强职业教育发展的教育政策。2003 年 8 月,国务院下发了《关于大力推进职业教育改革与发展的决定》。2005 年 10 月,国务院又下发了《关于大力发展职业教育的决定》,2014 年 6 月,国务院再次下发《关于加快发展现代职业教育的决定》。2015 年 7 月,教育部结合全国职业教育工作会议精神和《国务院关于加快发展现代职业教育的决定》制定了《关于深化职业教育教学改革全面提高人才培养质量的若干意见》,这一系列政策的相继发出,表明国家对新时期大力发展职业教育的高度重视,也促进了职业教育的新发展。

(3)出台了加强农村教育工作的教育政策。2003 年 9 月,国务院下发了《关于进一步加强农村教育工作的决定》。该决定明确了农村教育在全面建设小康社会中的重要地位,把农村教育作为教育工作的重中之重,并就如何推进农村普及九年制义务教育、如何大力发展农村职业教育、如何加大城市对农村教育的支持与服务等提出了新的更高的要求。这个决定体现了新时期我国教育政策建设的新特点、新亮点。2017 年,习近平总书记在党的十九大报告中指出,"推动城乡义务教育一体化发展,高度重视农村义务教育",对农村教育的地位进行了强调,为农村教育的发展指明了方向。

(4)出台了一系列旨在深化高等教育改革、促进高等教育新发展的教育政策。2000 年以来,国家出台的有关促进高等教育改革发展的新政策颇多,包括继续深化高等教育体制改革、加强"211"工程建设、促进高等教育质量提高、建设"双一流"高校等方面的政策。新时期出台的种种高等教育政策在发挥着有效的政策功能与作用。

(5)新时期我国继续坚持与强化依法治国的基本国策,教育法制化建设在向前推进,教育立法有了新的进展。主要表现是:第一,2002 年 12 月,第九届全国人民代表大会常务委员会第三十一次会议通过了《中华人民共和国民办教育促进法》。《民办教育促进法》的颁布实施是我国教育事业发展和教育法制化建设中的一件大事,是民办教育事业发展史上的一个重要的里程碑,标志着我国民办教育事业的发展有了法律的支持与保障。因此,《民办教育促进法》的制定与颁行,对于深化我国办学体制改革,促进民办教育与公办教育共同发展的新格局具有重大而深远的意义。第二,修订与颁布《中华人民共和国义务教育法》。新《义务教育法》的颁布与实施是我国义务教育发展中具有里程碑意义的一件大事,是我国教育法制化建设取得重大进展的又一重要标志,它使我国义务教育的实施有了更完善的法律保障。新《义务教育法》颁行的现实意义正在新时期义务教育发展的实践中得到证明与显现。

第四节　我国重要的教育法律法规

改革开放以来,我国教育法制化建设日趋完善,国家相继出台了多部教育法律法规以约束和规范各类教育事业的发展。本节将重点介绍《中华人民共和国教育法》《中华人民共和国义务教育法》《中华人民共和国教师法》以及《中华人民共和国未成年人保护法》的基本法律内容。

一、《中华人民共和国教育法》

《中华人民共和国教育法》(以下简称《教育法》)于 1995 年 3 月 18 日第八届全国人民代表大会第三次会议通过,自 1995 年 9 月 1 日起施行。2009 年 8 月 27 日经第十一届全国人民代表大会常务委员会第十次会议修正,2015 年 12 月 27 日第十二届全国人民代表大会常务委员会第十八次会议修订通过,自 2016 年 6 月 1 日起施行。该法是教育的根本大法,是教育法律法规体系中的"母法",具有最高的法律权威。《教育法》是全面调整我国各类教育关系,规范教育工作的基本法律。其他单行法律法规都是它的"子法",都必须要以《教育法》为依据,不能与《教育法》的内容相违背。

(一)立法宗旨和适用范围

《教育法》总则第一条明确指出本法的立法宗旨,即"为了发展教育事业,提高全民族的素质,促进社会主义物质文明和精神文明建设"。《教育法》的立法宗旨为我国教育事业指明了发展方向。

在适用范围上,《教育法》总则第二条指出了本法的适用范围,即"在中华人民共和国境内的各级各类教育,适用本法。"各级教育,主要包括学前教育、初等教育、中等教育和高等教育。各类教育包括根据不同的教育分类标准所划分的不同类别的教育,如工科、理科、文科、师范、医学等学校教育。

此外,由于军事学校教育和宗教学校教育的特殊性,《教育法》在附则第八十二条分别进行规定:"军事学校教育由中央军事委员会根据本法的原则规定。宗教学校教育由国务院另行规定。"

(二)对我国教育性质、教育方针和教育原则的规定

《教育法》总则第三条明确提出了我国教育的社会主义性质,"国家坚持以马克思列宁主义、毛泽东思想和建设有中国特色社会主义理论为指导,遵循宪法确定的基本原则,发展社会

主义的教育事业。"

在明确社会主义教育性质的基础上,《教育法》总则第五条又提出了我国的教育方针,即"教育必须为社会主义现代化建设服务、为人民服务,必须与生产劳动和社会实践相结合,培养德、智、体、美等方面全面发展的社会主义建设者和接班人。"

教育基本原则是教育事业发展必须遵循的基本要求和准则。《教育法》总则第六条到第十三条具体规定了我国教育的基本原则,具体包括以下内容。

(1)教育应当坚持立德树人,对受教育者加强社会主义核心价值观教育,增强受教育者的社会责任感、创新精神和实践能力。国家在受教育者中进行爱国主义、集体主义、中国特色社会主义的教育,进行理想、道德、纪律、法治、国防和民族团结的教育。

(2)教育应当继承和弘扬中华民族优秀的历史文化传统,吸收人类文明发展的一切优秀成果。

(3)教育活动必须符合国家和社会公共利益。国家实行教育与宗教相分离。任何组织和个人不得利用宗教进行妨碍国家教育制度的活动。

(4)中华人民共和国公民有受教育的权利和义务。公民不分民族、种族、性别、职业、财产状况、宗教信仰等,依法享有平等的受教育机会。

(5)国家根据各少数民族的特点和需要,帮助各少数民族地区发展教育事业。国家扶持边远贫困地区发展教育事业。国家扶持和发展残疾人教育事业。

(6)国家适应社会主义市场经济发展和社会进步的需要,推进教育改革,推动各级各类教育协调发展、衔接融通,完善现代国民教育体系,健全终身教育体系,提高教育现代化水平。国家采取措施促进教育公平,推动教育均衡发展。国家支持、鼓励和组织教育科学研究,推广教育科学研究成果,促进教育质量提高。

(7)国家通用语言文字为学校及其他教育机构的基本教育教学语言文字,学校及其他教育机构应当使用国家通用语言文字进行教育教学。民族自治地方以少数民族学生为主的学校及其他教育机构,从实际出发,使用国家通用语言文字和本民族或者当地民族通用的语言文字实施双语教育。国家采取措施,为少数民族学生为主的学校及其他教育机构实施双语教育提供条件和支持。

(8)国家对发展教育事业做出突出贡献的组织和个人,给予奖励。

(三)对受教育者、教师和其他教育工作者的规定

《教育法》的第四章和第五章对受教育者、教师和其他教育工作进行了详细规定,具体如下。

1.对受教育者的规定

《义务教育法》第三十七条规定:受教育者在入学、升学、就业等方面依法享有平等权利。学校和有关行政部门应当按照国家有关规定,保障女子在入学、升学、就业、授予学位、派出留学等方面享有同男子平等的权利。

《义务教育法》第三十八条规定:国家、社会对符合入学条件、家庭经济困难的儿童、少年、青年,提供各种形式的资助。

《义务教育法》第三十九条规定:国家、社会、学校及其他教育机构应当根据残疾人身心特性和需要实施教育,并为其提供帮助和便利。

《义务教育法》第四十条规定:国家、社会、家庭、学校及其他教育机构应当为有违法犯罪行为的未成年人接受教育创造条件。

《义务教育法》第四十一条规定:从业人员有依法接受职业培训和继续教育的权利和义务。国家机关、企业事业组织和其他社会组织,应当为本单位职工的学习和培训提供条件和便利。

《义务教育法》第四十二条规定:国家鼓励学校及其他教育机构、社会组织采取措施,为公民接受终身教育创造条件。

《义务教育法》第四十三条规定:受教育者享有下列权利:参加教育教学计划安排的各种活动,使用教育教学设施、设备、图书资料;按照国家有关规定获得奖学金、贷学金、助学金;在学业成绩和品行上获得公正评价,完成规定的学业后获得相应的学业证书、学位证书;对学校给予的处分不服向有关部门提出申诉,对学校、教师侵犯其人身权、财产权等合法权益,提出申诉或者依法提起诉讼;法律、法规规定的其他权利。

《义务教育法》第四十四条规定:受教育者应当履行下列义务:遵守法律、法规;遵守学生行为规范,尊敬师长,养成良好的思想品德和行为习惯;努力学习,完成规定的学习任务;遵守所在学校或者其他教育机构的管理制度。

《义务教育法》第四十五条规定:教育、体育、卫生行政部门和学校及其他教育机构应当完善体育、卫生保健设施,保护学生的身心健康。

2.对教师的规定

《义务教育法》第三十三条规定:教师享有法律规定的权利,履行法律规定的义务,忠诚于人民的教育事业。

《义务教育法》第三十四条规定:国家保护教师的合法权益,改善教师的工作条件和生活条件,提高教师的社会地位。教师的工资报酬、福利待遇,依照法律、法规的规定办理。

《义务教育法》第三十五条规定:国家实行教师资格、职务、聘任制度,通过考核、奖励、培养和培训,提高教师素质,加强教师队伍建设。

3.对其他教育工作者的规定

《义务教育法》第三十六条规定:学校及其他教育机构中的管理人员,实行教育职员制度。学校及其他教育机构中的教学辅助人员和其他专业技术人员,实行专业技术职务聘任制度。

二、《中华人民共和国义务教育法》

《中华人民共和国义务教育法》(以下简称《义务教育法》)于 1986 年 4 月 12 日第六届全国人民代表大会第四次会议通过,2006 年 6 月 29 日第十届全国人民代表大会常务委员会第二十二次会议修订,2015 年 4 月 24 日第十二届全国人民代表大会常务委员会第十四次会议通过对《中华人民共和国义务教育法》的修改后实行。《义务教育法》属于教育单行法律之一,它的颁布和实施有利于基础教育步入法制化轨道,进而保证国民基础教育的发展。

（一）立法宗旨和对义务教育的规定

《义务教育法》总则第一条明确了本法的立法宗旨，"为了保障适龄儿童、少年接受义务教育的权利，保证义务教育的实施，提高全民族素质，根据宪法和教育法，制定本法。"也就是说，《义务教育法》要受《宪法》和《教育法》的影响和制约，其法律条文内容不得与两部上位法律相违背。

《义务教育法》第二条规定，"国家实行九年义务教育制度。义务教育是国家统一实施的所有适龄儿童、少年必须接受的教育，是国家必须予以保障的公益性事业。实施义务教育，不收学费、杂费。"以上内容既对义务教育制度作了全面的规定，同时也体现出我国义务教育制度独有的特征，即公平性、强制性、普及性、公益性和免费性。

《义务教育法》第三条规定，"义务教育必须贯彻国家的教育方针，实施素质教育，提高教育质量，使适龄儿童、少年在品德、智力、体质等方面全面发展，为培养有理想、有道德、有文化、有纪律的社会主义建设者和接班人奠定基础。"

同时在第三十四条中，又提出"教育教学工作应当符合教育规律和学生身心发展特点，面向全体学生，教书育人，将德育、智育、体育、美育等有机统一在教育教学活动中，注重培养学生独立思考能力、创新能力和实践能力，促进学生全面发展。"可见，《义务教育法》把全面实施素质教育以法律的形式固定下来，进一步推动了我国素质教育的大发展。

在新修订的《义务教育法》中，均衡发展思想贯穿始终，如《义务教育法》第六条规定，"国务院和县级以上地方人民政府应当合理配置教育资源，促进义务教育均衡发展，改善薄弱学校的办学条件，并采取措施，保障农村地区、民族地区实施义务教育，保障家庭经济困难的和残疾的适龄儿童、少年接受义务教育。"该条款体现了义务教育实行均衡发展的基本原则和基本方向。

此外，《义务教育法》第二十二条又具体规定，"县级以上人民政府及其教育行政部门应当促进学校均衡发展，缩小学校之间办学条件的差距，不得将学校分为重点学校和非重点学校。学校不得分设重点班和非重点班。"针对近年来，不断滋生的"择校风""择校热"等现象，《义务教育法》将均衡发展作为方向性要求确定下来。这些基本要求与举措，有助于适时遏制择校的不正之风，缩小校际差距。

（二）对学生、教师的规定

1. 对学生的规定

《义务教育法》第二章具体规定了义务教育学生的入学年龄、条件及非法雇佣童工等内容。

《义务教育法》第十一条对义务教育的入学年龄作了规定，"凡年满六周岁的儿童，其父母或者其他法定监护人应当送其入学接受并完成义务教育；条件不具备的地区的儿童，可以推迟到七周岁。"

《义务教育法》第十二条规定了义务教育的就近、免试入学原则，"适龄儿童、少年免试入学。地方各级人民政府应当保障适龄儿童、少年在户籍所在地学校就近入学。"

《义务教育法》第十四条规定，"禁止用人单位招用应当接受义务教育的适龄儿童、少年。"

2. 对教师的规定

《义务教育法》第四章，对教师的地位、资格、待遇及培养等作出了规定。

《义务教育法》第二十九条规定，"教师在教育教学中应当平等对待学生，关注学生的个体差异，因材施教，促进学生的充分发展。"强调教师在教育教学中，要关注个性发展，要因材施教。"教师应当尊重学生的人格，不得歧视学生，不得对学生实施体罚、变相体罚或者其他侮辱人格尊严的行为，不得侵犯学生合法权益。"这是对教师职业道德提出的严格要求。

《义务教育法》第三十条规定，"教师应当取得国家规定的教师资格。国家建立统一的义务教育教师职务制度。教师职务分为初级职务、中级职务和高级职务。"

（三）违反《义务教育法》的法律责任

《义务教育法》第七章对义务教育实践中经常发生的，直接影响该法实施的行为作出了法律责任的规定。

1. 未履行义务教育经费保障职责的法律责任

长期以来，义务教育经费投入不足成为影响义务教育健康发展的瓶颈。《义务教育法》明确了各级政府对义务教育的投入责任，对不履行职责的部门和相关人员严肃处理。例如，《义务教育法》第五十一条规定"国务院有关部门和地方各级人民政府违反本法第六章规定，未履行对义务教育经费保障职责的，由国务院或者上级地方人民政府责令限期改正；情节严重的，对直接负责的主管人员和其他直接责任人员依法给予行政处分。"

2. 地方人民政府、教育行政部门违规行为的法律责任

《义务教育法》第五十二条指出了县级以上地方人民政府如有下列情形之一，即"未按照国家有关规定制定、调整学校的设置规划的；学校建设不符合国家规定的办学标准、选址要求和建设标准的；未定期对学校校舍安全进行检查，并及时维修、改造的；未依照本法规定均衡安排义务教育经费的"，由上级人民政府责令改正；情节严重的，给予相关人员行政处分。

《义务教育法》第五十三条又规定县级以上人民政府或教育行政部门如有下列情形之一，即"将学校分为重点学校和非重点学校的；改变或者变相改变公办学校性质的"，责令限期改正、通报批评，情节严重的，给予相关人员行政处分。

3. 学校违规行为的法律责任

《义务教育法》第五十六条、第五十七条分别对学校承担法律责任的违法行为进行了界定和说明。主要有以下六种：第一，违反国家规定收取费用的。第二，学校以向学生推销或者变相推销商品、服务等方式谋取利益的。第三，学校拒绝接收具有接受普通教育能力残疾适龄儿童随班就读的。第四，义务教育阶段分设重点班和非重点班的。第五，违反本法开除学生的。第六，学校选用了未经审核的教科书的。如有以上违法行为发生，必须对主管人员和其他责任人员给予行政处分，有违法所得的没收违法所得。

4.父母或其他监护人未履行义务的法律责任

《义务教育法》第五十八条规定，"适龄儿童、少年的父母或者其他法定监护人无正当理由未依照本法规定送适龄儿童、少年入学接受义务教育的，由当地乡镇人民政府或者县级人民政府教育行政部门给予批评教育，责令限期改正。"

三、《中华人民共和国教师法》

《中华人民共和国教师法》(以下简称《教师法》)由第八届全国人民代表大会常务委员会第四次会议于1993年10月31日通过，自1994年1月1日起施行。2009年8月27日经第十一届全国人民代表大会常务委员会第十次会议修正。该法是我国教育史上第一部关于教师的单行法律，它的颁布和实施有利于提高教师的社会地位，保障教师的合法权益，加强教师的队伍建设。

(一)立法宗旨和适用范围

《教师法》总则第一条明确了本法的立法宗旨，"为了保障教师的合法权益，建设具有良好思想品德修养和业务素质的教师队伍，促进社会主义教育事业的发展。"《教师法》以教师作为立法的对象，体现了国家对于教师职业发展的高度重视。

《教师法》总则第二条规定："本法适用于在各级各类学校和其他教育机构中专门从事教育教学工作的教师。"这里"各级各类学校"是指实施学前教育、普通初高中教育、职业教育、普通高等教育以及特殊教育、成人教育的学校。"其他教育机构"特指与中小学的教育、教学工作紧密联系的少年宫、地方中小学教研室、电化教育馆等教育机构。"教师"是指在学校中传递人类文化科学知识和技能、进行思想品德教育，把受教育者培养成社会主义社会需要的专业人员。

(二)对教师权利和义务的规定

教师的权利与义务是基于教师的特定的职业性质而产生和存在的。教师的权利和义务是统一的。《教师法》在第二章中明确规定了教师的权利和义务。

1.教师的基本权利

《教师法》第七条对我国教师的权利作出规定，具体表现在以下几个方面。

(1)进行教育教学活动，开展教育教学改革和实验

这是教师为履行教育教学职责必须具备的基本权利。它主要指教师可以依据学校培养目标组织课堂教学；按照课程计划和标准的要求确定教学内容和教学进度；针对不同的对象，在教育教学形式、方法、具体内容等方面进行适时的改革，实验和不断完善。

(2)从事科学研究、学术交流，参加专业的学术团体，在学术活动中发表意见

这是教师作为专业技术人员所享有的一项基本权利。教师在完成规定的教育教学任务前提下，有权进行科学研究、技术开发、技术咨询、撰写学术论文或者著书立说等的基本权利。

(3)指导学生的学习和发展，评定学生的品行和学业成绩

这是教师在教育教学活动中居于主导地位的基本权利。教师有权依据学生的身心发展规律、状况及特点等因材施教,给予指导;有权对学生的思想品德、学习、劳动等方面给予客观、公正的评价;有权运用科学的方式和方法,促进学生的个性发展。

(4)按时获取工资报酬,享受国家规定的福利待遇以及寒暑假期的带薪休假

这是教师的基本物质保障权利。它主要包括教师有权要求所在学校及其主管部门按时足额地支付工资报酬;有权享受国家规定的住房、医疗、保健和退休后的生活安排等各种福利待遇和优惠,以及寒暑假期的带薪休假等权利。

(5)对学校教育教学、管理工作和教育行政部门的工作提出意见和建议,通过教职工代表大会或者其他形式,参与学校的民主管理

这是教师参与民主管理的基本权利。主要包括教师享有对学校及其他教育行政部门工作的批评权和建议权;有权通过教职工代表大会、工会等形式参与学校的民主管理;有权引导学生,培养学生的民主与法制意识。该项权利可以充分调动教师对教育教学工作的主动性和积极性,加强对学校和教育行政部门的监督。

(6)参加进修或者其他方式的培训

这是教师享有的接受继续教育,不断获得充实和发展的基本权利。主要包括教师有权参与进修和接受其他多种形式的培训,不断更新知识,提高思想品德和业务素质。教育行政部门、学校及其他教育机构应当采取多种形式,开辟多种渠道,保证教师进修培训权的顺畅行使,为教师参加进修和培训创造条件,提供机会,切实保障教师权利的实现。

2.教师的基本义务

《教师法》第八条对教师的义务作出了规定,具体表现在以下几个方面。

(1)遵守宪法、法律和职业道德,为人师表

宪法和法律是国家、社会组织和公民活动的基本行为准则。教师要教书育人、为人师表,就应当模范地遵守宪法和法律。作为人类灵魂的工程师,则更应当遵守职业道德,以高尚的品质和行为影响学生。这不仅是教师自身的行为规范,也是法律要求教师应尽的基本义务。

(2)贯彻国家的教育方针,遵守规章制度,执行学校的教学计划,履行教师聘约,完成教育教学工作

教学工作是教师的本职工作。教师在教育教学活动中,必须贯彻国家的教育方针,遵守规章制度,遵守教育行政部门和学校其他教育机构制定的有关教育教学管理的各项规章制度和依据有关法律法规制订的具体的教学工作计划,履行聘任合同中约定的教育教学工作职责,保证教育教学质量。

(3)对学生进行宪法所确定的基本原则的教育和爱国主义、民族团结的教育,法制教育以及思想品德、文化、科学技术教育,组织、带领学生开展有益的社会活动

教师应通过教书过程,达到育人目的。教师应自觉地结合自己教育教学的业务特点,将德育工作落实于教育教学工作的全过程中。对学生进行思想品德教育,不仅是政治思想品德课教师的职责,也是每一位教师的基本义务。

(4)关心、爱护全体学生,尊重学生人格,促进学生在品德、智力、体质等方面全面发展

热爱学生是教师的天职和美德,教师应当一视同仁地对待所有的学生,教师要尊重学生的

人格尊严。特别是对于有缺点、有错误的学生,教师更要满腔热情地帮助和引导他们。教师不得歧视学生,更不能侮辱和体罚学生。对于极个别屡教不改、错误严重、需要给予纪律处分的学生也需要以理服人。

(5)制止有害于学生的行为或者其他侵犯学生合法权益的行为,批评和抵制有害于学生健康成长的现象

作为教师,负有保护学生合法权益和身心健康成长的义务。教师应当在学校工作和与教育教学工作相关的活动中,对侵犯学生合法权益的违法行为予以制止,保护学生的合法权益不受侵犯。同时,也应当对社会上出现的有害于学生身心健康成长的不良现象和行为进行批评和抵制,这是教师义不容辞的责任。

(6)不断提高自己思想政治觉悟和教育教学水平

教育教学工作是一项专业性较强的工作。作为一名教师,要想胜任该工作,就必须跟上时代的发展,形成一定的时代观念,不断学习,不断反思和自我评价,以加强自身的思想道德修养,提高自身的业务水平。

(三)对教师申诉权利的规定

《教师法》第三十九条明确规定,"教师对学校或者其他教育机构侵犯其合法权益的,或者对学校或者其他教育机构做出的处理不服的,可以向教育行政部门提出申诉,教育行政部门应当在接到申诉的三十日内,作出处理。"《教师法》所保障的合法权益的主体就是教师,教师通过申诉可以保障自己的合法权益不受侵害。

四、《中华人民共和国未成年人保护法》

《中华人民共和国未成年人保护法》(以下简称《未成年人保护法》)自 1991 年 9 月 4 日第七届全国人民代表大会常务委员会第二十一次会议通过,2006 年 12 月 29 日第十届全国人民代表大会常务委员会第二十五次会议修订,2012 年 10 月 26 日全国人民代表大会常务委员会对其个别条款进行了第二次修订。该法的颁布和实施,为保护青少年的健康成长提供了重要的法律保障。

(一)立法宗旨和基本原则

《未成年人保护法》第一条规定了本法的立法宗旨,"为了保护未成年人的身心健康,保障未成年人的合法权益,促进未成年人在品德、智力、体质等方面全面发展,培养有理想、有道德、有文化、有纪律的社会主义建设者和接班人。"这里所指的未成年人特指未满十八周岁的公民。

《未成年人保护法》第五条规定,"保护未成年人的工作,应当遵循下列原则:尊重未成年人的人格尊严;适应未成年人身心发展的规律和特点;教育与保护相结合。"

(1)尊重未成年人的人格尊严。未成年人在成长发育期要不断树立关于人的自尊、自立、自信和自强的品格。这就要求社会与成人应该把孩子当成朋友来对待,尊重未成年人的人格尊严。尤其是对违法犯罪的未成年人,更需要尊重他们的人格,以正确的方法,通过耐心细致的工作来教育、感化他们。

（2）适应未成年人身心发展的规律和特点。未成年人在不同时期有着不同的生理心理发展特点。对他们的行为方式，不能用成人的标准来要求和衡量，应根据他们在不同年龄阶段接受知识的能力、模仿的能力、控制的能力等特点因材施教。

（3）教育与保护相结合。处于成长发育中的未成年人，有时因思想上、认识上存在偏差，其所作所为往往违背一定的道德规范或触犯一定的法律法规。这就需要耐心教育、真诚地保护他们，使他们在成功与挫折、经验与教训中锻炼成长。

（二）对父母、学校和社会保护未成年人的规定

1. 对父母保护未成年人的规定

（1）父母对未成年人的监护和抚养

《未成年人保护法》第十条规定，"父母或者其他监护人应当创造良好、和睦的家庭环境，依法履行对未成年人的监护职责和抚养义务。禁止对未成年人实施家庭暴力，禁止虐待、遗弃未成年人，禁止溺婴和其他残害婴儿的行为，不得歧视女性未成年人或者有残疾的未成年人。"

（2）父母对未成年人受教育权的保护

《未成年人保护法》第十三条规定，"父母或者其他监护人应当尊重未成年人受教育的权利，必须使适龄未成年人依法入学接受并完成义务教育，不得使接受义务教育的未成年人辍学"。也就是说，接受教育是法律赋予每个公民的权利，也是未成年个体认识社会、认识人生、全面发展的重要途径。

2. 对学校保护未成年人的规定

学校是有目的、有计划、有组织地对未成年学生进行系统教育和训练的专门教育机构。学校保护，是指各级各类学校在其自身的职责范围内，依照法律法规的规定，对在校的未成年学生进行教育并对他们的身心健康和合法权益所实施的保护。

（1）学校对未成年学生受教育权的保护

我国《宪法》第四十六条、《义务教育法》第四条都明确规定接受教育是个体应该得到的权利，这也是学校保护的基本内容。《未成年人保护法》第十八条规定：学校应当尊重未成年学生受教育的权利，关心、爱护学生，对品行有缺点、学习有困难的学生，应当耐心教育、帮助，不得歧视，不得违反法律和国家规定开除未成年学生。

（2）教职员对未成年人人格尊严的尊重

《未成年人保护法》第二十一条规定，"学校、幼儿园、托儿所的教职员工应当尊重未成年人的人格尊严，不得对未成年人实施体罚、变相体罚或者其他侮辱人格尊严的行为。"对未成年人的人格尊严，全社会都负有尊重、不得侵犯的义务。未成年儿童、学生正处于成长阶段，对他们进行体罚，会使他们的身心健康受到损害，有时甚至是严重伤害。

（3）学校对未成年学生人身安全、健康的保护

《未成年人保护法》第二十二条规定，"学校、幼儿园、托儿所应当建立安全制度，加强对未成年人的安全教育，采取措施保障未成年人的人身安全。"学校不得使未成年学生在危及人身

安全、健康的校舍和其他教育教学设施中活动。任何组织和个人不得扰乱教学秩序,不得侵占、破坏学校的场地、房屋和设备。

3.对社会保护未成年人的规定

《未成年人保护法》第三十九条规定,"任何组织或者个人不得披露未成年人的个人隐私。对未成年人的信件、日记、电子邮件,任何组织或者个人不得隐匿、毁弃;除因追查犯罪的需要,由公安机关或者人民检察院依法进行检查,或者对无行为能力的未成年人的信件、日记、电子邮件由其父母或者其他监护人代为开拆、查阅外,任何组织或者个人不得开拆、查阅。"

隐私是指公民个人生活中不愿为他人公开或知悉的秘密,包括个人私生活、个人日记、照相簿、储蓄及财产状况、生活习惯及通信秘密等。隐私权是公民生活中不愿公开或不愿为他人所知悉的个人秘密的不可侵犯的人身权利。未成年人也有自己的隐私,如生理缺陷、个人不好的身世等。恶意披露未成年人的隐私会给未成年人造成巨大心理压力。如成年人偷阅未成年人的日记、信件以及其他个人秘密并大肆宣扬等都是不合法行为。

此外,《未成年人保护法》第四十一条规定,"禁止拐卖、绑架、虐待未成年人,禁止对未成年人实施性侵害。禁止胁迫、诱骗、利用未成年人乞讨或者组织未成年人进行有害其身心健康的表演等活动。"

(三)违反《未成年人保护法》的法律责任

《未成年人保护法》第六章对直接影响该法实施的行为作出了法律责任的规定,主要有以下几个方面。

1.不依法履行监护职责的法律责任

《未成年人保护法》第六十二条规定,"父母或者其他监护人不依法履行监护职责,或者侵害未成年人合法权益的,由其所在单位或者居民委员会、村民委员会予以劝诫、制止;构成违反治安管理行为的,由公安机关依法给予行政处罚。"这里,未成年人的父母是监护人,如果父母死亡或者没有监护能力,那么祖父母、外祖父母、兄、姐或其他关系密切的亲属依次可以担当未成年人的监护人。

2.对未成年人实施体罚、变相体罚或侮辱人格的法律责任

《未成年人保护法》第六十三第二款规定,"学校、幼儿园、托儿所教职员工对未成年人实施体罚、变相体罚或者其他侮辱人格行为的,由其所在单位或者上级机关责令改正;情节严重的,依法给予处分。"

3.非法雇佣未成年人的法律责任

《未成年人保护法》第六十八条规定,"非法招用未满十六周岁的未成年人,或者招用已满十六周岁的未成年人从事过重、有毒、有害等危害未成年人身心健康的劳动或者危险作业的,由劳动保障部门责令改正,处以罚款;情节严重的,由工商行政管理部门吊销营业执照。"

4.虐待、歧视未成年人的法律责任

《未成年人保护法》第七十条规定,"虐待、歧视未成年人,或者在办理收留抚养工作中牟取利益的,由主管部门责令改正,依法给予行政处分。"

5.胁迫、诱骗、利用未成年人的法律责任

《未成年人保护法》第七十一条规定,"胁迫、诱骗、利用未成年人乞讨或者组织未成年人进行有害其身心健康的表演等活动的,由公安机关依法给予行政处罚。"

第八章　近现代我国教育实践的变革

自中国进入近代以来，随着社会历史的剧变，教育思想、教育立法的嬗变，教育实践方面也产生了一系列的变革。从近代到现代，中国出现了无数致力于教育事业的先进人物，他们用自身的努力，有意识地摆脱和超越传统教育的种种界限，使中国的教育跟随社会发展的脚步而不断地向前迈进。本章就从近代早期的教会学校的创办开始，对近代教育的产生与教育运动的发展、近代教育的转型，以及现代教学与课程的改革进行一定的阐述。

第一节　早期教会学校的创办

教会学校是英、法、美等西方国家基督教会利用鸦片战争以后不平等条约的保护，在中国开办的教育机构。作为一种特殊的文化实体，其在中国近代教育史的研究中，一直占有一定的地位，当然对中国近代教育的发展也是具有一定的积极意义的。

一、近代第一所在华兴办的教会学校——马礼逊学堂

最早在中国兴办教会学校可追溯到1594年葡萄牙殖民者在澳门建立的圣保禄学院，但它主要是培训西方传教士的。19世纪初，基督教伦敦会派遣马礼逊（Robert Morrison）到东方传教。1818年，马礼逊在马六甲创办英华书院，面向当地华人教学，这是来华传教士在南洋设立的第一所教会学校。马礼逊去世后，1836年，在广州、香港等地的教士和商人组织了一个"马礼逊教育协会"来纪念马礼逊在教育等方面的"贡献"。该会规定设置若干奖学金，凡中国儿童不论男女、住址、年龄（最好6—10岁），都可以领到奖学金，按学生需要供给食、宿、衣服、书籍及津贴，如果家长同意还可以保送到马来亚、印度或欧美去深造。课程规定为上午上英文课，下午上中文课。科目包括：圣经、语文、算学、地理等。1837年，该会召开第一次总会，按报告当时被补助的学生不满10人，其中两人住在新加坡，三人住在广东。1843年，该协会在香港开办一所学校，学生约6人。1849年，因缺乏经费，学校停办。1869年该协会也自动解散。

1839年底，被命名为"马礼逊学堂"的中国第一所西式学校在澳门正式开学，主持校务者为美国人勃朗（W. R. Brown）。第一批共招收6名学生，都是穷人子弟，我国最早的留学生容闳和第一个西医黄宽就在其中。英国侵占香港后，马礼逊学堂也于1842年迁到香港。课程有国文、英文和算术，后增代数、几何、地理、历史、生理、音乐等，它开创了教会在华办

学的先声。

二、教会学校的增扩

1842 年，南京条约签订后，外国传教士开始大量地进入中国，主要是英国和美国的传教士。他们除了传教外，大多数都兼办教育——在他们自己家中或在教堂内附设学校。

1844 年，由英国"东方妇女教育促进会"所派遣的阿尔德赛（Miss Aldersey）在宁波开设了一所中国最早的教会办的女子学校。

1845 年，美国长老会在宁波建立一所学塾，到 1867 年迁往杭州名为育英书院，后来发展为之江大学。

19 世纪 50 年代开办的教会学校，上海有英国安立甘会办的英华书院（1850），美国长老会办的清心书院（1850），天主教办的徐汇公学（圣芳济书院）（1850）；福州有美国公理会办的格致书院（1853）；天津有望海楼天主堂附设的法汉学堂、诚正小学和淑贞女小学（1853）等。

据 1877 年"在华基督教传教士大会"的报告，1842—1877 年全国基督教办的学校有 350 所，学生 5975 人，大多数都是从太平天国革命失败后发展起来的。天主教在中国办的学校也较多。据 1852 年的报告，仅江南地方耶稣会派就办有七八所学校，学生人数达到 1260 人。

中国广大人民对外国侵略势力的反抗是坚决的，特别对假借宗教或教育的名义而实行侵略勾当的传教士们是仇视的，所以教会学校从一开办起就遇到了很大的困难。一位多年在福州传教的教士普兰姆（N. J. Plumb），1890 年在华基督教传教士大会上所作的关于"教会学校的过去、现在和所希望的将来的计划"的报告中，对中国早期的基督教学校情况有较为详细的介绍。他提到 1850 年福州的第一所教会学校，开始时只有 3 个学生，不久其中两个学生因受不了人家的反对就自动地退了学。同时该地还开设了一所女寄宿学校，校舍建筑完毕后，在开学的第一天，原来答应来上学的女生一个也没有来。以后通过当地教徒的帮助找来了几个学生，但不久不仅学生全部逃跑，就是介绍那些学生的教徒也因受邻居的攻击不得不全家逃走。他还提到一位柏林传道会的传教士韩士伯（A. Hauspach）在广州利用学校进行传教活动的实况。韩士伯因招不到学生，便到许多当地私人或公家办的学校用金钱来收买一些教师，要他们把他所发的宗教书籍教给他们的学生。他自己还按期到各校考问学生和作宗教宣传，并按学生回答的成绩给教师和学生奖金。

19 世纪下半期起，随着美国殖民主义势力向外扩张，美国教会掀起了一个向国外传教的热潮，他们号召美国青年担负起"白种人的责任"，立志到东方"未开化"的民族当中去传教。实际上，他们是野心勃勃地企图在宗教的掩护下，使全世界"美国化"。1868 年，美国强迫清朝政府签订《中美续增条约》。按该条约第七条的规定："嗣后中国人欲入美国大小官学学习各等文艺，须照相待最优国之人民一体优待，美国人欲入中国大小官学学习各等文艺亦照相待最优国之人民一体优待。美国人可以在中国按约指准外国人居住地方设立学堂，中国人亦可以在美国一体照办。"可见，帝国主义分子在中国设立学堂正式得到了条约上的保障。这使美国传教士更积极地在中国各地设立学堂，加强其文化侵略活动。

到 1898 年,据统计,美国传教士在中国已拥有 155 个教会和 849 个分会,40027 名中国教徒,1032 所初等学校,学生 16310 人,74 所中等以上学校,学生 3819 人。许多当时比较有名的学校都是由美国传教士开办的。例如:

1864 年,美国长老会狄考文在山东登州开设文会馆;1866 年,英浸礼会在青州设广德书院;后二校合并为广文书院设在潍县;到 1917 年发展为齐鲁大学。

1871 年美圣公会主教文氏立学堂于武昌,1891 年命名为文华书院,1910 年发展为华中大学。

1889 年,美国传教士福开森在南京开设南京汇文书院,1911 年发展为南京金陵大学。

1879 年,美国圣公会合并上海培雅书院(1865 年设立)和度恩书院(1866 年设立),成立上海圣约翰书院,1905 年发展为圣约翰大学。

1882 年,美监理会传教士林乐知,在上海创办中西书院;该会又于 1897 年,在苏州设立中西书院;1901 年合并,改名为东吴大学。

1885 年,美长老会在广州设立格致书院,1916 年发展为广东岭南大学。

1888 年,美以美会在北京设立汇文书院;1893 年,公理会在通县设立潞河书院;1919 年,合并成立北京燕京大学。

除了所开设的各级各类的教会学校外,还有天主教教会办的各级各类的学校。据拉特列德的《中国基督教教会史》统计,在 1878—1879 年,在江南一带就有 345 所男校,学生 6222 人;213 所女校,学生 2791 人。1897—1898 年,学生人数增加到 16571 人。又据李林的初步统计,1900 年义和团运动前,仅华北四省(直隶、山西、山东、河南),便有天主教会所 2423 个,住堂 58 处,大堂、公堂、小堂 1535 处;教民约 15 万人。此外,还有中等学校 30 余所,学生 400 余人,初等学校近 500 所,学生万人以上;大、小修院十余所,院生 350 人左右;医院、施药局及育婴堂等数十所。[①] 天主教学校多属小学性质,附设于教堂内。但也设立有一些中等以上学校,如 1850 年设立的徐汇公学,1864 年设立的上海圣芳济学校等。

三、教会学校的课程和教材

(一)教会学校的课程

教会学校的办学因国别、教派和程度、专业的不同,教学内容也有差异。但从教会学校所开设的课程来看,最主要的是宗教,它是一切学科的中心。此外,为了宣扬宗教、吸引学生、培养干部起见,它们也开设一些有关语文、自然、史地等科目。

根据 1895 年《中国教育名录》的记载,北京一所最早的 1864 年成立的贝满(Bridgman)女校的课程有:四书、女儿经、算术、地理、历史、科学初步、生物、生理学等,但最主要的中心科目是《圣经》,一切其他学科都是围绕着这个中心来进行教学。教师会将新、旧约圣经的历史和道理都非常仔细地教给学生。此外,学生还要读《真理的权衡》《基督教信仰的论证》等与《圣经》

---

① 李时岳.近代中国反洋教运动[M].北京:人民出版社,1958:12.

有关的书。

1896 年,狄考文在"中华教育会"第二届大会上作了关于《什么是中国教会学校最好的课程》的报告。他把课程列为六种:语言、地理、历史、数学、自然科学和宗教。他列举了教会学校应当重视自然科学的三大理由:第一是学习科学可以破除迷信;第二是注意科学可以使教会学校出名;第三是教会学校开设科学可以使教会学校毕业生更有能力,可以控制中国社会向有利于帝国主义的方向发展。

早在 1877 年和 1890 年的"在华基督教传教士大会"上,狄考文就已经提出,基督教学校应当注重"科学教育"。在 1890 年的大会上他说:"如果我们要取儒学的地位而代之,我们就要准备好我们自己的人,用基督教和科学来教育他们,使他们能胜过中国的旧士大夫,因而能取得旧士大夫阶级所占的统治地位……成为社会上和在教会中有势力的人物。"为此,他自己就为基督教学校编写了好几本有关自然科学的教科书。

综上所述,教会学校的课程总体上可分为以下三类。

第一类是宗教课,通常都是教会学校的主课。学《圣经》及各种宗教书籍、教义,还要参加宗教仪式和宗教集会,以及教会组织的传教活动。宗教课不及格不能升级,违犯教规者,轻则体罚,重则开除,甚至还要追缴学杂费。许多学校诱迫学生信教,对不入教的则多方歧视。

第二类是传统的中国经学课。学校主要请一些信教的旧儒生讲课,从《三字经》读起,一般都要读完《四书》,女校则读《女儿经》。开设传统经学课原本是为了培养学生基本的中文能力,后来也是为了更好地将宗教奴化教育与旧的封建礼教相结合,这是帝国主义和封建主义结成反动同盟的体现。

第三类是近代的科学文化课。如数学、物理、化学、生物、生理卫生、地理、历史、音乐、美术、体育等,绝大部分学校开设外语,而且分量很重,到高年级已可用外语进行教学了。科学文化课的教学也是着眼于培养为传教和列强侵略利益效劳的人,但教会学校毕竟是在中国最早传授近代科学文化知识的学校,校园文体活动也很活跃,它培养出来的人在知识和智能上远胜过封建学塾培养的旧式文人,而且为中国新式学校的创办提供了借鉴模式,从这一意义上说,它也促进了近代中国教育改革。

(二)教会学校的教材

教会学校也注意教材的编写和出版工作。1877 年所成立的"学校教科书委员会"(原名"益智会")的主要任务就是为各教会学校编写教科书。当时传教士用了大部分力量编写学校宗教教学用书,如初小用的《教会三字经》《耶稣事略五字经》《圣道问答》等,高小用的《福音史记课本》《旧约史记课本》等。此外,他们也编译了一些中国近代早期的自然科学教本,如狄考文的《笔算数学》《形学备旨》《代数备旨》,傅兰雅的《三角数理》《数学理》《代数术》《格致须知》,潘慎文的《八线备旨》,艾约瑟的《重学》等(梁启超《西学书目表》)。不过,这些科学教本编写的主要目的也不外是更便利于宣扬宗教。"学校教科书委员会"成立之初就规定以宣扬宗教为编书"最重要"的原则。书本除了要具有严格的科学性外,还要考虑到上帝、罪恶、赎罪这些大事。当然,从客观角度来看,这些有关科学教本的编写和传授对当时"新学"的发展也是有一定积极意义的。

第二节　近代教育的产生与教育运动的发展

一、近代教育的产生

鸦片战争前的教育因袭明制,以科举为主干,辅之以学校,学校成为科举入门的阶梯。清朝的各类学校,在中央有国子监和为八旗子弟设的官学,在地方有府学、州学、县学,各地还有由国家设立的大小书院或小学、社学、义学,此外,还有私人设立的经馆、私塾或小学、社学、义学。各类学校的学生,都要参加科举考试取得功名。各种名目的学校只是科举的附庸,学制和教育内容完全服务于科举考试。

清代的科举制度与明代的大致相同。读书人为了取得参加正式科举考试的资格,先要参加童试,参加童试的人称为儒童或童生,入取后称为生员,又称为庠生,俗称秀才。正式的科考分为乡试、会试、殿试三级。乡试通常每三年在各省省城举行一次,参加乡试的是秀才,乡试取中后称为举人。举人在乡试后的第二年春天在礼部参加会试,取中后称为贡生。乡试、会试主要考八股文和试帖诗等。殿试是皇帝主试的考试,参加殿试的是贡生,取中后统称为进士,头名为状元,第二名为榜眼,第三名为探花。状元授翰林院修撰,榜眼、探花授翰林院编修,其余诸进士再参加朝考,分别授庶吉士、主事、知县等职。清代的八股取士,严重地束缚人们的思想,造出一批批庸才。

清代考试越往后形式化越严重,到了清末,考课只具虚文。严复撰文批评说,教授、训导只是点点名,收计"赀币"而已。严重的考试舞弊现象,已司空见惯,习以为常。严复在《救亡决论》中指出,当时普遍存在着买通考官、冒名顶替、请同考人代做、买通编号人等作弊形式。到了后来,有钱人可以买贡生、监生、举人。"文字狱"实行以后,不允许士人定盟结社,不允许随意刊刻文字,不允许议论时政,否则要治罪。文字狱对人们的思想进行了大大的束缚,逼迫人们不知创新,只沉溺于古书中。总之,清末的教育制度、教育思想、教育内容和方法是陈腐衰朽的,严重阻碍文化教育事业的发展。

鸦片战争后,西方资产阶级教育思想的传播,不断冲击中国的封建教育思想和制度。一部分开明地主和知识分子,曾针对陈腐的封建教育制度,提出过改革教育、学习西方的主张。龚自珍反对寻章摘句、专事考据、不问政治的不良风气,提倡"经世致用"之学。魏源在《圣武记》11卷中也主张废除八股,学以致用。睁眼看世界的第一人林则徐,曾提出剿夷八字要言:器良、技熟、胆壮、心齐。地主阶级改革派的代表人物魏源,提出"师夷之长技以制夷"的可贵思想。他们是近代中国教育改革的先驱。不过,即便有他们,中国根深蒂固的旧教育制度也不是一下子可以动摇的。

太平天国运动爆发后,统治阶级实行普遍的平等的教育,重视妇女儿童教育和人民群众的教育,对封建教育进行了猛烈的冲击。为使男女老少都有受教育的机会,其规定每周对人民进行爱国主义的政治宗教教育。家中童子俱至礼拜堂,由两司马教读《旧遗诏圣书》《新遗诏圣书》及《真命诏旨书》。凡礼拜日,伍长各率男女至礼拜堂,分别男行女行,听讲道理。太平天国在城市设有义学和育才馆,并编有《幼学诗》,作为教育儿童的课本。太平天国实行的科举考试,不分男女贵贱都可以参加。考题主要出自天朝颁布的官书。分殿试、乡试两种。乡试由乡官军帅典试,乡官参加取仕工作。此外,太平天国还实行招贤、保举制度。后期曾接受资产阶级改良派容闳的建议,有计划地推行西方的学校制度,曾设立各级学校和各种实业学校、武备学校、海军学校。当时,极力挽留容闳留天京为太平天国服务,借以实现他所建议的新教育计划。但容闳认为太平天国没有建设新国家的能力,便谢绝留天京工作。洪仁玕著的《资政新篇》里,还主张设立邮亭、新闻馆、书信馆、士民公会、学馆等,奖励设立"跛盲聋哑院……教以鼓乐书数杂技",发展文化教育事业。然而,农民知识分子领导的太平天国,从根本上决定了其不可能改造腐朽没落的封建教育制度,创立新的教育体系。

19世纪60年代以后,洋务运动中对外交人才和科技人才的需求,使得洋务派开始开创新式教育。他们主张学习西方的语言文字和科学技术,冲破顽固派的种种阻挠,仿效西方兴办一批新式学堂。这些学校的学习内容侧重于"西文"与"西艺",是和传统科举相对立的。

洋务运动期间,洋务派与守旧派就如何处理"西学"("新学")与"中学"("旧学")的关系问题展开了论争。为了应付守旧派的攻击,洋务派采取的典型方案就是"中体西用",认为在突出"中学"的主导地位的前提下,应该肯定"西学"的辅助作用和器用价值。这一时期,号称洋务派殿军的张之洞的教育观念最具有代表性。张之洞在将中国与世界列强进行比较后认为:"国势之强弱在于人才,人才之消长在于学校,环球各国竞长之争雄,莫不以教育为兴邦之急备。"[①]因此,他强调把兴学育才放在自强求富的首位。1898年,张之洞撰成《劝学篇》,全面阐述了"中体西用"的思想观念和教育观点。《劝学篇》分内篇和外篇,"内篇务本,以正人心,外篇务通,以开风气"。通篇主旨归于"中学为体,西学为用"。其中,"四书五经,中国史事、政书、地图为旧学","西政、西艺、西史为新学"。中西学的关系则为:"旧学为体,新学为用","中学治身心,西学应世事。""中学为体,西学为用"代表了晚清以来中国知识界和教育界的普遍思想,对当时中国的教育发展有着非常大的影响。在这一思想的指导下,晚清时期一方面创立和发展近代学校教育,增加了自然科学知识,改变了传统教育只重儒学的单一教育内容,推动了中国近代科学技术的教育的发展;另一方面,这一思想仍然强调纲常名教在意识形态上的主导地位,因此阻碍了维新思想和西方的价值观念在中国更广泛的传播。

清政府在洋务运动期间很重要的一个教育举措就是建立了很多新式学堂。新式学堂的产生有特定的外在和内在的社会历史条件,并且适应当时国情的需要。其中,京师同文馆是洋务运动期间建立的最有名的学堂。它于1862年创立,是中国最早的官办新式学校。初创时只有英文馆,1866年增加天文算学馆,讲习天文、算学。自此,同文馆变为综合性学校,学习年限为八年。在同文馆的课程中,外语居于首位,经学则贯穿始终。同文馆在教育理念上是新旧杂糅的产物,也是新式知识和科学教育正式列入中国教育的开端。

同文馆的课程内容分为文字、天文、舆图、算学、化学、格致六大门类。考试不仅有笔试,还有面试,有月考、季考、岁考、大考。同文馆教习大多是外国人,传教士实际上控制着这所学校。洋务派创设同文馆,将西文和西艺引入课堂,这是对中国传统儒学的一次大革新。同文馆的创立对中国教育的发展具有划时代的意义,它是我国古代教育和近代教育的分界线。它为中国

---

① 张之洞.张之洞全集[M].石家庄:河北人民出版社,1998:1488.

教育开辟了一条新的途径。

洋务运动期间,随着军事工业的创办,还涌现了专业技术学校和军事学校。比较著名的有:上海江南制造局附设的机械学校(1865 年)、福建马尾船政学堂(1866 年)、北洋水师学堂(1880 年)、天津武备学堂(1886 年)、广东陆师学堂(1886 年)、广东水师学堂(1887 年)、天津电报学堂(1879 年)、上海电报学堂(1882 年)、天津军医学堂(1893 年)、湖北武备学堂(1895 年)、南京陆军学堂(1895 年)、湖北铁路局附设化学堂、矿学堂(1892 年)和工艺学堂(1898 年)、山海关铁路学堂等。这些学校都设有自然科学和工业技术课程,最有力地冲击传统的科举取士,其进步意义不可低估。这些学校培养成批的外交和军事技术人才,翻译一批西方自然科学和社会科学的书籍,有利于中西文化交流。

洋务运动时期,中国还出现了留学教育。出于学习引进西方国家的先进的科学技术,培养急需的军事技术人才的考虑,洋务派大官僚们曾先后派遣学生留学美、英、法、德、日等国。最早的是经湘系军阀曾国藩奏请,1872 年至 1876 年容闳率领幼童 120 人赴美国学习军政、船政、步算、制造诸学,期限 15 年。全部是男生,而且多为南方穷困家庭的子弟,当时由于风气未开,达官富家之阔少不愿去。派赴欧洲的留学生,始于 1871 年。经左宗棠、沈葆桢、李鸿章、张之洞反复协商、奏请,1876 年、1881 年、1885 年分三批共派出 74 人(其中福州船政局派出 60 人),分赴英、法、德、比等国学习外语、造船、驾驶等技术。

上述海外留学生不仅接触了西方资产阶级文明,也学到了近代自然科学和生产技术知识,他们中的很多人归国后,都成为中国最早的一批新型知识分子。此后,中国留学运动先后掀起留日、留美、留法的高潮。

留日高潮形成于甲午战争中国战败后。1896 年开始派遣首批留日学生,由当时驻日公使裕庚负责。1901 年又开始出现女子留日。最初的女留日学生,多半是随父兄或夫婿一同前往的。之所以会在甲午战争后出现留日高潮,一个原因在于中国战败后,国人深受刺激,对日本的看法发生变化,不再把日本看作落后的小国;另外,去日本留学费用便宜,根据当时的汇兑行情,在国内新式学校就读的费用,与留日费用大体相同。

留日教育主要有两个特征:一是速成。大部分留日学生进入师范、法政速成科。这是受当时日渐推行的教育改革的影响,特别是停科举后,许多新建的新式学校都需要教师。不过这种速成教育在人才的培养方面出现很多弊端,一些官费留日归来的学生,学业很差,所以从 1906 年开始被清政府明令禁止。二是尚武,很多学生进入日本陆军学校学习。在日本,这些学生一面学习,一面创办报刊,组织团体,宣传革命。1905 年同盟会在东京成立后,留日学生更是成为革命运动的核心力量。面对此种情况,应清政府的要求,日本政府拟定取缔规则,取缔中国留日学生的政治活动,剥夺他们的言论、集会、结社、居住自由,还肆意检查他们的书信,激起了中国留日学生的强烈反抗。陈天华跳海自杀,就是激励大家坚持斗争。中国留日学生斗争获得了国际舆论的同情,日本在野党也借机攻击执政党,日本政府不得不对中国留日学生做出了些许让步。

留美高潮则与庚子退款密切相关。1900 年,八国联军侵华,胁迫清政府签订了《辛丑条约》,勒索中国 9.8 亿元赔款,这就是庚子赔款。美国分得赔款后,在罗斯福总统当政时,自称索取过多,提出将部分赔款退还给中国,专门用作派遣中国学生留学美国。第一批利用庚子退款留美的学生于 1909 年赴美,其中包括梅贻琦、王世杰等。次年,又派出了第二批留美学生,有赵元任、竺可桢、胡适等。而 1911 年成立的清华学堂,主要就是为了培养品学兼优的学生以备送到美国深造。虽然清政府由于武昌起义的爆发挪用了这一年退还的庚子退款去镇压革命导致清华学堂于 11 月停课,不过第二年清华还是得以重新开学,并改为清华学校,高等科毕业生最后都被送到美国留学。1914 年还招收了一次女生,后来也送到美国留学。

这些留美学生都得到严格的挑选,而在留日运动中有的官费学生甚至连一个日文假名都不认识。留美学生到美国学习的专业以理工农医为主,大多数学生成绩优异,90%以上获得学士学位,很多学生如赵元任、竺可桢、胡适、马寅初、蒋梦麟等还获得了博士学位。他们回国后在中国文化教育事业的发展上都做出了突出的贡献。

留法高潮从 1912 年开始。当时民国初建,为了给一些家境贫寒的学生提供求学、升学的机会,吴稚晖、汪精卫等人发起成立了留法俭学会,在北京成立留法预备学校。教育总长蔡元培大力支持,教育部还拨给了校舍,5 月开学,11 月就派出了第一批学生赴法俭学。但是因为没有得到袁世凯的支持,次年停办。

1915 年,蔡元培、吴稚晖又发起成立了留法勤工俭学会,由单纯的俭学变为勤工俭学。当时正值第一次世界大战期间,法国很多工厂都缺乏劳力,所以从中国招募了大批华工。第一次世界大战结束时,在法华工约有 15 万人,为蔡元培、汪精卫、吴稚晖等人发起在法开办华工学校提供了良好的基础。"五四"运动后,留法勤工俭学得到进一步发展,成为群众运动。留法勤工俭学会人数最多时达 1700 余人,先后参与者有蔡和森、周恩来、赵世炎、李富春、聂荣臻、王若飞、徐特立、陈延年、陈乔年、邓小平、陈毅、蔡畅、李维汉等。

总的来说,洋务派办教育带有浓厚的封建性,遵循的是"中学为体,西学为用"的宗旨,传统经学始终是各类学校的必修课程。同时,洋务教育也深深地打上了帝国主义文化侵略的烙印。当然,不得不说洋务派的教育改革,确实在封建制度上打开了一个缺口,使"新学"首次进入教育领域。

二、近代教育运动的发展

随着新的教育理念的逐渐普及,20 世纪上半期,中国教育界掀起了各种教育革新思潮与教育改革运动。

(一)平民教育运动

"五四"时期,一部分青年知识分子在"拥护民主"的口号指引下,为探寻改造中国道路而开展了一场平民教育运动。他们认为,教育落后造成了中国的腐败闭塞,因此,要拯救中国必须从教育革新开始,其最终的目标就是使全体人民都受到民主与科学的熏陶,尤其要使最大多数的工农群众受到教育。于是,很多知识分子发表鼓吹平民教育的文章,成立研究和从事平民教育的社团,在各地开办业余学校,为工人农民补习文化。由于政治立场、思想倾向等的不同,平民教育运动在具体实践过程中也有很大的差别。

其中,以李大钊、邓中夏、毛泽东等为代表的具有共产主义信仰的知识分子认为,平民教育必须符合劳动人民谋求自身解放的根本利益,应该与破除阶级统治的革命斗争同时进行。1917 年 11 月,毛泽东等在湖南长沙第一师范学校创建工人夜校,是当时最早的全国平民教育实践之一。1919 年 2 月,李大钊在北京《晨报》发表《劳动与教育问题》一文,呼吁给普通劳工大众均等机会去读书看报,补习技能和修养精神。同年 3 月,邓中夏等发起组织"平民教育讲演团",并且负责筹备了长辛店劳动补习学校,通过"以学就人"的露天讲演和刊发出版物等形式,在城市、乡村和工厂开展平民教育活动,以"增进平民知识,唤起平民自觉心"。这些都是平民教育运动的早期实践。

1920 年,各地共产主义小组以及社会主义青年团成立后,为了配合工人运动和思想启蒙的开展,纷纷采取办报刊、办劳动补习学校和工人俱乐部的形式,如在上海创建《劳动界》、在广州创建《劳动者》、在北京创建《劳动音》等平民教育刊物,创建长辛店劳动补习学校和沪西小沙渡劳动补习学校等,使平民教育运动得到进一步的深入。

除了共产主义知识分子外,一些希望通过教育救国的资产阶级和小资产阶级知识分子在杜威的民主主义教育思想影响下,也把平民教育视为救国和改良社会的主要手段,希望通过平民教育来实现民主政治。1916 年 10 月,全国教育会联合会通过"注意贫民教育案"的决议,1919 年 10 月又通过"失学人民补习教育办法"的决议,最早将下层民众的教育纳入关注对象。随后,北京高等师范学校出版《平民教育》周刊,南京高等师范学校出版《少年社会》杂志,积极宣传平民教育思想。1923 年 6 月,陶行知等发起组织南京平民教育促进会,并且在北京清华学校召开第一次全国平民教育大会。此后,全国各地纷纷组成平民教育促进会,办起平民学校、平民读书处和平民问字处,还编印《平民千字课》等平民学校读本,促进平民教育的发展。

在平民教育运动中,晏阳初是最有代表性的人物。他早年考入美国耶鲁大学,研习政治学。1922 年,他发起全国识字运动,号召"除文盲,做新民",当时在长沙招聘的 100 多个义务教员中,就有青年毛泽东。1923 年,晏阳初、陶行知等组织成立中华平民教育促进会,晏阳初任总干事长。此后,他以"民为邦本,本固邦宁"为信条,一生致力于平民教育。1926—1936 年,晏阳初在河北定县进行了长达 11 年的乡村平民教育实验。1950 年,晏阳初移居美国之后,以定县实验的基本经验与中国平民教育与乡村建设的理论为基础,在世界各地继续为平民教育与乡村改造奔走,被国际舆论称赞为"世界平民教育之父"。

(二)乡村教育运动

20 世纪二三十年代的中国,深受东西方列强的欺凌,经济的发展也存在严重的不平衡现象。其中,农村经济的发展相比城市经济的发展来说更是极其缓慢和落后,甚至可以说根本不存在发展的希望。这导致农民的生活极端贫困,也无心进行农事活动。因此,如何对农村的经济进行大力发展,使农业经济逐渐摆脱落后的局面、使占全国人口大多数的农民逐渐转变愚昧的思想和状态,便成了当时一些有识之士的理想和奋斗目标。经过一定的研究和实践之后,他们将发展乡村教育运动作为改变农村和农民现状的当务之急,于是轰轰烈烈的乡村教育运动兴起了。

乡村教育运动在 20 世纪二三十年代兴起,还有一个重要的原因,即人们逐渐认识到旧有农村教育存在的缺陷。旧有农村教育将务农看成是低下的、将劳动看成是卑贱的、将读书则看成是高贵的,并积极宣扬"劳心者治人,劳力者治于人"的观点,注重对人进行等级划分,对普通的劳动者持看不起的态度。在其影响下,农村人将离开农村、进入城市而非改造农村看成是接受教育的最重要或者说是唯一的目的,并想方设法地接受教育;接受了一定教育的农村人深受

"务农低下、劳动卑贱"的不良影响,既看不起从事农业劳动的农村,也拒绝参与农业生产。这表明,农民们花费了巨大教育成本培养出来的知识人才,不仅不能对农村的发展有所贡献,反而会阻碍农村的发展,导致农村变得越来越贫困、思想观念也越来越落后。黄炎培、晏阳初、陶行知、梁漱溟等人看到了当时农村教育的这些缺陷,于是或著书立说,或发表言论,对旧有农村教育进行批评,还提出了乡村教育思想,并通过实践对乡村教育思想进行实践。

在乡村教育运动中,陶行知和梁漱溟是最主要的代表人物,以下对他二人的乡村教育思想进行一定的阐述。

1.陶行知的乡村教育思想

陶行知的乡村教育思想的思想体系,具体来说包括以下几方面的内容。

(1)乡村教育是国家富强的重要基石

农村经济的健康、持续发展,离不开大量的实用性人才;而实用性人才的培养,需要借助于乡村教育这一重要的途径。也就是说,要进行农村建设,最为关键的是培养大量的建设人才,这就对乡村教育的质量提出了重要要求。因此,乡村教育在发展的过程中,应端正思想、摆脱旧有教育观念的制约。

陶行知是教育救国论的重要支持者和践行者,认为教育在国家的健康发展中有着十分重要的作用,即办好教育可以促进国家富强。因此,他提出社会改革只有涉及教育层面才能真正改造社会现状和人们的思想以及教育要以改造社会为最终目的的观点。也就是说,陶行知认为只有教育改革才能够从根本上对社会现状进行改变,促使人们转变思想、思维习惯和价值观念,进而使人们不断提高自己的综合素质,进而在改造社会和救国方面发挥重要的作用。为此,必须要不断提高中国教育的发展水平。

陶行知在接受了国外的新思想、见识了国外教育的发展状况后,发现中国教育的整体发展水平尤其是乡村教育的发展水平是十分落后的,因而极有必要发展乡村教育。再加上我国是农业大国,农村人口占全国人口的大多数,只有办好乡村教育,才能改变农民贫穷、愚昧的状态、促进农村经济的发展。而农村经济的发展,必然会促进国家经济的整体发展,使国家呈现出欣欣向荣的新景象。

(2)乡村教育的内容要与实际相贴合

陶行知认为,要真正促进乡村教育的发展,就必须要保证其内容与实际相贴合。为此,他提出了"生活即教育"的观点。具体来说,这一观点主要包括以下几个方面的内容。

第一,生活即教育。教育和生活之间有着极其密切的关系,过什么生活便是受什么教育、受什么教育便会过什么生活。同时,学校教育能够使学生获得丰富的理论知识,而学生在理论知识的指导下,能够更有计划地进行实践、更科学地对生活进行改变。因此,因此,教育不能脱离生活这一大的背景,并将生活当作是教育的中心和目的。陶行知认为,乡村教育和农村生活本身应该是紧密联系的,因而在进行乡村教育时应以农村生活需求为前提,以便真正解决农民遇到的生活难题。同时,乡村教育应能够真正指导农民的农业生产实践,对农民的生活有重要帮助。

第二,社会即学校。陶行知认为:"到处是生活,即到处是教育;整个的社会是生活的场所,亦即教育之场所。"[1]为此,他提出了"社会即学校"这一观点。陶行知的"社会即学校"观点,主要针对的是传统教育将学校和社会进行了隔绝,要求学生要走出校门,到社会这一大环境中学习有用知识、丰富实践内容、提高思考和解决问题的能力。也就是说,陶行知的"社会即学校"观点反对只重视传授简单的理论知识,忽视知识的实践。这里需要特别指出的一点是,陶行知的"生活即教育"观点,并非是主张或是鼓吹将教育和学校取消,而是要对教育的范围、教育的对象和教育的内容进行扩大,并促使教育与社会生活之间形成紧密的联系、不断提高教育的质量。

第三,乡村教育的教育方法要坚持"教学做合一"。"教学做合一"的教学方法,是陶行知在长期探索和实践的基础上提出的,也是他对传统教学方式进行批判的结果。所谓"教学做合一",就是"生活现象之说明,即是教育现象说明。在生活里,对事说是做,对己之长进说是学,对人之影响说是教。教学做只是一种生活之三方面,而不是三个各不相谋的过程。同时,教学做合一是生活法,也就是教育法。"[2]此外,"教学做合一"既重视理论知识,也重视实践技能;既重视间接和系统的知识,也重视个人经验。因此,它在促进教育发展方面起到了十分重要的作用。陶行知认为,在乡村教育中对"教学做合一"这种教学方法进行合理运用,能够使教育与社会现实更加贴近,进而取得十分积极的结果。

第四,乡村教育的发展依赖于合格的乡村教师。陶行知认为,乡村教师在乡村教育的发展中有着十分重要的作用。具体来说,乡村教师所具有的教师观、对待教育活动的态度等,能够在很大程度上影响乡村教育理念的落实以及乡村教育目标的实现情况。因此,在发展乡村教育时,应注意对乡村教师进改造,并培养合格的乡村教师。

2. 梁漱溟的乡村教育思想

梁漱溟是 20 世纪颇具影响的教育家,积极参与了乡村教育和乡村建设活动,并提出了一套独特的乡村教育思想。而梁漱溟的乡村教育思想的思想体系,具体来说包括以下几个方面的内容。

(1)乡村教育的功能

梁漱溟认为:"教育应当是着眼于一个人的全生活而领着他去走人生大路,于身体的活泼,心理的活泼两点,实为根本重要。"[3]也就是说,教育要能够促使人的身心和谐发展,使人形成健全的人格。梁漱溟指出,人相比于动物来说,有两个显著区别:一是本能最少;二是儿童期最长。在这两点的影响下,人就对后天的学习与教育产生了重要依赖。当人无法获得有效的教育时,就不可能成为真正的人。他还指出,现代社会的教育不能仅仅停留在"未成熟之阶段",必须要走向"终身化"。这就是现在所谓的"终身教育思想"。在中国现代教育思想史上,梁漱溟可以说是较早提出终身教育思想的一位思想家,而他提倡终身教育,主要是基于以下几个方面的原因。

第一,随着科学技术以及社会生活的不断发展与进步,人们需要进行学习的东西也会不断

---

①　华中师范学院教育科学研究所.陶行知全集[M].第二卷.长沙:湖南教育出版社,1985:634.

②　华中师范学院教育科学研究所.陶行知全集[M].第二卷.长沙:湖南教育出版社,1985:289.

③　宋恩荣.梁漱溟教育文集[M].南京:江苏教育出版社,1987:9.

增多。而这些所需学习的东西仅仅依靠童年期的教育是不可能全部获得的,因而很有必要将教育从童年延伸到成年直至老年。

第二,人在儿童期时,由于远离复杂、繁密的社会生活,缺少直接的经验,因而对所学知识进行利用的效率比较低。只有进入成人世界并接受相应的教育,才能花费较少的时间和精力学到尽可能多的东西,并在充分理解知识的基础上取得事半功倍的效果。

第三,现代社会的变迁不断加快,知识陈旧的周期也越来越短,之前学习的知识很可能没过多久便不再适用。因此,要想紧跟时代的发展,必须要不断进行学习。

教育促进个体发展的功能,具体到乡村教育来说,主要表现为:能够帮助农民更好地对基本的生产知识和生产技能进行掌握,进而为农村的建设做出一定的贡献;能够对农民的精神状态进行改变,使他们逐渐摆脱迷信与习惯的支配,形成积极的人生态度。

梁漱溟也认为,教育对于社会发展具有十分重要的作用,其能够促进文化的繁衍;能够促进社会的进步;能够促进社会生活的日趋完善。不过,教育在对社会进行改造时,往往会受到很多方面的限制。因此,要彻底地进行社会改造,除了依赖教育,还要依赖暴力革命。教育促进社会发展的功能,具体到乡村教育来说,最为重要的一点便是能够促进理想的乡村社会的建设。因此,在进行农村建设时,必须要积极发展乡村教育。

(2)乡村教育的组织机构

梁漱溟在其乡村教育思想中,对乡村教育组织的建立进行了高度关注。梁漱溟认为,乡村教育组织应该将政府和学校,或者说政治和教育有机地融合在一起,因而又可以称为"乡农学校"。乡农学校的构成,一般来说应包括四个部分:一是校董会(多由当地有名望的乡绅出任);二是校长(也多由当地有名望的乡绅出任);三是教员;四是乡民。同时,乡农学校应集四种功能于一体:一是教育功能;二是政治功能;三是经济功能;四是自卫功能。

梁漱溟还指出,乡农学校应随着乡村社会与中国社会的发展变化而进行一定的更新。但是,在对乡农学校进行更新时,要确保它的功能不会发生窄化。

(3)乡村教育的方法

梁漱溟认为,在进行乡村教育时,应改变原来强制灌输的教育方法,并采用一种没有严格师生限制、师生双方都能积极参与其中的教育方法,如启发引导法等,以便乡村教育能够真生取得实效。

(4)乡村教育的教师

梁漱溟认为,乡村教育的教师具有超凡脱俗的深心大愿。而要实现这一点,就必须对乡村教师进行"精神陶炼"。而在对乡村教师进行"精神陶炼"时,需要包括以下几个方面的内容。

第一,合理人生态度与修养方法的指点。要让乡村教师能够不断对自己的人生进行反省,并在对所遇到的问题进行处理时能够做到超越一己之私,积极维护人类整体的利益。

第二,人生实际问题的讨论,人生实际问题指的是乡村教师在生活中所遇到的问题,如家庭问题、兄弟朋友的关系处理问题等。对于人生实际问题,乡村教师应有清醒的认知,并能有效地对其进行解决。只有这样,乡村教师才可能对农民遇到的人生实际问题进行有效指导。

第三,中国历史文化的分析。乡村教师要对中国过去的社会组织结构和特点进行深入认知,并在此基础上对中国现代及未来应走的道路进行自觉探寻。

第三节 近代教育的转型

一、近代中国教育转型的开端——清末教育改革

自 1901 年,慈禧太后在西安颁布"变法"上谕后,清政府就在政治、军事、经济、文化教育等方面开始实行所谓的"新政"。在教育方面,"新政"的内容有:1901 年 6 月,命照博学鸿词科例,复开经济特科;8 月,命自明年始,乡会试及岁科试策论,以中国政治史事及各国政治艺学命题,不准用八股程式,并停止武生童考试及武科乡会试;9 月,诏令各省设立学堂;1902 年,派张百熙为京师大学堂管学大臣,并着裁定章程具奏;1904 年 1 月,颁布《奏定学堂章程》,改管学大臣为学务大臣,命大学士孙家鼐充学务大臣,总管全国教育;1905 年 9 月,诏准自丙午(1906 年)科为始,所有乡会试一律停止,各省岁科考试亦即停止,废科举,兴学校,从学校选取人才,等等。

"新政"在教育方面的改革取得的重要成果主要有两个方面:一是废科举,兴学校,自 587 年以来在中国盛行 1300 多年的科举制度终于被废除,从制度形式上宣告了封建时代教育制度的终结;二是建立新学制体系,以资本主义学校体系代替以科举制为主干的旧学校体系,并设立专门的教育行政机构。

随着清末教育改革的实施,近代中国教育在教育观念、教育发展水平、教育管理与教师队伍、教育内容与方式等方面开始从传统教育向近代教育转型。具体如下。

(一)教育观念由狭隘封闭走向开放,新的学制体系由此建立

在传统封建教育体系中,儒学是正统意识形态,儒家思想支配着教育并成为教育的指导思想,规范着教育观念的变迁,教育观也日趋道德化、功利化。教育思想以儒家思想为归旨,依照儒家思想的要求,以伦理纲常为宗旨,培养修道养性的"君子"。教育旨在敦人伦、崇礼仪、重三纲、尊五常。教育的功能被严重扭曲,"万般皆下品,唯有读书高"被众口吟唱,"学而优则仕"成为读书人的金科玉律。因此,传统教育的基本功能是进行人文教化,同时培养选拔官吏以佐统治;教育内容严重偏废,局限于礼教、伦理、行为规范的灌输;教育观念只与社会中的某些部门,主要是政治部门联系紧密,与其他部门联系较少,这种联系的狭隘性造成了传统教育观念的封闭性。

近代以来,人们认识到西方教育不尚诗赋词章,而重视算学、重学、视学、光学、化学等,于是开始逐渐摆脱传统教育观念的束缚。龚自珍痛责传统教育充斥着空谈心性的理学、专事"花鸟鱼虫"的汉学和无实无用的八股学,只会造成"士不知耻,百官无能"的局面。魏源抨击传统教育"专以无益之画饼,无用之雕虫"作践士人,指责理学所教育出来的人,"上不足致国用,外不足靖疆圉,下不足苏民困";汉学所培养出来的人,"无一言益己,无一事可验诸治者";八股取

士所培养的都是无用之庸才。① 郑观应、梁启超、严复等都对传统教育进行了抨击。

随着对传统教育的批判，西方的教育观念逐渐为人们所接受。人们开始从学习年限、教学形式、课程内容、考试方式及各国教育发展概况等方面入手，着力介绍西方资本主义教育制度。无论是洋务运动时期开办的各类实业学校，还是戊戌时期提倡的废科举兴西学，都使西方的教育观念深入人心，愈来愈多的人主张按西方教育观念普兴学校。1901 年，张謇在《变法平议》中指出："东西各国，学校如林，析其专家，无虑百数。前导后继，推求益精。但能择善而从，皆足资我师法。"②尤其在清末，留学生广泛宣传西方的教育观念，他们创办各种报纸杂志，介绍西方教育及理论。在日本，留学生创办了《译书汇编》《游学译编》《江苏》《浙江潮》《湖北学生界》等刊物，专门介绍西方的教育理论与教育观念。在国内，1901 年罗振玉、王国维创办了《教育世界》，介绍欧、美、日等国的学制、教育法规、教授方法、各科教科书以及世界著名教育家的思想学说。相对来说，留日学生的宣传更为广泛。许多留日学生考察研究了日本的教育制度，留学回国后从事教育工作。他们向日本学习的结果，促进了中国教育观念的改变。留日学生组建了一批翻译团体，旨在翻译教育著作，传播西方教育理论。20 世纪初，相继翻译出版大量日本有关学制的书籍，如当时的《教育世界》是介绍日本学制的主要刊物，翻译的文章几乎都是日本创办新式教育的章程法令、规章制度。西方教育思想的东渐，既宣传了西方的教育观念，又为清政府制定学制提供了重要的参考资料。西方教育观念的大量输入，使中国传统教育观念受到有力冲击，开始由封闭走向开放，追求一种更合理实用、高效的教育观念。为顺应时代潮流，1902 年，管学大臣张百熙曾拟订《钦定学堂章程》即壬寅学制，未及实行。1903 年 7 月，清政府命张百熙、荣庆、张之洞以日本学制为蓝本，重新拟订学堂章程，于 1904 年 1 月公布，即《奏定学堂章程》，是年为旧历癸卯年，故称"癸卯学制"（图 8-1）。这是中国历史上第一个以法律形式确定下来的学制，新学制严格仿效日本的模式，使学制系统与行政系统完全分开。

"癸卯学制"规定了完备的现代学校系统，纵向初、中、高等学校相互衔接，横向普通、师范、实业三类学堂相互联系。该学制将学校教育分为三段七级，第一阶段为幼儿教育与初等教育阶段，第二阶段为中等教育阶段，第三阶段为高等教育阶段。其中，第一阶段分为蒙养院、初等小学堂、高等小学堂三级；第二阶段仅包含中等学堂一级；第三阶段分为高等学堂或大学预科、分科大学、通儒院三级。除此之外，师范教育还分为初级和优级两级，实业教育分为初等、中等、高等三级。"癸卯学制"作为中国第一个现代学制，奠定了中国学制的基本格局和走向。首先，它是倾向于单轨制的中间型学制，在这种学制模式下，普通教育、师范教育、实业教育三个系统及其各级学校之间保持着相当的贯通性，这不同于欧洲学制的双轨制传统，没有再经历由双轨制向单轨制过渡的过程，而开启了中国现代学制的单轨制传统，奠定了中国现代学制公平性的基石。其次，它奠定了中国现代教育的义务教育、国民教育和全面发展教育的基础，并对各级各类学堂的教学活动提出了具体的要求。

很显然，教育观念的转变是近代中国教育转型中的重要内容。观念不仅是现实的反映，而且对人的社会实践往往具有很重要的导向作用。近代教育在转型的过程中，摒弃传统教育的旧思想，大量输入西方先进的教育观念，颁布新的学制，这对改变陈旧落后的教育观，树立先进

---

① 魏源. 魏源集[M]. 上册. 北京：中华书局，1976：7，24.
② 朱有瓛. 中国近代学制史料[M]. 第二辑上册. 上海：华东师范大学出版社，1987：9.

的教育观意义很大,对于教育改革与发展至关重要。

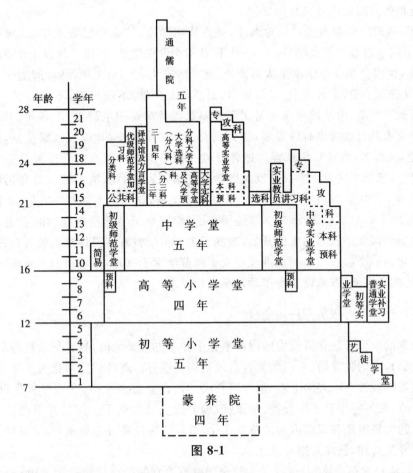

图 8-1

(二)引进义务教育,推进教育的普及化和大众化

中国传统教育的重要特点之一是英才教育,即培养维护巩固统治阶级利益的官吏,教育未能普及。传统教育排斥女子接受教育,取消女子受教育的权利,教育成了维新派所说的"半边天教育";富人能接受教育,穷人就难以接受教育。这样的传统教育剥夺了大多数人的教育权利,只有少数男子享有受教育的权利。近代以来,义务教育思想作为西方教育思想的重要内容被引入中国。

近代的义务教育就是普遍教育或全民教育,英国从 1833 年开始实行义务教育,规定所有儿童到一定年龄必须接受学校教育,艾约瑟对此介绍说:"英国定出国章,幼年童子不准有不读书者。"林乐知也介绍美国的义务教育,指出美国"则家无贫富,人无论男女,年至六岁以上,罔不入塾读书,务使教化之原,涵濡于全国"[①]。义务教育思想突破了少数人对教育的垄断权利,推进了教育的普及化和大众化。

20 世纪初,在我国,普及教育已成为国家和社会各阶层的努力目标,进步人士纷纷主张在

---

① 　杨齐福.科举制度与近代文化[M].北京:人民出版社,2003:159.

各州、县遍设小学、中学,各省设高等大学,对国民实施普遍教育,而清末的教育改革使学校教育从王侯将相的宫殿走进寻常百姓之家。

1901 年,清政府颁布上谕:"化育人才,端在修明学术,除京师已设大学堂,应行切实整顿外,着各省书院于省城改设大学堂,各府厅、直隶州均设中学堂,各州县均设小学堂。"

1903 年,全国公私立小学学生人数激增,达 22866 人。[①] 1904 年,清政府通令全国设立半日学堂,专收贫寒子弟,半日读书,半日谋食,只要专心来学,不收学费,不拘年岁。1909 年,学部设立简易识字学塾,由学部颁布简易识字学塾章程及简易识字课本,至各州、县、乡、镇逐年扫除文盲。成人补充教育也有所发展,如为成人开办扫盲夜校,开辟报纸阅览室,举办公开讲座。1910 年,又颁布《改良私塾章程》,把普及教育推广至农村。清末学校教育在农村推行时遇到重重阻力,甚至多次发生乡民暴动焚毁学堂之事,虽然如此,清末普及教育仍取得了很大成就。1909 年,京师及 23 个省各类小学堂有 50301 所,学生共计 429443 人,半日小学堂有975 所,学生共计 25545 人。[②] 清末学部还颁布了《奏定女子小学堂章程》和《奏定女子师范学堂章程》,这是中国女子教育制度的开始,改变了中国传统教育唯男性享有教育权的状况,是中国教育近代化的一个标志。学部奏准设立女子师范学堂于京师,派傅增湘为总理,并要求各省提督、提学使酌于省城、府城设立女子师范学堂。

(三)近代化教育行政机构开始建立

清朝前期的教育行政在清政府的内政事务中并不占重要地位,教育行政机构不健全,没有设立从中央到地方的独立的、专门的教育行政机构。教育行政的职能简化为考试与稽核,而不是改进和发展学校教育。表面上看,清政府在国子监设立监事大臣,在八旗官学设立总管,在各省指派学政,在各府州县委派教授、学正、教谕并设训导为副手。但是并不起什么作用。随着新式学校的大量出现和课程内容的革新变化,教学管理任务日趋繁重,设立新的专门教育行政机构并派专员管理,已成为当务之急。

1905 年,清廷发布上谕,并成立了主管全国教育事宜的最高行政机构。1906 年,清政府又在各省设提学使司,统辖全省学务,设学务公所,劝学所,学区分管省、府、厅、州、县及乡镇教育。至此,清政府建立了一套完整的专门教育行政机构(图 8-2)。机构内部分工细致、责权明确,表现出现代科层制行政机构的特点。而且,教育行政机构的职能不再局限于为统治阶级选拔官吏和从事人文教化,而是为整个国家的社会、经济、文化的发展培养多方面人才,提高广大国民的素质。这种教育职能的扩张,是中国教育走向近代化的反映。

这种教育行政机构的转型还体现在制定有关教育人员的任用管理法令方面,对教师、教学管理人员及其辅助人员的资格、待遇、职守、奖励等详加规定方面。清廷学部将扩充初级师范学校列入重要工作,要求每府或直隶州设立一所,以解决小学教员之缺。清末,政府对师范生的义务做了明确规定,还要求所有的高等院校教师必须受过外国教育,或者受过外国方式创办的研究机构的训练。教育近代化的关键问题是师资队伍的近代化,清末政府注重教员的培养与管理,使中国教育的师资队伍向近代化队伍迈出了一大步。

① 舒新城.中国近代教育史料(上)[M].北京:人民教育出版社,1961:383.
② 李桂林,等.中国近代教育资料汇编(普通教育)[M].上海:上海教育出版社,1995:88.

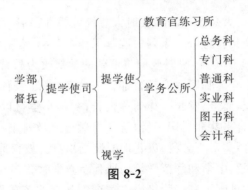

图 8-2

(四)教育内容、教育方式向近代化教育转型

中国旧式的学校教育是科举制度的附庸,教学内容极为单一,完全是为科举考试做准备,四书五经等儒家经典或宋儒学说是其基本的学习内容,重义理、词章而不重实学。洋务派官员创办的新学堂在课程内容上已有改变。例如,上海广方言馆将算学正式列为教学内容之一,要求学生"算学与西文并须逐日讲习,其余经史各类,随其资禀所近分习之。专习算学者,听从其便"①。清末的新式学堂,虽有读经的规定,但当时称为"西学"的各类课程已被正式列入课程表,成为日常重要的教学内容,如外语、代数学、几何、化学等。《奏定学堂章程》规定了各学堂的课程总科目,分年科目及每星期各科钟点。根据学生的特点,将课程分为主课、补助课,并附有随意课。甚至还规定授课内容和供参考的讲习方法。以章程的形式将西学课程统一地纳入各类学堂的课程表中,使其成为主要科目,这是教学内容上的一大转变,改变了传统教育只重道德感化与经典知识灌输的单一局面,顺应了时代进步的要求。

传统的教学模式采取个别教学和集中灌输的形式,成千上万所学校散布在彼此孤立、相互封闭的广袤大地中,学生多则几十人,少则几个人。教师则死守着几部经书,教学形式单调刻板,既没有进行启发,也不重视智力的开发和能力的培养。洋务运动时期的新式学堂开始吸收和借鉴西方的教学方法,体现了近代教育的一些特征。例如,《申报》对福州船政学堂购买秋千、皮球等体育用品,供学生进行体育活动。这是旧式学堂闻所未闻的。到 20 世纪初,体育在教学中的地位越来越高。此外,教学活动采用课堂教学与课外活动相结合的方式,教学效果明显;有的教师选择用白话文教学,比文言文教学更便捷,易于掌握。这都是传统教育向近代教育转型的重要标志。

清末教育由传统向近代的转型,对封建教育观念有很大触动,在较大程度上促进了近代教育的发展。但是,这一时期教育的转型还是存在着严重的局限性,如封建思想的束缚依然如故;传统教育根深蒂固,制约着教育的转型;移植日本的近代教育观既产生了一定的积极意义,同时也带来一些负面影响。

二、近代中国教育转型的继续

1911 年 10 月,辛亥革命推翻清朝二百多年的封建统治,1912 年 1 月,中华民国宣告成立。

---

① 朱有瓛.中国近代学制史料[M].第 2 辑(下册).上海:华东师范大学出版社,1989:217.

孙中山在南京宣誓就任临时大总统,发布《临时大总统就职宣言.书》,指出中华民国临时政府的任务,并开始政治、经济、文化教育等一系列的改革工作。

为推进教育改革,1912年1月,临时政府将清朝的学部改为教育部,任命蔡元培为第一任教育总长,统管全国教育工作。临时政府教育部首先公布《普通教育暂行办法》十四条,规定:从前各项学堂,均改称学校,监督、堂长一律通称校长;初等小学可以男女同校;小学读经科一律废止;凡各种教科书,务合乎共和民国宗旨,清学部颁行之教科书一律禁用;小学手工课,应加重视;中学校为普通教育,文实不分科;废止旧时奖励出身。教育部还颁布了《普通教育暂行课程标准》十一条,规定小学、中学和师范学校的课程及教学时数,开始进行课程改革。这两个文件的颁布,以法令的形式巩固了资产阶级民主革命的教育改革成果。不仅保证了民国初年普通教育的改革,而且促进了普通教育的发展。

1912年7月,教育部召开全国临时教育会议,讨论通过了新的教育宗旨,确定以"注重道德教育,以实利教育、军国民教育辅之,更以美感教育完成其道德"为民国教育宗旨。[1] 同时,教育部还通过《学校系统令》,制定了一个新的学校系统,并附有九条说明。于9月公布,称"壬子学制"。自新学制公布至1913年8月,教育部又陆续颁布了各种学校规程,在对新学制进行补充和修改的基础上,形成了新的学制体系,即"壬子癸卯学制"(图8-3)。这个学制,规定儿

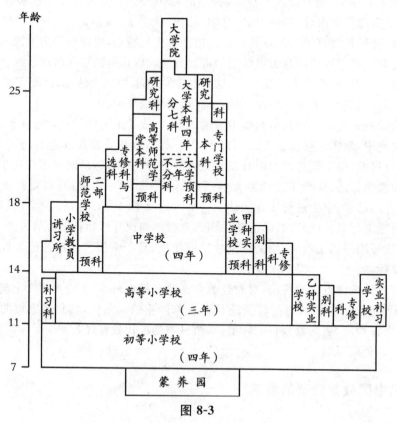

图 8-3

---

① 陈学恂.中国近代教育大事记[M].上海:上海教育出版社,1981:229.

童从六岁入学到二十三岁或二十四岁大学毕业,整个学制为十七年或十八年,分三段四级,有三个系统:一是普通教育;二是师范教育;三是实业教育。这一学制公布后,一直实施到1922年。

新学制虽然沿袭"癸卯学制"的形式,但学制年限较"癸卯学制"共缩短三年。新学制突出反封建和教育平等的特点,如规定初等小学可以男女同校,普通中学、师范学校、高等师范学校和实业学校均可设立女校;取消清政府专门为贵族设立的贵胄学堂;取消宣传封建思想的课程和教科书;在教育工作中禁止体罚学生。

这次反对封建教育、贯彻资产阶级民主思想的教育改革,促进了民国初年教育事业的蓬勃发展,学校数量和学生人数迅速增长。很显然,民国初年的教育发展非常迅猛。

第四节 现代教学与课程的改革

一、现代教学改革

(一)教学理念的更新

要培养具有创新意识的一代新人,关键在教师,在教师的教学理念。理念是行为的指南,建立在创新基础上的教学改革,离不开现代教学理念的支撑,离不开教师对教学相关内容的深刻反思和全新理解,所以,更新教师的教学理念是实施教学改革的前提。只有冲破传统思维定式的束缚,树立与教学改革相适应的教学理念,才有可能在实施中不走或少走弯路,达到改革所要求的教育质量与效益。

1.关注学生主体性发展的理念

人的主体性发展水平的高低是衡量一个社会进步程度的重要标志之一,是人的发展水平的重要尺度。主体性是人的本质的最根本属性,发展人就是要发展人的最本质属性。教育的本质功能就是发展人、完善人,因此,教育的根本目的就是发展和培养学生的主体性。自20世纪80年代以来,主体、主体性这些富有内涵的概念开始受到教育界的重视,这既是社会发展、进步的内在需要,也是时代精神的呼唤。

教学活动作为一种有目的、有计划、有组织的培养人的社会实践活动,其基本功能就是把人类积累的科学文化知识和精神财富转化为学生的智慧、才能和品德,使他们在德智体美等方面都得到发展,成为具有创新精神和实践能力的高素质人才。在这个过程中,教师起主导作用。因此,教师要实施主体性教学,培养学生的主体性。

主体性教学就是指根据社会发展的需要和教学现代化的要求,教育者通过启发、引导学生内在的心理需求,创设和谐、宽松、民主的课堂教学环境,有目的、有计划地组织、规范各种教学活动,从而把他们培养成为能够自主地、能动地、创造性地进行认识活动和实践活动的主体。具体来说,教师在教学中必须注意以下几个方面。

(1)树立主体意识,优化课堂教学环境

所谓主体意识,是指作为认识和实践活动主体的人对于自身的主体地位、主体能力和主体价值的一种自觉意识,是主体自主性、能动性、创造性品质的观念表现。树立主体意识,是主体性教学的重要任务。在课堂教学中,要树立主体意识,教师就要做到以下几点。

第一,为学生创设良好的教学环境,鼓励学生主动参与、合作学习,还学生以学习的主动性,拓展学生的发展空间,引导学生挖掘自己的创造潜能,开发自己的创造力,建立一种相互接纳、相互理解的友好人际关系。

第二,注重学生的探究过程,在知识获取过程上下功夫,要引导学生反思探究过程,在理性精神的指导下获得合理的解释,以充分体验到探究过程的价值,增强学习信心。

第三,在获取知识与技能方面,重点是激发学生学习兴趣,培养学生学习能力;要把给予学生问题、给予学生思路、给予学生结论的教学转变为学生自己发现问题、自己解决问题、自己得出结论的教学。

第四,倡导学生富有个性地学习,尊重学生的个别差异,按照学生不同的学习风格,体现学生个体的独立性。

总之,在具体教学活动中,多一些民主、少一些包办,多一些引导、点拨和指导,少一些讲解、分析和总结,树立学生的主体意识,创设良好的课堂教学环境。

(2)树立创造意识,形成个性化教学

教学的大忌是单一化、模式化,所以,教师要在新教学理念的指导下,勤于学习、勇于创新、不断提高,真正树立教学是一种创造性活动的观念。树立创造意识,教师必须要有创新精神,探索一种以培养人的创新精神和实践能力为价值取向的教育模式。

首先,在教材处理和使用上,要扩展教学内容,改善教材内容的呈现方式,创造性地使用教材,将教学内容从书本、课堂扩展到学生生活与社会生活方面。

其次,在新的教学组织形式上,要打破单一的课堂教学组织形式,采取多种教学组织形式:个别学习、分层教学、合作学习等形式。

再次,学习方式要发生重大变化,学生由被动地接受知识转变为主动地学习知识,需要教师在认真研究教材的知识与技能、过程与方法、情感态度价值观的基础上,充分开发和利用各种学习资源,采用多样的、有意义的方式主动构建知识。

最后,要转变教师角色。教师由传统的知识传递者变为学生学习的促进者。在课堂教学结构趋于多元整合的课程环境中,教材不再是唯一的知识资源。因此,教师不能再把传递书本知识作为主要教学任务,而是要把精力放在如何教学生"学"上,使学生"学会学习",指导学生掌握从哪里获取自己所需要的信息的方法。

(3)发展学生的主体能力

个体能力的提高与发展,是个体参与认识、改造自然和社会所必需的。一般说来,个体的能力与其地位、价值直接相关,能力的高低意味着个体对自然和社会所取得的自由程度和贡献的大小。对于学生而言,使自己的主体性品质得到充分发展,使自己成为课堂教学和自身发展的主体,仅仅具有主体意识是不够的,还需要自身具有与之相适应的能力,即主体能力。

主体能力就是主体能动地驾驭外部世界对其自身发展所产生的影响,从而使自身的主体性品质得以不断发展的能力。学生主体能力的发展水平体现着他们对外部世界、自身以及二者关系的认识和把握的程度,而这又有赖于他们积极地去汲取前人积累的文化知识经验,有赖于他们主动地在对象性活动中加以发展和提高。学生的主体能力发展水平愈高,他们就愈能充分利用外部条件去发展自身,从而发展自己的主体性品质;反之,学生的主体能力发展水平愈低,他在自身的主体性品质发展上就愈感到无能。

(4)培养学生的主体性人格

人的主体性品质的发展,实质上是指人的各种能力和力量的综合发展,它不仅包括人的理性因素,还包括人的各种非理性因素,即人格。主体性教学认为,非理性因素是学生主体性品质发展的重要内容,没有非理性因素的发展,学生主体性品质的发展将是不全面的。为此,课堂教学不仅要造就一代牢固掌握现代科学文化知识和智力高度发展的新人,而且还要重视培养学生的情感、意志、灵感、信念、直觉等非理性因素,即培养学生的主体性人格。这就要求我们在课堂教学中,创设一种轻松、民主、自由的课堂教学环境,用"晓之以理、动之以情"的情理交融的教学方法,使学生在接受知识和发展智力的过程中,逐步培养出独立、完满的主体性人格。

2.教学联系学生实际生活的理念

在学校教育中,课堂教学与生活有着密切的关系。一方面,生活既是课堂教学的起点,又是课堂教学的归宿。学生在进入课堂时,并不是"白板"一块,他们都带着自己特殊的生活经历和体验,带着自己对人生、对社会、对他人、对事物的认识、看法和态度。所以说,课堂教学的根基在社会生活,必须扎根于学生的现实生活世界。另一方面,课堂教学又不等同于一般人的生活,它是基于历史和现实而指向个体未来的一种生活。也就是说,课堂教学作为一种生活形态是自为的,生活作为一种教育形态则是自在的。为此,课堂教学必须保持对学生现实生活世界的适当超越,对现实生活起着净化、指导和提升的作用,从而为学生建构一种新的更为完满的可能生活服务。

《基础教育课程改革纲要(试行)》明确提出课堂教学应"加强课程内容与学生生活以及现代社会和科技发展的联系,关注学生的学习兴趣和经验,精选终身学习必备的基础知识和技能"。而我国的课堂教学还存在种种弊端,还不能很好地将教学与学生实际生活联系起来。所以,树立教学联系学生实际生活的理念就成了现代教学理念更新中的一个重要内容。为了真正树立起这一理念,课堂教学应努力做到以下几点。

第一,关注学生的直接经验。在我国传统的课堂教学中,人们大多强调学生的学习应以间接经验为主,这样,学生的现实生活世界自然就被忽视了。虽然传统的课堂教学也强调学习间接经验必须以学生的直接经验为基础,但它是将学生的直接经验作为学习间接经验的手段和工具,是为掌握间接经验服务的,显然是把直接经验放在了从属、次要的地位。其实,学生的直接经验和现实生活世界对于丰富、加深个体的认识乃至促进他们的身心健康发展,都具有重要的价值和作用。学生的现实生活世界中蕴藏着巨大甚至是无穷无尽的教育资源,生活中有语文、有数学、有物理和化学,因此,在课堂教学中,书本世界和生活世界、直接经验和间接经验同等重要,不能厚此薄彼。教学必须充分认识到学生的现实生活世界、直接经验对于他们身心发展的重要作用和价值,加强书本世界与生活世界之间的联系,把生活世界中的教育资源与书本知识融会贯通,从而发挥现实生活世界和直接经验对于学生身心发展的积极、独特的作用。

第二，关注学生的现实生活。学生的现实生活是课堂教学的根基，学生在生活中走进课堂教学，又在课堂教学中开始了一种新的特殊生活。课堂教学作为一种以提升学生的生活质量和生命价值为目的的特殊的实践过程，必须首先着眼于学生的现实生活，改善学生当下的生存状态和生活质量。

第三，建构完满的可能生活。课堂教学源于现实生活，又高于现实生活。课堂教学作为一种为未来培养人的社会实践活动，必然要对学生的现实生活有所超越，为他们建构一种更为充实、更为美好的可能生活，引导他们走向一种更有意义、更有价值、更为完满和更符合人性的生活。与学生的现实生活相比较而言，可能生活是一种比现实生活更为完满、更具有生命价值和人生意义的生活方式。因此，关注学生的现实生活世界，应包括联系学生的现实生活和建构学生完满的可能生活这两个不可分割的方面。

3.让学生体验成功的理念

当代的课堂教学应该是一种注重培养和发展学生主体性品质的"我行"的教育，而不是贬低、压抑学生主体性品质的"我不行"的教育。但是，在传统的课堂教学中，教师只是以学习成绩作为衡量学生的唯一标准，大多只看到学生身上存在的缺点和不足，而看不到学生通过自己的努力而取得的发展和进步；对学生批评、否定得多而表扬、鼓励得少，造成大多数学生成为学习的"失败者"。导致相当一部分学生自我效能感差、自卑心理严重、自信心不足，甚至一部分学生会"破罐子破摔"。在这个意义上，传统的课堂教学可以说是一种源源不断地制造"学习失败者"的教育。

事实上，体验成功是学生身心发展的重要动力；体验成功是当代国外课堂教学改革的重要特征。所以，帮助学生体验成功是当代课堂教学改革的重要使命。具体来说，在课堂教学中，教师帮助学生体验成功从而促进其发展的措施主要有以下几个方面。

(1)树立"人人经过努力都能取得成功"的现代教学思想

在传统的课堂教学中，人们往往认为"失败是成功之母"，但是，如果学生遭受了太多的挫折和失败的话，学生学习的积极性和主动性将会受到严重打击，这种挫折和失败将会导致今后更多的挫折和失败。

根据心理学中的"罗森塔尔效应"可知，教师对于学生的期望和评价会直接影响到学生的身心发展。因此，课堂教学必须树立"经过自己的努力，所有的学生都能够学好"的现代教学观念，积极创设一个使学生在学习上不断取得成功的环境，从而使所有学生都能够在学习上、生活上乃至日后的事业上成为一个成功者。

(2)尊重学生的个别差异，为学生创设体验成功的机会和条件

在课堂教学中，由于学生之间在学习基础、学习能力、学习水平上存在着较大的差别，因此，应充分考虑到学生之间存在的个别差异，积极创设一种有利于全体学生进行自我表现和体验成功的机会。为此，在教学过程中可采取以下策略。

第一，分层教学，分类要求。在课堂教学中，教师应根据学生的个别差异，积极创设适宜的环境和条件，让不同层次、能力和水平的学生都有获得自我表现和学习上成功的机会，体验到学习上的成功。

第二，降低起点，循序渐进，及时反馈。课堂教学中，对于学习成绩暂时落后的学生，只有

把起点放在学生经过努力可以达到的水平上,才能够使他们对学习产生兴趣,从而增强学习信心。然后,由易到难,小步子前进,将产生挫折和失败的频率降低到最小程度,帮助学生长期保持一种充满自信的精神状态。对于学习过程中学生取得的哪怕是一点点的进步,都要及时肯定,要学会用欣赏的眼光去看待学生,鼓励学生沿着成功的阶梯稳步地、持续地前进。

(3)改革课堂教学评价方式,实施鼓励性评价

传统的课堂教学评价注重的是甄别与选拔功能,忽视了评价的激励功能和发展功能,造成了相当一部分学生的"失败者"心态。《基础教育课程改革纲要(试行)》明确指出,应改变评价"过分强调甄别与选拔的功能,发挥评价促进学生发展、教师提高和改进教学实践的功能"。因此,课堂教学评价必须从选拔性评价走向发展性评价,激发学生的内在学习动力,促进学生的多方面发展。具体来说,要确立多元化的课堂教学评价标准,从知识与技能、过程与方法、情感态度与价值观等多个方面来全面、科学地评价每一个学生,使他们既能够认识到自己的不足,更能够认识到自己的优势和以后的努力方向;要实施鼓励性评价,引导学生认识到自己身上蕴藏的丰富的发展潜能,树立一种"天生我材必有用"的信念;要注重过程评价,既关注学生的过去,更关注学生的现在和未来。

(二)教学模式的变革

教学模式中的"模式"是由"模型"一词转化而来的。"模型"源于拉丁文"modulus",其本意是"尺度""样本"和"标准"。"模式"的英语是"model",中文可译成"模型""范例""模特儿""典型"等。

1972年,美国学者乔伊斯(B. Joyce)和威尔(M. Weil)出版了《教学模式》一书。这被认为是最早对"教学模式"的系统研究。乔伊斯和威尔认为,教学模式是构成课程(长时的学习课程)、选择教材、指导在教室和其他环境中教学活动的一种计划或范型。

我国在1984年以后才开始重视教学模式的研究,我国学者对教学模式的定义众说纷纭。例如,有的学者认为,教学模式就是在一定的教学思想指导下,围绕着教学活动中的某一主题形成的相对稳定的、系统化和理论化的教学范型。有的则认为,教学模式是教学理论和实践的中介,它是在一定教学理论指导下,为实现特定的教学目标,用以设计课程、选择教材、提示教师活动的基本范型。还有的认为,教学模式是指在一定的教学思想或理论指导下,设计和组织教学而在实践中建立起来的各种类型教学活动的基本结构,它以简化的形式稳定地表现出来。

后来,教学模式被更多地界定为:是正确反映教学客观规律,有效指导教学实践的教学行为范型。这种教学行为范型是在一定教学思想或理论的指导下,对教师、学生、媒体互动状态和过程加以概括而形成的以系统、有序、简明的形式表达的一种结构关系。这一定义揭示了教学模式的三大特征:一是客观规律性,教学模式是人们在一定的教学思想或理论的指导下,依据已发生过的教学实践活动和经验,经过思维上的加工制作出来的符合教学客观规律的教学活动认识形式;二是师生互动性,教学模式所描述的对象不是任何类型的教学活动,而是教师、学生、媒体的互动状态、结构和过程;三是直观性,教学行为范型是直观的。

1.教学模式改革的基本趋势

(1)教学模式由单一化向多样化发展

我国的教学大多都采用"教师讲—学生听"的授受式教学模式。其实,对于教师系统讲授、学生系统听受的授受式教学模式要从两个方面看。一方面,它的确有很大的优越性,在体现教学过程特点上较为全面和充分。同时,它也能充分发挥学生的听觉功能,激发和锻炼学生的思维、注意力和想象力等。所以,授受式的教学模式应该成为基本的教学模式。但是,另一方面,教师系统讲授、学生系统听受的授受式教学模式也有它的局限性。首先,由于教师全部讲授,学生单纯听受,不利于全面提高学生动眼、动脑、动口、动手的能力。其次,容易造成教师满堂灌、学生被动听的局面。最后,由于教材所有的新知识都先由教师系统讲给学生,使学生脱离新知,不利于学生学会学习和发展智力。

所以,面对越来越复杂的教学工作,教学模式开始多样化、综合化。如果在一门学科教学中合理采用多种教学模式,使不同教学模式发挥它们各自特有的功能,教学的质量、效率一定会高很多。事实证明,不同的课程、教材可以采用不同的模式。教学的不同情境,教师和学生的不同特点,也都可能导致教学模式的变化。例如,事实、现象、过程性的知识宜于采用授受的教学模式;概括性、规律性的知识则可采用发现的教学模式;实践性强的教材宜于采用活动式的教学模式。

(2)由以"教"为主向以"学"为主转化

传统的教学模式多半侧重于教师教的作用,被人们称之为"教论",因为以赫尔巴特为代表的传统教学模式都是从教师应如何教这一角度进行构建的,虽然能实现传授知识的目的,但它忽视了学生如何学,压抑了学生的主动性和创造性。杜威竭力反对传统教学中学生被动地接受知识,主张从儿童的兴趣出发,"从做中学"。随后,人们逐渐认识到如何把学生从被动听、啃书本的束缚中解脱出来,成为学习的主体。当代教学模式十分重视学生的主体作用,把学生看成是知、情、意、行的统一体,重视学生对认识的需要和情感的需求,重视学生的自我探索、独立研究,让学生掌握学习方法,学会学习。

(3)由归纳型教学模式向演绎型教学模式发展

归纳型教学模式指的是从教学实践中总结、归纳出来的教学模式,它的起点行为是经验,形成的思维方法是归纳法。采用这种方法所形成的模式,有的是在历史上前人总结的各种经验的基础上进一步加工改造而成的,像赫尔巴特的"四阶段教学模式"后来形成"五段教学模式",而有的是对现阶段许多优秀教师在教学实践中所积累起来的先进的经验加以总结、提高、系统化而成的,像上海市育才中学的"八字教学模式"、李吉林的"情境教学模式"等均属于归纳型的教学模式。

演绎型教学模式指的是从一种科学理论的假设出发,推演出一种教学模式,然后用严密的实验证实其有效性,它的起点行为是科学的理论假设,形成的思维方法是演绎法,像布鲁纳的"发现教学模式",罗杰斯的"非指导性教学模式""自学辅导教学模式"等,均属于演绎型的教学模式。

归纳型教学模式是从丰富的教学经验中总结、归纳出来的,虽然实践性很强,但不免带有浓厚的思辨色彩,而且缺乏对学生学习心理过程与规律的研究。而演绎型的教学模式是从科学的理论假设出发来设计教学模式的,它有丰富的理论基础,又有一套比较完备的实验作为手段,用这种方法所构建的教学模式,能较深刻地体现教学过程的规律性,较好地促进教学质量的提高。因此,演绎型的教学模式已成为教学模式发展的一般趋势。

（4）教学模式的技术手段趋向现代化

传统的教学模式的技术手段单一化，以教师的语言为主，或使用一些简单的教具。随着科学技术的发展，教学模式也越来越注重将新的科技成果运用到教学中去。多媒体、投影仪、计算机等越来越成功地介入到教学过程中。现代化的技术手段的运用会导致新型教学模式的出现。

2. 变革后我国主要的教学模式

20 世纪 80 年代以后，我国的教学改革实验蓬勃开展，在批判、继承原有教学模式的基础上，借鉴了许多国外的教学模式，将各种教学活动方式升华和概括，最后形成了以下几种影响比较大的教学模式。

（1）"传递—接受"教学模式

"传递—接受"教学模式的理论依据是辩证唯物主义的认识论和有关的心理学、教育学理论。它把教学看作学生在教师指导下的一种对客观世界的认识活动，这个认识活动包括掌握系统的基础知识和基本技能，发展认识能力，养成良好的学习习惯和思想道德品质。

该模式的教学目标是通过教师对教学内容作深入分析和系统讲授，向学生传递前人积累的文化知识和经验，使学生掌握系统的知识，形成新的认知结构。

基本程序是：激发学生动机—复习旧课—讲授新知识—巩固运用—检查评价。通过教师传授使学生对所学内容由感知到理解，达到领会，然后再组织学生练习、巩固所学的内容，最后检查学习效果，作为教师进一步教学的依据。

"传递—接受"教学模式特别强调教师在教学中的作用。为了确保教师较好地发挥主导作用，教师在教学过程中必须围绕"三中心"来进行教学，即教师为中心，以课堂教学为中心，以教材为中心。

这种教学模式的优点主要是：侧重学生知识的掌握和认知结构的建立，使学生在单位时间内掌握更多的知识，比较经济有效，体现了学生在学习过程中认识的简约性特点；教师始终控制和组织教学活动，能保证教师讲授的主动性、流畅性和连贯性，强调教师发挥主导作用，易于达到预期的教学目标；由于其用语言向学生传授知识的模式，因而适用于任何学科、任何教材的教学，也适用于任何阶段的学生，更具有一般性。不过，这种模式也有较大的缺点，如它使学生处于接受教师提供信息的地位，容易出现注入式教学和学生死记硬背的现象。

（2）"自学—指导"教学模式

它是指教学活动以学生的自学为主，教师的指导贯穿于学生自学始终的教学模式。属于这一类的教学模式较多，如卢仲衡主持的"中学数学自学辅导实验"，上海育才中学的"读读、议议、练练、讲讲"八字教学模式，魏书生的中学语文教学"六步法"模式，黎世法的"六课型单元教学实验"，钱梦龙的"三主四式语文导读法"等。

这种教学模式以"教为主导，学为主体"的辩证统一的教学观、"独立性与依赖性相统一"的学生心理发展观和"学会学习"的学习观为理论依据。教学目标主要是培养学生浓厚的自学兴趣和良好的学习态度，让学生主动参与学习，独立地掌握系统的知识；使学生掌握自学的方法，形成良好的自学习惯和一定的自学能力。

操作主要包括以下几个步骤。

第一，提出要求。教师对自学的范围、重点和要解决的问题提出要求。

第二，开展自学。学生自学，教师巡视，及时解决学生的个别性问题。

第三，讨论启发。教师汇总学生提出的问题后再集体讨论。教师进行启发、点拨，给学生提供解决问题的思路和方法。

第四，练习运用。教师布置练习，使学生在练习中使所学的知识得以巩固。

第五，及时评价。教师对练习结果及时评价，并根据反馈信息采取巩固性或补充性教学，以确保学生牢固地掌握知识。

第六，系统小结。使学生将所学知识系统化、概括化。

在这一模式中，教师的职责是定向指导、启发，其主导作用并未削弱。运用该模式，教师要有正确的教学指导思想，积极指导学生自学；教师一般要设计出要求明确的自学提纲，提出必要的自学材料、参考书、学习辅助工具；教师要保证学生的自学时间，并有一套指导学生自学的方法。该模式还要求学生有一定的阅读能力和知识基础，故小学低年级较少采用。

（3）"目标—导控"式教学模式

它是指以明确的教学目标为导向，以教学评价为动力，以矫正、强化为活动中心，让绝大多数学生掌握教学内容的一种教学模式。全国各地自 20 世纪 80 年代中期以来所进行的目标教学、单元达标教学、教改实验均属此类。

"目标—导控"式教学模式以布卢姆的掌握学习理论、教育目标分类学和形成性评价理论以及控制论原理为理论依据。该模式认为，学习过程是学习水平由低到高逐步递进的。每一较高水平的学习根植于较低水平的学习基础之上，因而要设计出由低到高的序列化目标，通过评价学生对目标的达成度，教师调整学生的学习条件和学习时间，发挥学生的潜力。

该模式的教学目标是：根据大纲划分单元，制定单元教学目标并按单元目标组织教学，借助评价、反馈、强化和矫正等活动，保证绝大多数学生达到教学目标，为后续学习提供前提。

操作主要包括以下几个步骤。

第一，前提诊断。对将要学习的单元教学内容所涉及的基础知识，由教师组织学生进行简短的检查、复习。

第二，明确目标。教师展示目标，让学生对新知识应达到的水平和掌握的范围有所了解。

第三，达标教学。教师紧扣目标进行教学，力求让更多的学生掌握教学内容。

第四，达标评价。评价通常不计分，答案由教师提供；方式可以是教师对学生的评价、学生自评或互评。

第五，强化补救。根据评价反馈的信息，采取强化或补救性措施。

在本模式中，教师是目标的提供者和学生达标的组织者。教师应对所教学科的目标有科学的理解，特别是要在教学大纲的背景中体会单元目标。为此，教师要安排好单元教学内容，分析各单元中的每个知识点，并用目标去准确界定。教师必须热爱和相信学生，有极强的责任心。

（4）"引导—发现"教学模式

这一模式又叫"问题探究"式，是指教学活动以解决问题为中心，学生在教师指导下通过发现问题，提出解决问题的方法，并通过自己的活动找到答案的一种教学模式。该模式多见于数理学科的教学。湖北王辅湘的小学数学引导发现法模式、武汉邓国材的"启发探索式"模式等均属此类。

该模式以杜威的"五步教学法"、皮亚杰的"自我发现法"和"活动教学法"、布鲁纳的"发现法"等为理论依据。对于这些理论的代表者来说，教学过程是学生参与生活的过程，学生的学习是现有经验的改造，因此，教学不应该是讲和听，而必须通过亲身活动去感受、发现和升华。

该模式的教学目标是：引导学生手脑并用，运用创造性思维去获得亲身实证的知识。

培养学生发现问题、分析问题和解决问题的能力；让学生养成探究的态度和习惯，逐步形成探究的技巧。

操作主要包括以下几个步骤。

第一，提出问题。教师根据教学要求或学生感兴趣的问题，设置一定的问题情境，促使学生提出问题。

第二，建立假说。针对问题，提出解决问题的可能性设想。

第三，拟定计划。针对假说，提出解决问题的计划。

第四，验证假说。按照计划对提出的假说进行验证。

第五，交流提高。教师引导学生对验证的结果开展相互交流，得出准确的结论。

在本模式中，教师是引导者和顾问。一方面，教师必须精通整个"问题"体系；另一方面，又要容忍学生出错，并鼓励学生大胆质疑。另外，教师应根据教学要求，为学生提供探究所需要的材料和场所。

(5)"情境—陶冶"教学模式

该模式又"称情—知互"促式，是指在教学活动中，创设一种情感和认知相互促进的教学环境，让学生在轻松愉快的教学气氛中有效地获得知识，同时陶冶情感的一种教学模式。这类模式的有关实验有"情境教学""愉快教育""成功教育""快乐教学""情知教学"等。

该模式以情知教学论(认为教学过程是情意过程与认知过程的统一)、现代心理学理论和以此为基础的暗示教学法为理论依据。教学目标是通过情感和认知的多次交互作用，使学生的情感得到不断陶冶、升华，个性得到健康发展；同时又学到科学的知识，达到真正的情知交融。

操作主要包括以下几个步骤。

第一，创设情境。教师围绕教学内容，通过多样化的手段，为学生创设一个富有情感、美感、生动形象、蕴含哲理的特定氛围，以激起学生的学习情绪。

第二，情境体验。通过丰富多样的活动，使学生在特定的气氛中主动积极地从事各项智力活动，潜移默化地进行学习。

第三，总结转化。通过教师的启发总结，使学生从情境中获得科学知识，领悟学习内容主题的情感基调，做到情与理的统一。

在该模式中，教师是学生情感的激发者和维持者。因此，教师应具备多种能力，如表演、语言表达等能力。教师还要根据教学要求，提供必备的专门设备，如音乐器材、教具或教学场所等，并把它们组织运用好；教师自己也进入角色，并充分利用教学机智使学生同自己的情感发展同步，使情境更加入情入理，达到诱导学生情感和促进学生认知的作用。在这里，教师体验特定场合下孩子的情感是师生情感同步性的关键。

（三）课堂教学评价改革

课堂教学评价是教学评价中最基本的评价，也是最重要的评价。有效地实施课堂教学评价，是促进学生发展、促进教师不断提高和改进教学实践的重要手段。然而，我国传统的课堂教学评价以"听课和评议""测验和评定"为评价方式，以对教师的"鉴定分等"、对学生的"考核排名"为目的，站在观察者的角度从外部机械地去评价教师和学生的教学活动。这种评价从本质上讲是一种奖惩性的课堂教学评价，可以为管理者对教师和学生作出奖惩等决策提供证据。但是，由于它忽视教师和学生心理与生理的反应，忽视师生之间的相互作用，因而，在促进师生发展和改进教学方面的作用是非常有限的。这种弊端被教育政策制定者和理论研究者所关注后，人们开始对这种传统的课堂教学评价进行改革，并致力于发展性课堂教学评价的研究和推广。《国务院关于基础教育改革与发展的决定》明确指出，要探索科学的评价办法，发现和发展学生的潜能，帮助学生树立自信心，促进学生积极主动地发展；《基础教育课程改革纲要（试行）》中也提出，要建立促进学生全面发展、教师不断提高的评价体系，即建立发展性课堂教学评价体系。所以，发展性课堂教学评价的提出很重要也很必要，对于推进我国素质教育的开展具有深远意义。

我国课堂教学评价一直以来存在不少问题。主要表现为：过分强调甄别与选拔的功能，忽视改进与激励的功能；偏重于教师行为的评价，忽视学生行为和学习状态的评价；过分关注对结果的评价，忽视对过程的评价；过分关注评价的结果，忽视评价过程本身的意义；评价内容偏重知识、技能，忽略能力的形成，潜能的开发，以及情感、意识的评价；评价方法单一，过于注重量化，缺少体现新的评价思想和观念的新方法；评价主体多为单一源，忽视了评价主体多源、多向的价值，等等。

发展性课堂教学评价是根据课堂教学的发展性目标，运用发展的评价技术和方法，对课堂教学过程中教师的教和学生学的状态和进程进行的价值判断。它体现了教学评价发展的最新思想，同时又是针对我国现行课堂教学评价工作中存在的问题而提出的。因此，了解并掌握发展性课堂教学评价是促进课堂教学改革与发展、全面落实素质教育的必然要求。

与一般的课堂教学评价比较起来，发展性课堂教学评价具有下列特征。

1.以人为本

传统的课堂教学评价是以教材为本的，把对于教材规定的知识技能的掌握作为评估效果好坏的唯一标准。这种评价重知识、轻能力，重结果、轻过程，重理论、轻应用，已不能适应素质教育对培养人才的要求。

现代课堂教学不仅是促进学生认知发展的过程，更是促进学生情感发展的过程。因此，现代课堂教学评价就不只是评价学生认知的发展，同样也要评价学生在课堂教学中情感、意志、态度的发展。兴趣是最好的老师，学生对一门学科兴趣的大小在很大程度上决定于他能否很好地学习这门学科。因而，作为对学生学习的诊断评价，如果不对学习兴趣与动机状态作出判断，是很可能对学生学习的问题作出"误诊"。

2.强调评价主体互动化

传统的课堂教学评价中，其评价主体单一，不利于被评价者的发展。发展性课堂教学评价强调评价主体是多元的,而且强调评价主体的互动化。评价主体互动化就是强调评价过程中评价主体间的双向选择、沟通和协商,关注评价结果的认同问题,即如何使评价对象最大限度地接受评价结果而不是结果本身的正确性;改变单独由教师评价学生的状况,鼓励学生本人、同学、家长等参与到评价过程之中,特别是使评价对象成为评价主体,重视评价对象自我反馈、自我调控、自我完善、自我认同的作用。

3. 在重视静态因素的同时,更关注动态变化因素

发展性课堂教学评价重视对教学过程中静态因素的评价,如教学目标、课本和教案中规定的教学内容,按教案设计预先确定的教学程序、教学方式、方法等,这些都是按计划进行的教学行为,属于常态的静态的因素。但是,课堂教学面对的是有丰富情感和个性的学生,教学过程是情感、经验的交流、合作和碰撞的过程。在这一过程中,不仅学生的认知能力在动态的变化和发展,而且情感的交互作用更具有偶发性和动态性,恰恰是这些动态生成因素列课堂效果的影响最大。比如对于教师提出的问题,学生的回答可能大大超出教师的预想,甚至比教师预想的更多、更深刻、更丰富,这就要求教师及时把握和利用这些动态生成因素,给予恰如其分的引导和评价。

4. 强调评价指标和标准是多元的和具有差异性的

传统的课堂教学评价指标和标准比较单一,只重视学业成绩,而忽视其他方面的评价。发展性课堂教学评价强调个性化和差异性评价,强调确定多元化的评价指标和标准。主张对信息的搜集应当是多样的、全面的和丰富的,对评价对象的价值判断应关注评价对象的差异性。在关注学业成绩的同时,开始关注个体发展的其他方面,如积极的学习态度、创新精神、分析与解决问题的能力以及正确的人生观、价值观等。

5. 强调定性评价和定量评价的综合使用

由于传统的课堂教学评价中对科学的顶礼膜拜,很多人盲目认为量化就是客观、科学、严谨的代名词,于是客观化、量化就成了课堂教学评价曾经追求的目标。但是,以量化的方式描述、评定一个人的发展状况往往表现出僵化、简单化和表面化的特点,量化评价也把教学现象本身简单化了。发展性课堂教学评价从过分强调量化逐步转向关注质的分析与把握,认为过于强调细化和量化的指标,往往忽视了情感、态度和其他一些无法量化却对评价对象的发展影响较大的因素的作用。

二、现代课程改革

"课程"(Curriculum)一词由英国教育家斯宾塞首次明确提出,并且界定为"教学内容的系统组织"。之后,关于它的解释众说纷纭,有的注重内容和经验,有的侧重于方法,有的着眼于科目和课时等实施的因素,总之没有形成一个统一的定义。

课程实际上有狭义和广义两种理解。从狭义上讲,课程是指课业及其进程,是指学校开设的教学科目的总和以及它们之间的开设顺序和时间的比例关系。从广义上讲,课程既包括学

校中有组织的教育内容,它是指为了实现教学目标而规定的教学科目及其内容,还包括思想品德、行为习惯、身体健康等各方面;既包括课内活动,又包括课外活动。现在,我们更多地采用了课程的广义内涵。

课程的历史跟教育的历史一样久远,因为只要有教育,就有关于教育活动内涵的思考。综观学校课程演进的历史,可以看出课程的发展具有鲜明的两大特点:首先,课程具有鲜明的历史性。课程是从人类认识和实践成就的遗产中为培养新一代而精选出来的,它受人类文明发展水平的制约,它反映着一定历史时期人类的认识水平和实践活动的状况。同时,课程还深受民族文化传统的制约,往往具有民族特色。在阶级社会中,教育具有显著的阶级性。其次,课程具有革命性。人类探索自然和社会是一个永无止境的过程,而代表着人类认识和实践活动成就的课程也处在永无休止的变革和更新之中,尤其是第二次世界大战后,科技革命、产业革命、社会革命的风起云涌,无不对课程的变革产生巨大的影响。课程理论的发展也对课程变革提出新的要求。古今中外的各位教育思想家和教育理论流派都提出了各自不同的课程观点,形成了众多的课程改革理论,它们在对立和论战中交织融合,共同推动着学校课程的变革和发展。

人类学校教育自产生以来,经历了无数次的变革,但任何一次教育改革都把课程改革放在突出位置,把课程作为提高人才培养质量的关键来加以改进和建设。之所以如此,是因为课程改革往往是整个教育改革的核心内容;课程集中体现了一定的教育思想和教育观念;课程是实施培养目标的施工蓝图;课程是组织教育教学活动的最主要的依据。

(一)我国现代课程改革的历程

新中国成立以来,我国的基础教育取得了巨大成就,基础教育的课程也在不断地变革。总的来说,主要有七次比较大的基础教育课程改革。

第一次课程改革(1949—1953)。新中国成立初期,全国没有统一的教学计划。1952 年由教育部报经中央人民政府核准,公布了《小学暂行规程》《中学暂行规程》,这是新中国成立以后颁发的第一个全面规范中小学课程的政府文件。它初步奠定了新中国中小学课程的框架。它强调实行全国统一的教学要求,强调知识的系统性等,但缺乏一定的灵活性和弹性,更多的是模仿苏联课程的特点。

第二次课程改革(1953—1958)。1953 年我国开始执行国民经济"一五"计划。1956 年秋,人民教育出版社根据颁布的中小学学制、培养目标、教学计划及有关规定编写的新的中小学教材开始发行。以后,教育部几乎每年都会根据当时社会政治、经济形势的变化对课程做一些调整。

第三次课程改革(1959—1963)。1959 年 5 月 17 日,中共中央转发了教育部党组《关于编写普通中小学和师范学校教材的意见》,教育部决定重新编写中小学通用教材。1960 年下半年开始,人民教育出版社根据缩短学制、提高程度的指示精神,编写十年制中小学教材。这套教材从 1961 年起陆续出版发行,供试验十年制的学校选用。

第四次课程改革(1963—1978)。1963 年,在总结了 1958 年"教育大革命"的经验教训后,教育部颁发了中小学教学计划和各学科教学大纲,具体规定全日制小学、初中和高中应设置的课程,要求教学必须依据教育部统一规定的教学计划、教学大纲和教科书进行,还首次提出了在高中阶段开设必要的选修课,从而打破了必修课"一统天下"的课程格局,在课程的灵活性和地方适应性上都有所突破。

第五次课程改革(1978—1981)。1978 年 1 月 18 日教育部制定了《全日制十年制中小学教学计划(试行草案)》,适用学制为十年制。这个试行草案吸取了国际中小学课程改革的经验和教训,进行了教学内容现代化的改革,这对于恢复正常的教育秩序,提高教育质量做出了巨大的贡献。

第六次课程改革(1981—1986)。1981 年,教育部对 1978 年的"试行草案"中的小学部分作了修订。1984 年教育部分别颁发了《全日制六年制城市小学教学计划(草案)》和《全日制六年制农村小学教学计划(草案)》,对城市小学和农村小学的数学、外语、自然常识、劳动课程分别提出了不同的要求,增强了教学计划的可行性和灵活性。根据邓小平同志"要办重点小学、重点中学、重点大学"的精神,1981 年教育部颁发了《全日制六年制重点中学教学计划》,这个教学计划规定,从高中二年级开设选修课,并将劳动技术教育列入正式课程,并开始形成高中文、理分流的办学模式。该教学计划对提高教学质量起了积极的作用。1985 年 5 月,中共中央、国务院召开了改革开放以来的第一次全国教育工作会议,发布了《关于教育体制改革的决定》,我国的基础教育课程改革进入了新的历史时期。在此后的十余年时间里,我国先后颁布了一系列的教育文件、法令,极大地推动了我国基础教育阶段的课程改革。

第七次课程改革(1986—2001)。1986 年,全国人大通过了《义务教育法》,规定全国分期分批普及义务教育。1988 年国家教委颁发了《义务教育全日制小学、初级中学教学计划(试行草案)》,1992 在广泛征求意见的基础上进行了修改,并将"教学计划"更名为"课程计划"。这个课程计划第一次将小学和初级中学的课程统一设计,并且根据各学校学制的不同情况,将课程计划中的课程表分为"六三制"和"五四制"两种。在课程表中将全部课程分为两大类:学科类和活动类,课程表中还留有空间让地方安排课程。1996 年,国家教委颁发了同义务教育课程计划相衔接的《全日制普通高中课程计划(试验稿)》。1997 年秋,新高中课程计划、教学大纲和教材投入了实验,边实验边修订推广。

1999 年开始,新一轮的基础教育课程改革准备工作全面启动。2001 年 6 月,教育部颁布了《基础教育课程改革纲要(试行)》,正式开始了我国的第八次课程改革。

我国基础教育的发展和既往的七次课程改革,都取得了巨大成就,对于促进我国政治、经济、科技、文化等各个方面的发展作出了巨大贡献。与此同时,我们必须实事求是地承认,我国基础教育的现状同时代发展的要求和肩负的历史重任之间还存在着巨大的差距。我国基础教育课程还必须得改。因为固有的知识本位、学科本位的课程不符合时代的要求,素质教育要想进一步深化也必然要求继续改革课程。所以,为了适应时代要求,办好我国基础教育事业,落实科教兴国战略,我国就应当以政府行为来推进课程改革。

(二)新课程的理念与目标

1.新课程的理念

新课程改革的总纲是《基础教育课程改革纲要(试行)》,它规划了 21 世纪前十年我国基础教育课程体系的奋斗目标和宏伟蓝图,其宗旨是构建具有中国特色的、现代化的基础教育课程体系。它强调以新的课程理念为基础进行现代课程改革。

贯穿本轮课程改革的核心理念是："为了中华民族的复兴,为了每位学生的发展"。这一基本的价值取向预示着我国基础教育课程体系的价值转型。新课程顺应时代发展的需要,全面推进素质教育,努力培养学生健全的个性和完整的人格,造就新一代高素质的社会公民,加快我国从人口大国迈向人才资源大国的步伐,实现中华民族的伟大复兴。

我国新课程的基本理念是基于对原有课程与教学领域中存在的落后观念而展开的。基础教育课程改革努力改变长期以来"学科本位""智育第一""升学为主"的教育模式,促进整体上从"应试教育"向"素质教育"的转轨。具体说来,跟以往的课程改革相比,我国新一轮基础教育课程改革在促进学生作为"整体的人"的发展、促进课程的适应性和课程管理的民主化、注重提升学生的主体性和注重学生经验方面具有重大举措。

(1)关注学生作为"整体的人"的发展

学生是一个生命的个体,新课程在课程目标上的具体体现就是将学生发展成为一个"整体的人",这种"整体的人"的发展包括两个方面:一是谋求学生智力与人格的协调发展。克服过去学校课程体系过分追求学术化、专门化,忽视非学术性知识尤其是具有人格发展价值的要素以及采用机械的、单向灌输式的文化传递方式从而导致学生的片面发展,让学生被动地过着被设计好的生活的现象。为了改变这一弊端,新课程首先力图通过制定国家课程标准的形式代替一直沿用的教学大纲。国家课程标准是对学生某一阶段的学习结果作出的最低的、共同的要求,而不是仅仅提供由专家认定的知识点。这为学生的经验进入课堂敞开了方便之门。只有当知识学习与学生的经验融合在一起,知识才能与个体发生意义关系,对个体生命的建构发挥作用。尤为重要的是国家课程标准把"过程与方法"作为和"知识与技能""情感态度与价值观"同等重要的目标维度加以阐述,承认过程本身不仅具有手段性价值,亦具有目的性价值。这对学生的精神建构具有特殊重要的意义。尽管在探索的过程中,学生要面对问题和困惑、挫折和失败,要花费很多时间和精力,而最后没有"结果",但这是一个人的学习、生存、发展和创造所必须经历的过程。只有在过程中知识才能进入个体的整体经验,沉淀为"精神的力量"和"生活的智慧",弥合个体知识学习与精神建构的断裂。二是追求个体、自然与社会的和谐发展。个体、自然和社会是一个有机的整体。但19世纪后半叶以来,随着学校课程的体系化和制度化,学术科目成为学校课程体系中的主体。从而把儿童完整的生活要素(个体、自然与社会)加以割裂和肢解,限制了个体、自然与社会的整体和谐发展。新课程首先用一种整体的观点从三大关系上规划培养目标,即学生与自我的关系(即具有健壮的体魄和良好的心理素质,养成健康的审美情趣和生活方式等)、学生与他人及社会的关系(即具有社会责任感,努力为人民服务等)、学生与自然的关系(即具有初步的创新精神、实践能力、科学和人文素养以及环境意识等),致力于人的自然性、社会性和自主性的和谐健康发展,以培养人格健全的人。其次,新课程突破学科疆域的束缚,强调向儿童的生活和经验回归,把自然、社会与自我作为课程开发的基本来源。例如,作为新课程亮点之一的综合实践活动课程,其内容的选择与组织就是围绕三条线索(学生与自然的关系、学生与他人及社会的关系、学生与自我的关系)进行的。

(2)促进课程的适应性和课程管理的民主化

《基础教育课程改革纲要(试行)》规定:"为保障和促进课程对不同地区、学校、学生的要求,实行国家、地方和学校三级课程管理。"这突破了以往课程权力过于集中、难以适应地方与学校具体情况的弊端,推进了课程的适应性和课程管理的民主化进程。

国家课程强调基础教育的统一性,是使国民素质达到一定水平的有力保障,因此,推行国家课程是基础教育发展的重要支柱。但另一方面,我国幅员辽阔,存在着明显的地区差异,而且每所学校也有其自身的特点。而只有照顾到学校情境和学生经验的差异性,才能更好地实现课程改革的目标。这样,地方课程和学校课程正好体现了学校教育的差异性,与国家课程的统一性形成了互补。新课程体系确立的国家、地方和学校三级课程管理体制,是促进课程适应性的重大举措。

实行三级课程管理,还隐含着课程权力再分配、课程管理的民主化的问题。三级课程管理体制从课程权力的再分配上允许地方和学校参与课程开发,有利于实现国家、地方和学校的协调统一,而学校课程的正式"出笼",则体现了课程适应学校与学生的个别差异性的可能,体现了课程发展的新趋势。

(3)确立学生的主体性和强调学生个体经验

新课程视学生学习知识的过程为一种探索的行动和创造的过程,从而使人摆脱传统知识观的钳制,走向对知识的理解与建构。在知识建构过程中,个体与知识不是分离的,而是构成一个共同的世界。同时,由于个体的参与,学习知识不再是纯粹的认知活动,它与个体的兴趣、情感、信仰等因素密切相关,学生生活及个人知识、直接经验亦成为课程内容的有机构成。在这里,课程成为师生共同创生意义的资源和材料。

新课程旨在扭转以"知识授受"为特征的教学局面,把转变学生的学习方式作为重要的着眼点,以尊重学生学习方式的独特性和个性化作为基本信条,从而重建了教、学、师生关系等概念。新课程要求在所有学科领域的教学中渗透"自主、合作、探究"的学习方式,同时设置"综合实践活动",为"研究性学习"的充分开展提供独立的学习机会。

新课程力图构建具有个人发展价值的评价方式,以保障知识生成方式的个性化。新课程要求"发挥评价的教育功能,促进学生在原有水平上的发展",将评价视为评价者与被评价者共同建构意义的过程,强调通过学生的主体参与,发展自我反思能力和对自己的学习负责任的意识,主张在价值观上尊重个别差异,秉承多元化的价值取向;在评价方式上,试图采用档案袋评定等质性评定方式弥补传统测验的不足;在评价内容上,注重描述学生的个性化反应,以提升评价的个人发展价值。

2.新课程的目标

(1)培养目标

新课程的培养目标应该体现时代要求。要使学生具有爱国主义、集体主义精神,热爱社会主义,继承和发扬中华民族的优秀传统和革命传统;具有社会主义民主法治意识,遵守国家法律和社会公德,逐步形成正确的世界观、人生观、价值观;具有社会责任感,努力为人民服务;具有初步的创新精神、实践能力、科学和人文素养以及环境意识;具有适应终身学习的基础知识、基本技能和方法;具有健壮的体魄和良好的心理素质,养成健康的审美情操和生活方式,成为有理想、有道德、有文化、有纪律的一代新人。

(2)课程改革的具体目标

为了实现课程的培养目标,同时针对现行的基础教育课程教材中的弊端,《基础教育课程改革纲要（试行）》提出了课程改革的六项具体目标，构成了这次课程改革的总体框架。

第一，实现课程功能的转变。新课程既强调知识与技能、过程与方法，又强调情感、态度、价值观。这对于在基础教育领域全面实施素质教育，培养学生具有社会责任感、健全人格、创新精神和实践能力、终身学习的愿望和能力、良好的信息素养和环境意识等都具有极为重要的意义。

第二，实行三级课程管理制度。新课程改革从我国的国情出发，妥善处理课程的统一性与多样性的关系，国家、地方、学校三级课程管理体制的建立与运行，实现了集权与放权的结合，有助于教材的多样化，有利于满足地方经济、文化发展的需要和学生发展的需要，同时为课程适应地方经济、文化发展的特殊性，以及满足学生个性发展的需要、体现学校办学的独特性，创造了良好的条件。

第三，体现课程结构的均衡性、综合性和选择性。新课程在保留传统学科课程的同时，加强了旨在养成学生科学素养和实用技能方面的课程，使科学、综合实践等课程的比重呈上升趋势，对学生全面、均衡、富有个性的发展具有独特的价值。新一轮基础教育课程改革，对现行课程结构进行了重大调整.减少了课程门类，对各门具体课程之间的比重进行了调整，从小学至高中设置综合实践活动课程，旨在加强学生创新精神和实践能力的培养，加强学校教育与社会发展的联系，培养学生的社会责任感。改变课程结构过于强调学科本位、科目过多和缺乏整合的现状，整体设置九年一贯课程门类和课时比例，并设置综合课程，重视不同课程领域（特别是综合实践活动、体育、艺术等）对学生发展的独特价值，淡化学科界限，强调学科间的联系与综合。课程结构的这种转变，与课程功能的转变遥相呼应，折射出我国基础教育课程改革的基本思想和新时期的培养目标。

第四，将课程内容与生活和时代紧密联系起来。"改变课程内容'难、繁、偏、旧'和过于注重书本知识的现状，加强课程内容与学生生活以及现代社会和科技发展的联系，关注学生的学习兴趣和经验，精选终身学习必备的基础知识和技能"。这一转变力争反映现代科技发展的新成果，使课程具有时代精神。此外，不再单纯以学科为中心组织教学内容，不再刻意追求学科体系的严密性、完整性、逻辑性，注重与学生经验的结合，使新知识、新概念的形成建立在学生现实生活的基础上。课程内容切实反映学生生活经验，努力体现时代特点，将会有效地改变学生学习生活和现实世界相脱节的状况，极大地调动学生学习的主动性和积极性。

第五，改善学生的学习方式。新课程改革首先通过课程结构的调整，使学生的活动时间和空间在课程中获得有效的保障，并在新课程标准中倡导通过改变学习内容的呈现方式，确立学生的主体地位，促进学生积极主动地学习。同时倡导将学习过程转变成学生不断提出问题、解决问题的探索过程，并且能够针对不同的学习内容，选择接受、探索、模仿、体验等丰富多样的适合于个人特点的学习方式。学习方式的这种转变，还意味着必须关注学生的学习过程和方法，关注学生是用什么样的手段和方法、通过什么样的途径获得知识的。由于获得知识的过程和方法不一样，由此带给学生真正意义上的收获也可能不一样，对学生终身发展的影响也就有可能不同。

第六，建立与素质教育理念相一致的评价与考试制度。新课程倡导建立一种发展性的评价体系。一是要建立促进学生全面发展的评价体系，使评价不仅要关注学生在语言和数理逻辑方面的发展，而且要发现和发展学生多方面的潜能，了解学生发展中的需求，帮助学生认识自我,建立自信,促进学生在已有水平上的发展,发挥评价的教育功能。二是要建立促进教师不断提高的评价体系,以强调教师对自己教学行为的分析与反思,建立以教师自评为主,校长、教师、学生、家长共同参与的评价制度,使教师从多渠道获得信息,不断提高教学水平。三是要将评价看作是一个系统,从形成多元的评价目标、制定多样的评价工具,到广泛地收集各种资料,形成建设性的改进意见和建议,每一个环节都是通过评价促进发展的不可或缺的部分。

参考文献

[1]马克锋.中国近代文化思与辨[M].北京:人民日报出版社,2014.

[2]齐长立.中国近现代史纲要[M].北京:经济日报出版社,2015.

[3]金元浦,等.中国文化概论(第二版)[M].北京:首都师范大学出版社,2008.

[4]张岱年,方克立.中国文化概论[M].北京:北京师范大学出版社,2004.

[5]安宇.冲撞与融合:中国近代文化史论[M].上海:学林出版社,2001.

[6]李山.中国文化史[M].北京:北京师范大学出版社,2007.

[7]谈方.中国近现代史纲要[M].北京:人民出版社,2006.

[8]何晓明,曹流.中国文化概论[M].北京:首都经济贸易大学出版社,2011.

[9]王继平.中国近现代史纲要[M].湘潭:湘潭大学出版社,2010.

[10]孙海涛.中国近现代史纲要[M].上海:上海科学技术出版社,2016.

[11]朱英.中国近代史十五讲[M].北京:北京大学出版社,2011.

[12]朱永新.中国近现代教育思想史[M].北京:中国人民大学出版社,2011.

[13]朱永新.中国当代教育思想史[M].北京:中国人民大学出版社,2011.

[14]朱永新.中国教育思想史(下)[M].上海:上海交通大学出版社,2011.

[15]孙希磊.中国现代教育思想史十论[M].北京:首都师范大学出版社,2012.

[16]李剑萍,杨旭.中国现代教育史:中国教育早期现代化研究[M].北京:人民教育出版社,2011.

[17]张传燧.解读中国近现代教育思想[M].广州:广东教育出版社,2009.

[18]燕国材.素质教育概论[M].广州:广东教育出版社,2002.

[19]汤志钧.康有为政论集(上)[M].北京:中华书局,1981.

[20]陈铮.黄遵宪全集(上)[M].北京:中华书局,2005.

[21]故宫博物院明清档案部.义和团档案史料(上册)[M].北京:中华书局,1959.

[22]严复.严复集[M].北京:中华书局,1986.

[23]中国史学会.戊戌变法(第1册)[M].上海:上海人民出版社,1957.

[24]张海生.近代中国文化概论[M].上海:上海交通大学出版社,2012.

[25]陈久金,万辅彬.中国科技史研究方法[M].哈尔滨:黑龙江人民出版社,2011.

[26]桑松森,等.中国国情与发展总览[M].北京:时事出版社,1994.

[27]杜应娟.近现代中国社会简明教程[M].广州:暨南大学出版社,2013.

[28]段治文.中国近代科技文化史论[M].杭州:浙江大学出版社,1996.

[29]王鸿生.中国科技小史[M].北京:中国人民大学出版社,2004.

[30]何跃,徐小钦.现代科技与科技管理[M].重庆:重庆大学出版社,2004.

[31]高民杰,李金华.政工师手册[M].北京:中国经济出版社,1993.

[32]赵俊杰.深情岁月[M].北京:中国民主法制出版社,2007.

[33]费正清.剑桥中国晚清史(下)[M].北京:中国社会科学出版社,1985.

[34]李赐平.我国近现代教育立法的探索与实践[M].北京:中国社会科学出版社,2013.

[35]张乐天.教育政策法规的理论与实践[M].上海:华东师范大学出版社,2015.

[36]赵慧君,李春超.教育学基础[M].北京:科学出版社,2014.

[37]李明军.中国现当代文学[M].西安:陕西师范大学出版社,2010.

[38]刘勇.中国现当代文学[M].北京:中国人民大学出版社,2006.

[39]雷达,赵学勇,程金城.中国现当代文学通史[M].兰州:甘肃人民出版社,2006.

[40]黄修己.中国现代文学发展史(第三版)[M].北京:中国青年出版社,2006.

[41]钱理群,等.中国现代文学三十年(修订本)[M].北京:北京大学出版社,1998.

[42]刘中树,许祖华.中国现代文学思潮史[M].武汉:华中师范大学出版社,2009.

[43]陈国恩.中国现代文学[M].北京:北京大学出版社,2010.

[44]蒋淑娴,等.中国当代文学史(修订版)[M].北京:科学出版社,2003.

[45]於可训.中国当代文学概论[M].武汉:武汉大学出版社,2009.

[46]曹顺庆.中国现当代文学[M].重庆:重庆大学出版社,2010.

[47]董健,丁帆,王彬彬.中国当代文学史新稿[M].北京:北京师范大学出版社,2011.

[48]李时岳.近代中国反洋教运动[M].北京:人民出版社,1958.

[49]张之洞.张之洞全集[M].石家庄:河北人民出版社,1998.

[50]华中师范学院教育科学研究所.陶行知全集[M].第二卷.长沙:湖南教育出版社,1985.

[51]宋恩荣.梁漱溟教育文集[M].南京:江苏教育出版社,1987.

[52]魏源.魏源集[M].上册.北京:中华书局,1976

[53]朱有瓛.中国近代学制史料[M].第二辑上册.上海:华东师范大学出版社,1987.

[54]杨齐福.科举制度与近代文化[M].北京:人民出版社,2003.

[55]舒新城.中国近代教育史料(上)[M].北京:人民教育出版社,1961.

[56]李桂林,等.中国近代教育资料汇编(普通教育)[M].上海:上海教育出版社,1995.

[57]陈学恂.中国近代教育大事记[M].上海:上海教育出版社,1981.

[58]陈景磐.中国近代教育史(第三版)[M].北京:人民教育出版社,2003.

[59]陈国庆.中国近代社会转型研究[M].北京:社会科学文献出版社,2005.

[60]周桂珍.现代教育理论与实践[M].济南:山东大学出版社,2005.

[61]卢世主.从图案到设计:20世纪中国设计艺术史研究[M].江西人民出版社,2011.

[62]皮名振.皮锡瑞年谱[A].戊戌变法(第4册)[C].上海:上海人民出版社,1957.

[63]岳李.20世纪中国艺术歌曲发展轨迹初探[D].南京师范大学硕士论文,2007.

[64]王霭林.我的"民声观"[J].星海音乐学院学报,1988(2).